ଚିତ୍ର କାହାଣୀ

ଚିତ୍ର କାହାଣୀ

ରମାକାନ୍ତ ସାମନ୍ତରାୟ

ବ୍ଲାକ୍ ଇଗଲ୍ ବୁକ୍ସ

ଭୁବନେଶ୍ୱର, ଓଡ଼ିଶା

BLACK EAGLE BOOKS
Dublin, USA

ଚିତ୍ର କାହାଣୀ / ରମାକାନ୍ତ ସାମନ୍ତରାୟ

ବ୍ଲାକ୍ ଇଗଲ୍ ବୁକ୍ସ : ଭୁବନେଶ୍ୱର, ଓଡ଼ିଶା ● ଡବ୍ଲିନ୍, ଯୁକ୍ତରାଷ୍ଟ୍ର ଆମେରିକା

 BLACK EAGLE BOOKS

USA address:
7464 Wisdom Lane
Dublin, OH 43016

India address:
E/312, Trident Galaxy, Kalinga Nagar,
Bhubaneswar-751003, Odisha, India

E-mail: info@blackeaglebooks.org
Website: www.blackeaglebooks.org

First International Edition Published by
BLACK EAGLE BOOKS, 2025

CHITRA KAHANI
by **Ramakanta Samantaray**

Cover & Interior Design: Ramakanta Samantaray

ISBN- 978-1-64560-804-2 (Paperback)

Printed in the United States of America

ଯୋଉ କିଛି ଚିତ୍ର ଓ ଚିତ୍ରଶିକ୍ଷୀମାନଙ୍କ ପ୍ରଭାବରେ ମୁଁ ପ୍ରଭାବିତ
ସେଇମାନଙ୍କୁ...

"The object of art is not to reproduce reality, but to create a reality of the same intensity."

-Alberto Giacometti

ଏଇ ବହିରେ ନିର୍ଦ୍ଦିଷ୍ଟ କିଛି କଳାକୃତି ସମ୍ପର୍କରେ କିଛି ଲେଖା ରହିଛି । କଳାକାର ଯେ କେବଳ ପ୍ରଖ୍ୟାତ ହୁଅନ୍ତି ସେକଥା ନୁହେଁ, ପ୍ରସିଦ୍ଧ କଳାକାରଙ୍କର କିଛି କଳାକୃତି ମଧ୍ୟ ବିଶ୍ୱବିଖ୍ୟାତ ହୋଇଥାଏ । ଗଲା କିଛି ବର୍ଷ ହେଲାଣି ମୁଁ ଆମ ଓଡ଼ିଆ ଭାଷାରେ କଳା ସମ୍ବନ୍ଧରେ ଅବ୍ଦେ ବହୁତେ ଲେଖାଲେଖି କରୁଛି । ଆର୍ନ୍ତଜାତିକ କଳା ଓ କଳାକାରଙ୍କ ସମ୍ପର୍କରେ ହେଉ କି, ଜାତୀୟସ୍ତରର କଳା ଓ କଳାକାରମାନଙ୍କ ସମ୍ପର୍କରେ ହେଉ, ଆମ ଭାଷାରେ ଏସବୁ ବିଷୟକୁ ନେଇ ଲେଖାଲେଖି ପ୍ରାୟତଃ ନାହିଁ କହିଲେ ଚଲେ ।

କଳା ବିଷୟରେ ପଢ଼ାପଢ଼ି କଳାବେଳକୁ ଅନେକ ଥର ଲୋଭ ହେଇଛି ଏତେ ଏତେ ନୂଆ କଥା ଆମ ଭାଷାକୁ ଆସିଲେ ଭଲ ହୁଅନ୍ତା ପରା ! ପୁରୁଣା ଦିନ ପରି ଆଜି ତଥ୍ୟ ସଂଗ୍ରହ ଆଉ ମାତବର କଥା ହେଇ ନାହିଁ । ଖୋଜି ଜାଣିଲେ ଯାହାକୁ ଯେତେ । ଯେଉଁମାନେ ଜାଣିଛନ୍ତି ଅବା ଖୋଜି ଜାଣିଛନ୍ତି, ସେମାନଙ୍କ ପାଇଁ ଏ ବହିର ସେମିତି କିଛି ଗୁରୁତ୍ୱ ନାହିଁ । କିନ୍ତୁ କଳା ପ୍ରତି ଆଗ୍ରହ ରଖୁଥିବା ଓ କଳାଶିକ୍ଷା କରୁଥିବା ଅନେକ ଛାତ୍ରଛାତ୍ରୀଙ୍କ ପାଇଁ ବିଶ୍ୱକଳାର ବିଶାଳ ଉପତ୍ୟକା ବୁଲି ଦେଖିବା ବାଟରେ ଛୋଟିଆ ସରୁ ପାଦଚଲା ବାଟ ପରି ଏଇଟି କାମରେ ହୁଏତ ଆସିପାରେ । ସେତିକି ସମ୍ଭାବନା ହିଁ ବଡ଼ କଥା ।

ଏମିତି କୌଣସି ବ୍ୟବସ୍ଥିତ ବୃହତ୍ ଯୋଜନା ବ୍ୟତିରେକ, ବ୍ୟକ୍ତିଗତ ଭାବରେ ଯାହା ଭଲ ଲାଗିଛି ତାକୁ ଧରି ଲେଖିପକେଇଛି। ତେଣୁ କଳା ଇତିହାସର କ୍ରମିକତା ଏଠି ରହିନି। ପତ୍ରିକାରେ ପ୍ରକାଶ ପାଉଥିବା ବେଳେ ମଧ୍ୟ ସମୟ ଖଣ୍ଡର କ୍ରମିକତା ଆଦୌ ନଥିଲା। ବହି ପାଇଁ ପାଣ୍ଡୁଲିପି ପ୍ରସ୍ତୁତ କଲାବେଳେ ସମୟକୁ ଆଖି ଆଗରେ ରଖି ଲେଖା ସବୁକୁ କିଞ୍ଚିଟା କ୍ରମାନ୍ୱୟରେ ହାଲୁକା ଭାବରେ ସଜାସଜି କରାଯାଇଛି।

ଏସବୁ ଲେଖା ପ୍ରାୟତଃ ଅନ୍‌ଲାଇନ୍ ପତ୍ରିକା ‘ବାଟୋଇ’ରେ ପ୍ରକାଶିତ। ଲେଖା ସବୁ ଏକାଠି ହୋଇ ସମ୍ପାଦିତ ହୋଇ ବହି ଭାବରେ ଆଜି ଯେତେବେଳେ ପ୍ରକାଶିତ ହେଉଛି, ସେତେବେଳେ ‘ବାଟୋଇ’ର ସମ୍ପାଦକ କବି କେଦାର ମିଶ୍ର ଓ ଏପରି ଏକ ଅଭିନବ ଇ-ପତ୍ରିକାର ପରିକଳ୍ପନା କରିଥିବା ଅଶ୍ୱିନୀ ରଥଙ୍କୁ ଆନ୍ତରିକ ଧନ୍ୟବାଦ ଜଣାଉଛି।

ନିଜ ଆଗ୍ରହରେ ପଢ଼ିପକାଏ ସିନା, ହେଲେ ପଛୁଆଣି ଠେଲା ବିନା ଲେଖାଲେଖି କିନ୍ତୁ ମୋ ଦେଇ ହୁଏନି। ସେଠି ପ୍ରକାଶିତ ହେଲାପରେ ଏଇ ସବୁ ଲେଖା ପୁଣି ଥରେ ଫେସବୁକ୍‌ରେ ମୋ ବ୍ୟକ୍ତିଗତ ୱାଲ୍‌ରେ ପ୍ରକାଶ ପାଇଥିଲା। ସୋସିଆଲ ମିଡିଆରେ ଏହି ସବୁ ଲେଖା ପ୍ରକାଶ କଲା ବେଳେ ଅନେକ ସୁହୃଦୟୀ ପାଠକପାଠିକା ଭଲ ମନ୍ଦ ମତାମତ ଦେଇଛନ୍ତି ଓ ଲେଖା ସବୁକୁ ଏକାଠି କରି ବହି ଭାବରେ ପ୍ରକାଶ କରିବାକୁ ବାର ବାର ମନେପକାଇଛନ୍ତି। ସେହି ଜଣା ଅଜଣା ପାଠକମାନଙ୍କୁ ଆଜି ସାଧୁବାଦ ଜଣାଉଛି। ଆହୁରି ଅନେକ ପ୍ରକାଶିତ ଲେଖା ଅଛି। ସମୟକ୍ରମେ ସେମାନଙ୍କୁ ମିଶାଇ ଗୋଟି ଗୋଟି କରି ବହି ପ୍ରକାଶ ପାଇବ। ପାଣ୍ଡୁଲିପି ପ୍ରସ୍ତୁତି କରିବାରେ ସହଯୋଗ କରିଥିବାରୁ ସୁମିତ୍ରାକୁ ଧନ୍ୟବାଦ ଜଣାଉଛି।

ଏପରି ଏକ ଅଲଗା କିସମର ବହିକୁ ପ୍ରକାଶ କରୁଥିବାରୁ ବ୍ଲାକ ଇଗଲ ପ୍ରକାଶନର ସତ୍ୟ ପଟ୍ଟନାୟକ ଭାଇ ଓ ବନ୍ଧୁ ଅଶୋକ ପରିଡ଼ାଙ୍କୁ ଅଶେଷ ଧନ୍ୟବାଦ ଜଣାଉଛି।

ରମାକାନ୍ତ ସାମନ୍ତରାୟ

ମୃତ୍ୟୁନାଚ ୧୧

ଅନ୍ଧ ବାଟ ଦେଖାଉଛି ଅନ୍ଧକୁ ୧୭

ମୃତ୍ୟୁଶଯ୍ୟାରେ ଇନାୟତ ଖାଁ ୨୫

ପ୍ରେମ କାହାଣୀର ଛବି ୩୩

ଏକ କରୁଣ ପ୍ରେମଗପର ଚିତ୍ର ୩୯

୧୮୦୮ ମସିହାର ମଇ ତିନି ୪୫

ହୋକୁସାଇଙ୍କ ପ୍ରସିଦ୍ଧ ଲହଡ଼ି ୫୧

ଅଲମ୍ପିଆ ବିଷୟରେ କିଛି କଥା ୫୭

ତାରାଭରା ଆକାଶ ୬୭

ଚିତ୍କାର କରୁଥିବା ଏକ ଚିତ୍ର ୭୩

ଭାରତମାତାଙ୍କ ଚିତ୍ର ୭୭

ପିକାଶୋ ଓ ଡାଭିନ୍ଚ୍ୟର ବେଶ୍ୟାପଡ଼ା ୮୫

ଦୁସୌଙ୍କ ଫାଉଣ୍ଟେନ୍ ୯୧

ଯୁଦ୍ଧକୁ ନେଇ ଏକ ଚିତ୍ରକବିତା ୧୦୧

ଏକଦା ଲିଭାଇ ଦିଆଯାଇଥିବା ଏକ ଛବି ସମ୍ପର୍କରେ ୧୦୭

କୁଣ୍ଡଲୀ ଜେଟି ୧୧୩

ରିଦମ୍ – ଜିରୋ, ଏକ ଭୟଙ୍କର ପରଫର୍ମାନ୍ ୧୧୯

ମଲା ସାର୍କମାଛର କଲାକୃତି ୧୨୭

ଭଙ୍ଗା କଲସ ୧୩୩

ଟ୍ରେସି ଏମିନ୍‌ଙ୍କ ବାସିଶେଯ ୧୩୯

ଟେକ୍ ଦ ମନି ଏଣ୍ଡ ରନ୍ ୧୪୩

ଅଦୃଶ୍ୟ ଭାସ୍କର୍ଯ୍ୟ ୧୪୯

ବନ୍ଦାବନ୍ଦିର କଲା ୧୫୫

ଏକ ଆଶ୍ଚର୍ଯ୍ୟ ବଗିଚା ଓ ତା'ର କଣ୍ଟିଟ୍ ମଣିଷମାନଙ୍କ କଥା ୧୬୩

ମରିନାଙ୍କ ମତ୍ସ୍ୟକନ୍ୟା ୧୭୧

ଏକଦା ହଜିଯାଇଥିବା ଗୋଟେ ଲମ୍ବା ଛବି ୧୭୭

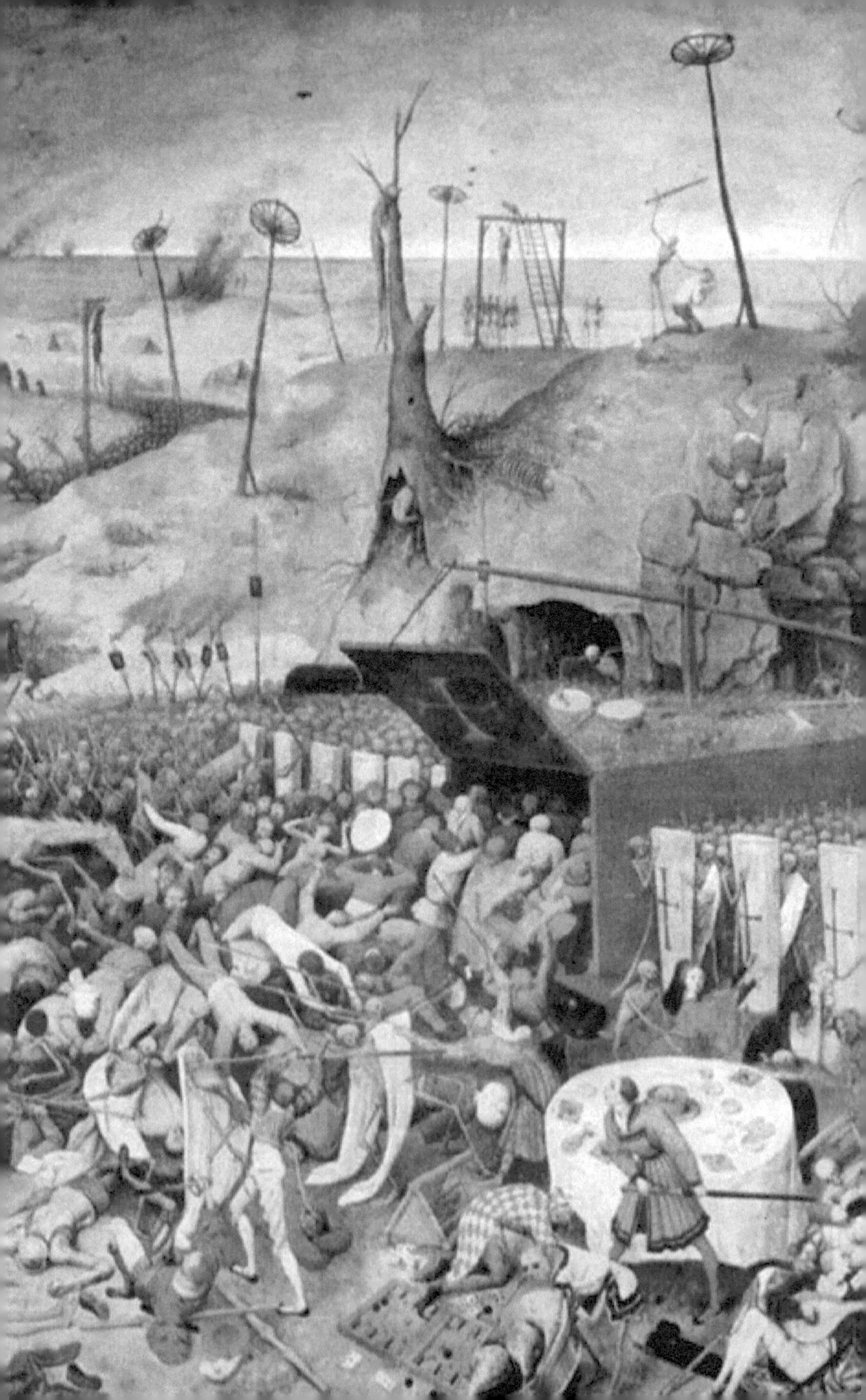

> "I hope the exit is joyful - and I hope never to return."
> - Frida Kahlo

ମୃତ୍ୟୁ ନାଚ

କରୋନା ମହାମାରୀରେ ସମଗ୍ର ଦେଶରେ ହା ହା କାର। ସର୍ବତ୍ର ମୃତ୍ୟୁର ତାଣ୍ଡବ। ସୋସିଆଲ୍ ମିଡିଆ, ଦେଶ ବିଦେଶର ଖବର କାଗଜ ଓ ନ୍ୟୁଜ ଚ୍ୟାନେଲରେ ସେଇ ଏକା ଖବର। ଅକ୍ସିଜେନ୍ ନଥିବା ଡାକ୍ତରଖାନା ଓ ନିଆଁ ଲିଭୁନଥିବା ମଶାଣୀ। ସବୁଦିନ କେହି ନା କେହି ପରିଚିତ ଲୋକର ମୃତ୍ୟୁ ସମ୍ବାଦ। ଏକଥା ସତ ଯେ, ଭୟର ବାତାବରଣରେ ସମସ୍ତେ ନୂଆ ଏକ ସୁନ୍ଦର ସକାଳକୁ ଆସରନ୍ତି ଅପେକ୍ଷାରେ ଅନେଇ ରହନ୍ତି। କେବେ ସରିବ ଏ ଦୁଃସମୟ କିଏ ଜାଣେ ?

ମୃତ୍ୟୁ ସବୁବେଳେ ମଣିଷ ପାଖରେ ଅସମାହିତ ଗଦାଏ ପ୍ରଶ୍ନ ହଠାତ୍ ଫୋପାଡ଼ି ଦିଏ। ମୃତ୍ୟୁର ଆକସ୍ମିକତା ଓ ଅନିଶ୍ଚିତତାରେ ସବୁବେଳେ ଘାରି ହୁଏ ବିଚରା ମଣିଷ। ବୈଶ୍ୱିକ ମହାମାରୀ ଏଇ ଆକସ୍ମିକତା ଓ ଅନିଶ୍ଚିତତାକୁ ତ୍ୱରାନ୍ୱିତ କରେ। ପୃଥିବୀ ବର୍ଷରେ କରୋନା ମହାମାରୀ ପ୍ରଥମ ବୈଶ୍ୱିକ ମହାମାରୀ ନୁହେଁ। ଇତିହାସ ପାଠରୁ ଜାଣୁଛେ, ମହାମାରୀ ଆଗରୁ ବି କେତେଥର ଆସିଛି। ପୃଥିବୀରୁ ଅନେକ ମଣିଷ ହଠାତ୍ ବିଦା ହୋଇ ଯାଇଛନ୍ତି। ଅନେକ ପୁଣି ରହିଯାଇଛନ୍ତି। ସେସବୁ କଥା ଆମ ବିଶ୍ୱ ସାହିତ୍ୟ ଓ ଦୃଶ୍ୟ ସଂସ୍କୃତିକୁ ବହୁଧା ପ୍ରଭାବିତ ମଧ୍ୟ କରିଛି। ପୃଥିବୀର ଚିତ୍ରକଳା ଇତିହାସରେ ମହାମାରୀଜନିତ ଆତଙ୍କ ଓ ବିପଦକୁ ନେଇ ଅନେକ ଚିତ୍ରଶିଳ୍ପୀ ଅନେକ ଛବି ବି କରିଛନ୍ତି। ପ୍ଲେଗ୍, ବସନ୍ତ, ସ୍ପେନ୍ ଫ୍ଲୁ, ହଇଜା ଓ ଏଡସ୍ ଏବଂ ଏବର କରୋନା ଆଦିର ଆତଙ୍କ ଭିତରୁ ଜନ୍ମ ନେଇଛି ରାଶି ରାଶି କଳାକୃତି। ସେମାନଙ୍କ ଭିତରୁ ଆଜି 'ଦ ଟ୍ରାଏଙ୍ଫ ଅଫ୍ ଡେଥ୍' ବିଷୟରେ କଥା ହେବା।

'ଦ ଟ୍ରାଏଙ୍ଫ ଅଫ୍ ଡେଥ୍' ମାନେ ମୃତ୍ୟୁର ବିଜୟ। ଜୀବନ ଉପରେ ମୃତ୍ୟୁର ବିଜୟ ଯାତ୍ରା। ନେଦରଲ୍ୟାଣ୍ଡର ଡଚ୍ ଓ ଫ୍ଲେମିଶ୍ ରେନେସାଁ ଚିତ୍ରଶିଳ୍ପୀ ବ୍ରୁଏଗଲ ୧୫୬୨ରେ ଗୋଟେ ତୈଳଚିତ୍ର ଆଙ୍କିଥିଲେ। ଛବିଟିର ଆକାର ପାଖାପାଖି ଚାରି

ଫୁଟ୍ ଗୁଣନ ସାଢେ ପାଞ୍ଚ ଫୁଟ୍। ଛବିଟି ଆକାରରେ ଏତେ ବଡ଼ ନୁହେଁ। ଏକ ବ୍ୟାପକ ଭୂଦୃଶ୍ୟ ଭିତରେ କାହିଁରେ କେତେ ଘଟଣାକୁ ଗୋଟି ଗୋଟି ଭାବରେ ଅଙ୍କା ଯାଇଥିବା ଏହି ତୈଳଚିତ୍ରଟିକୁ ପାଖରୁ ନିରୀଖେଇ ଦେଖିଲେ ଯେ କେହି ବି ଭୟ ପାଇଯିବ। ଷୋଡ଼ଶ ଶତାଦ୍ଦୀର ମଧ୍ୟ ଭାଗ ପ୍ଲେଗ୍ ମହାମାରୀର ପ୍ରବଳ ଭୟର ସମୟ। ବ୍ରୁଏଗଲ୍ ଠାକୁରଙ୍କର ଏହି ଛବିରେ ସେଇ ସମୟର ପ୍ଲେଗ୍ ମହାମାରୀର ଆତଙ୍କ ଭିତରେ ସବୁଦିନିଆ ଜୀବନକୁ ରୂପ ଦେବାକୁ ଚେଷ୍ଟା କରିଛନ୍ତି। ଛବିରେ ସେଇ ସମୟର ପ୍ରାୟ ପ୍ରଚଳିତ ସମସ୍ତ ପ୍ରକାର ଦଣ୍ଡ ବିଧାନର ବ୍ୟବସ୍ଥା ଦେଖିବାକୁ ମିଳେ। ଦଣ୍ଡଧାରୀ ମୃତ୍ୟୁ ହାତରେ ସେସବୁ ଦଣ୍ଡ ମଣିଷ ପାଇଁ ହିଁ ବିଧାନ ହୋଇଛି ।

ପୁରା ଛବିରେ ନରକଙ୍କାଳର ମୃତ୍ୟୁବାହିନୀ ଏକ ଦିଗନ୍ତବିସ୍ତାରୀ ଭୂଖଣ୍ଡକୁ ଆପଣା ଅଧୀନକୁ ନେଇଯାଉଛନ୍ତି, ଯେମିତି ଏକ ବିଶାଳ ସୈନ୍ୟବାହିନୀ ଅପେକ୍ଷାକୃତ ଏକ ଦୁର୍ବଳ ପ୍ରଦେଶକୁ କରାଗତ କରିନିଅନ୍ତି। ମୃତ୍ୟୁ ନରକଙ୍କାଳ ରୂପରେ ସମଗ୍ର ଛବିରେ ତାଣ୍ଡବ ରଚନା କରୁଛି। ଦୂରରେ ନିଆଁ ଜଳୁଛି ଓ ଆହୁରି ଦୂରରେ ଦିଶୁଛି ସମୁଦ୍ରର କିୟଦଂଶ। ଦିଗ୍ବଳୟ ପାଖ ସମୁଦ୍ରରେ ଜଳିଯାଉଛି ଜାହାଜ ଓ ଅଛ୍ଛ କରି ଉପରକୁ ଦିଶୁଛି ମଳିନ ଆକାଶ। ଗଛରେ ପତ୍ର ନାହିଁ, ଅବଶିଷ୍ଟ ସବୁଜିମା ଶେଷ ହୋଇସାରିଛି। ଦଣ୍ଡ ବିଧାନର କ୍ରିୟା ଭାବରେ ଦୂରରେ କାହାକୁ ଫାଶି ଦିଆଯାଉଛି ତ ନିର୍ଜନ ଜାଗାରେ କାହାର ଶିର ଛେଦନ କରାଯାଉଛି। କାହା ବେକରେ ପଥର ବାନ୍ଧି ପାଣିକୁ ଫିଙ୍ଗି ଦିଆଯାଇଛି ତ କାହାକୁ ଫୋପାଡ଼ି ଦିଆଯାଉଛି ପାହାଡ଼ ଉପରୁ।

ଶବ ଭର୍ତ୍ତି ପୋଖରୀରେ ମଲା ପଚା ମାଛ। ଗୋଟେ ଦିଗରୁ ମଣିଷ ଖପୁରୀ ବୋଝେଇ ଗୋଟେ ଶଗଡ଼ ଗଡ଼ି ଯାଉଛି। ଶଗଡ଼ ଚକ ତଳେ ବି ଜିଅନ୍ତା ମଣିଷ। ମୃତ୍ୟୁର ଶଗଡ଼ିଆ କିନ୍ତୁ କିଛି ଜାଣିନି। ଛବିର ମଝିରେ ଗୋଟେ କଙ୍କାଳ ପ୍ରବଳ ବେଗରେ ଧୂସର ରଙ୍ଗର ଘୋଡ଼ାରେ ବସି ଗାଈଟି ପରି ଏକ ଅସ୍ତ୍ର ସାହାଯ୍ୟରେ ମାରିଚାଲିଛି ଅନ୍ୟମାନଙ୍କୁ। ଛବିରେ ସମାଜର ସବୁ ଶ୍ରେଣୀର ଲୋକ ଅଛନ୍ତି। ରାଜା ଅଛନ୍ତି, ପ୍ରଜା ଅଛନ୍ତି, ପାରିଷଦ ଅଛନ୍ତି, ଅଛନ୍ତି ସୈନିକ ଓ ସାଧାରଣ କୃଷକ। କିଏ ମୃତ୍ୟୁର ଶୀତଳ ସ୍ପର୍ଶକୁ ନିରୁପାୟ ହୋଇ ଗ୍ରହଣ କରିନେଉଛି ତ କିଏ ପୁଣି ବିରୋଧ କରୁଛି। ରାଜାଙ୍କର ସୁନା ଓ ରୂପା ଭଣ୍ଡାରକୁ ଗୋଟେ କଙ୍କାଳ ଲୁଟ୍ କରୁଛି ଓ ଅନ୍ୟ ଗୋଟେ କଙ୍କାଳ ସମୟ ଘଡ଼ି ଦେଖଉଛି ରାଜାଙ୍କୁ। ହୁଏତ କହୁଛି ରାଜା ତମ ସମୟ ଶେଷ। ଏଥର ଖେଳ ଖତମ୍। ତମ କ୍ଷମତା ଓ ସୁନା ରୂପାର ଏବେ କିଛି ବି ମୂଲ୍ୟ ନାହିଁ। ଠାଏଁ ତୀର୍ଥଯାତ୍ରୀଙ୍କ ଗଳା କଟାଯାଇଛି ଓ ତା' ଉପରକୁ ଧୀବରରୂପୀ କଙ୍କାଳମାନେ ଜାଲରେ ମଣିଷ ଧରୁଛନ୍ତି। ଛବିର ତଳ ଡାହାଣ କୋଣକୁ ସଜା ହୋଇଥିବା ଖାଇବା

ଟେବୁଲର ଉପଯୋଗ ହେଇପାରିନି । ସେଠି ବି କଙ୍କାଳମାନେ ପହଞ୍ଚି ଯାଇଛନ୍ତି । ବିଚରା ବିଦୂଷକ ଭୟରେ ସେଇ ଖାଇବା ଟେବୁଲ୍ ତଳେ ଆଶ୍ରୟ ନେଇଛି । କୌଣସି ଏକ ମଲା ମଣିଷର ମୁଖା ଓ ପୋଷାକ ପିନ୍ଧି ଗୋଟେ କଙ୍କାଳ ସେଉଠୁ ମଦ ଲୁଟି ନେଉଛି । ଟେବୁଲ୍ ପାଖରେ ଜଣେ ସୁନ୍ଦରୀ ମହିଳା ଆଉ ଏକ କଙ୍କାଳର ଶୀତଳ ଆଲିଙ୍ଗନରେ । ତା ପଛକୁ କ୍ରସ୍ ଚିହ୍ନ ଥିବା କାଠ ବାକ୍ସ ପଛରେ ଅନେକ ନରକଙ୍କାଳ ସୈନିକ । ଲାଗୁଛି ନିଷ୍ଠୁର ମୃତ୍ୟୁ ଏଠି ଦୁର୍ଦ୍ଦର୍ଶ ଓ ଅପରାଜେୟ । ମୃତ୍ୟୁର କରାଳ ଗ୍ରାସରୁ କାହାର ବି ମୁକ୍ତି ନାହିଁ । ବାକ୍ସ ପରି ଗୁମ୍ଫା ଭିତରକୁ, ଖୁଆଡ଼କୁ ମେଣ୍ଢାମାନଙ୍କୁ ଅଡ଼େଇ ନେଲା ପରି ଜିଅନ୍ତା ମଣିଷମାନଙ୍କୁ ଅଡ଼େଇ ନେଉଛନ୍ତି ନରକଙ୍କାଳମାନେ ।

ସମଗ୍ର ଛବିରେ ସବୁ ଜିଅନ୍ତା ମଣିଷ ମୃତ୍ୟୁ ସାଙ୍ଗରେ ସଂଘର୍ଷ କରୁଥିବା ବେଳେ ଡାହାଣ କୋଣର ନିମ୍ନରେ ଥିବା ଦୁଇ ପ୍ରେମୀ ଯୁଗଳ ଯେମିତି ସେଇ ସାଧାରଣ ଦୁନିଆରେ ନାହାଁନ୍ତି । ସେମାନେ ଗୀତ ଓ ସଙ୍ଗୀତରେ ମସଗୁଲ ଅଛନ୍ତି । ପରସ୍ପରର ସାହଚର୍ଯ୍ୟ ସେମାନଙ୍କୁ ମୃତ୍ୟୁ ଆତଙ୍କରୁ ଅଲଗା କରି ରଖିଛି । ଯଦିଓ ସେମାନଙ୍କ ଠିକ୍ ପଛରେ ଛିଡ଼ା ହେଇଛି ଗୋଟେ କଙ୍କାଳ । ସେମାନେ ଜାଣି ନଥିଲେ ମଧ ଦର୍ଶକ କିନ୍ତୁ ଜାଣିପାରୁଛି ଅନିବାର୍ଯ୍ୟ ବିପଦରୁ ଏଇ ପ୍ରେମୀ ଯୁଗଳଙ୍କର ମଧ ରକ୍ଷା ନାହିଁ ।

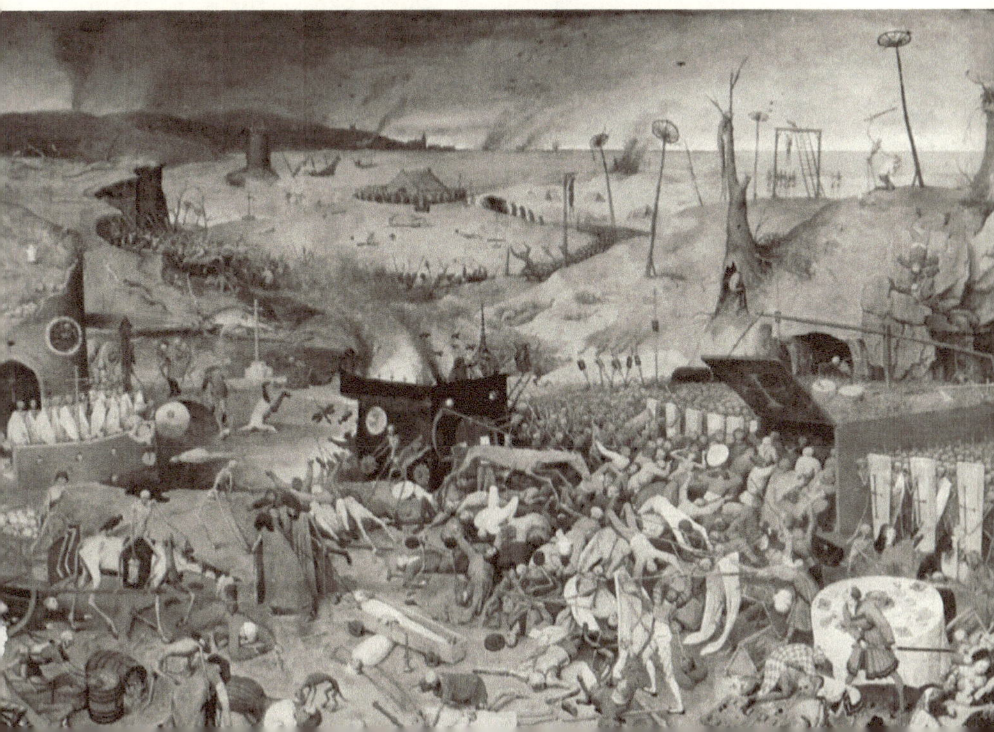

ବ୍ରୁଏଗଲଙ୍କ ଦ୍ୱାରା ଅଙ୍କିତ ଛବି 'ଦ ଟ୍ରାଏମ୍ଫ ଅଫ୍ ଡେଥ୍' (୧୫୬୨)

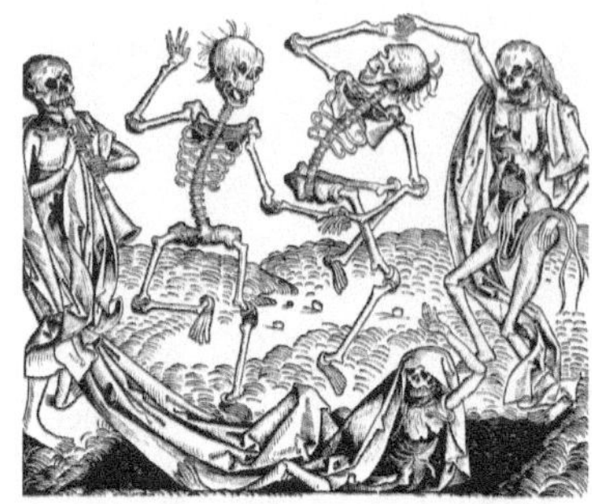

Michael Wolgemutଙ୍କ କାଠ ଖୋଦେଇ
'ମୃତ୍ୟୁନାଚ' (୧୪୯୩)

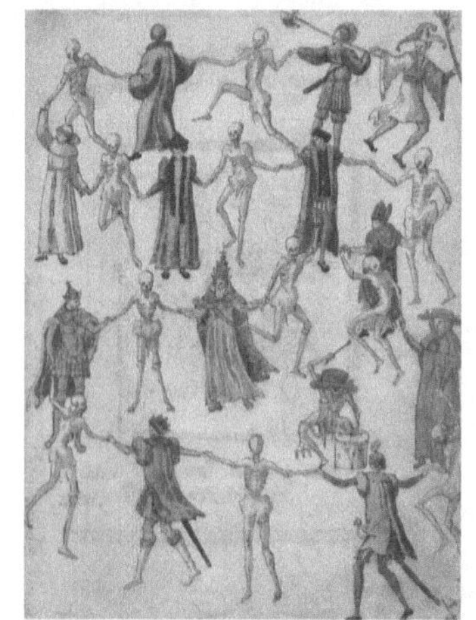

'ମୃତ୍ୟୁନାଚ', ନାମ ଅଜଣା ଜର୍ମାନ ଚିତ୍ରଶିଳ୍ପୀ,
୧୬ଶ ଶତାବ୍ଦୀ

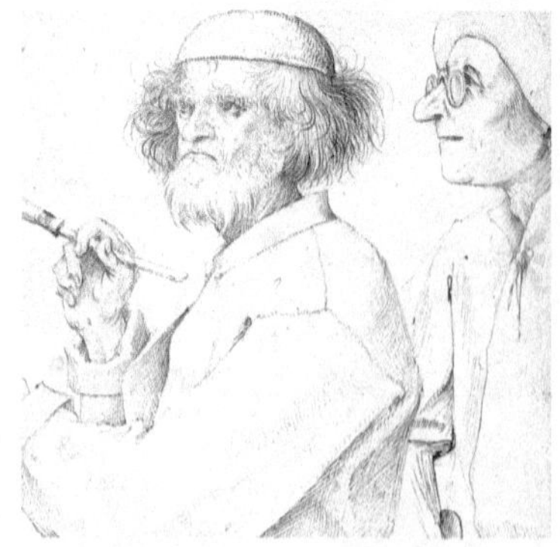

ପିଟର ବ୍ର‍ଏଗଲ ୧୫୨୫–୧୫୩୦

ଛବିର ଉପର ଡାହାଣ କୋଣରେ କେତେଜଣ ଶୁଖେଲା ଗଛରେ ଘଣ୍ଟି ବଜାଉଛନ୍ତି । ଏହା କ'ଣ ମୃତ୍ୟୁର ସତର୍କ ଘଣ୍ଟି କି ? ସମଗ୍ର ଛବିରେ ସମାନ୍ତରାଲ ଭାବରେ ଦୁଇଟି ଘଟଣା ଘଟୁଛି । ପ୍ରଥମ ଘଟଣାଟି ହେଲା, ଛବିର ମଝାମଝି ଧୂସର ଘୋଡ଼ାରେ ନରକଙ୍କାଳ ରୂପୀ ମୃତ୍ୟୁ ତା'ର ତାଣ୍ଡବ ରଚନା କରୁଛି । ଅନ୍ୟ ଘଟଣାଟି ହେଲା, ମୃତ୍ୟୁର ଲଙ୍ଗଲା ନାଚ ଭିତରେ ଜୀବନ ତଥାପି ବଞ୍ଚିବାକୁ ପ୍ରଯନ୍ କରୁଛି ।

ବ୍ର‍ଏଗଲ ଏଇ ଛବି କରିବା ଆଗରୁ ଅନେକ ଶିଳ୍ପୀ ମୃତ୍ୟୁନାଚର ଛବି କରିଛନ୍ତି । ଜର୍ମାନ ଚିତ୍ରଶିଳ୍ପୀ ଓ ପ୍ରିଣ୍ଟମେକର Michael Wolgemut ୧୪୯୩ରେ ତାଙ୍କର 'ମୃତ୍ୟୁନାଚ' ନାମକ ଏକ ଉଡ୍ ପ୍ରିଣ୍ଟରେ ନରକଙ୍କାଲମାନଙ୍କୁ ଖୋଦନ କରିଥିଲେ, ଯେଉଁଠି ମୃତ୍ୟୁକୁ ନରକଙ୍କାଲ ରୂପରେ ଅଙ୍କା ଯାଇଛି । ବ୍ର‍ଏଗଲ ଉଭୟେ Michael Wolgemutଙ୍କ ଡେଥ୍ ଡ୍ୟାନ୍ସ ଓ Hieronymous Boschଙ୍କ ଛବି ଦ୍ୱାରା ପ୍ରଭାବିତ । ଅନୁମାନ କରାଯାଏ ଯେ, ବ୍ର‍ଏଗଲ ମହାମାରୀ ବ୍ୟାପିବାର ଏକ ନୈତିକ ପକ୍ଷ ନେଇ ଛବିଟିକୁ ଆଙ୍କିଥିଲେ । ମହାମାରୀ କେମିତି ଓ କେଉଁଠି ବ୍ୟାପେ ଏବଂ ସେ ସମୟରେ ଲୋକମାନଙ୍କର ବ୍ୟବହାର କେମିତି ହେଇଥାଏ, ସେସବୁ ତଥ୍ୟ ଛବିରେ ରହିଛି । ଏକଥା ନୁହେଁ ଯେ, ଛବିରେ ଚିତ୍ରିତ ସବୁ ନରକଙ୍କାଲ ମରିଯାଇଛନ୍ତି କି ସେମାନେ କୈଶସି ଏକ

ଅଧ୍ୱଭୌତିକ ଜଗତର ବାସିନ୍ଦା। ପ୍ରକୃତରେ, ଅନେକ ସେଥିରୁ ଜୀବନ୍ତ ଓ ମୃତ୍ୟୁର ଦୂତ ଭାବରେ କାର୍ଯ୍ୟରତ।

ବିଗତ କରୋନା ମହାମାରୀର ପ୍ରେକ୍ଷାପଟରେ ବ୍ରଏଗଲଙ୍କ ଏଇ ଛବିକୁ ଭଲ ଭାବରେ ବ୍ୟାଖ୍ୟା କରାଯାଇପାରେ। ମୁଁ ସ୍ଥିର ନିଶ୍ଚିତ ଯେ, ଛବିଟିକୁ ଆପଣ ଯେତେ ଯେତେ ନିରୀକ୍ଷଣ କରିବେ ସେତେ ସେତେ ବୁଝିପାରିବେ ଆଜିର ସମୟକୁ। ରାଜା, ପାରିଷଦ, ବିଦୂଷକ, ତୀର୍ଥଯାତ୍ରୀ, ସମ୍ଭ୍ରାନ୍ତ ଗୋଷ୍ଠୀ, ସୈନିକ ଓ ସାଧାରଣ ଜନତା, ସମସ୍ତଙ୍କୁ ଚିହ୍ନି ବି ପାରିବେ। ନିଜକୁ ପାଇବେ ଓ ନିଜ ପାଖ ଲୋକମାନଙ୍କୁ ବି ପାଇଯିବେ। ସମୟ ହୁଏତ ବଦଳି ଯାଇଛି କିନ୍ତୁ ଏତେ ଶହ ବର୍ଷ ପରେ ବି ଛବିର ଆବେଦନ କିନ୍ତୁ ବଦଳିନି। ହଁ, ଗୋଟେ ଲମ୍ବା ଉପନ୍ୟାସ ଲେଖା ହେଲା ପରି, ଅଙ୍କା ଯାଇଥିବା ବ୍ରଏଗଲଙ୍କ ଏଲ 'ଦ ଟ୍ରାଏମ୍ଫ ଅଫ୍ ଡେଥ୍' ଛବିକୁ ଧୈର୍ଯ୍ୟର ସହ ସତର୍କତାର ସହ ଇଞ୍ଚ ଇଞ୍ଚ କରି ଦେଖିବାକୁ ହେବ। କୌଣସି ମୁଖ୍ୟ କିମ୍ବା ଗୌଣ ଚରିତ୍ର ଅବା ଘଟୁଥିବା ଘଟଣା ଆଖିରୁ ଖସି ନ ଯାଆନ୍ତି ଯେମିତି। କାରଣ ମନେ ରଖିବାକୁ ହେବ ଯେ ଏ ଛବିରେ କେହି ବି ଗୌଣ ନୁହନ୍ତି।

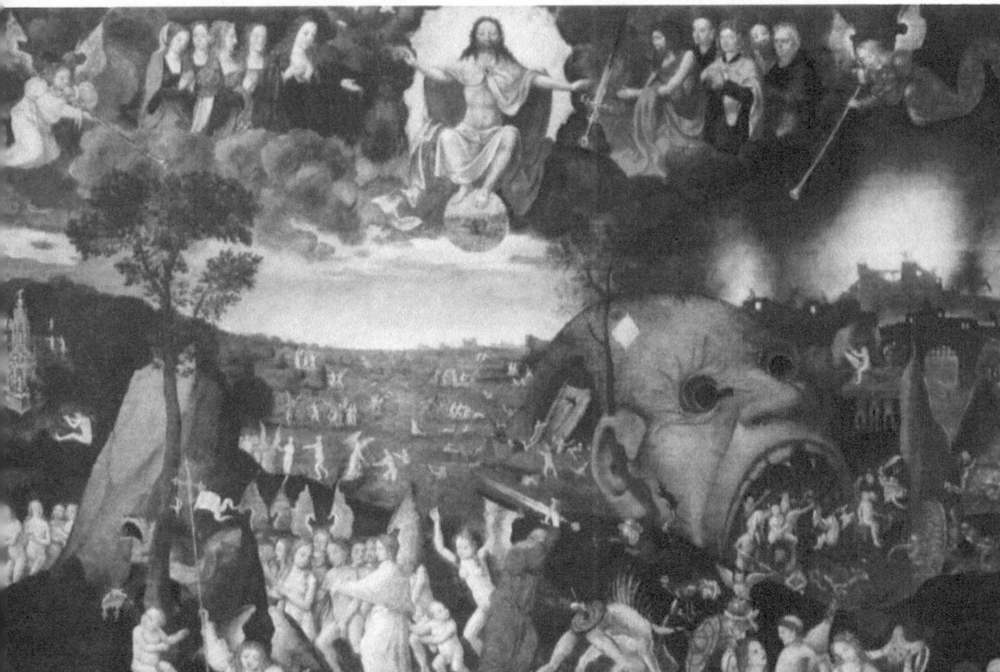

‘ଦି ଲାଷ୍ଟ ଜଜ୍‌ମେଷ୍ଟ’ ୧୫୦୬–୧୫୦୮, Hieronymus Bosch

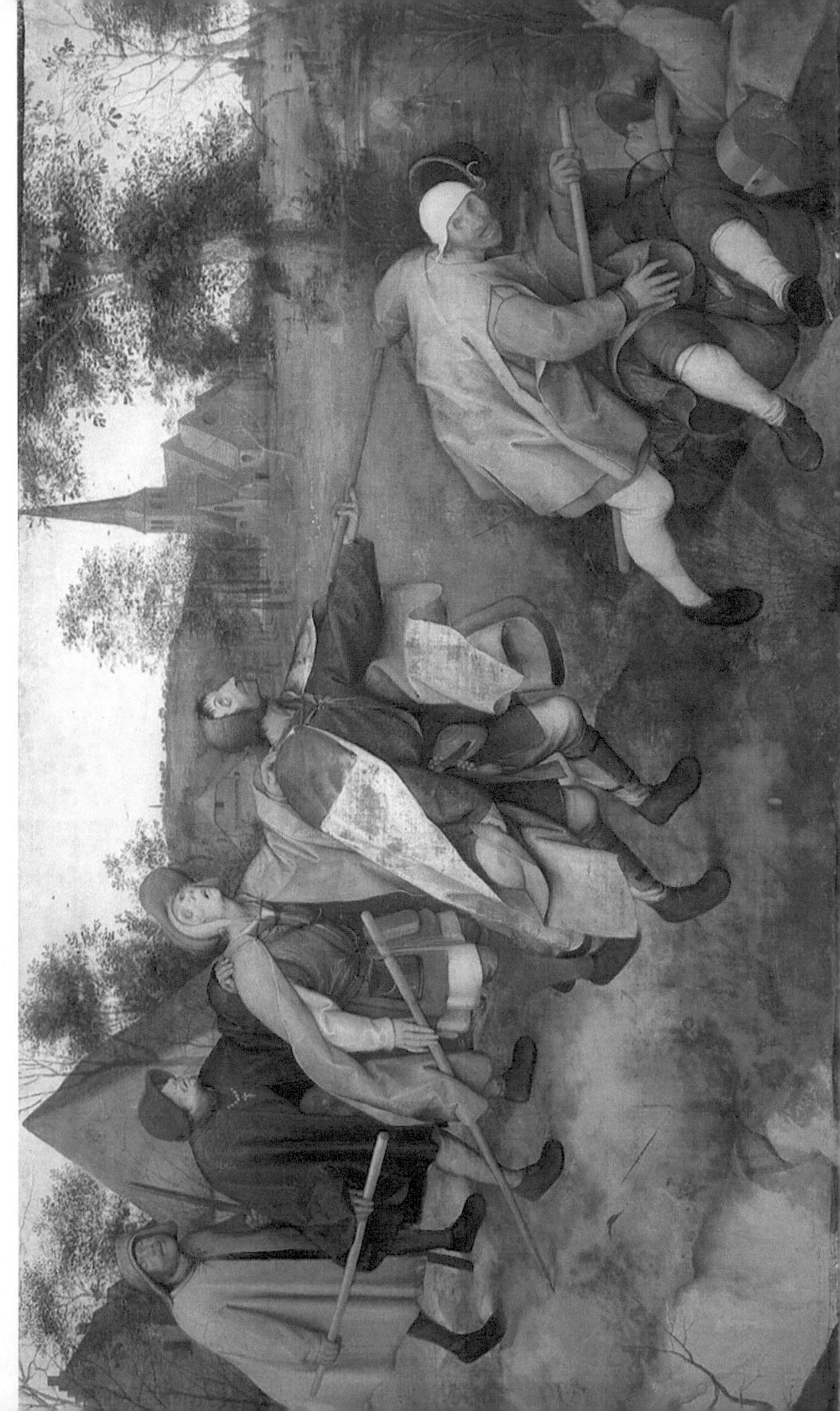

ଅନ୍ଧ ବାଟ ଦେଖାଉଛି ଅନ୍ଧକୁ

ନେଦରଲ୍ୟାଣ୍ଡର ଚିତ୍ରଶିଳ୍ପୀ ପିଟର ବ୍ରୁଏଗଲ୍ ଏଇ ଚମତ୍କାର ଛବିଟିକୁ ଆଙ୍କିଥିଲେ ୧୫୬୮ ମସିହାରେ। ଛବିର ଶୀର୍ଷକ ହେଲା 'ଦି ବ୍ଲାଇଣ୍ଡ ଲିଡିଙ୍ଗ ଦି ବ୍ଲାଇଣ୍ଡ'। ମାନେ ଅନ୍ଧ ବାଟ ଦେଖାଉଛି ଅନ୍ଧକୁ। ଛବିରେ ଅଛି ଛଅ ଜଣ ଅନ୍ଧ ଦିବ୍ୟାଙ୍ଗ ମଣିଷ ପଛକୁ ପଛ ଧରାଧରି ହେଇ ରାସ୍ତା ପାରହେଉଛନ୍ତି। ସେମାନଙ୍କର ଗୋଟେ ପଟରେ ଅଛି ନଈ ଓ ଅନ୍ୟ ପଟରେ ଅଛି ଗୋଟେ ଗାଁ ଏବଂ ଗୋଟେ ଚର୍ଚ୍ଚ। ଆଗରେ ଚାଲୁଥିବା ଓ ଅନ୍ୟ ଅନ୍ଧ ମଣିଷମାନଙ୍କୁ ବାଟ କଢ଼େଇ ନେଉଥିବା ଅନ୍ଧ ମଣିଷଟି ଏବେ ଗୋଟେ ଖାଇରେ ପଡ଼ିସାରିଛି। ତାକୁ ଅନୁସରଣ କରୁଥିବା ଅନ୍ଧମାନଙ୍କର ଅବସ୍ଥା ବୁଝାଯାଇପାରେ। ପ୍ରଥମ ଜଣକ ପଡ଼ିସାରିଲା ପରେ ଅନ୍ୟମାନେ ଭୂପତିତ ହେବାର ମୁହୂର୍ତ୍ତକୁ ହିଁ ଶିଳ୍ପୀ ତାଙ୍କ ଛବିରେ ଆଙ୍କିଛନ୍ତି। ବ୍ରୁଏଗଲ୍ ଏ ଛବିର ଧାରଣା ବାଇବେଲର ନ୍ୟୁ-ଟେଷ୍ଟାମେଣ୍ଟରୁ ଆଣିଥିଲେ। ନିଜ ମୃତ୍ୟୁର ମାତ୍ର ଗୋଟେ ବର୍ଷ ଆଗରୁ ସେ ଏଇ ଛବିଟିକୁ ୧୫୬୭ରେ ତାଙ୍କ ଦେଶରେ ଘଟିଥିବା ରାଜନୈତିକ ପରିସ୍ଥିତିକୁ ହୁଏତ କଟାକ୍ଷ କରି ଆଙ୍କିଥିଲେ।

୧୬୧୧ ମସିହାରେ ଇଟାଲୀୟ କାଉଣ୍ଟ Giovan Battista Masi ତତ୍କାଲୀନ ଡ୍ୟୁକ୍ଙ୍କ ବିରୁଦ୍ଧରେ ଷଡ଼ଯନ୍ତ୍ର ରଚନା କରିଥିଲେ। ଷଡ଼ଯନ୍ତ୍ର ଧରାପଡ଼ିଲା ପରେ ସହରର ଏକ ଛକରେ ମାସି ଓ ତାଙ୍କ ସହ ଥିବା ଅନ୍ୟ ଛଅଜଣଙ୍କ ମୁଣ୍ଡ କାଟ ହେଇଥିଲା। ସରକାରୀ ଅଧିକାରୀମାନେ ତାପରେ ଯେତେବେଳେ ମାସିଙ୍କ ସମ୍ପତ୍ତି ବାଜ୍ୟାପ୍ତ କରିବାକୁ ପହଞ୍ଚିଲେ, ସେତେବେଳେ ତାଙ୍କ ଘରେ ଛବି ଗୋଟେ ପାଇଥିଲେ। ପାଇଥିବା ସେଇ ଛବିଟି ଥିଲା ବ୍ରୁଏଗଲଙ୍କ 'ଦି ବ୍ଲାଇଣ୍ଡ ଲିଡିଙ୍ଗ ଦି ବ୍ଲାଇଣ୍ଡ'। ଛବିଟି ନେଦରଲ୍ୟାଣ୍ଡରୁ ବହୁଆଗରୁ ଇଟାଲୀ ଯାଇସାରିଥିଲା। କେମିତି ଯାଇଥିଲା, ତା'ର କିଛି ନିର୍ଦ୍ଦିଷ୍ଟ କାରଣ ଅବଶ୍ୟ ଜଣାପଡ଼ିନି। ତଥାପି ତଥ୍ୟ ଅନୁସାରେ Giovan Battista Masiଙ୍କ ବାପା Cosimo ୧୫୯୫ରେ ନେଦରଲ୍ୟାଣ୍ଡରୁ ଫେରିଲା ବେଳକୁ

ଅନେକଗୁଡ଼େ ଛବି ସାଙ୍ଗରେ ନେଇଯାଇଥିଲେ। ତାଆରି ଭିତରେ ହୁଏତ 'ଦି ବ୍ଲାଇଣ୍ଡ ଲିଡିଙ୍ଗ ଦି ବ୍ଲାଇଣ୍ଡ' ଛବି ବି ଥିଲା।

'ଦି ବ୍ଲାଇଣ୍ଡ ଲିଡିଙ୍ଗ ଦି ବ୍ଲାଇଣ୍ଡ' ଛବିର ଆକାର ହେଉଛି ୩୪ ଇଞ୍ଚ ଗୁଣନ ୬୧ ଇଞ୍ଚ। ଲିନେନ୍ କ୍ୟାନ୍‍ଭାସ୍ ଉପରେ ବ୍ରଏଗଲ ପଞ୍ଚଦଶ ଶତାଦୀରେ ବ୍ୟବହାର ହେଉଥିବା ଡିସ୍ଟେମ୍ପରରେ ଛବିଟିକୁ ଆଙ୍କିଥିଲେ। ଏହା ରଙ୍ଗ ପ୍ରୟୋଗର ଏକ ବିଶେଷ କୌଶଳ, ଯାହାକୁ ସେତେବେଳର ନେଦରଲ୍ୟାଣ୍ଡର ଚିତ୍ରଶିଳ୍ପୀମାନେ ପ୍ରୟୋଗ କରୁଥିଲେ। ତୈଲରଙ୍ଗ ଠାରୁ ଶସ୍ତା ପଡୁଥିବାରୁ ଅନେକ ଏହାକୁ ବ୍ୟବାହାର କରିବାକୁ ପସନ୍ଦ କରୁଥିଲେ। ସେଇ କାରଣରୁ ହିଁ ସେ ସମୟର ଅନେକ ଛବି ନଷ୍ଟ ହେଇସାରିଛି। ଭଲରେ ରକ୍ଷଣାବେକ୍ଷଣା ଯୋଗୁ କିଛି ଅବଶ୍ୟ ବଞ୍ଚିରହିଛି। ସେଥିରୁ ପିଟର ବ୍ରଏଗଲଙ୍କ 'ଦି ବ୍ଲାଇଣ୍ଡ ଲିଡିଙ୍ଗ ଦି ବ୍ଲାଇଣ୍ଡ' ଅନ୍ୟତମ।

ନିରୀକ୍ଷଣ କଲେ ଜଣାପଡ଼େ ଛବିରେ ଥିବା ଛଅ ଜଣ ଅନ୍ଧ ଲୋକ ସମାନ କାରଣରୁ ଅନ୍ଧ ନୁହଁନ୍ତି। ଜଣକୁ କର୍ନିଆଲ୍ ଲ୍ୟୁକୋମା ତ ଆଉ ଜଣଙ୍କର ଆଖି ଜାଗାରେ କେବଳ କୋରଡ଼। ଆଉ କିଏ ଆଉ କିଛି ଅଲଗା କାରଣରୁ ଅନ୍ଧ। ଆଗରୁ ଛବିରେ ଅନ୍ଧ ଲୋକଙ୍କୁ ଆଙ୍କିଲା ବେଳେ ତା'ର ଆଖିକୁ ସାଧାରଣତଃ କେବଳ ବନ୍ଦ କରି ଅଙ୍କା ଯାଇଥିଲା। କିନ୍ତୁ ଏଠି ବ୍ରଏଗଲ ଅନ୍ଧଲୋକଙ୍କୁ ସେମାନଙ୍କ ଅନ୍ଧତ୍ୱର କାରଣ ସହ ଉପସ୍ଥାପନ କରିଛନ୍ତି। ବ୍ରଏଗଲ ତାଙ୍କ ଛବିରେ ଅନେକ ଟିକିନିଖି କଥାକୁ ଗୁରୁତ୍ୱ ଦେଇଥା'ନ୍ତି। ଏଠାରେ ମଧ ସେଇକଥା କରିଛନ୍ତି। ଧାଡ଼ି ବାନ୍ଧି ବାଟ ଚାଲୁଥିବା ଅନ୍ଧମାନଙ୍କ ପଛରେ ଅଛି ଗୋଟେ ଚର୍ଚ୍ଚ। ପରେ ଗବେଷକମାନେ ସେ ଚର୍ଚ୍ଚଟି ଯେଉଁ ଗାଁ'ରେ ଅଛି ତାକୁ ଖୋଜି ବାହାର କରିଥିଲେ। ଛବିରେ ଅଙ୍କାଯାଇଥିବା ଚର୍ଚ୍ଚ ବୋଧହୁଏ କଳା ଇତିହାସରେ ସବୁଠୁ ଅଧିକ ଆଲୋଚିତ ଚର୍ଚ୍ଚ। ଛବିରେ ତା'ର ଅବସ୍ଥିତି ଓ ତା'ର କାରଣ ଏବଂ ବାସ୍ତବରେ ତା'ର ଅବସ୍ଥିତିକୁ ନେଇ ବେଶ୍ ରୋଚକ ଆଲୋଚନା ଓ ଗବେଷଣା ସବୁ ହେଇଛି। ଛବିରେ ଥିବା ସେଇ ଆନା ଚର୍ଚ୍ଚଟି ଏବେ ଆଧୁନିକ ବେଲ‍ଜିୟମ‍ର Dilbeekରେ ଅଛି।

ବ୍ରଏଗଲଙ୍କ ଅନେକ ମୂଳ ଛବିକୁ ତାଙ୍କ ପୁଅ ବ୍ରଏଗଲ ଜୁନିୟର ପରେ କପି କରିଥିଲେ। 'ଦି ବ୍ଲାଇଣ୍ଡ ଲିଡିଙ୍ଗ ଦି ବ୍ଲାଇଣ୍ଡ' ଛବିରେ ଦିଶୁନଥିବା କିଛି ଅଂଶ ବ୍ରଏଗଲ ଜୁନିୟରଙ୍କ କପି କାମରେ ସ୍ଵଷ୍ଟ ଭାବରେ ଦୃଶ୍ୟମାନ। ଯେମିତି ଚର୍ଚ୍ଚ ଆଗରେ ଜଣେ ମଣିଷ ଓ ଗୋଟେ ଗାଛ ଯାହାକି ମୂଳ ଛବିରେ କ୍ରମେ ଲିଭି ଆସିଲାଣି ଓ ପ୍ରାୟତଃ ଆଉ ଦେଖାଯାଉନି। କପି କାମଟିକୁ ମୂଳ କାମ ଠାରୁ ଟିକେ ବଡ଼ କରି ଆଙ୍କିଥିଲେ ବ୍ରଏଗଲ ଜୁନିୟର।

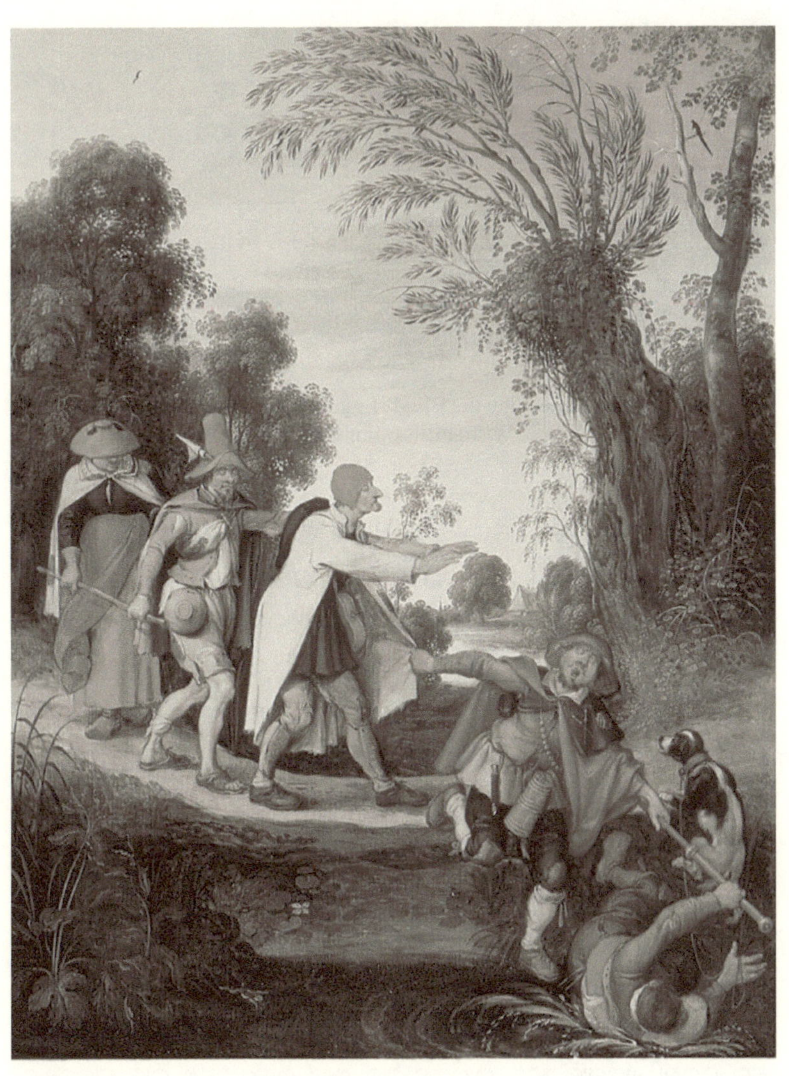

'The Blind Leading The Blind', Sebastiaen Vrancx, 17th century

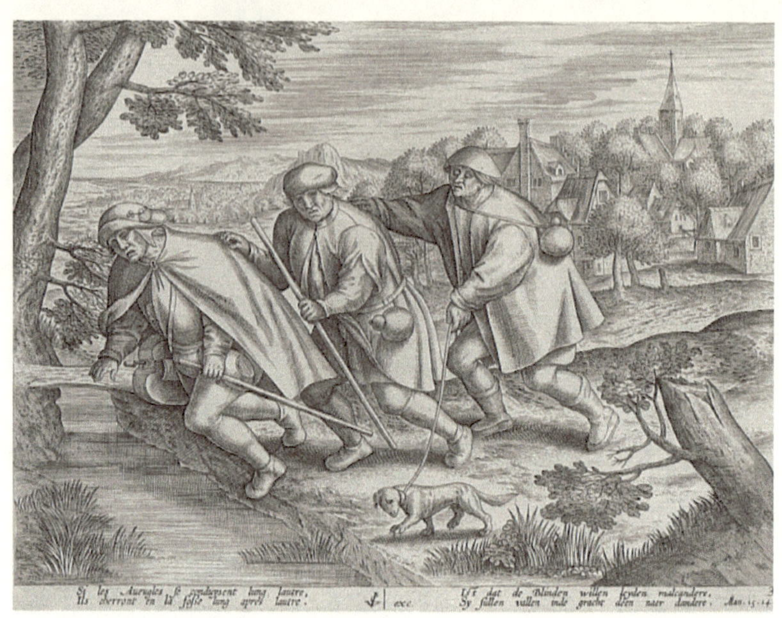

Unknown, 'Blind Leading the Blind', Engraving on laid paper. Clark Art Institute, William J Collins Collection, 1960

ଛବିରେ ଥିବା ଅନ୍ଧମାନଙ୍କର ଧାଡ଼ିର ଆଗ ଲୋକଟି ତଳେ ପଡ଼ିଗଲା ପରେ ଧାଡ଼ି ଭାଙ୍ଗିଯାଇଛି। ଆଗ ଦୁଇ ଲୋକ, ପଛ ଚାରି ଲୋକଙ୍କ ଠାରୁ ଅଲଗା ହୋଇଯାଇଛନ୍ତି। ସେଇ ଫାଙ୍କରେ ଦିଶୁଛି ଚର୍ଚ୍ଚ। ଅଲଗା ହେଇ ଯାଇଥିଲେ ମଧ ପରସ୍ପର ଭିତରେ ଥିବା ସଂଯୋଗ କିନ୍ତୁ ତଥାପି ବିଚ୍ଛିନ୍ନ ହେଇନି। ଦ୍ବିତୀୟ ଲୋକ ବାମ ହାତରେ ଧରିଥିବା କାଠ ବାଡ଼ିକୁ ତୃତୀୟ ଲୋକ ତା' ବାମ ହାତରେ ଜାବୁଡ଼ି ଧରିଛି। ତୃତୀୟ ଲୋକର ଡାହାଣ କାନ୍ଧରେ ବାମ ହାତକୁ ରଖିଛି ଚତୁର୍ଥ ଲୋକ। ଚତୁର୍ଥ ଲୋକର ଡାହାଣ କାନ୍ଧ ଉପରେ ଆପଣା ବାମ ହାତ ରଖିଛି ପଞ୍ଚମ ଲୋକ। ପଞ୍ଚମ ଓ ଷଷ୍ଠ ଲୋକ ପରସ୍ପରକୁ ଗୋଟେ ବାଡ଼ି ଦ୍ବାରା ସଂଯୁକ୍ତ କରିଛନ୍ତି। ଛଅ ଲୋକଙ୍କ ପାଖରେ ପାଞ୍ଚଟି କାଠ ବାଡ଼ି ବା ଠେଙ୍ଗା ଅଛି।

ବ୍ରୁଏଗଲ୍ ପ୍ରଥମ କରି ଏପରି ଅନ୍ଧ ଲୋକଙ୍କ ଇଡିୟମ୍ ଏଇ ଛବିରେ ବ୍ୟବହାର କରିଛନ୍ତି ସେପରି ନୁହେଁ। ଅନ୍ଧମାନେ ଧରାଧରି ହେଇ ଯିବାର ଦୃଶ୍ୟ, ବ୍ରୁଏଗଲ୍ ତାଙ୍କର ଅନ୍ୟ ପୁରୁଣା ଛବିରେ ମଧ ଆଗରୁ ଆଙ୍କିଛନ୍ତି। ତେବେ ୧୫୫୦ର ଏକ ପୁରୁଣା ଏନ୍‌ଗ୍ରାଭିଙ୍ଗରେ ଚାରିଜଣ ଅନ୍ଧ ବାଟ ଚାଲୁଥିବା ଓ ବାଟ କଢ଼ଉଥିବା ଅନ୍ଧ ଲୋକଟି ପଡ଼ିଯିବାର ଚିତ୍ର ରହିଛି। ସେଠରେ ପ୍ରଥମ ଲୋକଟି ତଳେ ପଡ଼ିସାରିଛି ଓ ତାକୁ ଅନୁସରଣ କରୁଥିବା ଅନ୍ୟମାନେ ପଡ଼ିବେ ପଡ଼ିବେ ଅବସ୍ଥାରେ ରହିଛନ୍ତି।

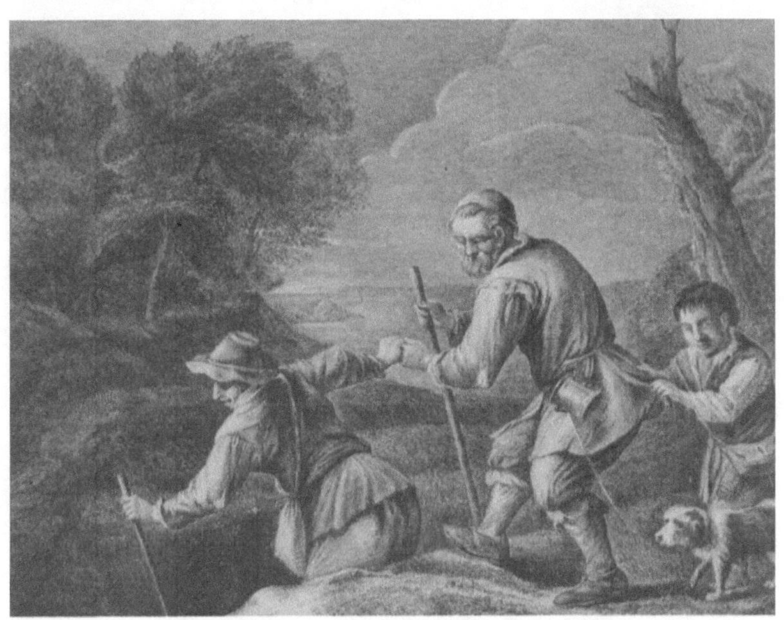

'The Blind Leading the Blind', Tintoretto

ଅନୁମାନ କରାଯାଏ, ହୁଏତ ବ୍ରୁଏଗଲ୍ ଏଇ ଏନଗ୍ରାଭିଙ୍କୁ ଦେଖିଥାଇପାରନ୍ତି ଓ ସେଉଠୁ ଧାରଣାଟିକୁ ନେଇଥାଇପାରନ୍ତି ।

ଷୋଡ଼ଶ ଶତାବ୍ଦୀର ୟୁରୋପରେ ଅନ୍ଧତ୍ୱରେ ଅନେକ ଲୋକ ଶିକାର ହେଉଥିଲେ । ବିଭିନ୍ନ ପ୍ରକାରର ଚକ୍ଷୁ ରୋଗରେ ଲୋକେ ଦୃଷ୍ଟିଶକ୍ତି ହରାଉଥିଲେ । ତାପରେ ଅପରାଧୀମାନଙ୍କୁ ମଧ୍ୟ ସେ ସମୟରେ ଦଣ୍ଡ ଭାବରେ ଚକ୍ଷୁହୀନ କରାଯାଉଥିଲା । ଅନ୍ଧ ଲୋକମାନେ କାମଧନ୍ଦା କରି ନପାରି ପ୍ରାୟତଃ ଭିକ୍ଷାବୃତ୍ତି କରୁଥିଲେ ଓ ଛୋଟ ଛୋଟ ଅପରାଧ ବି କରୁଥିଲେ । ସ୍ଥାନୀୟ ଲୋକବିଶ୍ୱାସରେ ଅନ୍ଧ ହେବାକୁ ଖରାପ କର୍ମଫଳର ପରିଣାମ ଭାବରେ ଗ୍ରହଣ କରାଯାଉଥିଲା । ତେଣୁ ସେଇ କାରଣରୁ ସେ ସମୟରେ ଅନ୍ଧମାନଙ୍କ ପ୍ରତି ସେତେଟା ଅନୁକମ୍ପା ମଧ୍ୟ ନଥିଲା । ଏଠି ଚିତ୍ରରେ ସ୍ଥାନ ପାଇଥିବା ଅନ୍ଧମାନେ ବେଶଭୂଷାରୁ ଭିକାରୀ ପରି ମନେହେଉଛନ୍ତି ଓ କୌଣସି ଏକ ସ୍ଥାନକୁ ଯାଉଥିବା ପରି ଲାଗୁଛନ୍ତି । ଅନ୍ଧମାନେ ପରସ୍ପରକୁ ଧରି ରଖିବାକୁ ହାତରେ କାଠର ବାଡ଼ି ଧରିଛନ୍ତି । ହାତରେ ପାରମ୍ପରିକ ବାଦ୍ୟଯନ୍ତ ବି ରହିଛି । ସେ ସମୟରେ ସାଧାରଣରତଃ ଭିକାରିମାନେ ଏପରି ବାଦ୍ୟଯନ୍ତକୁ ଧରିଥା'ନ୍ତି ।

କୁଆଡ଼େ ଯାଉଛନ୍ତି ସେମାନେ ? ନିଜ ନିଜର ଭଲ ପୋଷାକପତ୍ର ପିନ୍ଧି ଅନ୍ଧମାନେ ତୀର୍ଥଯାତ୍ରାରେ ବାହାରିଛନ୍ତି କି ? ଲାଗୁଛି ସେ ସ୍ଥାନଟି ସେମାନଙ୍କ ପାଇଁ

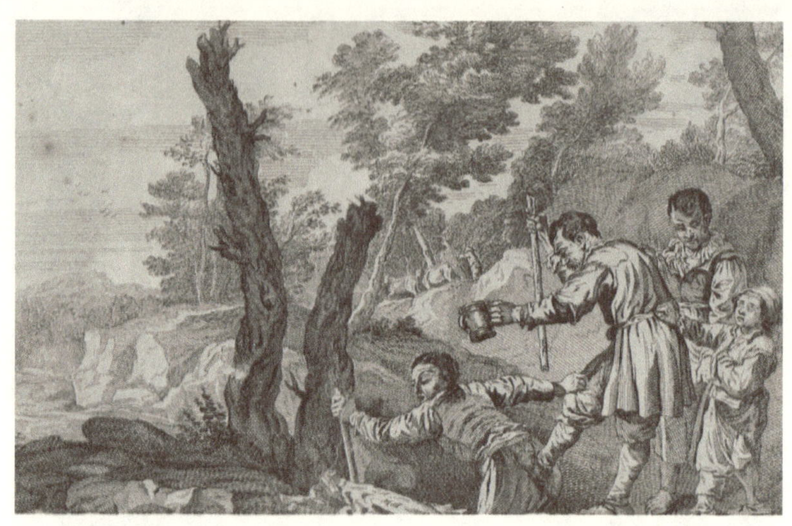

Domenico Feti (Painter) ; G. C. Boel (Engraver)

ନୂଆ । ଖାଲରେ ପଡ଼ିଯିବା କାରଣରୁ ଲାଗୁଛି ଏଇ ରାସ୍ତା ସାଙ୍ଗରେ ସେମାନେ ଆଦୌ ଅଭ୍ୟସ୍ତ ନୁହଁନ୍ତି । ଛବିଟିକୁ ବିଭିନ୍ନ ସମୟରେ ଭିନ୍ନ ଭିନ୍ନ ସମାଲୋଚକ ବିଭିନ୍ନ ଦୃଷ୍ଟିକୋଣରୁ ବିଚାର କରିଛନ୍ତି । ପିତର ବ୍ରୁଏଗଲ୍ ଏକ ସାଧାରଣ ଲୋକକଥାରେ ପ୍ରଚଲିତ ବାକ୍ୟକୁ ନେଇ ଛବି କରିଛନ୍ତି ନା ତା' ପଛରେ ଆହୁରି କିଛି ଗୂଢ଼ କଥା ଓ ଗୁରୁତ୍ୱପୂର୍ଣ୍ଣ ଆଧ୍ୟାମ୍ନିକ ଦର୍ଶନ ରହିଛି ? ସେ ସତସତିକା ଆଖି ନଥିବା ଅନ୍ଧଙ୍କ କଥା କହିଛନ୍ତି ନା ଆଧ୍ୟାମ୍ନିକ ଭାବରେ ଈଶ୍ୱରଙ୍କ କୃପାରହିତ ଆଖି ଥାଇ ଅନ୍ଧମାନଙ୍କ କଥା କହିଛନ୍ତି ? ଆଖି ଥାଇ ଅନ୍ଧ ସେବେ ବି ଥିଲେ ଓ ଏବେ ବି ଅଛନ୍ତି । ଏଠି ଛବିରେ ଅନ୍ଧ ଲୋକମାନଙ୍କ ଠିକ ପଛରେ ରହିଛି ଗୋଟେ ଚର୍ଚ୍ଚ । ନା ଚର୍ଚ୍ଚର କିଛି ବି ଗୁରୁତ୍ୱ ନାହିଁ ? ପିଟର ବ୍ରୁଏଗଲ୍‌ଙ୍କ ଅନ୍ୟ ଛବିରେ ବି ଚର୍ଚ୍ଚ ରହିବା ପରି ଏଠାରେ ବି ଅଛି କି ? ଲୋକମାନଙ୍କୁ ଧର୍ମର ରାସ୍ତା ଦେଖାଉଥିବା ଚର୍ଚ୍ଚ କ'ଣ କମି ଅନ୍ଧ କି ? ସେ ସମୟରେ ଦେଶର ରାଜନୈତିକ ଅବସ୍ଥା ଭଲ ନଥିଲା । ସ୍ପେନୀୟ ଉପନିବେଶବାଦର ଶିକାର ହେଇଥିଲେ ଦେଶର ଲୋକେ । ଅନ୍ୟାୟ ଅତ୍ୟାଚାର ଚରମ ସୀମାରେ ଥିଲା । ହୁଏତ ବ୍ରୁଏଗଲ୍ ତାଙ୍କ ସମୟର ରାଜନୈତିକ ଅବସ୍ଥାକୁ ଦର୍ଶାଇବାକୁ ଏହି ଛବିରେ କିଛି ସୂତ୍ର ଛାଡ଼ିଯାଇଛନ୍ତି କି ?

ଜଣେ ଅନ୍ଧ ଅନ୍ୟ ଏକ ଅନ୍ଧକୁ ବାଟ କଡ଼େଇନେବା କଥାଟି ଏକ ଇଡିୟମ୍ ଓ ମେଟାଫର ଭାବରେ ଅନେକତ୍ର ବ୍ୟବହୃତ । ମୂର୍ଖ ପାଖକୁ ଜ୍ଞାନଲାଭ ଆଶାରେ ଗଲେ କେବଳ ମୂର୍ଖତାପୂର୍ଣ୍ଣ ଜ୍ଞାନ ହିଁ ପ୍ରାପ୍ତ ହେବ । ଅନ୍ଧ, ଅନ୍ଧକୁ ବାଟ ଦେଖାଇବା ଇଡିୟମ୍ ଆମ 'କଠୋପନିଷଦ'ରେ ରହିଛି, ବୌଦ୍ଧ ଦର୍ଶନରେ ମଧ୍ୟ ରହିଛି । ଆଧୁନିକ

ସମୟରେ ମଧ୍ୟ ଏଇ ବହୁପ୍ରଚଳିତ ଇଡିୟମ୍‌କୁ ନେଇ ଅନେକ ସାହିତ୍ୟ ଓ ଚିତ୍ର ରଚନା ହେଇଛି । ବର୍ତ୍ତମାନର ସମୟକୁ ଠିକ୍‌ରେ ବୁଝିବାକୁ ଏହାଠାରୁ ଅଧିକ କିଛି ଭଲ ଉଦାହରଣ ଆଉ କିଛି ଅଛି କି ? ଅତୀତରୁ ବର୍ତ୍ତମାନ ପର୍ଯ୍ୟନ୍ତ ବ୍ରୁଏଗଲଙ୍କ ଛବିର ପ୍ରାସଙ୍ଗିକତା ରହିଛି । Gert Hofmann ନାମକ ଜଣେ ଜର୍ମାନ ଲେଖକ ୧୯୮୫ରେ ଏକ ଉପନ୍ୟାସ ପ୍ରକାଶ କରିଥିଲେ । ତା'ର ଇଂରାଜୀ ଅନୁବାଦ 'The Parable of the Blind' ନାମରେ ୧୯୮୯ରେ ପ୍ରକାଶିତ ହେଇଥିଲା । ଦଶ ଅଧ୍ୟାୟ ବିଶିଷ୍ଟ ଏହି ଛୋଟିଆ ଉପନ୍ୟାସର କାହାଣୀଟି ବଡ଼ ଚମତ୍କାର । ଘଟଣାଟି ହେଲା, ଥରେ ଜଣେ ଚିତ୍ରଶିଳ୍ପୀ ତା'ର ଛବି ଅଙ୍କା ପାଇଁ ଛଅ ଜଣ ଅନ୍ଧ ଲୋକଙ୍କୁ ଭଡ଼ାରେ ଡକେଇଲା । ବାଟରେ ଅନ୍ଧମାନଙ୍କୁ କୋଉଠି କୁକୁର ଗୋଡ଼େଇଲାଣି ତ କୋଉଠି ପାଣିରେ ବେକ ଯାଏଁ ସେମାନେ ପଶିଗଲେଣି, ପୁଣି କୋଉଠି ବାଟ ଭୁଲି ଅନ୍ୟଆଡ଼େ ପଳେଇଲେଣି । ସେମାନେ ବଡ଼ କଷ୍ଟରେ ବିଭିନ୍ନ ପ୍ରକାର ଅସୁବିଧାର ସମ୍ମୁଖୀନ ହେଇ ଶେଷରେ ଚିତ୍ରଶିଳ୍ପୀର ଘରେ ପହଞ୍ଚିଲେ । ତାପରେ ତାଙ୍କୁ ଖାଇବାକୁ ମିଳିଛି ଓ ଗୋଟେ ପୋଲ ପାଖକୁ ନିଆଯାଇଛି । କୁହାଯାଇଛି ସେମାନଙ୍କୁ ଧାଡ଼ି ବାନ୍ଧି ପରସ୍ପରକୁ ଧରି ସେ ପୋଲ ଉପରେ ବାର ବାର ଚାଲିବାକୁ । ଚାଲୁ ଚାଲୁ ସେମାନେ ତଳକୁ ଖସି ପଡ଼ିଛନ୍ତି । ଘଟଣାଟିକୁ ଚିତ୍ରଶିଳ୍ପୀ ତାଙ୍କ ଷ୍ଟୁଡିଓରେ ରହି ଝରକା ଭିତରୁ ଦେଖୁଛନ୍ତି ଓ ଚିତ୍ର ଆଙ୍କୁଛନ୍ତି । ଉପନ୍ୟାସରେ ଚିତ୍ରଶିଳ୍ପୀଙ୍କର ନାମର ଉଲ୍ଲେଖ କିନ୍ତୁ ନାହିଁ ।

Gert Hofmann ନାମକ ଜଣେ ଜର୍ମାନ ଲେଖକ ୧୯୮୫ ରେ ଏକ ଉପନ୍ୟାସ ପ୍ରକାଶ କରିଥିଲେ । ତାର ଇଂରାଜୀ ଅନୁବାଦ The Parable of the Blind ନାମରେ ୧୯୮୯ରେ ପ୍ରକାଶିତ ହେଇଥିଲା । ଦଶ ଅଧ୍ୟାୟ ବିଶିଷ୍ଟ ଏହି ଛୋଟିଆ ଉପନ୍ୟାସର କାହାଣୀଟି ବଡ ଚମତ୍କାର । ଘଟଣାଟି ହେଲା ଥରେ ଜଣେ ଚିତ୍ରଶିଳ୍ପୀ ତାର ଛବି ଅଙ୍କା ପାଇଁ ଛଅ ଜଣ ଅନ୍ଧ ଲୋକଙ୍କୁ ଭଡାରେ ଡକେଇଲା । ବାଟରେ ତାଙ୍କୁ କୋଉଠି କୁକୁର ଗୋଡେଇଲାଣିତ କୋଉଠି ପାଣିରେ ବେକ ଯାଏଁ ସେମାନେ ପଶିଗଲେଣି ପୁଣି କୋଉଠି ବାଟ ଭୁଲି ଅନ୍ୟଆଡେ ପଳେଇଲେଣି । ସେମାନେ ବଡ କଷ୍ଟରେ ବିଭିନ୍ନ ପ୍ରକାର ଅସୁବିଧାର ସମ୍ମୁଖୀନ ହେଇ ଶେଷରେ ଚିତ୍ରଶିଳ୍ପୀର ଘରେ ପହଁଚିଲେ । ତାପରେ ତାଙ୍କୁ ଖାଇବାକୁ ମିଳିଛି ଓ ଗୋଟେ ପୋଲ ପାଖକୁ ନିଆଯାଇଛି । କୁହାଯାଇଛି ସେମାନେ ଧାଡି ବାନ୍ଧି ପରସ୍ପରକୁ ଧରି ସେ ପୋଲ ଉପରେ ବାର ବାର ଚାଲିବାକୁ । ଚାଲୁ ଚାଲୁ ସେମାନେ ତଳକୁ ଖସି ପଡିଛନ୍ତି । ଘଟଣାଟିକୁ ଚିତ୍ରଶିଳ୍ପୀ ତାଙ୍କ ଷ୍ଟୁଡିଓରେ ରହି ଝରକା ଭିତରୁ ଦେଖୁଛନ୍ତି ଓ ଚିତ୍ର ଆଙ୍କୁଛନ୍ତି । ଉପନ୍ୟାସରେ ଚିତ୍ରଶିଳ୍ପୀଙ୍କର ନାମର ଉଲ୍ଲେଖ କିନ୍ତୁ ନାହିଁ ।

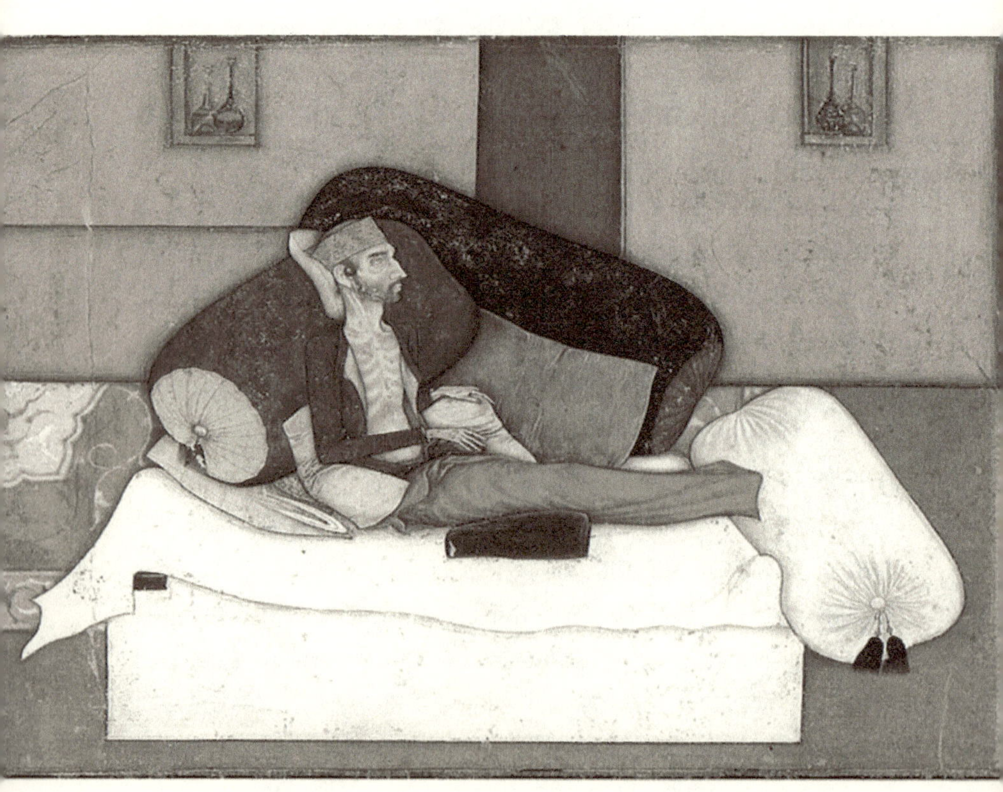

মুগল্ চিত্রশিল্পী বালচান্দଙ୍କ ଦ୍ୱାରା ଅଙ୍କିତ ଚିତ୍ର 'ମୃତ୍ୟୁଶଯ୍ୟାରେ ଇନାୟତ ଖାଁ', ୧୬୧୮

ମୃତ୍ୟୁଶଯ୍ୟାରେ ଇନାୟତ ଖାଁ

ସେତେବେଳେ ଭାରତରେ ମୁଗଲରାଜ ଚାଲିଥାଏ। ସମ୍ରାଟ ଥାଆନ୍ତି ଜାହାଙ୍ଗୀର। ଇନାୟତ ଖାଁ ମୁଗଲ୍ ରାଜ ଦରବାରର ଜଣେ କର୍ମଚାରୀ। ରାଜ ଦରବାରରେ ଏମିତି ଅନେକ କର୍ମଚାରୀ ଥାଆନ୍ତି। କର୍ମଚାରୀ ବାପୁଡ଼ାର ମୃତ୍ୟୁ ସେମିତି କିଛି ବିରାଟ କଥା ନଥିଲା। ଅବଶ୍ୟ କର୍ମଚାରୀ ଜଣକ ସମ୍ରାଟଙ୍କ ପାଖଲୋକ ଥିଲେ। ତାଙ୍କ ପରି ଏମିତି ଆହୁରି ଅନେକ ପାଖଲୋକ ଥିଲେ। କିନ୍ତୁ ଇନାୟତ ଖାଁ ଇତିହାସରେ ଚକା ପକେଇ ବସିଗଲେ କେମିତି ? କାରଣଟି ହେଲା ସେଇ ସମୟର, ମାନେ ୧୬୧୮ରେ ଅଙ୍କିତ ଦୁଇଖଣ୍ଡ ଛବି ପାଇଁ ଆମେ ଆଜି ଇନାୟତ ଖାଁଙ୍କୁ ମନେ ପକାଉଛେ। ଦୁଇଟି ଯାକ ଏକା ପରି ଦିଶୁଥିବା ଛବି। ଗୋଟେ ରଙ୍ଗ ବ୍ୟବହାର କରାଯାଇନଥିବା ପ୍ରାରମ୍ଭିକ ସ୍କେଚ୍ ଓ ଅନ୍ୟଟି ରଙ୍ଗ ଦିଆ ଚୂଡ଼ାନ୍ତ ଛବି। ଛବି ଦୁଇଟି ଆଙ୍କିଥିଲେ ସେତେବେଳର ପ୍ରଖ୍ୟାତ ମୁଗଲ ଚିତ୍ରଶିଳ୍ପୀ ବାଲଚାନ୍ଦ।

ମୁଗଲ୍ ମିନିଏଚର ଛବି ଧାରାରେ ଏଇ ଛବିଟି ଅନେକ ଦିଗରୁ ବ୍ୟତିକ୍ରମ ଥିଲା ଓ ସେଇ କାରଣରୁ ଚର୍ଚ୍ଚିତ ମଧ୍ୟ। ମୁଗଲ୍ ଚିତ୍ରକଳାର ବିଶାରଦମାନେ ଛବିକୁ ମୁଗଲ୍ ଛବି ପରମ୍ପରାର ଧାରାରେ କେଉଁଠି ରଖିବେ ବୋଲି ଯେତିକି ଚିନ୍ତା କରନ୍ତି ସେତିକି ଚିନ୍ତା ବି କରନ୍ତି ଯେ ଜାହାଙ୍ଗିର ଏମିତି ଏକ ଛବି ଆଙ୍କିବାକୁ କାହିଁକି ତାଙ୍କ ଦରବାରୀ ଚିତ୍ରଶିଳ୍ପୀଙ୍କୁ ବରାଦ ଦେଇଥିଲେ ?

ଚିତ୍ରରେ ଅଛି ଜଣେ କଙ୍କାଳସାର ମଣିଷ ଗୋଟେ ଖଟରେ ବସିଛି। ପିଠି ପଟରେ, ଡାହାଣ ପଟରେ ଓ ଗୋଡ଼ ପାଖରେ ବଡ଼ ବଡ଼ ତକିଆ ରହିଛି। ସେଇ

ଟକିଆମାନଙ୍କ ଢିଗାରେ ଆଶ୍ରା ନେଇଛନ୍ତି ଲୋକଟିର ମୁଣ୍ଡ ଓ ହାତ । ଚିତ୍ରରେ ଥିବା ଏଇ ମଣିଷଟିର ନାଁ ହେଉଛି ଇନାୟତ ଖାଁ । ଇନାୟତ ଖାଁ ପିନ୍ଧିଥିବା ଢିଲା ଜାମା ତଳୁ ତାଙ୍କ ଦୁର୍ବଳିଆ ଦେହ ଫୁଟି ଦିଶୁଛି । ଗଣି ହେଇଯାଉଛି ଛାତିର ପଞ୍ଜରା । ମିଳୁଥିବା ପ୍ରାରମ୍ଭିକ ସ୍କେଚ୍‍ରେ ଖଟକୁ ସାମାନ୍ୟ ତେଢ଼ା କରି ରଖାଯାଇଛି । ଯେମିତିକି ତା' ଉପରେ ଶୋଇଥିବା ଇନାୟତ ଖାଁଙ୍କ ଶରୀରର ଗଣ୍ଠି ଭାଗ ଦର୍ଶକଙ୍କ ଦିଗକୁ ଅଧିକ ଦୃଶ୍ୟମାନ ହେବ । ଜଣାପଡୁଛି ଜାଣି ଜାଣି ଇନାୟତଙ୍କର ପିନ୍ଧା ଜାମାର ଆଗପଟ ଖୋଲା ରଖାଯାଇଛି, ଯେମିତିକି ତାଙ୍କ ହାଡୁଆ ଦେହ ଭଲରେ ଦିଶିଯିବ ।

ଏଇ ଛବିରେ ଶିଳ୍ପୀ ମୁଗଲ୍‍ ମିନିଏଚରରେ ସାଧାରଣରେ ବ୍ୟବହୃତ ହେଉଥିବା ଢାଞ୍ଚା ଓ କୁଟିକମ ଆଦୌ ବ୍ୟବହାର କରିନାହାନ୍ତି । ପ୍ରାରମ୍ଭିକ ଛବିରେ ମୁଖ୍ୟ ବିଷୟର ପଛପାଖ ସମ୍ପୂର୍ଣ୍ଣ ଖାଲି ଥିବାବେଳେ ଚୂଡ଼ାନ୍ତ ଛବିରେ ଇନାୟତଙ୍କ ଖଟ ଜଣେ ଧନୀ ଲୋକର ଘର ଭିତରେ ରହିଛି । କାନ୍ତୁ ଠାରେ ଅଛି ଦାମିକିଆ କାଚ ବୋତଲ । ଚଟାଣରେ ବିଛାଯାଇଛି ଗାଲିଚା । କୋଠରୀର ପରିବେଶ ଓ ପରିପାଟିରୁ ଇନାୟତ ଖାଁ'ଙ୍କ ସାମାଜିକ ଓ ଆର୍ଥିକ ଅବସ୍ଥା ବୁଝାପଡ଼ିଯାଉଛି । ମୃତ୍ୟୁକୁ ଅପେକ୍ଷା କରିଥିବା ଇନାୟତ ମୁଣ୍ଡରେ ହଳଦୀ ରଙ୍ଗର ଟୋପି ପିନ୍ଧିଛନ୍ତି, ଫୁଲ ପକା ସବୁଜିଆ ଜାମା ଓ କମଲା ରଙ୍ଗର ପାଇଜାମା ପରିଧାନ କରିଛନ୍ତି । ପ୍ରକୃତରେ ଜାହାଙ୍ଗୀର ତାଙ୍କ

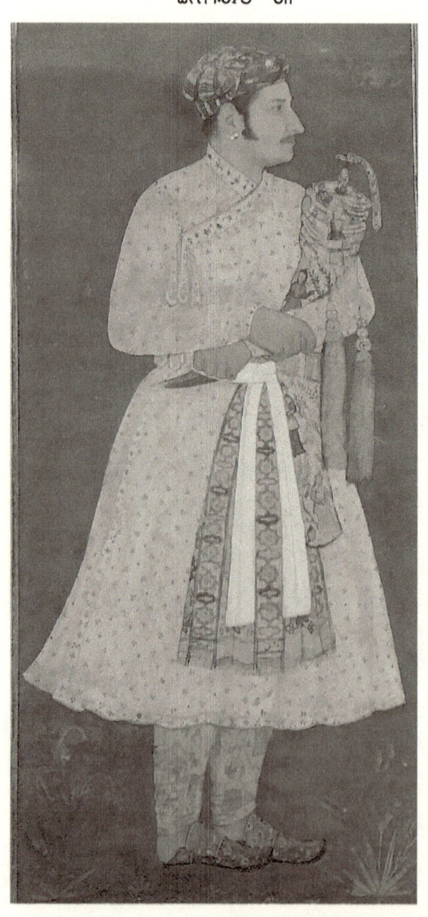

ଇନାୟତ ଖାଁ

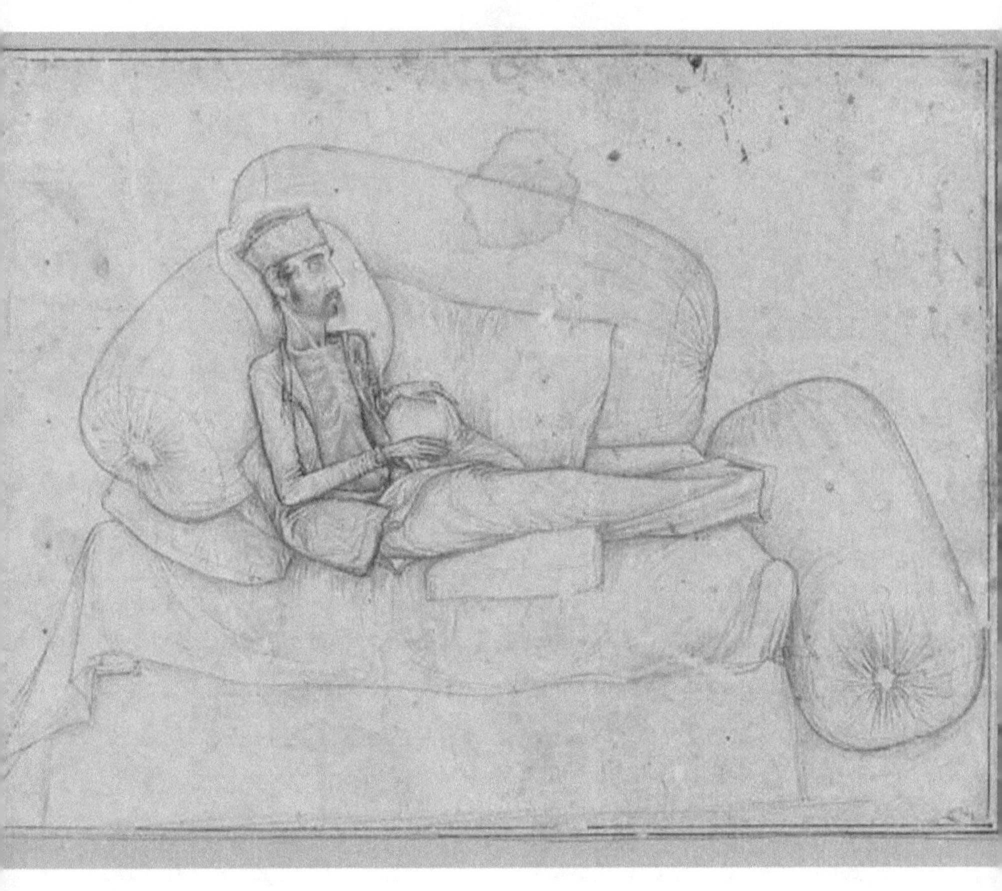

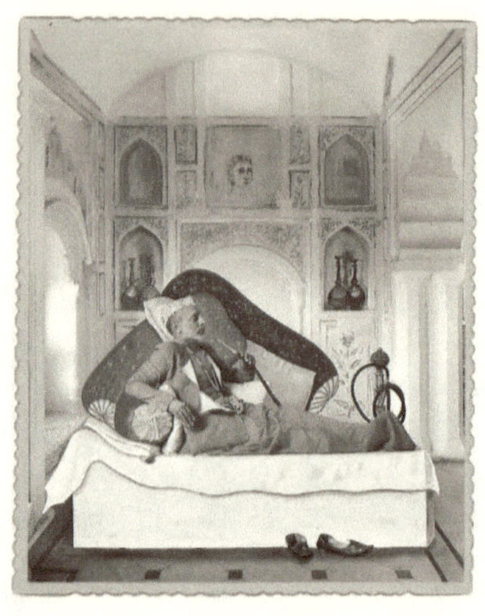

ଆମ୍ବଜୀବନୀ 'ଜାହାଙ୍ଗୀରନାମା'ରେ ଇନାୟତ ଖାଁଙ୍କ ମୃତ୍ୟୁ ବିଷୟରେ ଯେଉଁ ଲେଖାଟି ଲେଖିଥିଲେ, ସେଇ ଲେଖା ପାଇଁ ହିଁ ଏ ଛବି ଅଙ୍କାଯାଇଥିଲା ।

ଇନାୟତ ଖାଁ ସମ୍ରାଟ ଜାହାଙ୍ଗୀରଙ୍କର ନିକଟତମ ପରିଚାରକ ଥିଲେ । ବୟସ ବଢ଼ିବା ସହ ସେ କ୍ରମେ ଅଫିମଖୋର ଓ ମଦୁଆ ହୋଇଯାଇଥିଲେ । ମାତ୍ରାଧିକ ଅଫିମ ସେବନ ଓ ମଦ୍ୟପାନ ପାଇଁ ଧୀରେ ଧୀରେ ତାଙ୍କର ସ୍ୱାସ୍ଥ୍ୟାବସ୍ଥା ଖରାପ ହେବାକୁ ଲାଗିଲା । ୧୬୧୦ରେ ଅଙ୍କିତ ଏକ ମିନିଏଚର୍ ଛବିରେ ସେ ବେଶ୍ ହଟାକଟା ସବଳ ଥିଲେ ବୋଲି ଜଣା ପଡ଼ୁଥିଲେ ମଧ ଏଇ ୧୬୧୮ ମସିହାର ଛବିରେ ଅତ୍ୟନ୍ତ ଦୁର୍ବଳ ଦିଶୁଛନ୍ତି । ମାତ୍ର ଆଠ ବର୍ଷର ସମୟ ବ୍ୟବଧାନରେ ତାଙ୍କର ଏମିତି ଅବସ୍ଥା ହୋଇଯାଇଥିଲା । ସ୍ୱାସ୍ଥ୍ୟାବସ୍ଥାରେ ଅବନତି ପରେ ଇନାୟତ ନିଜ ପୈତୃକ ଘର ଆଗ୍ରା ଫେରିଯିବା ପାଇଁ ସମ୍ରାଟ ଜାହାଙ୍ଗୀରଙ୍କର ଅନୁମତି ଭିକ୍ଷା କଲାବେଳେ ହିଁ ତାଙ୍କ ରୂପ ଦେଖି ଜାହାଙ୍ଗୀର ବିଚଳିତ ହୋଇଯାଇଥିଲେ ଓ ଚିତ୍ରଶିଳ୍ପୀଙ୍କୁ ଆଦେଶ ଦେଇଥିଲେ ଇନାୟତଙ୍କର ଏକ ଆଲେଖ୍ୟ ଆଙ୍କିବାକୁ । ବିଡ଼ମ୍ବନା ହେଲା ଯେଉଁ ଅଫିମ ଓ ମଦ ପାଇଁ ଇନାୟତଙ୍କର ଏପରି ଅବସ୍ଥା ହେଇଥିଲା ଓ ଚିତ୍ର ଅଙ୍କା ଯାଇଥିଲା ସେଥିରୁ କିନ୍ତୁ ଖୋଦ୍ ଜାହାଁପନା କିଛି ବି ଶିଖିନଥିଲେ । ବୟସ ବଢ଼ିବା ସହ ସେ ନିଜେ ମଧ ଅଫିମ ନିଶାରେ ବେଶ୍ ଭଲରେ ମସଗୁଲ୍ ରହିଲେ ଓ ସେଇ ଅଫିମ ପାଇଁ ମଧ ତାଙ୍କର ମୃତ୍ୟୁ ହୋଇଥିଲା । ମୁଗଲ ସମ୍ରାଟମାନଙ୍କ ଭିତରେ ଜାହାଙ୍ଗୀର ସବୁଠୁ ଅଧିକ ବିଲାସୀ ଥିଲେ । ସେ ଅଫିମ ପାଇଁ ଅଲଗା ଓ ମଦ ପାଇଁ ଅଲଗା

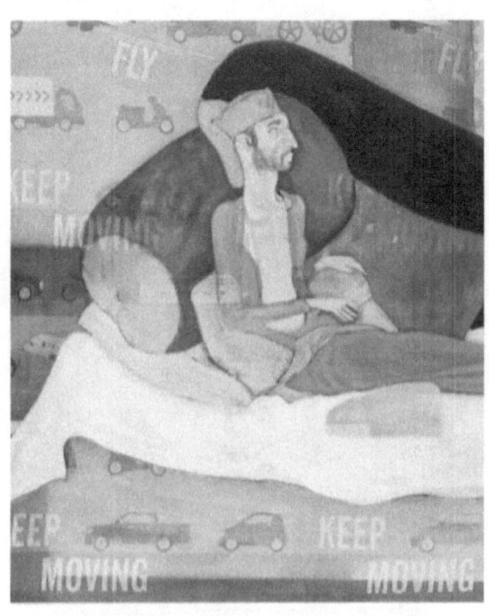

ପରିଚାରକ ନିଯୁକ୍ତ କରିଥିଲେ। ମଦ ଆଉ ଅଫିମକୁ ଏକାଠି ସେବନ କରୁଥିଲେ। ସେତବେଳର ରାଜକୀୟ ବିଳାସ ଆସରରେ ମଦ ଓ ଅଫିମର ବେଶ୍ ଭଲ ପ୍ରଚଳନ ଥିଲା।

ମଦ ଓ ଅଫିମ ନିଶାର କୁପରିଣାମ ବିଷୟରେ ଜାହାଙ୍ଗୀର ଭଲରେ ଆଗରୁ ଅବଗତ ନଥିଲେ ସେକଥା ନୁହେଁ। ସେ ସିଂହାସନ ଆରୋହଣ କରିବା ଆଗରୁ ତାଙ୍କ ଦୁଇ ସାନଭାଇ ମାତ୍ରାଧିକ ମଦିରା ପାନ ଯୋଗୁଁ ମୃତ୍ୟୁ ବରଣ କରିସାରିଥିଲେ। ଜାହାଙ୍ଗୀର ନିଜେ ଏସବୁ ନିଶାର ପାର୍ଶ୍ୱ ପ୍ରତିକ୍ରିୟା ବିଷୟରେ ଅବଗତ ଥିଲେ। ମଦ ଓ ଅଫିମ ସେବନ କାରଣରୁ ଆଜମେର୍‌ରେ ଥିବା ସମୟରେ ଏକଦା ଜାହାଙ୍ଗୀରଙ୍କ ଜ୍ୱର ଓ ମୁଣ୍ଡ ବିନ୍ଧା କମିଲାନି। ସେ ଏକଥା ତାଙ୍କ ପାରିଷଦ ଓ ବୈଦ୍ୟଙ୍କୁ ଲୁଚେଇଥିଲେ। ଏମିତିକି ତାଙ୍କ ହାରେମ୍‌ରେ ବି ଏକଥା କେହି ଜାଣିନଥିଲେ। କାରଣ ମନରେ ଡର ଥିଲା। ତାଙ୍କର ଅସୁସ୍ଥତା ଖବର ଦେଶ ପାଇଁ ଭଲ ନୁହେଁ ବୋଲି ସେ ଭଲରେ ଜାଣିଥିଲେ। ତାପରେ ବୈଦ୍ୟଙ୍କ ସହାୟତରେ ଔଷଧ ନେଲା ପରେ ରୋଗର ଉପଶମ ନହେବାରୁ ଜାହାଙ୍ଗୀର ସୁଫି ସନ୍ତ ମଇଉଦ୍ଦିନ ଚିସ୍ତିଙ୍କ ଦରଘାରେ ଯାଇଁ ପ୍ରାର୍ଥନା କଲେ ଓ କ୍ରମେ ସୁସ୍ଥ ହେଲେ।

କୁହାଯାଏ ନିଶା ସେବନ କରି ଅସୁସ୍ଥ ହେବା ଓ ପରେ ସୁସ୍ଥ ହେବା ପ୍ରକ୍ରିୟା ସହ ଜାହାଙ୍ଗୀରଙ୍କ ନିଜର ମାନସିକ ଅବସ୍ଥିତି ଓ ଆଧ୍ୟାତ୍ମିକ ଅନୁଭବ, ଇନାୟତ ଖାଁଙ୍କ ମୃତ୍ୟୁକୁ ଅପେକ୍ଷା କରିଥିବା ଶରୀର ସହ କିଛି ନା କିଛି ସମ୍ପର୍କ ରହିଛି। ଏକଥା ବି

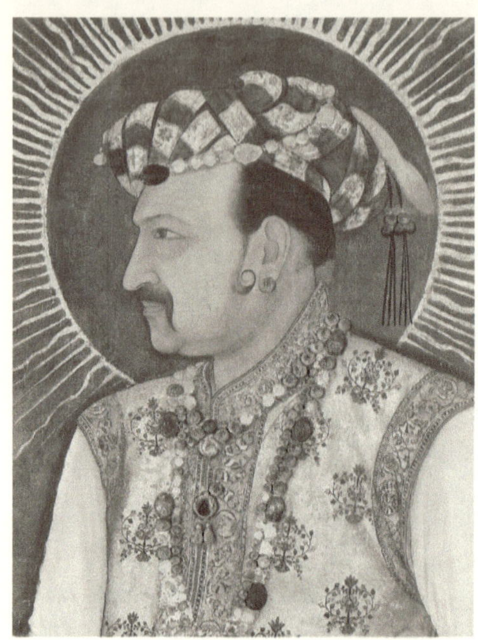

ମୁଗଲ ସମ୍ରାଟ ଜାହାଙ୍ଗୀର

କୁହାଯାଏ, ଜାହାଙ୍ଗୀର ବିଶେଷ କରି ତାଙ୍କୁ ଉପହାର ଭାବରେ ମିଳୁଥିବା ବିଭିନ୍ନ ବିଦେଶୀ ପଶୁପକ୍ଷୀମାନଙ୍କୁ ଦେଖି ଚରମ କୌତୁହଳରେ ଆଙ୍କିବାକୁ ତାଙ୍କ ରାଜଦରବାରର ଚିତ୍ରଶିଳ୍ପୀମାନଙ୍କୁ ବରାଦ ଦେଉଥିଲେ। ଜେବ୍ରା, ଡୋଡୋ, ଚାମେଲିୟନ, ବଡ଼ ବୁଢ଼ିଆଣୀ, ସାଇବେରିଆର ବଗ ଆଦିକୁ ଅଙ୍କାଇଲା ପରି ସେ ଇନାୟତଙ୍କ ଛବି ହୁଏତ ଅଙ୍କାଇଛନ୍ତି। ପଶୁ, ପକ୍ଷୀ, ଗଛ-ବୃକ୍ଷ, ଫୁଲ-ଫଳ ନେଇ ଜାହାଙ୍ଗୀରଙ୍କର ବଡ଼ ଆଗ୍ରହ ଥିଲା। ଜଣେ ବୈଜ୍ଞାନିକ ପରି ସେସବୁ ବିଷୟରେ ଜାଣିବାକୁ ଓ ଖବର ରଖିବାକୁ ଭଲପାଉଥିଲେ ସେ। ଭାରତ ଇତିହାସରେ ତାଙ୍କୁ ଉଦ୍ୟାନ ନିର୍ମାତା ନରପତି ବୋଲି କୁହାଯାଏ। କାଶ୍ମୀରର ସମସ୍ତ ଉଦ୍ୟାନ, ଯଥା ଶାଲିମାରବାଗ, ନିଶାତବାଗ, ମୁଗଲଗାର୍ଡେନ୍ ଓ ଚଷ୍ମେସାହୀ ତାଙ୍କରି ନିର୍ମାଣ। ହୁଏତ ସେହି ଧାରାରେ ସେ ମୃତ୍ୟୁକୁ ମଧ୍ୟ ଆଣିବାକୁ ଚାହିଁଥାଇ ପାରନ୍ତି। ମୁଗଲ ମିନିଏଚରରେ ଆଲେଖ୍ୟ ଆଙ୍କିବାର ପରମ୍ପରାରେ ଏଇଟି ସମ୍ପୂର୍ଣ୍ଣ ଅଲଗା ଥିଲା, ଯାହାର ବିଷୟ ଥିଲା ମୃତ୍ୟୁ।

୧୬୦୫ରେ ରାଜକୁମାର ସଲିମ୍ ଜାହାଙ୍ଗୀର ନାମ ଧାରଣ କରି ସିଂହାସନ ଆରୋହଣ କଲାବେଳକୁ ମୁଗଲ୍ ମିନିଏଚର ଶୈଳୀର ଛବି ତା'ର ନିଜସ୍ୱ ରାସ୍ତା ବାଛି ନେଇ ସାରିଲାଣି। ଜାହାଙ୍ଗୀରଙ୍କ ସମୟରେ ତାହା ଆଉ କେଇପାଦ ଆଗକୁ

ବଢ଼ିଛି । ଜାହାଙ୍ଗୀର ତାଙ୍କର ଅଲଗା ଆଗ୍ରହ ନେଇ ମୁଗଲ୍ ମିନିଏଚର୍‌ରେ ଅନେକ ନୂଆ କଥା ସାମିଲ୍ କରିଛନ୍ତି । ମୁଗଲ୍ ମିନିଏଚର୍‌ରେ ନିଜ ପରିଷଦ ଓ କର୍ମଚାରୀମାନଙ୍କର ଆଲେଖ୍ୟ ବା ପୋଟ୍ରେଟ୍‌ର ଆଙ୍କିବାର ପରମ୍ପରା ସମ୍ରାଟ ଆକବର ଆରମ୍ଭ କରିଥିଲେ । ଜାହାଙ୍ଗୀର ତାଙ୍କ ବାପାଙ୍କ ପଦାଙ୍କ ଅନୁସରଣ କରିଥିଲେ ଓ ତାଙ୍କ ରାଜ ଦରବାରର ଅନେକଙ୍କ ଆଲେଖ୍ୟ ବରାଦ ଦେଇ 'ଜାହାଙ୍ଗୀରନାମା' ପାଇଁ ଅଙ୍କାଇଥିଲେ ।

ଇନାୟତ ଖାଁ'ଙ୍କ ମରଣ କାଳିନ ଛବି ଅଙ୍କାଯିବାର ତିନି ବର୍ଷ ଆଗରୁ ଜାହାଙ୍ଗୀର ତାଙ୍କର କୋର୍ଟକୁ ଆଜମେର୍ ଉଠେଇ ନେଇଥିଲେ । ଏଠି ତାଙ୍କର ସୁଫି ମତବାଦ ପ୍ରତି ବିଶ୍ୱାସ ବଢ଼ିଛି । ମଇଉଦ୍ଦିନ୍ ଚିସ୍ତିଙ୍କର ଭକ୍ତ ହୋଇଛନ୍ତି ସେ । ଆଧ୍ୟାମ୍ନିକ ଓ ଭୌଗୋଳିକ ପରିବର୍ତ୍ତନ ତାଙ୍କ ଛବି ପ୍ରତି ଥିବା ଆଗ୍ରହକୁ ମଧ ବଦଲେଇ ଦେଇଛି । ଜାହାଙ୍ଗୀରଙ୍କର ଯେଉଁ ଆଠୋଟି ବିଖ୍ୟାତ ଆଲିଗୋରିକାଲ୍ ଛବି ରହିଛି ତାହା ପଛରେ ଅଛି ସୁଫିବାଦର ବଳିଷ୍ଠ ପ୍ରଭାବ ।

ଆଜିର ସମସାୟିକ କଳାରେ ଅନେକ ଚିତ୍ରଶିଳ୍ପୀ ଇନାୟତ ଖାଁ ଛବିକୁ ସେମାନଙ୍କ ବକ୍ତବ୍ୟକୁ ପ୍ରକାଶ କରିବାକୁ ନିଜ ବାଗରେ ବ୍ୟବହାର କରୁଛନ୍ତି । କେବଳ ଆଙ୍କିବାରେ ନୁହେଁ ବରଂ ଫଟୋଗ୍ରାଫି ଓ ପରଫରମାନ୍ସରେ ମଧ ଅନେକ ଶିଳ୍ପୀ ଛବିକୁ ବ୍ୟବହାର କରୁଛନ୍ତି ।

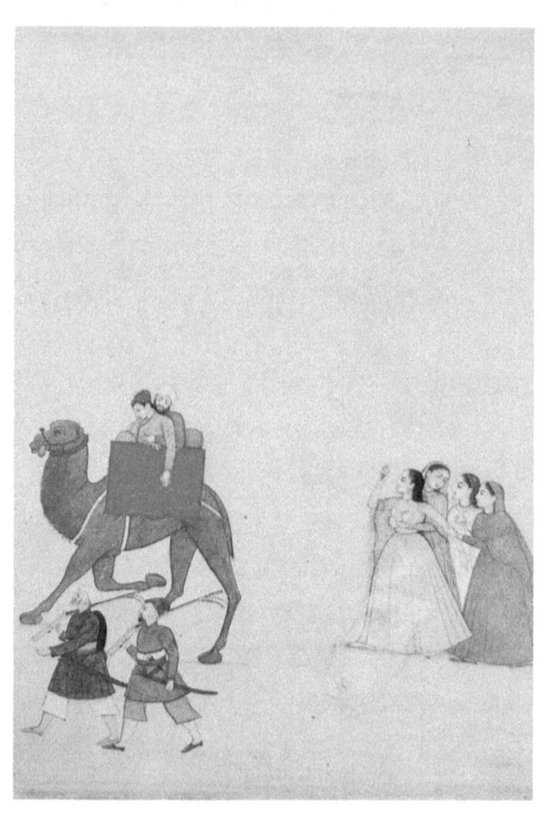

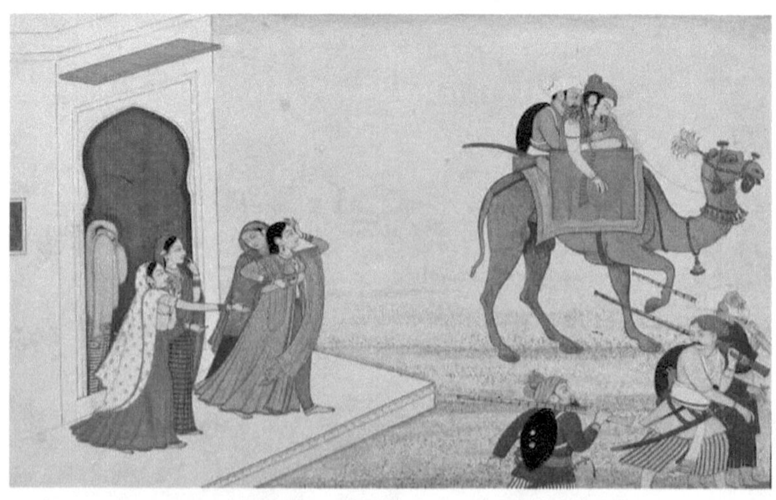

"In the arts, as in life, everything is possible provided it is based on love." - Marc Chagall

ପ୍ରେମ କାହାଣୀର ଛବି

ଏ କାହାଣୀ ହେଉଛି ନାୟିକା ଶଶୀ ଓ ନାୟକ ପୁନୁକୁ ନେଇ । ଆମେ ସେ ଦୁଇ ଜଣଙ୍କ ବିଷୟରେ ଏଠି ସିନା କିଛି ଜାଣିନେ, କିନ୍ତୁ ପଞ୍ଜାବ ପ୍ରଦେଶରେ ଏଇ କାହାଣୀଟି ଏକ ପରିଚିତ ଲୋକକଥା ଭାବରେ ଘରେ ଘରେ ପରିଚିତ । ଅନୁମାନ କରାଯାଏ କାହାଣୀଟି ସେଇ ବେଲୁଚିସ୍ତାନ ଓ ପଞ୍ଜାବର ସିନ୍ଧ୍ ସମତଳ ଅଞ୍ଚଳରୁ ସୃଷ୍ଟି ହୋଇଛି ଓ କାଳକ୍ରମେ ପାହାଡ଼ି ଅଞ୍ଚଳରେ ପହଞ୍ଚିଛି । ଆହୁରି ମଧ୍ୟ କୁହାଯାଏ ସୁଫି କବି ସାହ ଅବଦୁଲ୍ ଲତିଫ୍ଙ୍କ ସିନ୍ଧ୍ ପ୍ରଦେଶର ସାତରାଣୀଙ୍କ ଉପରେ ଲିଖିତ କବିତାର ଅନ୍ୟତମ କାହାଣୀ ଏଇଟି । ସବୁଗୁଡ଼ାକ କାହାଣୀ ପ୍ରେମକୁ ନେଇ ଓ ସବୁଯାକ ପୁଣି ବିୟୋଗାନ୍ତକ କାହାଣୀ । ସ୍ୱର ଦେଇ ଲୋକଗୀତର ଗାୟକ ଓ ସୁଫି ଗାୟକମାନେ ଏଇ କାହାଣୀକୁ ଗାନ ମଧ୍ୟ କରନ୍ତି ।

ପୁନୁଙ୍କର ନାମ ହେଲା ମୀର୍ ପୁନୁ ଖାନ୍ । ବାପା ହେଲେ ବେଲୁଚିସ୍ତାନର ରାଜା ମୀର୍ ହୋଥ୍ ଅଲ୍ଲୀ । ଶଶୀ ହେଉଛନ୍ତି ଭାମ୍ୱୋର ପ୍ରଦେଶର ରାଜାଙ୍କ ଝିଅ । ଶଶୀର ଜନ୍ମ ବେଳେ ରାଜଜ୍ୟୋତିଷ ଭବିଷ୍ୟବାଣୀ କରିଥିଲେ ଯେ, ଝିଅଟି ରାଜପରିବାର ପାଇଁ ଦୁଃଖର କାରଣ ହେବ । ଏକଥା ଶୁଣି ରାଜା କଥାନ୍ତରେ ରାଣୀ ଆଦେଶ ଦେଲେ କଅଁଲା ଝିଅଟିକୁ ଗୋଟେ କାଠର ବାକ୍ସରେ ପୁରେଇ ନଈରେ ଭସେଇ ଦିଆଯାଉ । ସେଇଆ ହେଲା । ନଦୀରେ ଭାସି ଭାସି ଯାଉଥିବା ସେଇ ବାକ୍ସକୁ ଜଣେ ରଜକ ପାଇଲା । ରଜକ ଦମ୍ପତିଙ୍କର ଆଗରୁ କୌଣସି ସନ୍ତାନସନ୍ତତି ନଥିଲେ । ତେଣୁ ସେମାନେ ଈଶ୍ୱରଙ୍କ ବରଦାନ ମନେକରି ଝିଅଟିର ଲାଳନପାଳନ କଲେ ।

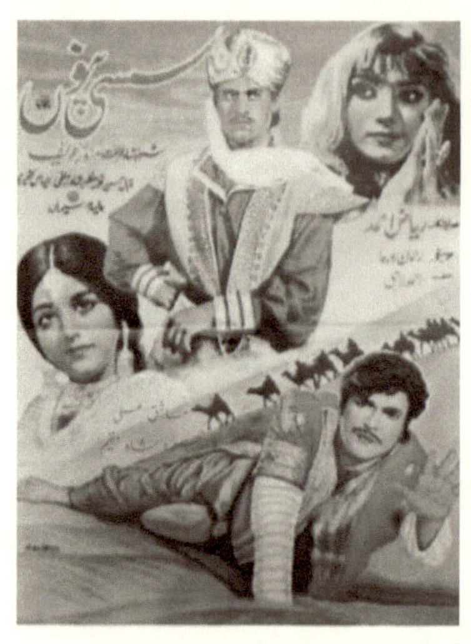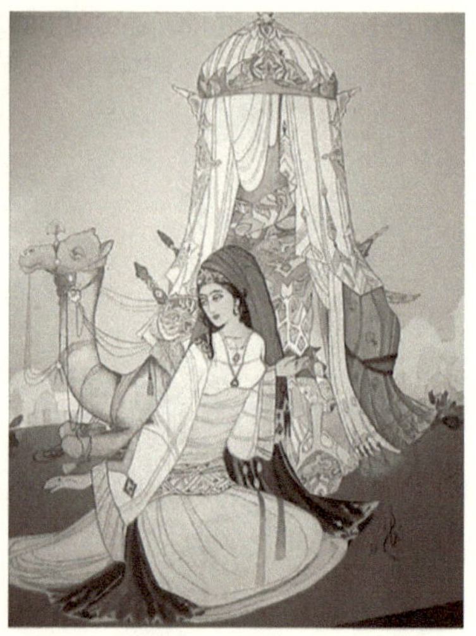

ସମୟକ୍ରମେ ରାଜକୁମାରୀ ଶଶୀ ରଜକ ଘରେ ବଢ଼ିଲା। ବଡ଼ ହେଲାରୁ ସୁନ୍ଦରୀ ଶଶୀର ଅପରୂପ ଲାବଣ୍ୟର ଖବର ଚାରିଆଡ଼େ ବ୍ୟାପିଗଲା। ଖବର ଶେଷରେ ରାଜକୁମାର ପୁନୁଙ୍କ ପାଖରେ ପହଞ୍ଚିଲା ଓ ପୁନୁ ସ୍ୱୟଂ ନିଜେ ଶଶୀର ଗାଁରେ ଜଣେ ବଣିକର ଛଦ୍ମବେଶରେ ପହଞ୍ଚିଗଲେ। ଶଶୀଙ୍କୁ ନିଜ ଆଖିରେ ଦେଖିବା ପାଇଁ ପୁନୁ ତାଙ୍କର କିଛି ଲୁଗା ଶଶୀର ବାପା ପାଖକୁ ସଫା କରିବା ବାହାନାରେ ପ୍ରଥମେ ପଠେଇଲେ। ସେଠି ଦୁହିଁଙ୍କର ପ୍ରଥମ ସାକ୍ଷାତ ହୋଇଛି ଓ ସେଇ ପ୍ରଥମ ଦେଖାରୁ ଆରମ୍ଭ ହୋଇଛି ପ୍ରେମ। ଶଶୀର ପାଲିତ ବାପା ଚାହୁଁଥିଲା ଝିଅ ତା'ର ଜଣେ ରଜକ ଯୁବକୁ ବିବାହ କରୁ। ତେଣୁ ପୁନୁକୁ ଜଣେ ଭଲ ଲୁଗା ସଫା କରି ପାରୁଥିବା ରଜକ ଭାବରେ ପରୀକ୍ଷା ଦେବାକୁ ହେଲା। ହେଲେ ରାଜକୁମାର କୋଉ ଲୁଗାଧୁଆ ଶିଖିଛି କି ? ସବୁଗୁଡ଼ା ଲୁଗା ସଫା ହେଲା ବେଳକୁ ଚିରିଗଲା। ସର୍ତ୍ତ ହାରିଯିବା ଓ ପରୀକ୍ଷାରେ ଅସଫଳ ହେଇ ଭୟରେ ପୁନୁ ଗାଁ ଲୋକଙ୍କ ଚିରା ଲୁଗା ଗୁଡ଼ିକରେ କିଛି କିଛି ସୁନା ଅସରଫି ରଖିଦେଲେ। ଉପାୟ କାମ ଦେଲା। କେହି କିଛି କହିଲେନି। ଶଶୀର ବାପା ଶଶୀକୁ ପୁନୁ ସହ ବାହା ଦେବାକୁ ରାଜି ହେଲେ। ବିବାହ ହେବାର ଖବର ପୁନୁଙ୍କର ଘରେ ପହଞ୍ଚିଲା ପରେ ତାଙ୍କ ବାପା ଓ ଭାଇମାନେ କଥାକୁ ସହଜରେ କିନ୍ତୁ ଗ୍ରହଣ କଲେନି। ଜଣେ ରାଜକୁମାର ଜଣେ ଅତି ସାଧାରଣ ରଜକର ଝିଅକୁ କେମିତି ବିବାହ କରିବ ଯେ ? ସେଉଠୁ ପୁନୁଙ୍କର ଭାଇମାନେ ଖବର ପାଇ ଶଶୀର ଗାଁ ଭାମ୍ଭୋରେ ପହଞ୍ଚିଛନ୍ତି ଓ ପୁନୁଙ୍କ ସାଙ୍ଗରେ ଛଳନା କରି ପ୍ରଥମେ ଖୁବ୍ ଭଲ ବ୍ୟବହାର କରିଛନ୍ତି। ବିବାହ ଉତ୍ସବରେ ଯୋଗ ଦେଇଛନ୍ତି। ପ୍ରଥମ ରାତିରେ ପୁନୁଙ୍କୁ ବହୁତଗୁଡ଼େ ମଦ

ପିଆଇ ଦେଇଛନ୍ତି ଓ ନିଶା ହୋଇଗଲା ପରେ ପୁନ୍ନୁକୁ ଏକ ଓଟ ପିଠିରେ ବସେଇ ଘରକୁ ନେଇ ଯାଇଛନ୍ତି । ପ୍ରଥମରୁ ଦିଆଯାଇଥିବା ଛବିଟି ଠିକ୍ ସେଇ ସମୟକୁ ଧରିରଖିଛି । ଛବିରେ ଶଶୀ ସାମ୍ନାରେ ଓଟ ଉପରେ ପୁନ୍ନୁକୁ ଅପହରଣ କରାଯାଉଥିବାର ଚିତ୍ରନାଟ୍ୟ ଅଙ୍କିତ ଥିଲେ ମଧ କାହାଣୀରେ କିନ୍ତୁ ସେକଥା ନାହିଁ । କାହାଣୀରେ ରହିଛି ପୁନ୍ନୁ ନଥିବାର କଥା ଶଶୀ ପରଦିନ ସକାଳକୁ ଯାଇ ଜାଣୁଛି ।

କାହାଣୀଟି ପଞ୍ଜାବର ସମତଳ ଓ ପାହାଡ଼ି ଅଞ୍ଚଳରେ ବେଶ୍ ଜଣାଶୁଣା ଓ ଲୋକପ୍ରିୟ ହୋଇଥିଲେ ମଧ ଆଶ୍ଚର୍ଯ୍ୟ ଭାବରେ କାହାଣୀକୁ ନେଇ ଖୁବ୍ କମ୍ ଛବି ଅଙ୍କାଯାଇଛି । ଏଠି ପ୍ରଥମରୁ ଦିଆଯାଇଥିବା ମିନିଏଚର ଛବିରେ ଅଛି ଆକାଶ ଓ

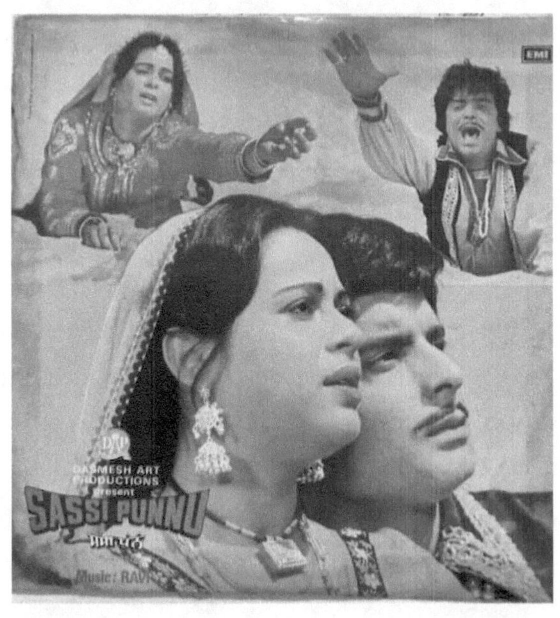

ମରୁଭୂମି ଏମିତି ମିଳିଯାଇଛନ୍ତି ଯେଉଁଠି ଦିଗ୍‌ବଳୟ ମଧ ଦିଶୁନି । ଦିଗ୍‌ବଳୟର ବିଭାଜିତ ରେଖା ନଥିବା ମରୁଭୂମିର ବ୍ୟାପକତା ଓ ବିଶାଳତାକୁ ବୁଝିହେଉଛି । ଛବିରେ ଅଛନ୍ତି ସମୁଦାୟ ଆଠଟି ଚରିତ୍ର । ଚାରି ଜଣ ନାରୀ ଓ ଚାରି ଜଣ ପୁରୁଷ ଏବଂ ଗୋଟେ ଧୂସର ବାଦାମୀ ରଙ୍ଗର ଓଟ । ଓଟ ପିଠିରେ ନିଶାସକ୍ତ ପୁନ୍ନୁ । ତାଙ୍କୁ ଆଉ ଜଣେ କୁଣ୍ଢେଇ ଧରି ରଖିଛି । ପୁନ୍ନୁଙ୍କର ମୁଣ୍ଡ ସାମାନ୍ୟ ଝୁଙ୍କି ରହିଛି ଓ ବାମ ହାତ ହୁଗୁଲା ହୋଇ ଝୁଲି ରହିଛି ତଳକୁ । ଶଶିକୁ ଧରି ରଖିଛନ୍ତି ତିନି ଜଣ ନାରୀ । ଅସହାୟ ଶଶୀ ହାତଟେକି ପୁନ୍ନୁକୁ ଡାକୁଛି । ଓଟ ସହ ସମାନ୍ତରାଳରେ ଅନ୍ୟ ଦୁଇ ଜଣ ଖଣ୍ଟା ଓ

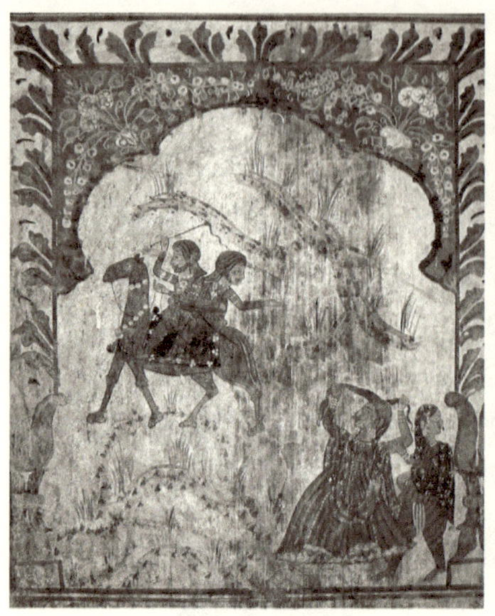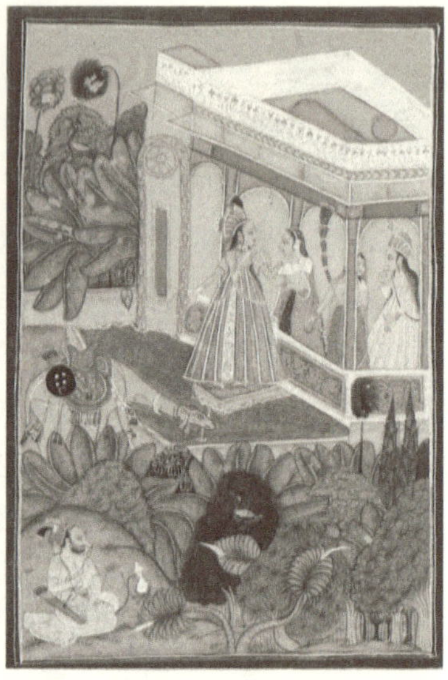

ବନ୍ଦୁକ ଧରି ଚାଲୁଛନ୍ତି । ଚରିତ୍ରମାନଙ୍କ ମୁଣ୍ଡ ଉପରକୁ ଅଧିକ ସ୍ଥାନ ଛଡ଼ାଯାଇଛି ଯାହାକି ମରୁଭୂମିର ବିଶାଳତାକୁ ବ୍ୟକ୍ତ କରୁଛି । ଛବିରେ ହଳଦୀ, ଗୋଲାପି, ନୀଲ, ଧୂସର, ବାଦାମି, ଧଳା ଓ ଲାଲ୍ ରଙ୍ଗ ବ୍ୟବହାର ହୋଇଛି ।

ତା ପରର କାହାଣୀ ହେଲା ପୁନୁକୁ ଖୋଜି ଖୋଜି ଶଶୀ ମରୁଭୂମିରେ ବାଟ ଚାଲିଛି । ବାଟରେ ଜଣେ ମେଷ ପାଲକର ଖରାପ ନଜରରୁ ବଞ୍ଚିବାକୁ ଶଶୀ ଭଗବାନଙ୍କୁ ପ୍ରାର୍ଥନା କରିଛି । ଭଗବାନ ପୃଥିବୀକୁ ଫାଳ କରି ଶଶୀକୁ ଆଶ୍ରୟ ଦେଇଛନ୍ତି । ସେପଟେ ପୁନୁ ନିଶାରୁ ଉଠି ଶଶୀକୁ ଖୋଜିଛି ଓ ପାଖରେ ନପାଇ ଶଶୀକୁ ଖୋଜିବାକୁ ବାହାରିଛି । ପୁନୁ ମରୁଭୂମି ମଝିରେ ସେଇ ମେଷ ପାଲକକୁ ଭେଟିଛି ଓ ସବୁ ଶୁଣିସାରିଲା ପରେ ଭଗବାନଙ୍କୁ ପ୍ରାର୍ଥନା କରି ଶଶୀ ପାଖକୁ ଚାଲି ଯାଇଛି । ଦୁଇ ପ୍ରେମୀଙ୍କ ସମାଧ୍ୟ ଏବେବି ସେଇ ମରୁଭୂମି ଭିତରେ ଥିବା ପାହାଡ଼ିଆ ନିର୍ଜନ ଉପତ୍ୟକାରେ ରହିଛି ।

ଛବିଟିର ଶୈଲୀ ଓ ବ୍ୟବହୃତ କୌଶଲ ଏବଂ ଚରିତ୍ରମାନଙ୍କୁ ଯେଉଁପରି ଉପସ୍ଥାପନ କରାଯାଇଛି, ସେଥିରୁ ବିଶେଷଜ୍ଞମାନେ ଅନୁମାନ କରନ୍ତି ଏଇଟିକୁ ନୟନସୁଖ ପରିବାରର କେହି ଜଣେ ଚିତ୍ରଶିଳ୍ପୀ ଆଙ୍କିଛନ୍ତି । ଭାରତର ପ୍ରଥମ କଳା ସମାଲୋଚକ ଓ.ସି.ଗାଙ୍ଗୁଲି ଇଣ୍ଡିଆନ ସ୍କୁଲ ଅଫ୍ ଓରିଏଣ୍ଟାଲ ସ୍କୁଲର ପତ୍ରିକା 'ରୂପମ୍'ର ଏପ୍ରିଲ ୧୯୨୧ ସଂଖ୍ୟାରେ ଏହି ମିନିଏଚର୍ ଛବିକୁ ଛାପିଥିଲେ ଓ ଏହି ପାହାଡ଼ି ଶୈଲୀରେ ଅଙ୍କିତ ମିନିଏଚର୍ ଛବି ବିଷୟରେ ଲେଖିଥିଲେ । ପରେ କାର୍ଲ ଖଣ୍ଡେଲଓ୍ବାଲ ତାଙ୍କ ପାହାଡ଼ି ମିନିଏଚର୍ ପୁସ୍ତକରେ ମଧ୍ୟ ଏ ଛବିକୁ ସ୍ଥାନ ଦେଇଥିଲେ । ଛବିଟି ଗ୍ୟାସ ରଙ୍ଗରେ କାଗଜ ଉପରେ ଅଙ୍କିତ ହୋଇଛି । ଅନୁମାନ କରାଯାଏ ଏହି ପାହାଡ଼ି

ମିନିଏଚର୍ ଛବିଟି ଅଷ୍ଟାଦଶ ଶତାବ୍ଦୀର ତୃତୀୟ ଭାଗ ବେଳକୁ ହୁଏତ ଅଙ୍କନ କରାଯାଇଛି। ଏବେ ଦିଲ୍ଲୀର ଜାତୀୟ ସଂଗ୍ରହାଳୟରେ ଛବିଟି ସଂରକ୍ଷିତ ରହିଛି।

ଅଧୁନା ପାକିସ୍ତାନର ସିନ୍ଧ ପ୍ରଦେଶରେ ଥିବା ତିଲା ସାହାଙ୍କ ସମାଧିର କାନ୍ଥରେ ଶଶୀ–ପୁନୁଙ୍କ କାହାଣୀକୁ ଆଧାର କରି ଏକ ପୁରୁଣା ମ୍ୟୁରାଲ ରହିଛି। ଏଇ ଦୁଇ ପ୍ରେମୀଙ୍କ ବିୟୋଗାନ୍ତକ ପ୍ରେମ କାହାଣୀକୁ ନେଇ ୧୯୨୮ ମସିହାରେ ଏକ ନିର୍ବାକ ଚଳଚ୍ଚିତ୍ର ନିର୍ମାଣ କରାଯାଇଥିଲା। ତାପରେ ୧୯୩୨ରେ ଓ ୧୯୪୬ରେ ହିନ୍ଦୀ ଭାଷାରେ ସେଇ ଏକା ପ୍ରେମ କାହାଣୀକୁ ନେଇ ସିନେମା ତିଆରି କରାଯାଇଥିଲା। ସମାନ କାହାଣୀକୁ ନେଇ ଆଞ୍ଚଳିକ ପଞ୍ଜାବୀ ଓ ସିନ୍ଧ ଭାଷାରେ ମଧ୍ୟ ସିନେମା ତିଆରି କରାଯାଇଛି। ପାକିସ୍ତାନରେ ମଧ୍ୟ ସମାନ କାହାଣୀକୁ ନେଇ ସିନେମା ତିଆରି କରାଯାଇଛି। ବିଶିଷ୍ଟ ଗାୟକ ସ୍ୱର୍ଗତଃ ଉଷ୍ତାଦ ନୁସରତ ଫତେ ଅଲ୍ଲୀ ଖାନ୍ଙ୍କ ପ୍ରସିଦ୍ଧ ଗୀତ 'ତୁମ୍ ଏକ ଗୋରଖ ଧନ୍ଦା ହୋ' ଗୀତ ଅନେକ ଶୁଣିଥିବେ। ଗୀତଟିରେ ଶଶିର ନାମ ଉଲ୍ଲେଖ ରହିଛି। ଗୀତଟି ୟୁଟ୍ୟୁବ୍ରେ ମଧ୍ୟ ଅଛି। ଯଦି ଆଗରୁ ନଶୁଣିଥିବେ ତେବେ ସମୟ ମିଳିଲେ ନିଶ୍ଚୟ ଶୁଣନ୍ତୁ। ଗୀତ ଶୁଣିବା ଆଗରୁ ଛବିଟିକୁ ଟିକେ ଆଉଥରେ ଭଲରେ ଦେଖିନିଅନ୍ତୁ।

ଶଶୀ– ପୁନୁ ଦୁର୍ଗ, ବେଲୁଚିସ୍ତାନ, ପାକିସ୍ତାନ

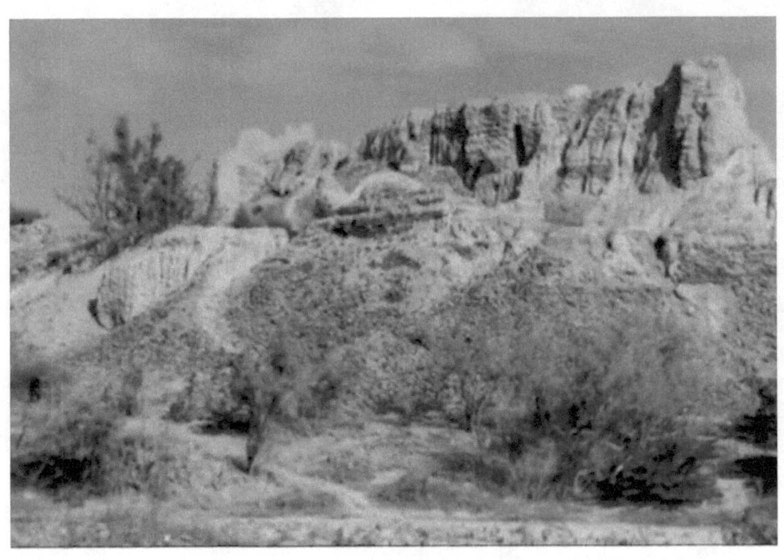

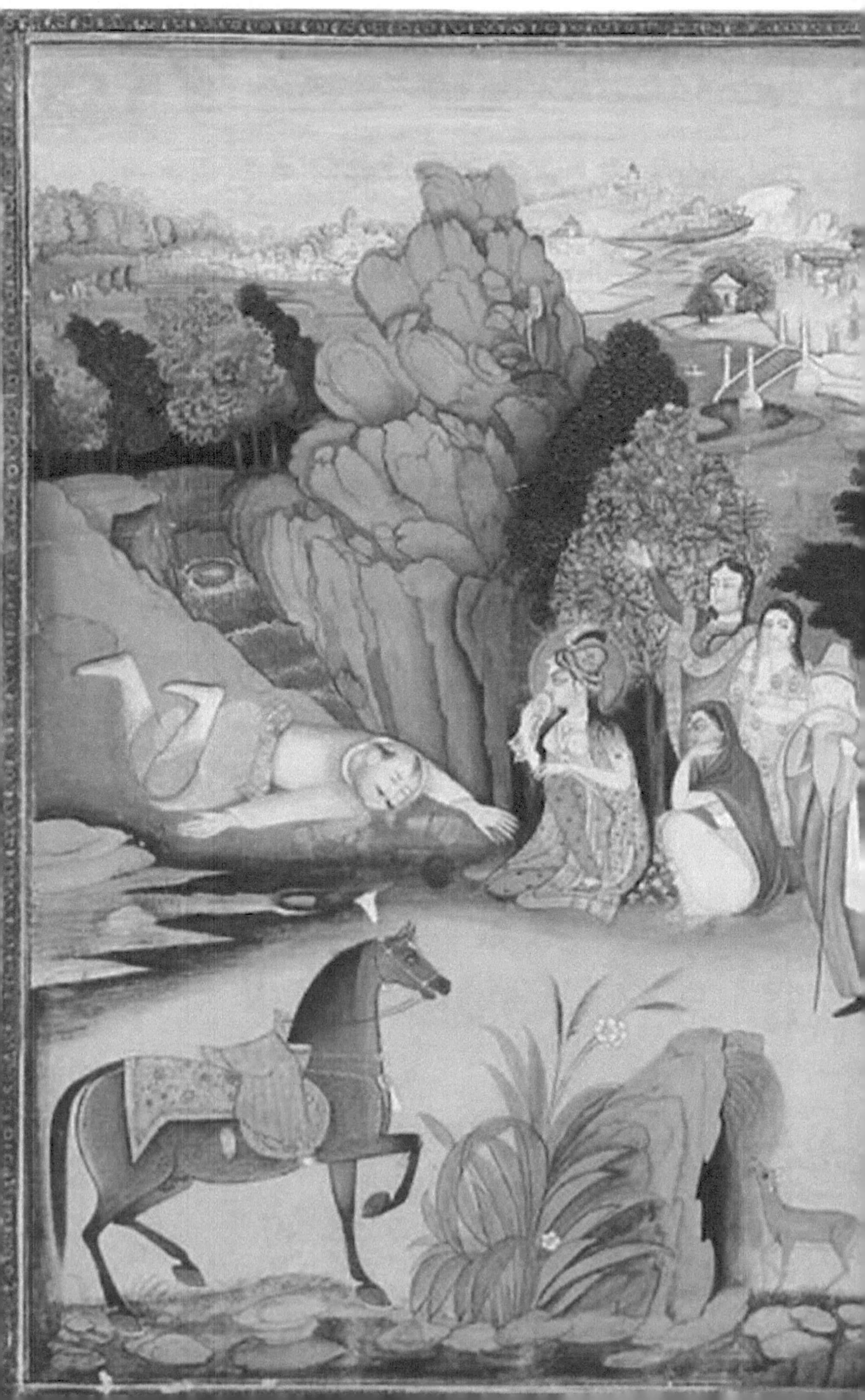

'A work of art which did not begin in emotion is not art.'
- Paul Cezanne

ଏକ କରୁଣ ପ୍ରେମଗପର ଚିତ୍ର

ଛବିଟି ଊନବିଂଶ ଶତାଦ୍ଦୀର ପ୍ରଥମାର୍ଦ୍ଧରେ ରାଜସ୍ଥାନର ଯୋଧପୁରରେ ଅଙ୍କାଯାଇଛି । ଏଇ ମିନିଏଚର ଛବିଟି ଏବେ କଲିକତା ବିରଲା ଏକାଡେମୀ ଅଫ୍ ଆର୍ଟରେ ସଂଗୃହିତ ହୋଇ ରହିଛି । ତାପରେ ଏକ ଭଲ ଓ ଗୁରୁତ୍ୱପୂର୍ଣ୍ଣ ଛବି ଭାବରେ ସାନ୍‌ଫ୍ରାନ୍‌ସିସ୍କୋ ଠାରେ ଆୟୋଜିତ ପ୍ରଦର୍ଶନୀରେ ପ୍ରଦର୍ଶିତ ମଧ୍ୟ ହୋଇଥିଲା । ଛବିଟିରେ ଟେମ୍ପରା ଓ ସୁନା ଜରିର ବ୍ୟବହାର ହୋଇଛି । ଛବିରେ ଅଛି ପାହାଡ଼, ଝରଣା ଓ ପାହାଡ଼ ତଳେ ମରି ପଡ଼ିଥିବା ଜଣେ ମଣିଷ । ମରଶରୀର ପାଖରେ ବସି ରହିଛନ୍ତି ଜଣେ ସମ୍ଭ୍ରାନ୍ତ ଯୁବତୀ ଓ ଆଉ କିଛି ନାରୀ । ଦୂରରେ ଏକ ନଗର । ସାମ୍ନା ପଟରେ ଘୋଡ଼ା ଓ ହରିଣ । ପ୍ରାୟତଃ ଯୋଧପୁରରେ ଅଙ୍କା ଯାଉଥିବା ମିନିଏଚରରେ ଏପରି ଇସଲାମିକ୍ ବିଷୟର ଛବି ଅଙ୍କା ହେଉନଥିଲା । ସେ ଦୃଷ୍ଟିରୁ ବି ଏହି ଛବି ଏକ ବ୍ୟତିକ୍ରମ । ଛବିଟିର ନାଁ ହେଉଛି 'ଫରାଦର ଆମ୍ଭହତ୍ୟା' ।

ଏ ଛବି ପଛରେ ଏକ ବିୟୋଗାନ୍ତକ ପ୍ରେମ କାହାଣୀ ଅଛି । କାହାଣୀଟି ପାରସ ଦେଶର । କୁହାଯାଏ କାହାଣୀଟିର ଲେଖକ ହେଉଛନ୍ତି ପର୍ସିଆନ୍ କବି ନିଜାମି ଗଞ୍ଜାଭି (୧୧୪୧–୧୨୦୯) ଓ ସେ ୧୧୬୨–୧୧୮୦ ବେଲକୁ ଖୋସ୍ରୋ ଓ ସିରିନ୍‌କୁ ନେଇ ଏକ କାବ୍ୟ ଲେଖିଥିଲେ । ଆପଣ ହୁଏତ ଏହି ନାମ ସହିତ ଏତେ ପରିଚିତ ନୁହଁନ୍ତି । କିନ୍ତୁ ଏଇ ଲେଖକଙ୍କର ଅନ୍ୟ ଏକ ଲେଖା ବିଷୟରେ କହିଲେ ଆପଣ ନିଶ୍ଚୟ କହିବେ, 'ଆଚ୍ଛା ମୁଁ ତ ତାଙ୍କୁ ଜାଣିଛି ।' ସେଇଟି ହେଲା ଲୈଲା ଓ ମଜନୁର କାହାଣୀ । ଆମ ଦେଶରେ ଲୈଲା ଓ ମଜନୁଙ୍କ ପ୍ରେମ କାହାଣୀ କିଏ ନଜାଣେ ? ଲୈଲା ମଜନୁଙ୍କ ପ୍ରେମ କାହାଣୀ ପରି ଏ ଖୋସ୍ରୋ ଓ ସିରିନ୍‌ଙ୍କ କାହାଣୀ ଏତେ ଲୋକପ୍ରିୟ କିନ୍ତୁ ନୁହେଁ । ତେବେ କାହାଣୀଟି ବିଦେଶରୁ ଆସି ଉତ୍ତର ଭାରତରେ ବେଶ୍ ପ୍ରଚଲିତ ଓ ମୂଳ ଗପର ସାମାନ୍ୟ ଏପାଖ ସେପାଖ ହୋଇ ସେଠାର ଲୋକଗପରେ ସ୍ଥାନ ପାଇସାରିଛି । ଛବିରେ ପାହାଡ଼ ତଳେ ମରିପଡ଼ିଥିବା ମଣିଷଟି ହେଲା ଫରାଦ୍ ଏବଂ ଫରାଦକୁ ଅନେଇ ବିଷାଦ ଓ ଚିନ୍ତାରେ ବସିଥିବା ନାରୀ ଜଣକ ହେଲା ସିରିନ୍ । ଏ ଛବି ପଛର କାହାଣୀରେ ତିନୋଟି ମୁଖ୍ୟ ଚରିତ୍ର ଅଛନ୍ତି । ଖୋସ୍ରୋ,

ସିରିନ୍ ଓ ଫରାଦ୍। ଖୋସ୍ରୋ ହେଉଛନ୍ତି ଇରାନର ରାଜା ଓ ସିରିନ୍ ହେଉଛନ୍ତି ଆର୍ମେନିଆର ରାଜକୁମାରୀ।

ଲୋକକଥାରେ ପ୍ରଚଳିତ ଏହି କାହାଣୀକୁ ବିଭିନ୍ନ ସମୟରେ ଭିନ୍ନ ଭିନ୍ନ ଲେଖକ ତାଙ୍କ ନିଜ ଅନୁସାରେ ଲେଖିଛନ୍ତି। ପାରସର ଅନେକ କବି ଏଇ ପ୍ରେମ କାହାଣୀକୁ ନେଇ ସାହିତ୍ୟ ରଚନା କରିଛନ୍ତି, ଚିତ୍ରଶିଳ୍ପୀ ଚିତ୍ର ଆଙ୍କିଛନ୍ତି। ନେଜାମି ତାଙ୍କ ଲେଖାରେ ପ୍ରଥମରୁ ଖୋସ୍ରୋଙ୍କ ପିଲାଦିନରୁ କାହାଣୀ ଆରମ୍ଭ କରିଛନ୍ତି। ଖୋସ୍ରୋଙ୍କର ଏକ ଚଷାଘରେ ଖାଇବା କଥା ନେଇ ତାଙ୍କ ବାପା କ୍ଷୁବ୍ଧ ହୁଅନ୍ତି ଓ ଏଥିପାଇଁ ଖୋସ୍ରୋଙ୍କ ପାଇଁ ଦଣ୍ଡବିଧାନ କରନ୍ତି। ଖୁସ୍ରୋ କ୍ଷମା ପ୍ରାର୍ଥନା କରି ଦଣ୍ଡମୁକ୍ତ ହୁଅନ୍ତି। ସେଦିନ ରାତିରେ ଖୋସ୍ରୋଙ୍କୁ ତାଙ୍କ ଗୋସେଇଁ ବାପା ସ୍ୱପ୍ନରେ ଦେଖାଦେଇ ସାବଦିଜ୍ ନାମକ ଗୋଟେ ଘୋଡ଼ା, ବାରବାଢ଼ ନାମକ ଜଣେ ସଂଗୀତଜ୍ଞ, ମହାନ ରାଜ୍ୟ ଇରାନ ଓ ସିରିନ୍ ନାମକ ସ୍ତ୍ରୀ ବିଷୟରେ ଖବର ଦିଅନ୍ତି।

ଖୋସ୍ରୋଙ୍କର ସାପୁର ନାମରେ ଜଣେ ଚିତ୍ରଶିଳ୍ପୀ ବନ୍ଧୁ ତାଙ୍କୁ ଆର୍ମେନିଆର ରାଣୀଙ୍କ ଝିଆରୀ ସିରିନ୍ ବିଷୟରେ କହିଛି। ସାପୁର ଠାରୁ ସିରିନ୍ର ରୂପ ବର୍ଣ୍ଣନା ଶୁଣି ଖୋସ୍ରୋ ମନେ ମନେ ସିରିନ୍ର ପ୍ରେମରେ ପଡ଼ିଯାଆନ୍ତି। ଖୋସ୍ରୋଙ୍କ ଅନୁରୋଧରେ ସାପୁର ଆର୍ମେନିଆ ଯାଏ ଓ ସେଠାରେ ସିରିନକୁ ଦେଖାକରି ଖୋସ୍ରୋର ଛବି ଦେଖାଏ। ଛବି ଦେଖି ସିରିନ୍ ବି ମନେ ମନେ ଖୋସ୍ରୋର ପ୍ରେମରେ ପଡ଼େ ଓ ଖୋସ୍ରୋକୁ ଭେଟିବାକୁ ରାଜ୍ୟ ଛାଡ଼ି ମଦିନା ବାହାରିଆସେ। ଏପଟରେ ପ୍ରେମ ପାଗଳ ଖୋସ୍ରୋ ବି ନିଜ ରାଜଧାନୀ ମଦିନା ଛାଡ଼ି ସିରିନ୍କୁ ଭେଟିବାକୁ ଆର୍ମେନିଆ ବାହାରିଥାଏ।

ଯିବା ଆସିବାର ମଝି ବାଟରେ ଦୁହେଁ ଦୁହିଁକୁ ଭେଟିଛନ୍ତି, କିନ୍ତୁ କେହି କାହାକୁ ଚିହ୍ନି ପାରିନାହାନ୍ତି। କାରଣ ଖୋସ୍ରୋ ଅଧାରାସ୍ତାରେ ସିରିନକୁ ଭେଟିଲାବେଳକୁ ସେ ଲୁଗାପଟା ଖୋଲି ଗାଧୋଉଛି। ସିରିନ୍ ବି ସେତେବେଳେ ଖୋସ୍ରୋକୁ ଦେଖିଛି କିନ୍ତୁ ଚଷା ପୋଷାକରେ ଥିବା ଖୋସ୍ରୋକୁ ଚିହ୍ନିପାରିନି। ଖୋସ୍ରୋ ଆର୍ମେନିଆର ରାଜଧାନୀରେ ପହଞ୍ଚି ଜାଣୁଛି ସିରିନ୍ ତାକୁ ଭେଟିବାକୁ ମଦିନା ଯାଇଛି। ଖୋସ୍ରୋ ତାଙ୍କ ବନ୍ଧୁ ସାପୁରକୁ ଏଥର ସିରିନକୁ ଆଣିବାକୁ ମଦିନା ପଠେଇଛି। ମଦିନାରୁ ସିରିନ୍ ଆର୍ମେନିଆରେ ପହଞ୍ଚିଲା ବେଳକୁ ପିତାଙ୍କ ମୃତ୍ୟୁ ଖବର ପାଇ ଖୋସ୍ରୋ ଯାଇଁ ମଦିନାରେ। ଏଥର ବି ଦୁହିଁଙ୍କର ଦେଖା ହୋଇପାରିନି। ଖୋସ୍ରୋ ମଦିନାରେ ପହଞ୍ଚିଲା ବେଳକୁ ଜଣେ ସେନାପତି ସିଂହାସନ ଦଖଲ କରିସାରିଛି ତେଣୁ ଖୋସ୍ରୋଙ୍କୁ ପୁଣି ଆର୍ମେନିଆ ଫେରିବାକୁ ପଡ଼ିଛି।

ଏଥର ପ୍ରେମୀ ଯୁଗଳଙ୍କର ଦେଖା ସାକ୍ଷାତ ହୋଇଛି। ଦେଖା ହେଲେ ବି ବାହାଘର ହୋଇପାରିନି। ସିରିନ୍ କହିଛନ୍ତି ରାଜ୍ୟ ଫେରିନପାଇଲା ଯାଏ ବାହାଘର

ହୋଇପାରିବନି । ଖୋସ୍ରୋ ସାହାଯ୍ୟ ପାଇଁ କନଷ୍ଟାଣ୍ଟିନୋପଲରେ ପହଞ୍ଚିଛନ୍ତି ଓ ସେଠାର ରାଜା ତାଙ୍କୁ ସାହାଯ୍ୟ କରିବାକୁ ରାଜି ହୋଇଛନ୍ତି । କିନ୍ତୁ ସର୍ତ୍ତ ରହିଛି ଏଥିପାଇଁ ଖୋସ୍ରୋଙ୍କୁ ରାଜକୁମାରୀ ମାରିୟାମକୁ ବିବାହ କରିବାକୁ ହେବ ଓ ମାରିୟାମ୍ ବଞ୍ଚିଥିବା ପର୍ଯ୍ୟନ୍ତ ସେ ଆଉ ଦ୍ୱିତୀୟ ବିବାହ କରିପାରିବେନି । ଶେଷରେ କନଷ୍ଟାଣ୍ଟିନୋପଲ ରାଜାଙ୍କ ସହାୟତାରେ ଖୋସ୍ରୋ ଆପଣା ରାଜ୍ୟ ସିନା ଫେରିପାଇଲେ କିନ୍ତୁ ମାରିୟାମ ଈର୍ଷା କରି ଓ ଚାଲାକି କରି ସବୁବେଳେ ସିରିନ୍ ଠାରୁ ଖୋସ୍ରୋଙ୍କୁ ଅଲଗା କରି ରଖିଲା ।

ଏମିତି ବେଳରେ ଘଟଣାକ୍ରମରେ ଆଉ ଏକ ଚରିତ୍ର ଆର୍ବିଭାବ ହୋଇଛି । ସେ ହେଇଛି ଫରାଦ୍ ନାମରେ ଜଣେ ମୂର୍ତ୍ତୀ ଶିଳ୍ପୀ । ଶିଳ୍ପୀ ଫରାଦ୍ ବାପୁଡ଼ା ସିରିନର ପ୍ରେମରେ ପଡ଼ିଗଲେ । ମାରିୟାମ ଓ ଶପଥ ପାଇଁ ସିନା ଖୋସ୍ରୋ ତାଙ୍କ ପ୍ରେମିକା ସିରିନ୍କୁ ଭେଟିପାରୁ ନଥିଲେ, ତା' ବୋଲି କ'ଣ ଆଉ କିଏ ଜଣେ ପ୍ରେମ କଲେ ସହଜରେ ଛାଡ଼ିଦେଇଥା'ନ୍ତେ ? ରାଜା ଖୋସ୍ରୋ ଏଥର ଚାଲାକିରେ ଫରାଦ୍କୁ ଏକ ପାହାଡ଼ିଆ ଅଞ୍ଚଲକୁ ଦେଶାନ୍ତରରେ ପଠେଇଦେଲେ । ଖାଲି ପଠେଇଲେନି ତା' ସାଙ୍ଗରେ ପାହାଡ଼ରେ ପାହାଚ କରିବା କାମଟି ବି ଦେଲେ । ବିଚରା ଫରାଦ ମୂର୍ତ୍ତୀ କ'ଣ ଗଢ଼ିବ ଦିନ ରାତି ରାଜା ଆଜ୍ଞା ପାଲନ କରି ପଥର କାଟି ପାହାଡ଼ ଉପରକୁ ପାହାଚ ତିଆରିରେ ଲାଗିଲା । ଫରାଦ୍ର ଆଶା ଥିଲା କାମଟି ସାରିଲେ ଖୋସ୍ରୋ ହୁଏତ ତା' ସହ ସିରିନକୁ ବିବାହ କରିବାକୁ ଅନୁମତି କାଲେ ଦେଇଦେବେ । ଖୋସ୍ରୋ ଅନୁମତି ଦେବେ କ'ଣ ଓଲଟି ଜଣେ ଦୂତ ହାତରେ ଫରାଦ୍ ପାଖକୁ ଖବର ପଠେଇଲେ ଯେ ସିରିନର ମୃତ୍ୟୁ ହୋଇଯାଇଛି । ଏମିତିକା ଖବର କୋଉ ପ୍ରେମିକ ଅବା ସହିଥା'ନ୍ତା ? ଏମିତିକା ଏକ ମିଛ ଖବରକୁ ସତ ଭାବି ଫରାଦ ପାହାଡ଼ ଉପରୁ ତଲକୁ ଡେଇଁ ଆତ୍ମହତ୍ୟା କଲା । ଫରାଦ୍ର ମରଣ ଖବର ଖୋସ୍ରୋ ଦୁଃଖ ଜଣାଇ ଚିଠି ଲେଖି ସିରିନ୍କୁ ଜଣେଇଲେ । ଛବିଟି ଠିକ୍ ଏଇ ସମୟକୁ ହିଁ ଚିତ୍ରରୂପ ଦେଇଛି । ଯେଉଁଠି ଫରାଦ୍ର ମରଣ ଖବର ପାଇ ସିରିନ୍ ଘଟଣାସ୍ଥଲରେ ପହଞ୍ଚିଛି ।

ଅନ୍ୟ ଏକ ଗପରେ କୁହାଯାଇଛି ଯେ, ସିରିନ୍ ହିଁ ଫରାଦ୍ ପାଖରେ ସର୍ତ୍ତ ରଖିଛି ସେ ପାହାଡ଼ିଆ ଅଞ୍ଚଲରୁ କେନାଲ ଗୋଟେ ରାଜନଥର ଯାଏ ଖୋଲିକି ଆଣିବ । କୋଉ ଗପରେ ଅଛି ସେଇ କେନାଲରେ ଛେଲି ଦୁଧ ପାହାଡ଼ିଆ ଅଞ୍ଚଲରୁ ସିରିନ୍ ପାଖରେ ପହଞ୍ଚିବ ଓ ସିରିନ୍ ସେଇ ଛେଲିଦୁଧରେ ଗାଧୋଇବ । ଏସବୁ ଭିନ୍ନ ଭିନ୍ନ କଥା ଭିନ୍ନ ଭିନ୍ନ ଚିତ୍ରକର ତାଙ୍କ ଛବିମାନଙ୍କରେ ଭିନ୍ନ ଭିନ୍ନ ସମୟରେ ବର୍ଣ୍ଣନା ମଧ କରିଛନ୍ତି ।

ଖୋସ୍ରୋକୁ ପାଇପାରୁ ନଥିବାରୁ ସିରିନ୍‌ର ବଡ଼ ରାଗ ଥାଏ ମାରିୟାମ ଉପରେ। ମାରିୟାମ ନ ମରିବା ପର୍ଯ୍ୟନ୍ତ ଖୋସ୍ରୋ ଆଉ ଥରେ ବିବାହ କରିପାରିବେନି। ସେଥିପାଇଁ ସିରିନ୍‌ ଷଡ଼ଯନ୍ତ୍ର କରି ମାରିୟାମକୁ ବିଷ ଦେଇ ମାରିଦେଇଥାଏ। ଫରାଦ୍‌ର ମଲା ଖବର ଚିଠି ଲେଖି ସିରିନକୁ ଖୋସ୍ରୋ ଜଣାଇଲା ପରି ସିରିନ୍‌ ମଧ ମାରିୟାମର ମଲା ଖବର ନେଇ ଶୋକ ଜଣାଇ ଖୋସ୍ରୋକୁ ଚିଠି ଲେଖିଲା। ପରସ୍ପର ପରସ୍ପରକୁ ଦୁଃଖ ଓ ଶୋକ ଜଣାଇ ଚିଠି ଲେଖିଥିଲ ମଧ ଚିଠିର ଭାଷାରେ ବ୍ୟଙ୍ଗ ଥିଲା। ଦୁଃଖ ଓ ଶୋକ ନୁହେଁ, ପ୍ରକୃତରେ ଦୁହେଁ ଦୁହିଁଙ୍କୁ ଆହତ କରିବାକୁ ହିଁ ଚାହୁଁଥିଲେ।

ମାରିୟାମଙ୍କ ମୃତ୍ୟୁ ପରେ ବି ଖୋସ୍ରୋ ଓ ସିରିନ୍‌ଙ୍କ ବିବାହ ହୋଇପାରିନି। କାରଣ ଖୋସ୍ରୋ ଆଉ ଏକ ନାରୀରେ ପ୍ରେମରେ ପଡ଼ିଗଲେ। ଶେଷରେ ଖୋସ୍ରୋ ମଦ ଟାଙ୍କିଏ ପିଇ ଦିନେ ସିରିନ୍‌ଙ୍କ ପ୍ରାସାଦରେ ପହଞ୍ଚିଲେ। ସେତେବେଳେ ନିଶାରେ ଥିବା ଖୋସ୍ରୋଙ୍କୁ ସିରିନ୍‌ ଘରେ ପୁରେଇଦେଲେନି ବରଂ ତାଙ୍କ ପ୍ରେମିକା ବିଷୟରେ କହି ତାନା ବି ମାରିଲେ।

ଶେଷରେ କିନ୍ତୁ ସିରିନ୍‌ ରାଜି ହେଇଛନ୍ତି ଖୋସ୍ରୋଙ୍କୁ ବିବାହ କରିବାକୁ, କିନ୍ତୁ ଖୋସ୍ରୋଙ୍କ ଭାଗ୍ୟରେ ସିରିନ୍‌ ଚିର ଅପହଞ୍ଚ ହୋଇ ରହିଛନ୍ତି। ଖୋସ୍ରୋ ଓ ମାରିୟମଙ୍କ ପୁଅ ସିରୋଏ ଦିନେ ଖୋସ୍ରୋଙ୍କୁ ହତ୍ୟା କରିଛି ଓ ସିରିନ୍‌ଙ୍କୁ ବିବାହ କରିବାକୁ ଆଖି ପକାଇଛି। ସିରୋଏ ଯେତେବେଳେ ସିରିନ୍‌ ପାଖକୁ ବିବାହ ପାଇଁ ଖବର ପଠେଇଛି ଓ ସେତବେଳେ ବିବାହକୁ ଏଡ଼ାଇବାକୁ ଶେଷରେ ଆତ୍ମହତ୍ୟା କରିଛି ସିରିନ୍‌। ଗୋଟିଏ କବରରେ ସିରିନ୍‌ ଓ ଖୋସ୍ରୋଙ୍କୁ କବର ଦିଆଯାଇଛି।

ଇରାନର ବିଖ୍ୟାତ ଚଳଚିତ୍ର ନିର୍ଦ୍ଦେଶକ ଆବାସ କିରୋସ୍ତାମୀ ୨୦୦୮ରେ 'ସିରିନ୍‌' ନାମରେ ଏକ ଚଳଚିତ୍ର ନିର୍ମାଣ କରିଥିଲେ। ସିନେମାଟି ଅଲଗା ଦିଗରୁ ନିର୍ମାଣ ହୋଇଛି। ସିନେମାରେ ଅଛି ସିରିନ୍‌ ଓ ଖୋସ୍ରୋଙ୍କ ପ୍ରେମ କାହାଣୀକୁ ନେଇ ପ୍ରଦର୍ଶିତ ସିନେମାକୁ କିଛି ଇରାନୀ ଓ ଫରାସୀ ଚଳଚିତ୍ର ନାୟିକା ସିନେମା ଘରେ ବସି ଦେଖୁଛନ୍ତି। କେବଳ ନାୟିକାମାନଙ୍କର ମୁହଁରେ ଫୁଟିଉଠୁଥିବା ଭାବକୁ କିରୋସ୍ତାମୀ ସୁଟ୍‌ କରି ସିନେମା କରିଛନ୍ତି। ୧୯୫୬ରେ 'ସିରିନ୍‌-ଫରାଦ' ନାମରେ ଏକ ହିନ୍ଦୀ ସିନେମା ରିଲିଜ୍‌ ହୋଇଥିଲା। ଯେଉଁଥିରେ ମଧୁବାଲା ସିରିନ୍‌ ଓ ପ୍ରଦୀପ କୁମାର ଫରାଦ ଭୂମିକାରେ ଅଭିନୟ କରିଥିଲେ। ନେଜାମିଙ୍କ କାହାଣୀରୁ ଏହାର କାହାଣୀ ଟିକେ ଅଲଗା। ଏଠି ସିରିନ୍‌ ଓ ଫରାଦ ପିଲାଦିନର ସାଙ୍ଗ। ଫରାଦ ଗରିବ ଶିଳ୍ପୀର ପୁଅ। ସିରିନ୍‌ ରାଜକୁମାରୀ। ପିଲାଦିନର ସାଙ୍ଗରୁ ପ୍ରେମ ହୋଇଛି। କିନ୍ତୁ ସିରିନର ବାହାଘର ରାଜା ଖୋସ୍ରୋଙ୍କ ସହ ହେଇଛି। ଫରାଦ ଯେତେବେଳେ ସିରିନ୍‌ଙ୍କୁ ଭେଟିବାକୁ ପହଞ୍ଚିଛତି ତ ଖୋସ୍ରୋ ଗୋଟେ

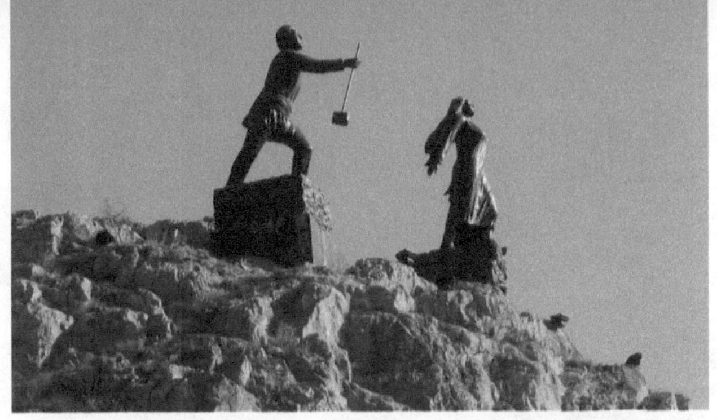

ତୁର୍କିର ଏକ ପାହାଡ଼ ଉପରେ ଫରାଦ୍ ଓ ସିରିନ୍ଙ୍କର ବ୍ରୋଞ୍ଜ ପ୍ରତିମୂର୍ତ୍ତୀ

ସର୍ଥ ରଖିଛନ୍ତି । ଫରାଦ୍କୁ ପାହାଡ଼ିଆ ଜାଗାରେ ଗୋଟେ ହ୍ରଦ ଖୋଲିବାକୁ କୁହାଯାଇଛି । କଥା ଛିଡ଼ିଛି ହ୍ରଦ ଖୋଲା ସରିଲେ ଫରାଦ୍ ଯାହା ଚାହିଁବ ତାକୁ ଦିଆଯିବ । ହ୍ରଦ ଖୋଲା ସରିଲା ବେଳକୁ ଫରାଦ ପାଖରେ ମିଛ ଖବର ପହଞ୍ଚିଛି ସିରିନ୍ ଆଉ ନାହିଁ । ସେଇ ହ୍ରଦକୁ ଡେଇଁ ଫରାଦ ଆମ୍ଭ୍ୟହତ୍ୟା କରିଛି ଓ ସେ ଖବର ପାଇ ସିରିନ୍ ବି ସେଇ ହ୍ରଦକୁ ଡେଇଁ ଆମ୍ଭ୍ୟହତ୍ୟା କରିଛି । କିନ୍ତୁ ତୁର୍କିର ଲୋକକଥାରେ ଫରାଦ୍ ଓ ସିରିନ୍ ପାହାଡ଼ ଉପରୁ ଉଭୟେ ତଳକୁ ଡେଇଁ ଆମ୍ଭ୍ୟହତ୍ୟା କରିଛନ୍ତି । ୨୦୧୨ରେ ଏଇ କାହାଣୀକୁ ନେଇ ଉତ୍ତର ତୁର୍କିର ଏକ ପାହାଡ଼ ଉପରେ ଫରାଦ୍ ଓ ସିରିନ୍ଙ୍କର ଷୋଳ ଫୁଟ୍ର ବ୍ରୋଞ୍ଜ ପ୍ରତିମୂର୍ତ୍ତୀ ତିଆରି ହୋଇଛି । ଓରାନ୍ ପାମୁକଙ୍କ 'ମାଇଁ ନେମ୍ ଇଜ୍ ରେଡ୍' ଉପନ୍ୟାସରେ ମଧ୍ୟ ଏଇ ଖୁସ୍ରୋ ଓ ସିରିନ୍ଙ୍କ କାହାଣୀର ଝଲକ ରହିଛି । ନଅ ଶତାବ୍ଦୀରୁ ଅଧିକ କାଳ ଧରି ଇରାନୀ ସାହିତ୍ୟରେ ଲୋକପ୍ରିୟ ଥିବା ଖୁସ୍ରୋ ଓ ସିରିନ୍ଙ୍କ ଲେଖାକୁ ସେଠାର ସରକାର ଏବେ କଟାକଟି କରିବାକୁ ବାହାରିଛନ୍ତି । ସିରିନ୍ର ପ୍ରେମ କଥାକୁ ନେଇ ତାଙ୍କର ଆପତ୍ତି ରହିଛି । ବହିକୁ ଛାପୁଥିବା ପ୍ରକାଶକକୁ ସେମିତି ନିର୍ଦ୍ଦେଶ ବି ଦିଆଯାଇଛି । ଧର୍ମକୁ ଆଧାର କରି ବ୍ୟକ୍ତି ସ୍ୱାଧୀନତା ସହ କଳା ଏବଂ ସାହିତ୍ୟ ଉପରେ ହାକିମାତି କରିବାକୁ ଅନେକ ଦେଶର ସରକାର ଆଜିକାଲି ବେଶ୍ ତତ୍ପର । ଦୁଃଖର ଓ ଉଦ୍‌ବେଗର କଥା ହେଲା ଆମ ଦେଶ ବି ଏସବୁ ମାମଲାରେ କିଛି ପଛରେ ନାହିଁ ।

ଏ ଗପର ଗତିପଥ ଓ ଘଟଣା ପ୍ରବାହ ଚମତ୍କାର । ପ୍ରେମ, ପ୍ରତୀକ୍ଷା, ଉପେକ୍ଷା, ହତାଶା ଓ ଷଡ଼ଯନ୍ତ୍ର ପରେ ମୃତ୍ୟୁର ଶୀତଳ ସ୍ପର୍ଶରେ କାହାଣୀର ସବୁ ଚରିତ୍ର ଜଣ ଜଣ ହୋଇ ସମସ୍ତେ ମଞ୍ଚରୁ ଅପସରି ଯାଉଛନ୍ତି । ପ୍ରେମ କରି କାହାକୁ ବି କିଛି ମିଳିନି । ସମସ୍ତେ ଯଦି ସବୁ କିଛି ପାଇଥା'ନ୍ତେ, ଯଥା ପ୍ରେମିକାକୁ ପ୍ରେମିକ ଓ ପ୍ରେମିକକୁ ପ୍ରେମିକା ସହଜରେ ମିଳିଯାଇଥିଲେ ଶତାବ୍ଦୀ ଶତାବ୍ଦୀ ଧରି ଏ କାହାଣୀ ଏତେ ଲୋକପ୍ରିୟ ବା କାହିଁକି ହୋଇଥା'ନ୍ତା ? ପ୍ରେମର ସାର୍ଥକତା କ'ଣ ତେବେ ସତରେ ବିୟୋଗରେ ?

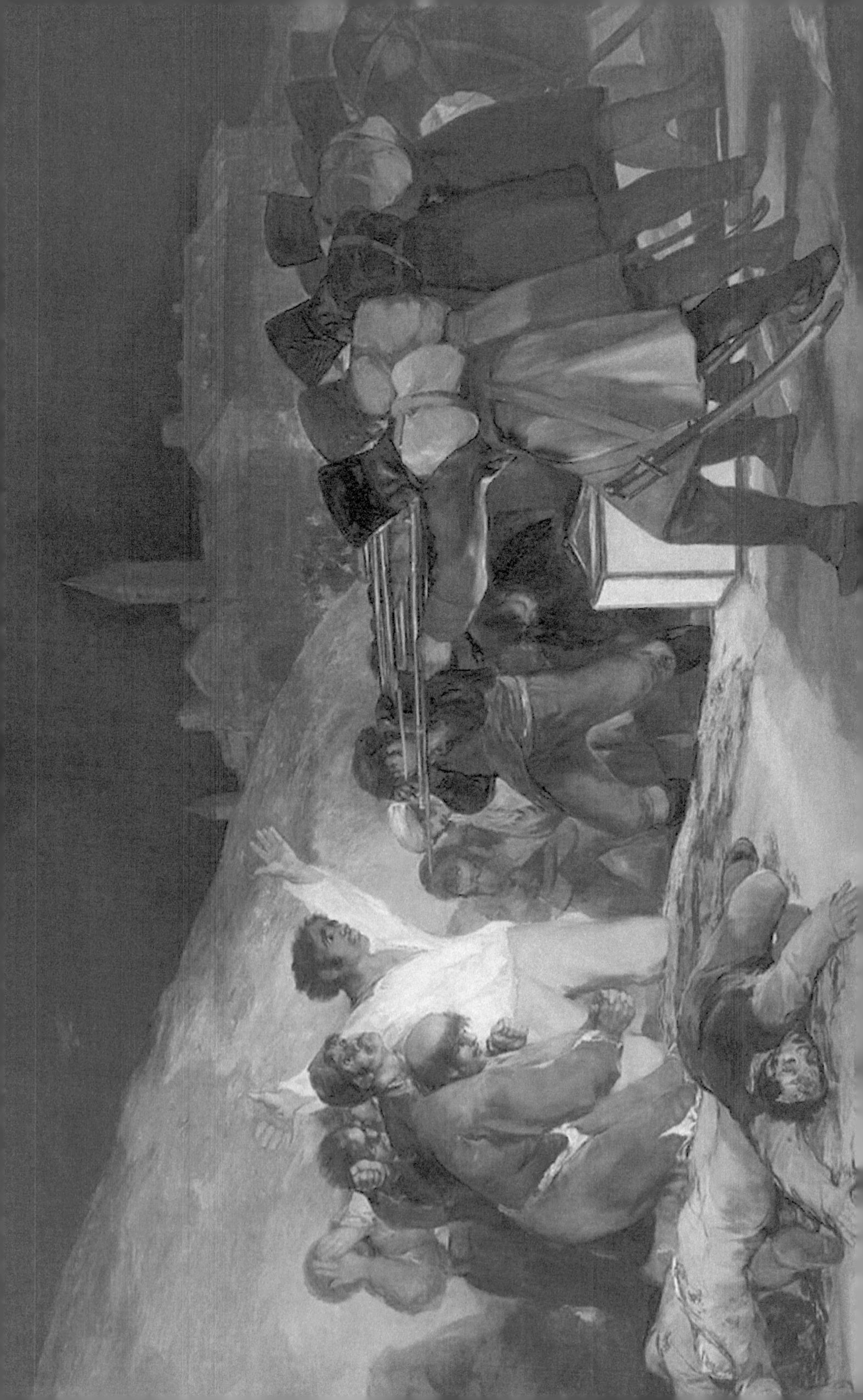

'Painting is easy when you don't know how, but very difficult when you do.' - Edgar Degas

୧୮୦୮ ମସିହାର ମଇ ତିନ୍

ଫ୍ରାନ୍ସିସ୍କୋ ଗୋୟା ୧୮୧୪ ମସିହାରେ ଏଇ ଛବିଟିକୁ ଆଙ୍କିଥିଲେ। ସ୍ପେନ୍ ଇତିହାସର ଏକ ବିଶେଷ ଦିନକୁ ନେଇ ଛବିର ନାମକରଣ ସେ କରିଥିଲେ 'ଦି ଥାର୍ଡ଼ ଅଫ୍ ମେ ୧୮୦୮'। ୧୭୪୬ରେ ଜନ୍ମିତ ଓ ରୋମାଣ୍ଟିକ୍ ଧାରାରେ ଚିତ୍ର ଆଙ୍କୁଥିବା ସ୍ପେନୀୟ ଚିତ୍ରଶିଳ୍ପୀ ଗୋୟା, ବିଶ୍ୱ କଳା ଇତିହାସରେ ଖୁବ୍ ନାମକରା ଜଣେ ଚିତ୍ରଶିଳ୍ପୀ। ଗୋୟାଙ୍କୁ କଳା ସମାଲୋଚକମାନେ ଶେଷ ଓଲ୍ଡ ମାଷ୍ଟର ଓ ପ୍ରଥମ ଆଧୁନିକ ଶିଳ୍ପୀ ଭାବରେ ଗ୍ରହଣ କରନ୍ତି। କେହି କେହି କୁହନ୍ତି ଗୋୟା ଯେତିକି ପୁରୁଣା ସେତିକି ନୂଆ।

ଆମେ ଆଜି ଯେଉଁ ସମୟ ଖଣ୍ଡରେ ବଞ୍ଚିଛେ ଓ ଯେଉଁ ପୁରୁଣା ସମୟ କଥା ଇତିହାସର ପୃଷ୍ଠାରୁ ପଢ଼ୁଛେ, ତୁଳନାମୂଳକ ଭାବରେ ଦେଖିଲେ ଦୁହିଁଙ୍କ ଭିତରେ ସେମିତି କିଛି ଗୁଣାମୂଳକ ପ୍ରଭେଦ ନାହିଁ। କାହା ପାଇଁ ଥିଲେ ଥାଇପାରେ, କିନ୍ତୁ ସାଧାରଣ ମଣିଷଙ୍କ ପାଇଁ କିଛି ବି ନାହିଁ। ସମ୍ୱେଦନଶୀଳ ମଣିଷ ଜଣେ ଆଉ ଗୋଟେ ମଣିଷର କେବେ ବି କ୍ଷତି କରିବନି। କିନ୍ତୁ ମଣିଷ ମଣିଷକୁ ମାରି ଚାଲିଛି। ଧର୍ଷଣ ଓ ଲୁଣ୍ଠନର ଅଲଗା ହିସାବ। ଗୋଟେ ଦେଶର ସୈନ୍ୟ ଅନ୍ୟ ଦେଶର ନିରୀହ ସାଧାରଣ ମଣିଷଙ୍କୁ ନିର୍ମମ ଭାବରେ ମାରି ଚାଲିଛନ୍ତି। ମାରୁଥିବା ଓ ମରୁଥିବା ମଣିଷ ଦୁହିଁଙ୍କ ଭିତରେ କିଛି ବି ବ୍ୟକ୍ତିଗତ ଶତ୍ରୁତା ମଧ ନାହିଁ। ସେମାନେ ପରସ୍ପରକୁ ଚିହ୍ନନ୍ତିନି' କି ଜାଣନ୍ତି ନାହିଁ। ତଥାପି ଜଣେ ଗୁଳି ଚଲାଏ ଓ ଅନ୍ୟ ଜଣକ ଛାତି ପାତିଦିଏ। ଆଜି ବି ସେମିତି ଚାଲିଛି। ଦେଶ ଦେଶ ମଧ୍ୟରେ ଯୁଦ୍ଧ। ଦେଶ ଭିତରେ ଯୁଦ୍ଧ। ଧର୍ମ ନାମରେ, ଜାତି ନାମରେ, ଭୌଗୋଳିକ ସୀମାରେଖା ନାମରେ ଯୁଦ୍ଧ ଚାଲିଛି। ଇତିହାସରେ ଏମିତି କେତେ କେତେ ଯୁଦ୍ଧର ରାଶି ରାଶି ଉଦାହରଣ।

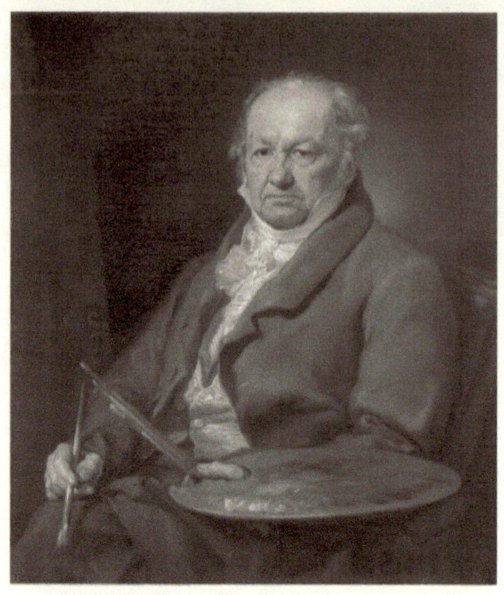

ଫ୍ରାନ୍ସିସ୍କୋ ଗୋୟା (୧୭୪୬ - ୧୮୨୮)

ସେମିତି ଇତିହାସରେ ଏକଦା ଘଟିସାରିଥିବା ଏକ ଘଟଣା ବା ଦୁର୍ଘଟଣାକୁ ନେଇ ଅଙ୍କିତ ଛବି ବିଷୟରେ ଏ ଲେଖା ।

୧୮୧୪ ମସିହାରେ ଅଙ୍କିତ ଏଇ ଛବିର ନାଁ ହେଲା 'ଦି ଥାର୍ଡ ଅଫ୍ ମେ ୧୮୦୮' । ମାନେ ୧୮୦୮ ମସିହାର ମଇ ମାସ ତିନି ତାରିଖ। ଛବିରେ ଅଙ୍କାଯାଇଛି, ଧାଡ଼ିଏ ବନ୍ଧୁକଧାରୀ ସେମାନଙ୍କ ସାମ୍ନାରେ ଠିଆ କିଛି ନୀରସ୍ତ ଲୋକଙ୍କ ଉପରକୁ ଗୁଳି ଚାଳନା କରୁଛନ୍ତି। ବନ୍ଧୁକ ସାମ୍ନାରେ ଥିବା ମରଣମୁହାଁ ଲୋକମାନଙ୍କର ମୁହଁ ସ୍ପଷ୍ଟ ଦିଶୁଥିବା ବେଳେ ହତ୍ୟାକାରୀମାନଙ୍କର ମୁହଁ କିନ୍ତୁ ଦିଶୁନି। ଧଳା ପୋଷାକ ପିନ୍ଧି ଛବିର ଠିକ୍ ମଝାମଝିରେ ଠିଆ ସନ୍ତ୍ରସ୍ତ ମଣିଷଟି ଯିଶୁଖ୍ରୀଷ୍ଟଙ୍କ କୃଶବିଦ୍ଧ ସମୟର ଭଙ୍ଗୀ ପରି ଦୁଇ ହାତକୁ ଖୋଲା ରଖି ଛାତି ପତେଇ ଠିଆ ହୋଇଛି। ଏମିତିକି ତା' ହାତ ପାପୁଲିରେ ଅଛି କ୍ଷତ ଚିହ୍ନ, ଯେମିତିକା କ୍ଷତ ଚିହ୍ନ ଥିଲା ଯିଶୁଙ୍କ ହାତରେ।

ଛବିଟି ପ୍ରକୃତରେ ଗୋଟେ ଦୁଇ ଟିକିଆ ଛବିର ଗୋଟେ ଅଂଶ। ପୁରା ଛବିର ଏହା ଡାହାଣ ପଟର ଭାଗ। ବାମ ଭାଗ ଅଂଶଟି ହେଲା ଆଉ ଏକ ଛବି ଓ ତା'ର ଶୀର୍ଷକ ହେଲା 'ଦି ସେକଣ୍ଡ ଅଫ୍ ମେ ୧୮୦୮'। ମାନେ ୧୮୦୮ ମସିହା ମଇ ମାସର ଦୁଇ ତାରିଖ ଓ ତିନି ତାରିଖର ଘଟଣାକୁ ନେଇ ଗୋୟା ପୁରା ଛବିକୁ ଆଙ୍କିଥିଲେ। ଛବିକୁ ଠିକ୍‌ରେ ବୁଝାଇବାକୁ ହେଲେ ସେ ସମୟର ଐତିହାସିକ ଘଟଣାବଳୀ ବିଷୟରେ ସମ୍ୟକ୍ ଧାରଣା ଦେବାକୁ ହେବ।

୧୮୦୬ରେ ନେପୋଲିୟନ୍ ବୋନାପାର୍ଟ ପର୍ତ୍ତୁଗାଲ ଉପରେ ଆକ୍ରମଣ କରିବା ବାହାନାରେ ବନ୍ଧୁରାଷ୍ଟ ସ୍ପେନ୍‌ରେ ପ୍ରବେଶ କଲେ ଓ ପ୍ରବେଶ କଲାପରେ

ସ୍ପେନ୍‌ର ଅଞ୍ଚଳ ସବୁକୁ ଆପଣା ଅଧିକାରକୁ ନେବା ଆରମ୍ଭ କରିଦେଲେ। ପରିସ୍ଥିତିକୁ ହୃଦୟଙ୍ଗମ କରି ସ୍ପେନ୍ ରାଜା ଚାର୍ଲସ୍ ଚତୁର୍ଥ, ଦେଶ ଛାଡ଼ି ଦକ୍ଷିଣ ଆମେରିକା ପଳାୟନ କରିବାକୁ ଚେଷ୍ଟା କଲେ। କିନ୍ତୁ ତା’ ଆଗରୁ ଦେଶର ଲୋକମାନେ ରାଜାଙ୍କ ପୁଅକୁ ରାଜ୍ୟଭାର ଦେବାକୁ କହିଲେ। ଘଟଣାକୁ ଏକ ସୁଯୋଗ ମନେକରି ନେପୋଲିୟନ୍ ବାପ ପୁଅ ଦୁହିଁଙ୍କୁ ଫ୍ରାନ୍‌ସ ଡାକି ନେଲେ। ଆପଣା ରାଜା ଓ ରାଜକୁମାରଙ୍କୁ ହତ୍ୟା କରାଯିବାର ଯୋଜନା ହେଉଥିବା ଡରରେ ସ୍ପେନୀୟ ଲୋକମାନେ ବିଦ୍ରୋହ ଆରମ୍ଭ କରିଦେଲେ। ଫରାସୀମାନଙ୍କର ସ୍ପେନ୍ ଅଧିକାରକୁ ଏତେ ସହଜରେ ସ୍ପେନ୍ ବାସିନ୍ଦା ଗ୍ରହଣ କରିନଥିଲେ। ସେମାନେ ବିଦ୍ରୋହ କଲେ। ୧୮୦୮ ମଇ ଦୁଇର ଏହି ବିଦ୍ରୋହକୁ ଫରାସୀ ପ୍ରଶାସନ ଦୃଢ଼ ହସ୍ତରେ କିନ୍ତୁ ଦମନ କଲେ। ବିଦ୍ରୋହୀମାନଙ୍କୁ ହତ୍ୟା କରି ବିଦ୍ରୋହକୁ ଦମନ କରାଗଲା। ସ୍ପେନୀୟ ସ୍ୱାଧୀନତା ସଂଗ୍ରାମୀମାନଙ୍କୁ ଶହ ଶହ ସଂଖ୍ୟାରେ ହତ୍ୟା କରାଗଲା। କୁହାଯାଏ ମାଦ୍ରିଦ୍ ସହରର ରାସ୍ତା ସବୁ କଞ୍ଚା ରକ୍ତରେ ସେଦିନ ଲାଲ୍ ହୋଇଗଲା। ଦୁଇ ଦିନ ପରେ ନେପୋଲିୟନ୍ ବାପ ପୁଅ ଦୁହିଁଙ୍କୁ ଗାଦିଚ୍ୟୁତ କରି ତାଙ୍କ ଭାଇ ଯୋସେଫ୍‌ଙ୍କୁ ଗାଦିରେ ବସେଇଲେ।

ଫରାସୀମାନେ ସ୍ପେନ୍ ଅଧିକାର ସମୟରେ ଗୋୟା କୋର୍ଟ ପେଣ୍ଟର ଥିଲେ। ଯୋସେଫ୍ ବୋନାପାର୍ଟ ଗାଦି ସମ୍ଭାଳିଲା ବେଳକୁ ବି ଗୋୟା ସେଇ ଦରବାରୀ ଚିତ୍ରଶିଳ୍ପୀ ପଦବୀରେ ଥାଆନ୍ତି। ବଡ଼ ଅକଳିଆ ପରିସ୍ଥିତି ଗୋୟାଙ୍କ ପାଇଁ। ଏପଟେ ଦେଶବାସୀଙ୍କ ପାଇଁ ଦରଦ ସେପଟେ ନୂଆ ରାଜାଙ୍କ ଦରବାରରେ କୋର୍ଟ ପେଣ୍ଟରର ପଦବୀ। ୧୮୧୪ରେ ଫରାସୀମାନେ ସ୍ପେନ୍ ଛାଡ଼ିଲା ପରେ ଯାଇ ଗୋୟା

'Édouard Manet's Execution of Emperor Maximilian' (1868–1869)

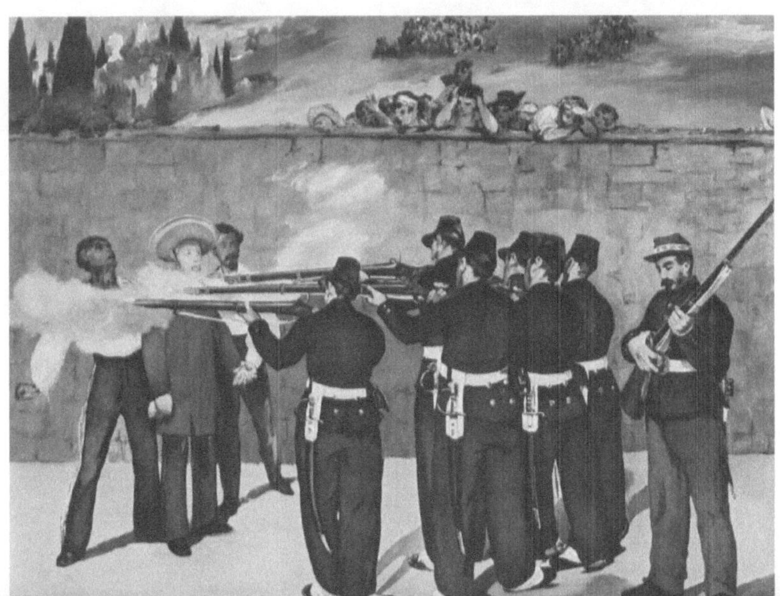

ଫରାସୀମାନଙ୍କ ଅତ୍ୟାଚାରକୁ ନେଇ ଛବି ଆଙ୍କିଥିଲେ। ଏହାକୁ ଦେଶ ପ୍ରତି ଗୋୟାଙ୍କ କ୍ଷମା ପ୍ରାର୍ଥନା ଭାବରେ ଗଣାଯାଇପାରେ। ଯୁଦ୍ଧ ବିଷୟକୁ ନେଇ ପେଣ୍ଟିଂ କରିବା ଛଡ଼ା ଗୋୟା ଫରାସୀ ଆତଙ୍କକୁ ନେଇ ବହୁତଗୁଡ଼େ ଏଚିଂ ମଧ୍ୟ କରିଥିଲେ।

ଆମ ଆଲୋଚ୍ୟ ଛବିର ମଝିରେ ଛିଡ଼ା ମଣିଷର ପୋଷାକୁ ଦେଖିଲେ ଜଣାପଡ଼ୁଛି, ସେ ଜଣେ ସାଧାରଣ ଶ୍ରମିକ ଶ୍ରେଣୀର ମଣିଷ, ଯିଏ ତା' ନିଜ ଦେଶ ନିଜ ମାଟି ପାଇଁ ନିଜର ଜୀବନକୁ ବାଜିରେ ଲଗେଇ ସାରିଛି। ସେ ମଣିଷର ପାଦ ପାଖରେ ମରି ପଡ଼ିଛନ୍ତି ଆଉ କିଛି ମଣିଷ। ରକ୍ତର ଧାର ନିଗିଡ଼ି ଯାଇଛି ମାଟି ଉପରେ। ସେ ସମୟରେ ଇତିହାସ ଆଧାରିତ ଛବିରେ ଏମିତି ବିଭସ୍ତ ରକ୍ତକୁ ଆଙ୍କିବା ଶାସ୍ତ ବିରୋଧୀ ଥିଲା। ଧାଡ଼ିରେ ଆଉରି କିଛି ଅସହାୟ ମଣିଷ ମଧ୍ୟ ଅଛନ୍ତି। ସେମାନଙ୍କ ପାଲି ଟିକିଏ ପରେ ଆସିବ। ସେଥିରୁ ଅନେକଙ୍କ ମୁହଁରେ ଆତଙ୍କ। ଭୟ ଓ ଆଶଙ୍କାରେ କେତେଜଣ ହାତରେ ମୁହଁ ଘୋଡ଼ାଇ ପକାଇଛନ୍ତି। ବନ୍ଧୁକଧାରୀ ଓ ମରୁଥିବା ଧାଡ଼ିଏ ମଣିଷଙ୍କ ଠିକ୍ ମଝିରେ ଅଛି ବେଶ୍ ଉଜ୍ଜ୍ୱଲ ଭାବରେ ଜଳୁଥିବା ଗୋଟେ ଲଣ୍ଠନ। ଆକାଶରେ ଘୋଟି ରହିଛି ବହଳ ଅନ୍ଧାର। ଅନ୍ଧାରରେ ବୁଡ଼ି ରହିଥିବା ଚାରିକଟି ସେଇ ଲଣ୍ଠନ ଆଲୋକରେ ଯାହା ଆଲୋକିତ ହେଉଛି। ଆଗରୁ ଆଲୋକର ଉସକୁ ଈଶ୍ୱରୀକ ସତ୍ତାର ଉପସ୍ଥିତି ବୋଲି ଛବିରେ ବ୍ୟବହାର କରାଯାଉଥିଲା, କିନ୍ତୁ ଗୋୟା ସେ ଆଲୋକକୁ ଏକ ଗଣହତ୍ୟାକାଣ୍ଡର ସାକ୍ଷୀ କରି ଠିଆ କରାଇଛନ୍ତି। ଗୋୟା ଏ ଛବିରେ ଛାଇ ଓ ଆଲୋକର ଖେଳକୁ ଅତି ଚମକ୍ରାର ଭାବରେ ସଂପାଦିଛନ୍ତି। ଏହି 'ତିନି ମାର୍ଚ୍ଚ' ଛବିଟିର ଆକାର ବେଶ ବଡ଼। ଆଠ ଫୁଟ ନଅ ଇଞ୍ଚ ଗୁଣନ ଏଗାର ଫୁଟ ଚାରି ଇଞ୍ଚ।

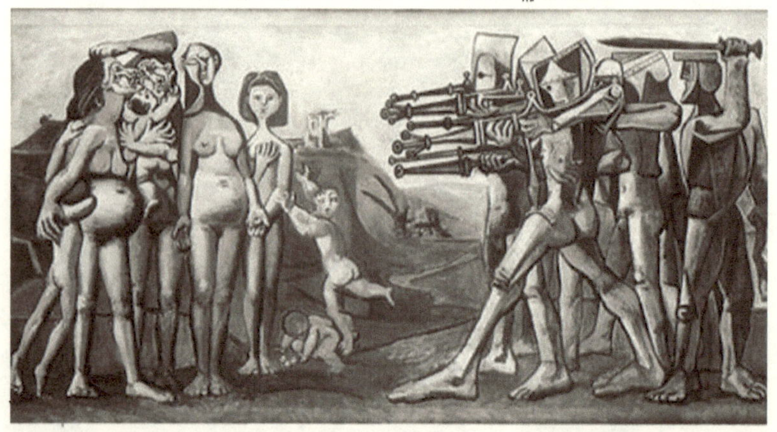

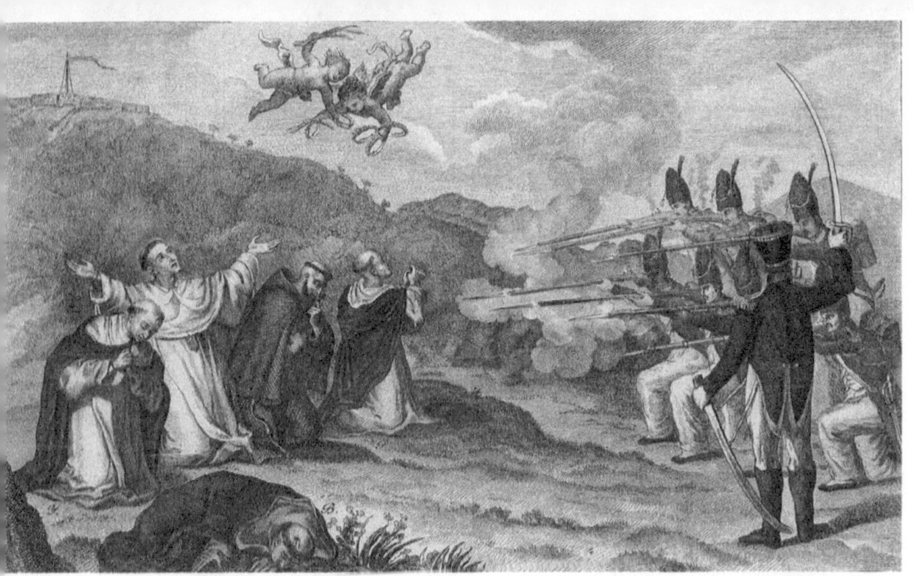

Miguel Gamborino's 'The Assassination of Five Monks from Valencia'

ତିନି ତାରିଖ ପାହାନ୍ତି ପହରରେ ଏ ମୃତ୍ୟୁ ଦଣ୍ଡର ଘଟଣାଟି ଘଟିଛି। ପଛରେ ଅଛି ଗୋଟେ ପଥୁରିଆ ପାହାଡ଼ ମୁଣ୍ଡିଆ। ଗୋୟାଙ୍କ ପୂର୍ବରୁ ଚିତ୍ରଶିଳ୍ପୀମାନେ ସେମାନଙ୍କ ଯୁଦ୍ଧ ବର୍ଣ୍ଣିତ ଛବିରେ ଯେଉଁ ନାୟକକୈନ୍ଦ୍ରିକ ଧାରାଟି ଚଳେଇଥିଲେ, ଗୋୟା ସେଥିରୁ ବାହାରିଯାଇଛନ୍ତି। ଗୋୟା ଏଠି ଜଣେ ଅନାମଧେୟ ସୈନୀୟ ସାଧାରଣ ମଣିଷକୁ ନାୟକ ଆସନ ଦେଇଦେଇଛନ୍ତି ଓ ଛବିରେ ସେ ପାଶ୍ଚାତ୍ୟ ଅନୁପାତକୁ ମାନିନାହାନ୍ତି।

ସ୍ପେନ୍ ସିଭିଲ୍ ଓ୍ବାର ସମୟରେ ଗୋୟାଙ୍କର ଛବିସବୁକୁ ଟ୍ରକ୍‌ରେ ସୁରକ୍ଷିତ ସ୍ଥାନକୁ ନେଇଯିବା ବେଳେ ଟ୍ରକ୍ ଦୁର୍ଘଟଣାର ସମ୍ମୁଖୀନ ହେଇଥିଲା। ଯେଉଁଥିରେ ବର୍ଣ୍ଣିତ ଅନ୍ୟକିଛି ଛବି ସହ ଏହି ଛବି ବି କ୍ଷତିଗ୍ରସ୍ତ ହୋଇଥିଲା ।

ଗୋୟାଙ୍କ 'ଦି ଥାର୍ଡ଼ ଅଫ୍ ମେ ୧୮୦୮' ଛବିର ପ୍ରଭାବରେ ପରବର୍ତ୍ତୀ ସମୟରେ ଅନ୍ୟ ଚିତ୍ରଶିଳ୍ପୀ ବି ଚିତ୍ର ଆଙ୍କିଛନ୍ତି। ଯେମିତି ଫରାସୀ ଚିତ୍ରଶିଳ୍ପୀ ଏଡ଼ଓ୍ବାର୍ଡ଼ ମାନେ ୧୮୬୭ ରୁ ୧୮୬୯ ଭିତରେ କିଛି ଛବି ଆଙ୍କିଥିଲେ। ପିକାଶୋଙ୍କ କୋରିଆ ଯୁଦ୍ଧ ଉପରେ ଅଙ୍କିତ 'ମାସାକ୍ରେ ଇନ୍ କୋରିଆ' ଛବି ଉପରେ ଗୋୟାଙ୍କ ଏହି ଛବିର ସିଧା ସଲଖ ପ୍ରଭାବ ରହିଛି। ୧୯୯୯ ମସିହାରେ ଗୋୟାଙ୍କ ଜୀବନୀ ନେଇ ନିର୍ମିତ ଚଳଚ୍ଚିତ୍ରରେ ଥାର୍ଡ଼ ମେ ଘଟଣାକୁ ମଧ୍ୟ ଦୃଶ୍ୟାୟିତ କରାଯାଇଛି। ପିକାଶୋଙ୍କ ବିଶ୍ୱବିଖ୍ୟାତ ଗର୍ଷିକା ମ୍ୟୁରାଲ୍ ଅଙ୍କାଯିବା ଆଗରୁ ଗୋୟାଙ୍କ ଏହି ଛବିଟି ଯୁଦ୍ଧର ଭୟାବହ ବାତାବରଣକୁ ରୂପ ଦେଇଥିବା ଏକମାତ୍ର ପ୍ରସିଦ୍ଧ ଛବି ଥିଲା ।

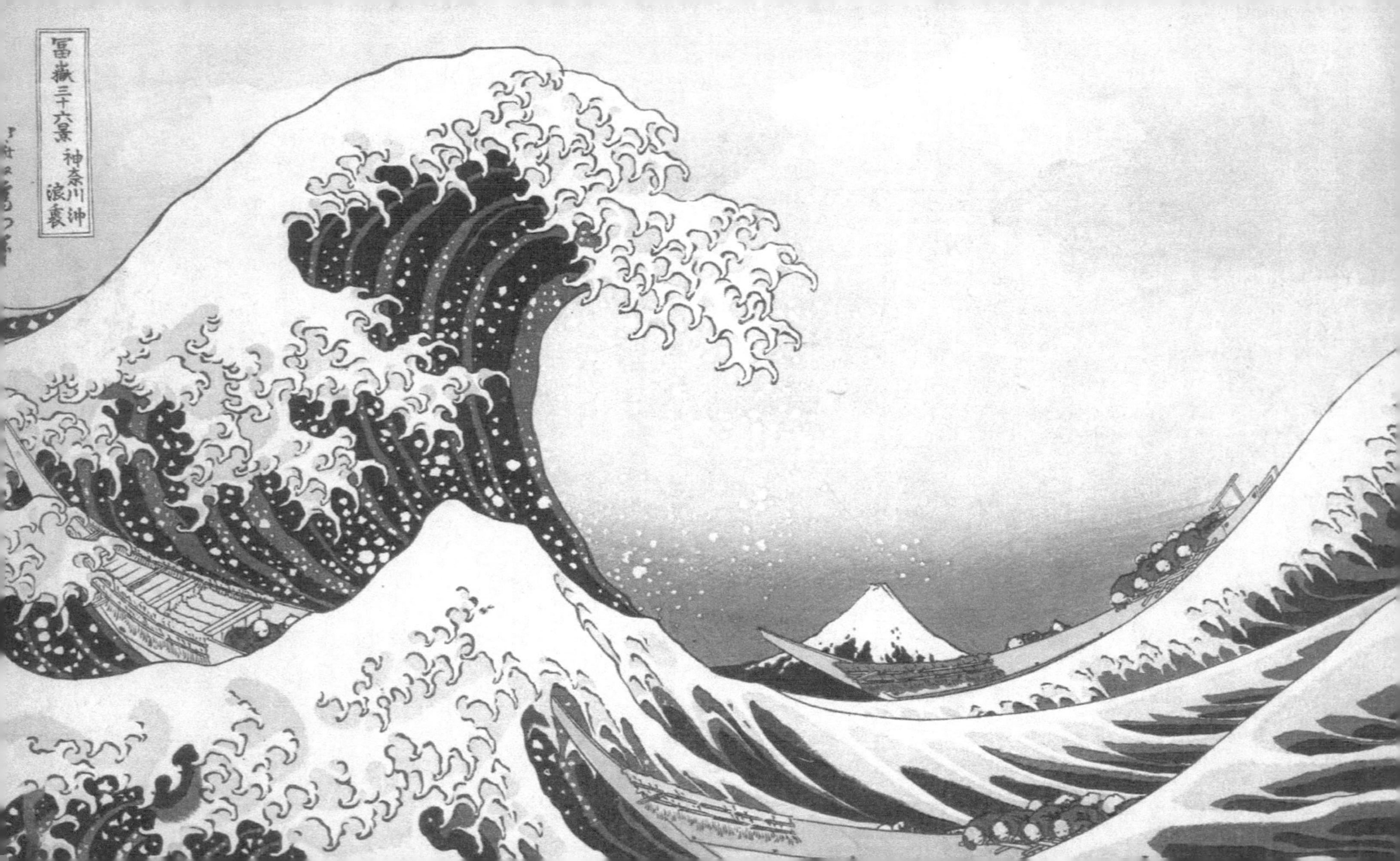
冨嶽三十六景　神奈川沖
浪裏
北斎為一筆

ହୋକୁସାଇଙ୍କ ପ୍ରସିଦ୍ଧ ଲହଡ଼ି

'ସାଗରେ ଅଧୀର ନୀଳ ତରଙ୍ଗ... ଆକାଶେ ସଜଳ ମେଘର ରଙ୍ଗ...' ଗୀତଟି ମୋର ଅନ୍ୟତମ ପ୍ରିୟ ଗୀତ । ଏକଦା ସିକନ୍ଦର ଆଲମ୍ ଗୀତଟିକୁ ବେଶ୍ ଭଲ ଭାବରେ ଗାଇଥିଲେ । ଏବେ ବି ସେ ଗୀତଟି ଶୁଣିଲାବେଳେ ମୋତେ ଦିଶିଯାଏ ଗୋଟେ ପରେ ଗୋଟେ ଲହଡ଼ି କେମିତି ସମୁଦ୍ର ଭିତରୁ ଧାଇଁ ଆସୁଛନ୍ତି ।

ସମୁଦ୍ର ତଟରେ ବସି ଲହଡ଼ି ଦେଖିବାକୁ ମୋତେ ବେଶ୍ ଭଲଲାଗେ । କେବଳ ମୋତେ କାହିଁକି ଅନେକଙ୍କୁ ଭଲଲାଗେ ।

ଶାନ୍ତ ଓ ଅଶାନ୍ତ ସମୁଦ୍ର ଓ ତା'ର ଲହଡ଼ିକୁ ନେଇ ଅନେକ ଛବି ଆଙ୍କିଛନ୍ତି ଶିଳ୍ପୀମାନେ । ସମୁଦ୍ରର ଲହଡ଼ିକୁ ନେଇ ଯେତେ ଶିଳ୍ପୀ ସେମାନଙ୍କ କଳାକୃତି ପ୍ରସ୍ତୁତ କରିଛନ୍ତି ସେମାନଙ୍କ ମଧ୍ୟରୁ ଜାପାନୀ ଶିଳ୍ପୀ ହୋକୁସାଇଙ୍କ 'ଦି ଗ୍ରେଟ୍ ୱେଭ୍ ଅଫ୍ କନଗାୱା' ବିଶ୍ୱପ୍ରସିଦ୍ଧ । ହୋକୁସାଇଙ୍କୁ ଯେତେବେଳେ ଛଅ ବର୍ଷ ବୟସ ହୋଇଥିଲା, ସେ ଛବି କରିବା ଆରମ୍ଭ କରିଥିଲେ । ତାଙ୍କୁ ବାର ବର୍ଷ ହେଲାରୁ ତାଙ୍କ ବାପା ତାଙ୍କୁ ଗୋଟେ ବହି ଦୋକାନରେ କାମ କରିବାକୁ ଭର୍ତ୍ତି କରିଦେଇଥିଲେ । ଷୋହଳ ବର୍ଷ ବେଳକୁ ସେ ଜଣେ ଏନ୍‌ଗ୍ରାଭର୍ ବା ଖୋଦେଇ ଶିଳ୍ପୀ ଭାବରେ କାମ ଶିଖିଛନ୍ତି । କାମ ଶିଖିବା ସମୟରୁ ହିଁ ସେ ନିଜର ସ୍ୱତନ୍ତ୍ର ଛବି ଆଙ୍କିବା ଆରମ୍ଭ କରିଦେଇଥିଲେ ।

ସମୁଦ୍ରର ଲହଡ଼ିକୁ ନେଇ ଜାପାନର ଚିତ୍ରଶିଳ୍ପୀ ହୋକୁସାଇ (୧୭୬୦–୧୮୪୯) ଅନେକଗୁଡ଼େ ଛବି ଆଙ୍କି ତା'ର ଛାପା ନେଇଥିଲେ । ତାଙ୍କ ଛବିର ମୁଖ୍ୟ ମାଧ୍ୟମ ଥିଲା ଉଡ୍‌କଟ୍ ପ୍ରିଣ୍ଟ । ଏଥିରେ କାଠରେ ବ୍ଲକ୍ ଖୋଦେଇ କରି ସେଥିରୁ କାଗଜ ଉପରକୁ ଛାପ ନିଆଯାଏ । ଜାପାନୀମାନେ ଉଡ୍‌କଟ୍ ଓ ରଙ୍ଗୀନ ଉଡ୍‌କଟ୍ ପ୍ରିଣ୍ଟରେ ବିଶ୍ୱ ପ୍ରସିଦ୍ଧ । ଏକଦା ୟୁରୋପରେ ଇମ୍ପ୍ରେସନିଷ୍ଟମାନେ ଜାପାନୀ ଉଡ୍‌କଟ୍ ଦ୍ୱାରା ପ୍ରଭାବିତ ଥିଲେ । ହାକୁସାଇଙ୍କ 'ଦି ଗ୍ରେଟ୍ ୱେଭ୍ ଅଫ୍ କନଗାୱା'କୁ ଆଜି ମଧ୍ୟ ବିଶ୍ୱର ଅନ୍ୟତମ ପ୍ରସିଦ୍ଧ କଳାକୃତିର ମାନ୍ୟତା ଦିଆଯାଏ । ହୋକୁସାଇଙ୍କ ଏଇ ପ୍ରିଣ୍ଟଟି ହିଁ ଜାପାନୀ ପ୍ରିଣ୍ଟକୁ ୟୁରୋପରେ ପରିଚିତି ଦେଇଥିଲା । ଦି ଗ୍ରେଟ୍ ୱେଭ୍ ବିଶ୍ୱ

ଦରବାରରେ ପ୍ରଥମ ଜାପାନୀ ବ୍ରାଣ୍ଡ ଭାବରେ ପ୍ରତିଷ୍ଠା ପାଇଥିଲା। ଦି ଗ୍ରେଟ୍ ୱେଭ୍ ଛବିଟି ଏତେ ପ୍ରସିଦ୍ଧ ଯେ, ହୋକୁସାଇ ଓ ତାଙ୍କ ବିଷୟରେ ସାଧାରଣ ଧାରଣା ନଥିବା ଲୋକମାନେ ମଧ୍ୟ ଏଇ ଛବିକୁ ଚିହ୍ନନ୍ତି। କାରଣ 'ଦି ଗ୍ରେଟ୍ ୱେଭ୍' ଛବିଟି ବିଭିନ୍ନ ଭାବରେ ଅନେକ ଦିନରୁ ଲୋକପ୍ରିୟ ସଂସ୍କୃତି ଭିତରକୁ ପଶି ସାରିଛି। ପ୍ରସିଦ୍ଧ ଚିତ୍ରଶିଳ୍ପୀ ଭ୍ୟାନ୍‌ଗୋଗ୍ ହାକୁସାଇଙ୍କର ଜଣେ ବଡ଼ ପ୍ରଶଂସକ ଥିଲେ। ୟୁରୋପୀୟ ପ୍ରଭାବ ପାଇଁ କେହି କେହି କଳା ସମାଲୋଚକ ଅବଶ୍ୟ ହାକୁସାଇଙ୍କ କାମକୁ ସମ୍ପୂର୍ଣ୍ଣ ନିରୁତା ଜାପାନୀ ଛବି କହିବାକୁ ରାଜି ପଡ଼ନ୍ତିନି।

ହୋକୁସାଇ ରଙ୍ଗୀନ ଉଡ୍ ପ୍ରିଣ୍ଟର ଏଇ କଳାକୃତିଟିକୁ ଆନୁମାନିକ ୧୮୨୯ ରୁ ୧୮୩୩ ମସିହା ମଧ୍ୟରେ ଛାପିଥିଲେ। ୧୫.୮ ରେ ୩୭.୮ ସେଣ୍ଟିମିଟରର ଏହି ଛାପା ଚିତ୍ରଟି ପୃଥିବୀର ଅନ୍ୟତମ ଶ୍ରେଷ୍ଠ ଚିତ୍ର ମାନ୍ୟତା ପାଇସାରିଛି। ଛବିରେ ବିଷ୍ଣୁଦ୍ଧ ବିଶାଳ ଫେନିଲ ଲହଡ଼ିମାନଙ୍କ ମଧ୍ୟରେ ତିନୋଟି ଦୋଲାୟମାନ ନୌକା ରହିଛି। ଲାଗୁଛି ଯେମିତି ପ୍ରଳୟଙ୍କରୀ ସୁନାମି ମାଡ଼ି ଆସୁଛି। ଯଦିଓ ଗବେଷକମାନେ ଏହାକୁ ସୁନାମି ଲହଡ଼ି ବୋଲି ମାନିନାହାନ୍ତି। ଦୂରରେ ଅଛି ଚୂଡ଼ା ଭାଗରେ ବରଫ ଆଚ୍ଛାଦିତ ଜାପାନୀମାନଙ୍କର ପବିତ୍ର ପର୍ବତ ଫୁଜି। ଜାପାନୀମାନଙ୍କ ପାଇଁ ପର୍ବତ ଫୁଜି ସୌନ୍ଦର୍ଯ୍ୟର ପ୍ରତୀକ। ଅଶାନ୍ତ ସମୁଦ୍ରର ବିଶାଳ ଲହଡ଼ି ବାସୁକୀର ଫଣା ପରି ଫୁଙ୍କାର କରୁଛି ଯେମିତି। ପର୍ବତ ଫୁଜିର ଆଖପାଖରେ ଥିବା ଗାଢ଼ା ବର୍ଣ୍ଣ ସୂଚେଇ ଦେଉଛି ଯେ ଶିଳ୍ପୀ ଛବିରେ ଦୃଶାୟିତ ସମୟକୁ ସକାଳ ବୋଲି ସୂଚିତ କରିଛନ୍ତି। ପର୍ବତର ମଥାରେ ଥିବା ବରଫ ସକାଳର ସୂର୍ଯ୍ୟାଲୋକରେ ଉଦ୍ଭାସିତ। ଅର୍ଥାତ୍ ସୂର୍ଯ୍ୟ ଦର୍ଶକର ପଛରୁ ହିଁ ଉଇଁ ଆସୁଛି। ପର୍ବତ ଓ ଦର୍ଶକର ମଝାମଝି ଆକାଶରେ ଝୁଲି ରହିଛି ସମ୍ଭାବ୍ୟ ଝଡ଼ର ବାଦଲ। ଉଚ୍ଛ୍ୱାଳ ଲହଡ଼ିରେ ଦୋଲାୟମାନ ତିନି ନୌକାରେ ଆଠ ଜଣ କରି ନାବିକ ଅଛନ୍ତି। ନୌକାରେ ଅଲଗା ଲୋକ ବି ଅଛନ୍ତି। ତିନି ନୌକାରେ ସମୁଦାୟ ମଣିଷଙ୍କ ସଂଖ୍ୟା ତିରିଶ। ନୌକା ଓ ମଣିଷମାନଙ୍କ ଅନୁପାତ ହିସାବ କଲେ ଜଣାଯାଏ ତାଳଗଛ ପ୍ରମାଣେ ଉପରକୁ ଉଠିଥିବା ଲହଡ଼ିର ଉଚ୍ଚତା ଆପାତତଃ ୩୯ ରୁ ୪୯ ଫୁଟ ହେବ। ଯଦିଓ ସେଠି ସାଧାରଣରେ ଲହଡ଼ି ବାର ଫୁଟ ଯାଏ ଉପରକୁ ଉଠିଥାଏ। ହାକୁସାଇ ଛବିରେ ଜାଣି ଜାଣି ଲହଡ଼ିର ଗୁରୁତ୍ୱ ବଢ଼ାଇବାକୁ ତା'ର ଆକାର ଏଇଠି ବଢ଼େଇ ଦେଇଛନ୍ତି।

ଛବିର ଡାହାଣ ପଟ ଉପରି ଭାଗରେ ଶିଳ୍ପୀଙ୍କର ଦସ୍ତଖତ ସହ ସିରିଜର ନାମ ରହିଛି। ଦସ୍ତଖତରେ ଲେଖାଅଛି 'ହୋକୁସାଇଙ୍କ ତୂଳୀରୁ, ସେ ତାଙ୍କ ନାମ ଲିତ୍‌ସୁ କୁ ବଦଲାଇଲେ'। ମଜାକଥା ହେଲା ହୋକୁସାଇ ତାଙ୍କ ଜୀବନ କାଳରେ

ପ୍ରାୟ ତିରିଶରୁ ଅଧିକ ଥର ଆପଣା ନାମ ପରିବର୍ତନ କରିଥିଲେ । ନୂଆ ସିରିଜର ଛବି ପାଇଁ ନୂଆ ନାମ ବ୍ୟବହାର କରୁଥିଲେ । ହୋକୁସାଇ ତାଙ୍କ ଜୀବନ କାଳରେ ଅନେକ ଥର ସମୁଦ୍ରର ଢେଉକୁ ଭିନ୍ନ ଭିନ୍ନ ଭାବରେ ଆଙ୍କିଛନ୍ତି । ଭୂଦୃଶ୍ୟରେ ପାହାଡ଼ ଓ ଲହଡ଼ିକୁ ମିଶେଇ ଆଙ୍କିବା କଥାଟି ଆସିଛି ଜାପାନୀ ଚିତ୍ରଶିଳ୍ପୀ ସିବା କୋକାନଙ୍କ ପାଖରୁ । ଇଡୋ ଯୁଗର ଏଇ ଚିତ୍ରଶିଳ୍ପୀ ତାଙ୍କର ପାଶ୍ଚାତ୍ୟ ଶୈଳୀର ଛବି ପାଇଁ ପ୍ରସିଦ୍ଧ ଥିଲେ । ସେ ମୁଖ୍ୟତଃ ଡଚ୍ ଚିତ୍ରଶିଳ୍ପୀମାନଙ୍କ ତୈଲଚିତ୍ରର ଶୈଳୀ, କୌଶଳ ଓ ବିଷୟବସ୍ତୁକୁ ଅନୁସରଣ କରୁଥିଲେ । ହୋକୁସାଇ ଦି ଗ୍ରେଟ୍ ୱେଭ୍ ଆଙ୍କିବା ଆଗରୁ ଲହଡ଼ିକୁ ନେଇ କିଛି ଛବି କରିସାରିଥିଲେ, କିନ୍ତୁ 'ଦି ଗ୍ରେଟ୍ ୱେଭ୍'ରେ ହିଁ ସେ ଲହଡ଼ିର ବେଗ, ଆକାର ଓ ସଠିକ୍ ମୁହୂର୍ତକୁ ସଫଳତାର ସହ ଧରିପାରିଥିଲେ ।

ହୋକୁସାଇ ଫୁଜି ପର୍ବତର ସମୁଦାୟ ଛବିଶଟି ଦୃଶ୍ୟ ପ୍ରସ୍ତୁତ କରିଥିଲେ । ଭୂଦୃଶ୍ୟ ସିରିଜର ଏଇ ଛବିଶଟି ଛବି ଭିତରେ ପ୍ରସିଦ୍ଧ 'ଦି ଗ୍ରେଟ୍ ୱେଭ୍' ପ୍ରିଣ୍ଟଟି ରହିଛି । ବିଭିନ୍ନ ଦିଗରୁ, ଭିନ୍ନ ଭିନ୍ନ ଦୂରତାରୁ, ଅଲଗା ପାଣିପାଗ ଏବଂ ଅଲଗା ରୁତୁମାନଙ୍କରେ ପର୍ବତ ଫୁଜିକୁ ଆଙ୍କିଲା ବେଳକୁ ହୋକୁସାଇଙ୍କୁ ସତୁରୀ ବର୍ଷ ବୟସ ହୋଇସାରିଥିଲା । ଜଣେ ନାମକରା ଶିଳ୍ପୀର ପରିଣତ ବୟସରେ ଆପଣା କଳାକୃତିରେ

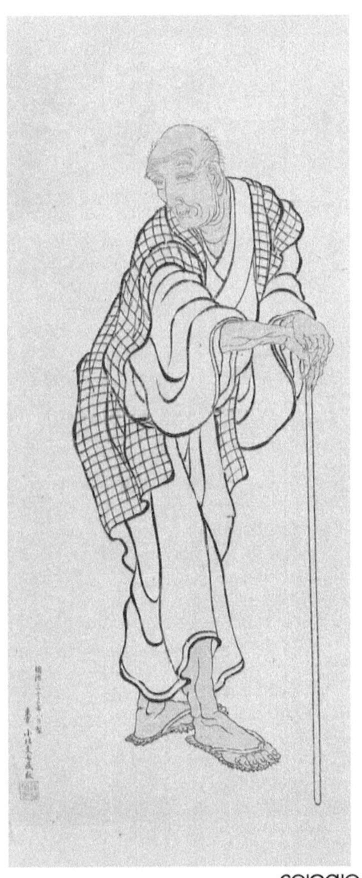

ହୋକୁସାଇ

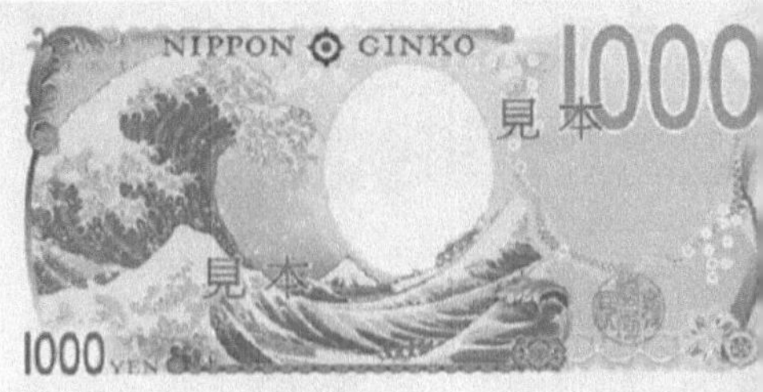

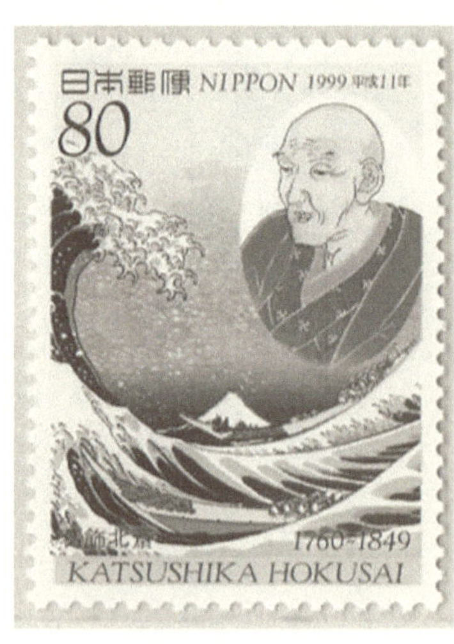

ଯେଉଁ ଅବବୋଧ, କଳାନୈପୁଣ୍ୟତା ଓ କାରିଗରୀ ରହିବା କଥା ତାହା ଏଇ ସିରିଜର ଛବିରେ ନିଷ୍ଚୟ ଅଛି । ହୋକୁସାଇ ପ୍ରଥମେ ପତଳା ଓ୍ୱାସି କାଗଜରେ ଛବି ଆଙ୍କୁଥିଲେ ଓ ତାକୁ ପ୍ରାୟତଃ ଚେରୀ କାଠ ଉପରେ ଅଠା ଦ୍ୱାରା ଲଗାଇଲା ପରେ ବ୍ଲକ୍ ଖୋଦନକାରୀମାନେ ବ୍ଲକ୍ ଖୋଦେଇ କରୁଥିଲେ । ବ୍ଲକ୍ ଖୋଦେଇ ସାଙ୍ଗରେ ଶିଳ୍ପୀଙ୍କର ମୂଳ କାମଟି ଅବଶ୍ୟ ନଷ୍ଟ ହୋଇଯାଏ । ଯେତେଟା ରଙ୍ଗ ସେତେଟା ବ୍ଲକ୍ ପ୍ରସ୍ତୁତ କରାଯାଉଥିଲା । ତାପରେ ବ୍ଲକ୍‌ରେ କାଳି ଲଗାଇ ଛାପା ନିଆଯାଉଥିଲା । ବ୍ଲକ୍ ନଷ୍ଟ ହେବା ଆଗରୁ ଗୋଟେ ଗୋଟେ ବ୍ଲକ୍‌ରୁ ହଜାର ସରିକି ପ୍ରିଣ୍ଟ ନିଆଯାଇ ପାରୁଥିଲା । ଏଇ ସିରିଜ୍‌ରେ

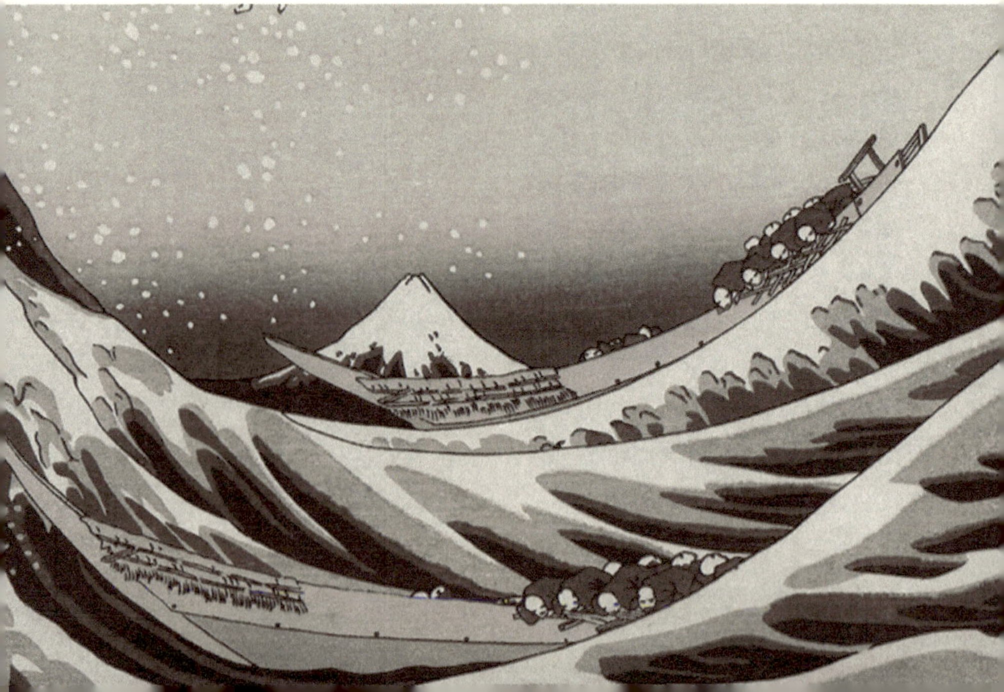

ହୋକୁସାଇ ନୂଆ କରି ଉପଲବ୍ଧ ହେଉଥିବା ନୀଳ ରଙ୍ଗର ନୂଆ ସେଡ୍ ପ୍ରୁସିଆନ ବ୍ଲୁ'ର ବ୍ୟବହାର କରିଥିଲେ । ସିରିଜ୍‌ଟି ସେତେବେଳେ ବେଶ୍ ଲୋକପ୍ରିୟ ହୋଇଥିଲା । ହିସାବରୁ ଜଣାଯାଏ 'ଦି ଗ୍ରେଟ୍ ୱେଭ୍ ଅଫ୍ କନଗାୱା'ର ପାଖାପାଖି ପାଞ୍ଚ ହଜାରରୁ ଅଧିକ ଛାପା ନିଆଯାଇଛି । ଯଦିଓ ସେଥିରୁ ଅନେକ ସମୟକ୍ରମେ ବିଭିନ୍ନ କାରଣରୁ ନଷ୍ଟ ହୋଇଯାଇଛି । ସେଥିରୁ ମାତ୍ର ଶହେରୁ କମ୍ ପ୍ରିଣ୍ଟ ଏବେ ବଞ୍ଚିଯାଇଛି ।

ହୋକୁସାଇଙ୍କ 'ଦି ଗ୍ରେଟ୍ ୱେଭ୍ ଅଫ୍ କନଗାୱା'ରୁ ବିଖ୍ୟାତ କବି ରିଲ୍‌କେ ଅନୁପ୍ରାଣିତ ହୋଇ 'ଦି ମାଉଣ୍ଟେନ୍' କବିତାଟି ଲେଖିଥିଲେ ।

The Mountain
Thirty-six and then a hundred times
the printmaker inscribed that mountain, torn
away and always driven back again
(thirty-six and then a hundred times)

ଗ୍ରେଟ୍ ୱେଭ୍ ପ୍ରିଣ୍ଟ ରୁ ଗୋଟିଏ ଗୋଟିଏ ୨୦୧୨ ରେ ୧.୫ ମିଲିୟନରେ ଓ ୨୦୧୦ ରେ ୧,୧୧୦,୦୦୦ ଆମେରିକୀୟ ଡଲାରରେ ନିଲାମ ହୋଇଥିଲା । ବେଶୀ ସମୟ ବାହାରେ ରହିଲେ ରଙ୍ଗରେ ପରିବର୍ତ୍ତନ ଆସିଯିବ ବୋଲି ବ୍ରିଟିଶ ମ୍ୟୁଜିୟମରେ ଥିବା ପ୍ରିଣ୍ଟଟି ପ୍ରତି ପାଞ୍ଚ ବର୍ଷରେ ମାତ୍ର ଛଅ ମାସ ପାଇଁ ଜନସାଧାରଣଙ୍କୁ ପ୍ରଦର୍ଶିତ ହୋଇଥାଏ । ହୋକୁସାଇଙ୍କ ଗ୍ରେଟ୍ ୱେଭର କିଛି ପ୍ରିଣ୍ଟ ବ୍ରିଟିଶ ମ୍ୟୁଜିୟମ୍ ଛଡ଼ା ମେଟ୍ରୋପଲିଟାନ୍ ମ୍ୟୁଜିୟମ ଅଫ୍ ଆର୍ଟ, ଆର୍ଟ ଇନିଷ୍ଟିଚ୍ୟୁଟ୍ ଅଫ୍ ଚିକାଗୋ, ନ୍ୟାସନାଲ୍ ଗ୍ୟାଲେରି ଅଫ୍ ଭିକ୍ଟୋରିଆ ଓ ଲସ୍ ଏଞ୍ଜଲସ୍ କଣ୍ଟି ମ୍ୟୁଜିୟମ୍ ଆଦି ସ୍ଥାନରେ ମଧ୍ୟ ସୁରକ୍ଷିତ ଭାବରେ ରଖାଯାଇଛି ।

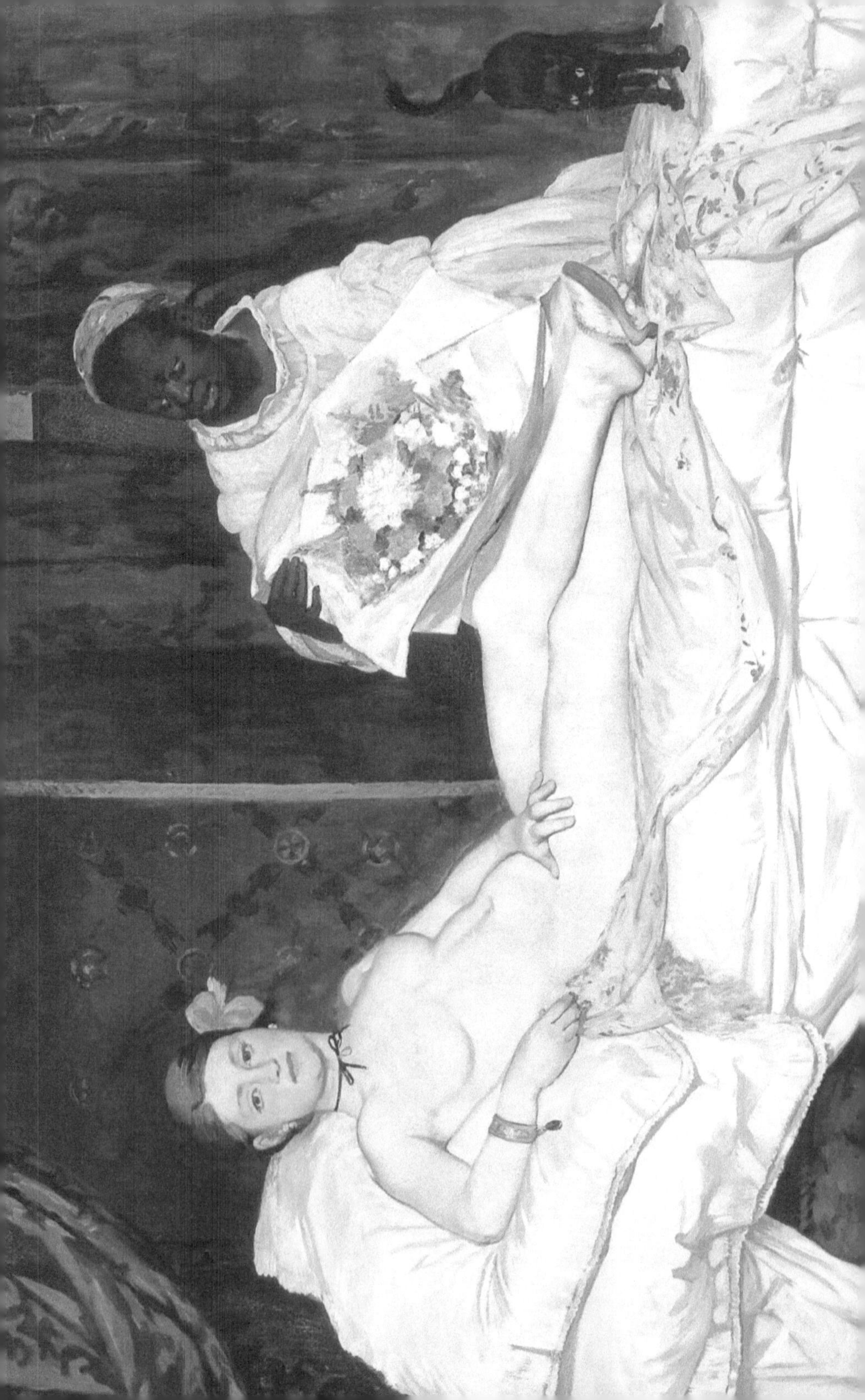

"Every good painter paints what he is." Jackson Pollock

ଅଲମ୍ପିଆ ବିଷୟରେ କିଛି କଥା

ଛବିଟିକୁ ବିଖ୍ୟାତ ଚିତ୍ରଶିଳ୍ପୀ ଏଡ଼୍ଓ଼ଆ ମାନେ (Edouard Manet) ଆଙ୍କିଥିଲେ ଓ ଛବିଟି ୧୮୬୫ରେ ପ୍ୟାରିସ ସାଲୋନରେ ପ୍ରଦର୍ଶିତ ହେଇଥିଲା। ଛବିରେ ଅଛି ଜଣେ ଗୌରବର୍ଣ୍ଣା ନଗ୍ନ ନାରୀ ସିଧାସଳଖ ସାମ୍ନାକୁ ଅନେଇ ଅଳସ ଭଙ୍ଗୀରେ ବିଛଣାରେ ଦରଶୁଆ ହୋଇ ରହିଛି ଓ ବିଛଣାର ସେପଟେ ଜଣେ କଳା ରଙ୍ଗର ନିଗ୍ରୋ ମହିଳା ଫୁଲତୋଡ଼ା ଧରି ଠିଆହୋଇ ତାଙ୍କୁ ଅନେଇଛି। ଅର୍ଦ୍ଧଶାୟିତା ସ୍ତ୍ରୀଲୋକର ପାଦ ପାଖ ବିଛଣାରେ ଛିଡ଼ା ହୋଇଛି ଗୋଟେ କଳା ବିଲେଇ। ୫୧.୪ ଗୁଣନ ୭୪.୮ ଇଞ୍ଚ ସାଇଜ୍‌ର ଏହି ଛବିଟିକୁ ମାନେ କ୍ୟାନଭାସ ଉପରେ ତୈଳ ରଙ୍ଗରେ ଆଙ୍କିଛନ୍ତି। ଛବିର ଶୀର୍ଷକ ଦେଇଛନ୍ତି 'ଅଲମ୍ପିଆ'। ଏପରି କିଛି ସାଧାରଣ ବିଷୟବସ୍ତୁକୁ ନେଇ ସେ ସମୟରେ ଏତେ ବଡ଼ ଆକାରର ଛବି ଅଙ୍କାଯାଉ ନଥିଲା। ଏତେ ବଡ଼ ଆକାରର ଛବି ପ୍ରାୟତଃ ଐତିହାସିକ କିମ୍ବା ପୌରାଣିକ ବିଷୟବସ୍ତୁ ସମ୍ବଳିତ ଛବି ପାଇଁ ହିଁ ବ୍ୟବହୃତ ହେଉଥିଲା। ବିଷୟ ଓ ପ୍ରୟୋଗ ଆଦି ଅନେକ ଦିଗରୁ 'ଅଲମ୍ପିଆ' ଛବିଟି ସେ ସମୟରେ ଅଭିନବ, ଚର୍ଚ୍ଚିତ ଓ ବିବଦମାନ ଥିଲା। କେହି କେହି କଳା ସମାଲୋଚକ ଛବିଟିକୁ ବିଶ୍ୱ କଳା ଇତିହାସରେ ପ୍ରଥମ ଆଧୁନିକ ଛବିର ମାନ୍ୟତା ଦେବାକୁ ବି ଆଗଭର ହୋଇଥା'ନ୍ତି।

ଛବିଟି ପ୍ରଦର୍ଶନୀରେ ପ୍ରଦର୍ଶିତ ହେଲା ପରେ ବିବାଦର ଘେର ଭିତରକୁ ପଶିଯାଇଥିଲା। ବିବାଦର ପ୍ରଥମ କାରଣଟି ହେଲା, ଛବିର ପରିବେଶରୁ ଜଣାପଡ଼ିଯାଉଥିଲା ବିଛଣାରେ ଥିବା ସ୍ତ୍ରୀ ଲୋକଟି ଏକ ବେଶ୍ୟା। ସ୍ତ୍ରୀ ଲୋକଟି ମୁଣ୍ଡରେ ଅର୍କିଡ୍ ଫୁଲ ଖୋସିଥିଲା। ହାତର ମଣିବନ୍ଧରେ ବ୍ରେସଲେଟ୍ ପିନ୍ଧିଥିଲା, କାନରେ ଥିଲା ତା'ର ମୋତିର କାନ ଫୁଲ। ବିଛଣାରେ ଅଡୁଆ ହେଇ ବିଛେଇହେଇ ରହିଥିଲା

ପ୍ରାଚ୍ୟ ଦେଶର ସାଲ୍ ଆଉ ବେକ ଚାରିପଟରେ ଗୁଡ଼େଇ ହୋଇ ରହିଥିଲା ଗୋଟେ କଳାରଙ୍ଗର ରିବନ୍ ଆଉ ପାଦରେ ଚପଲ ପିନ୍ଧି ହିଁ ସେ ଶୋଇଥିଲା। ପରିବେଶଟି ଧନୀ ଓ ସ୍ୱଚ୍ଛଳ ଲାଗୁଥିଲା। ଫୁଲ ଧରି ଠିଆ ପରିଚାରିକା ଗୋଟାପଣ ପୋଷାକ ଭିତରେ ଥିବା ବେଳେ ମାଲିକିଆଣୀ ଅଦ୍ଭୁତ ଲଙ୍ଗଳା ହୋଇ ଶୋଇଥିଲା। ସେତେବେଳେ ବେଶ୍ୟାମାନଙ୍କ ଭିତରେ ଅଲମ୍ପିଆ ନାମଟି ମଧ ଜଣାଶୁଣା ଥିଲା। ଊନବିଂଶ ଶତାବ୍ଦୀର ପ୍ୟାରିସ ସହରରେ ବେଶ୍ୟାଙ୍କ ଉଦ୍ଦେଶ୍ୟରେ ଅଲମ୍ପିଆ ଶବ୍ଦଟିକୁ ଗାଳି ଭାବରେ ବ୍ୟବହାର କରାଯାଉଥିଲା। ତେବେ କଳା ସମାଲୋଚକମାନେ ସେମିତି କିଛି ନିର୍ଦ୍ଦିଷ୍ଟ ଭାବରେ ଏକମତ ହୋଇପାରି ନାହାନ୍ତି ଯେ ଚିତ୍ରଶିଳ୍ପୀ ଏଡୁଆ ମାନେ ଏହି ଛବିର ନାମ କରଣ ‘ଅଲମ୍ପିଆ’ କାହିଁକି କଲେ ।

ଛବିରେ ଦରଶୁଆ ମହିଳାର ଛବି ପାଇଁ ଏଡ଼୍ୱା ମାନେ ତାଙ୍କର ଅନ୍ୟ କେତୋଟି ବିଖ୍ୟାତ ଛବିରେ ମଡେଲ୍ ହୋଇଥିବା ସେ ସମୟର ପ୍ୟାରିସ ସହରର ପରିଚିତ ମଡେଲ ତଥା ଚିତ୍ରଶିଳ୍ପୀ ଭିକ୍ଟୋରିନେ ମେଉରନ୍ (Victorine Meurent)କୁ ନେଇଥିଲେ। ସହରରେ ଯେହେତୁ ଭିକ୍ଟୋରିନେଙ୍କର ପରଚିତି ଥିଲା ତେଣୁ ଛବିରେ ତାଙ୍କୁ ଦେଖ ଅନେକ ଚିହ୍ନି ପକେଇଥିଲେ ।

ପରମ୍ପରାବାଦୀ ଓ ରକ୍ଷଣଶୀଳ ସମାଲୋଚକମାନେ ଏଡ଼୍ୱା ମାନେ ଓ ତାଙ୍କ ଛବିକୁ ପ୍ରବଳ ବିରୋଧ କରିଥିଲେ। ଛବଟିକୁ ଅନୈତିକ ଓ ଅଶ୍ଳୀଲ ବୋଲି ଦୋଷାରୋପ କରାଯାଇଥିଲା। ଏମିତିକି ସେ ସମୟର ପ୍ରଶାସକ ଆବଶ୍ୟକୀୟ ପଦକ୍ଷେପ ନନେଇଥିଲେ, ସେ ଛବିକୁ ହୁଏତ ବିରୋଧୀମାନେ ସମ୍ପୂର୍ଣ୍ଣ ନଷ୍ଟ କରିଦେଇଥା’ନ୍ତେ। ପ୍ରଦର୍ଶନୀକୁ ବୁଲିବାକୁ ଆସିଥିବା ଦର୍ଶକମାନେ ସେମାନଙ୍କ ଛତା ଓ ହାତ ବାଡ଼ିରେ ଛବିକୁ ନଷ୍ଟ କରିବାକୁ ଖୁବ୍ ଚେଷ୍ଟା କରିଥିଲେ। ଛବିରେ ଦରଶୁଆ ସ୍ତ୍ରୀ ଲୋକକୁ କିଏ ମାଛ ଗରିଲା କହିଲା ତ କିଏ କହିଲା ଚିତ୍ରଶିଳ୍ପୀ ଏଡ଼୍ୱା ମାନେ ସୌନ୍ଦର୍ଯ୍ୟ ବଦଲରେ ପ୍ରକୃତ ଅସୁନ୍ଦରପଣ ଓ ବିକୃତିକୁ ହିଁ ଆଙ୍କିଛନ୍ତି ।

‘ଅଲମ୍ପିଆ’ ଛବି ଆଙ୍କିଲା ବେଳକୁ ଏଡ଼୍ୱା ମାନେ ଧାର୍ମିକ, ପୌରାଣିକ ଓ ଐତିହାସିକ ବିଷୟକୁ ନେଇ ଛବି ଆଙ୍କିବେନି ବୋଲି ଘୋଷଣା କରି ଆଗରୁ ଅନେକଙ୍କ ରୋଷର ଶୀକାର ହୋଇସାରିଥା’ନ୍ତି। ସେ ସମୟରେ ସମାଜ ବଡ଼ ରକ୍ଷଣଶୀଳ ଥାଏ (ଆଜି ବି ସେମିତି ଅଛି)। ଚିତ୍ରଦୁନିଆ ଓ ଚିତ୍ରଶିଳ୍ପୀମାନଙ୍କ ପାଇଁ କେତେ ପ୍ରକାର ନୀତିନିୟମ ସମାଜ ପ୍ରଣୟନ କରିଥାଏ (ଆଜି ବି ସେମିତି କରୁଛି)। ଚିତ୍ର ବିଷୟ ବସ୍ତୁକୁ ନେଇ ଚିତ୍ର ବିଭାଗୀକରଣ ସେତେବେଳେ ହୋଇଥାଏ (ଆଜି ବି ହେଉଛି)। ବିଭାଗୀକରଣର ସବୁଠାରୁ ଉପରେ ଥାଏ ଐତିହାସିକ ଛବି। ତା’ ତଳକୁ

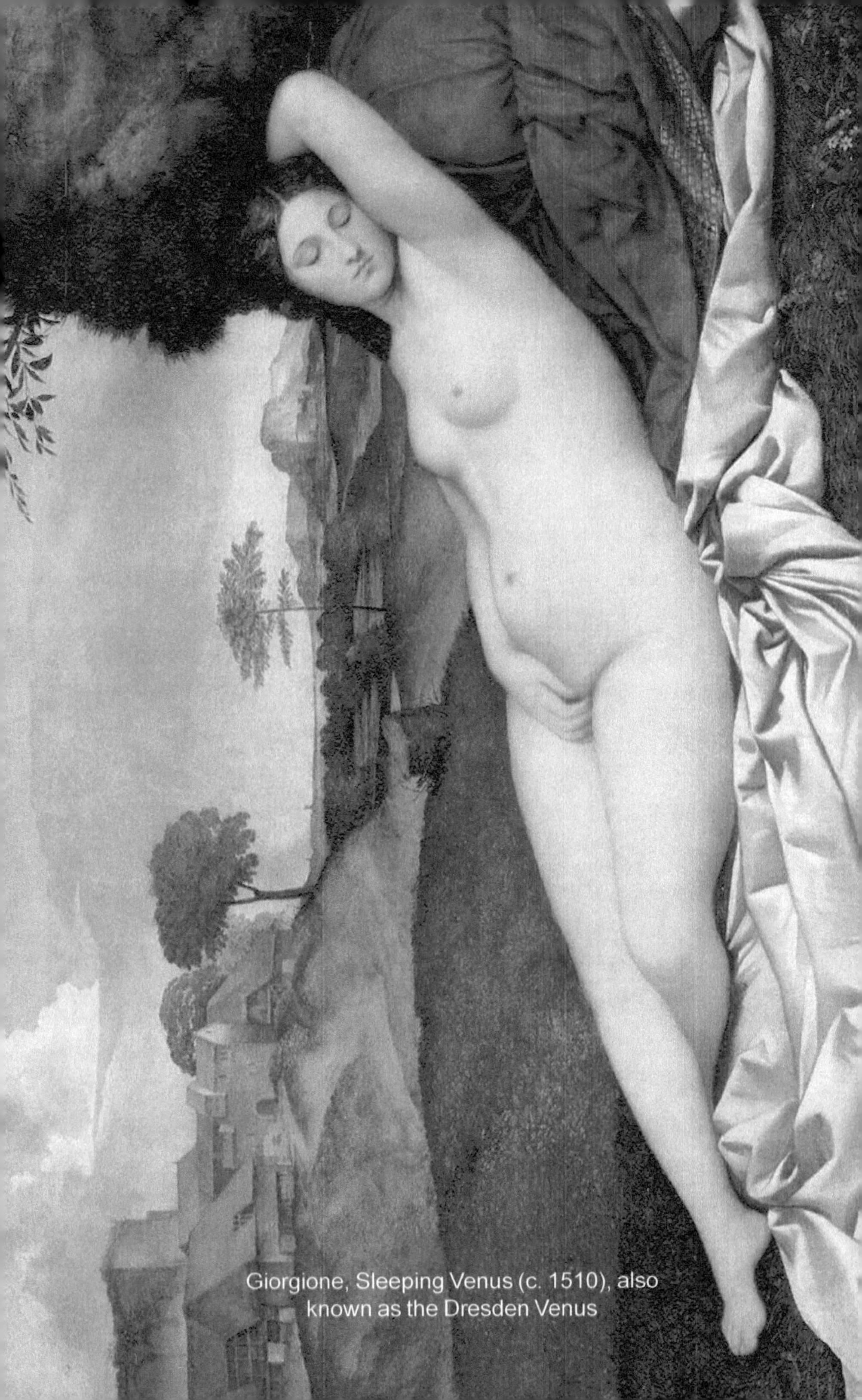

Giorgione, Sleeping Venus (c. 1510), also known as the Dresden Venus

ବାଇବେଲର ବିଷୟ ଓ ଚରିତ୍ରମାନଙ୍କୁ ନେଇ ଛବି। ତା' ତଳକୁ ଆଲେଖ୍ୟ ଅଙ୍କନ। ସବା ଶେଷକୁ ଥାଏ ଭୂଦୃଶ୍ୟ ଅଙ୍କନ ଓ ଷ୍ଟିଲ୍ ଲାଇଫ୍ ଛବି। ସେମିତି ଏକ ନୈତିକତାକୁ ମାନଦଣ୍ଡ କରି ଧରିଥିବା ରକ୍ଷଣଶୀଳ ସମାଜ ଓ ସମୟରେ ଜଣେ ଚିତ୍ରଶିଳ୍ପୀ ସାଧାରଣ ବେଶ୍ୟାକୁ ସୁଦୁ ଲଙ୍ଗଳା କରି ଶୁଆଇ ଛବି କରିବ ? ଏକଥା ନୁହେଁ ଯେ ଏଡ଼ୁଆ ମାନେ ଚିତ୍ରକଳାର ଇତିହାସରେ ପ୍ରଥମକରି ଜଣେ ଲଙ୍ଗଳା ନାରୀକୁ ତାଙ୍କ ଛବିରେ ଆଙ୍କିପକାଇଲେ। ଏଡ଼ୁଆ ମାନେ ତ ତାଙ୍କ ଆଗରୁ ଅଙ୍କା ଟିସାନ୍‌ଙ୍କ ଦ୍ୱାରା ଅଙ୍କାଯାଇଥିବା 'ଭିନସ୍ ଅଫ୍‌ ଅରବିନୋ' ପରି ଏକ ଛବିରୁ ଉଦବୁଦ୍ଧ ହୋଇ ଛବି ଆଙ୍କିଛନ୍ତି। ଅସୁବିଧା ହେଲା ଟିସନ୍ ତାଙ୍କ ଛବିରେ ଭେନସ୍‌କୁ ଆଙ୍କିଛନ୍ତି କିନ୍ତୁ ଏଡ଼ୁଆ ମାନେ ସେ ଜାଗାରେ ଆଙ୍କିଛନ୍ତି ଏକ ବେଶ୍ୟାକୁ। କିଏ ସହିଥା'ନ୍ତା ଶିଳ୍ପୀର ଏଇ ଧୃଷ୍ଟତାକୁ ? ଆଗରୁ ଛବିରେ ଯେଉଁ ଭଙ୍ଗୀରେ ଦେବୀମାନେ ଶୋଉଥିଲେ ସେଇ ଭଙ୍ଗୀରେ ଏଡ଼ୁଆ ମାନେ ଜଣେ ବେଶ୍ୟାକୁ ଶୁଆଇ ଛବି ଆଙ୍କିଥିଲେ। ପ୍ରକୃତରେ ତାଙ୍କ ଛବିରେ ଆଧୁନିକ ଓ ସମସାମୟିକ ଜୀବନ ଏବଂ ପୌରାଣିକ ବାଇବେଲୀୟ ଜୀବନ ଭିତରେ ପାର୍ଥକ୍ୟ ଦର୍ଶାଇବାକୁ ଚେଷ୍ଟା କରିଥିଲେ ଏଡ଼ୁଆ ମାନେ। ହେଲେ ତାଙ୍କ କଥା ଶୁଣିବ ବା କିଏ ? ସମାଲୋଚନା ଏତେ ତୀବ୍ର ହେଲା ଯେ ଏଡ଼ୁଆ ମାନେ ବିଚରା ଶେଷକୁ ନିଜ ଦେଶ ଛାଡ଼ି ସ୍ପେନ୍ ପଳେଇଲେ। ଆଲୋଚନା ସମାଲୋଚନା ତ ହେଲା କିନ୍ତୁ ମାନେଙ୍କର ଲାଭ ହେଲା ଯେ ଇମ୍ପ୍ରେସନିଷ୍ଟ ଆନ୍ଦୋଳନରେ ତାଙ୍କ ନାଁ ସମ୍ମାନର ସହ ନିଆଗଲା। ଏଡ଼ୁଆ ମାନେ ଏଇ 'ଅଲମ୍ପିଆ' ଛବି ମାଧ୍ୟମରେ ଉନବିଂଶ ଶତାଘୀର ଛବି ଆଙ୍କିବାର ଗୁଢ଼େ ନୀତି ନିୟମ, ଶୀଳ ଓ ବିଷୟବସ୍ତୁ ଚୟନ ଆଦିକୁ ଭାଙ୍ଗି ପକାଇଲେ। ପରେ କଳା ସମାଲୋଚକମାନେ ହିସାବ କରି କହିଲେ କ୍ଲାସିକାଲ୍ ଛବିର ଯୁଗରୁ ଠିକ୍ ଏଇ ମୋଡ଼ରୁ ହିଁ ଆଧୁନିକ ଯୁଗ ଭିତରକୁ ଚିତ୍ରକଳା ପାଦ ପକାଇଲା।

ଛବିରେ ଫୁଲ ଧରି ଠିଆ ପରିଚାରିକା ଆଙ୍କିବା ପାଇଁ ମାନେ ଲରା ନାମକ ଜଣେ ମଡେଲକୁ ନେଇଥିଲେ। ଫ୍ରାନ୍ସରେ ଦାସ ପ୍ରଥା ଉଠିବାର ପନ୍ଦର ବର୍ଷ ପରେ ଏ ଛବି ଅଙ୍କାଯାଇଥିଲା। ଜଣେ ଶ୍ୱେତାଙ୍ଗ ବେଶ୍ୟା ଓ ଜଣେ କୃଷ୍ଣକାୟ ପରିଚାରିକାକୁ ଗୋଟିଏ ଛବିରେ ରଖିବା ନେଇ ପରେ ଅନେକ କଳା ସମାଲୋଚକ ବିଭିନ୍ନ ସମୟରେ ବିଭିନ୍ନ କଥା ଉଠେଇଛନ୍ତି। ଏମିତିକି ଏ ଛବିକୁ ନେଇ କରାଯାଇଥିବା ଅଧିକାଂଶ ସମାଲୋଚନାରେ ବେଶୀ ଭାଗ ଆଲୋଚନା ଶ୍ୱେତାଙ୍ଗ ମହିଳାଙ୍କ ବିଷୟରେ ହୋଇଥିବାରୁ ପରବର୍ତ୍ତୀ କିଛି ସମାଲୋଚକ ଏନେଇ ଆପତ୍ତି କରି ବର୍ଣ୍ଣବୈଷମ୍ୟର କଥା ପକେଇଛନ୍ତି। ପରେ ଜଣେ କଳାକାର ଛବିକୁ ଓଲଟାଇ ଆଙ୍କିଥିଲେ। ଅର୍ଥାତ୍

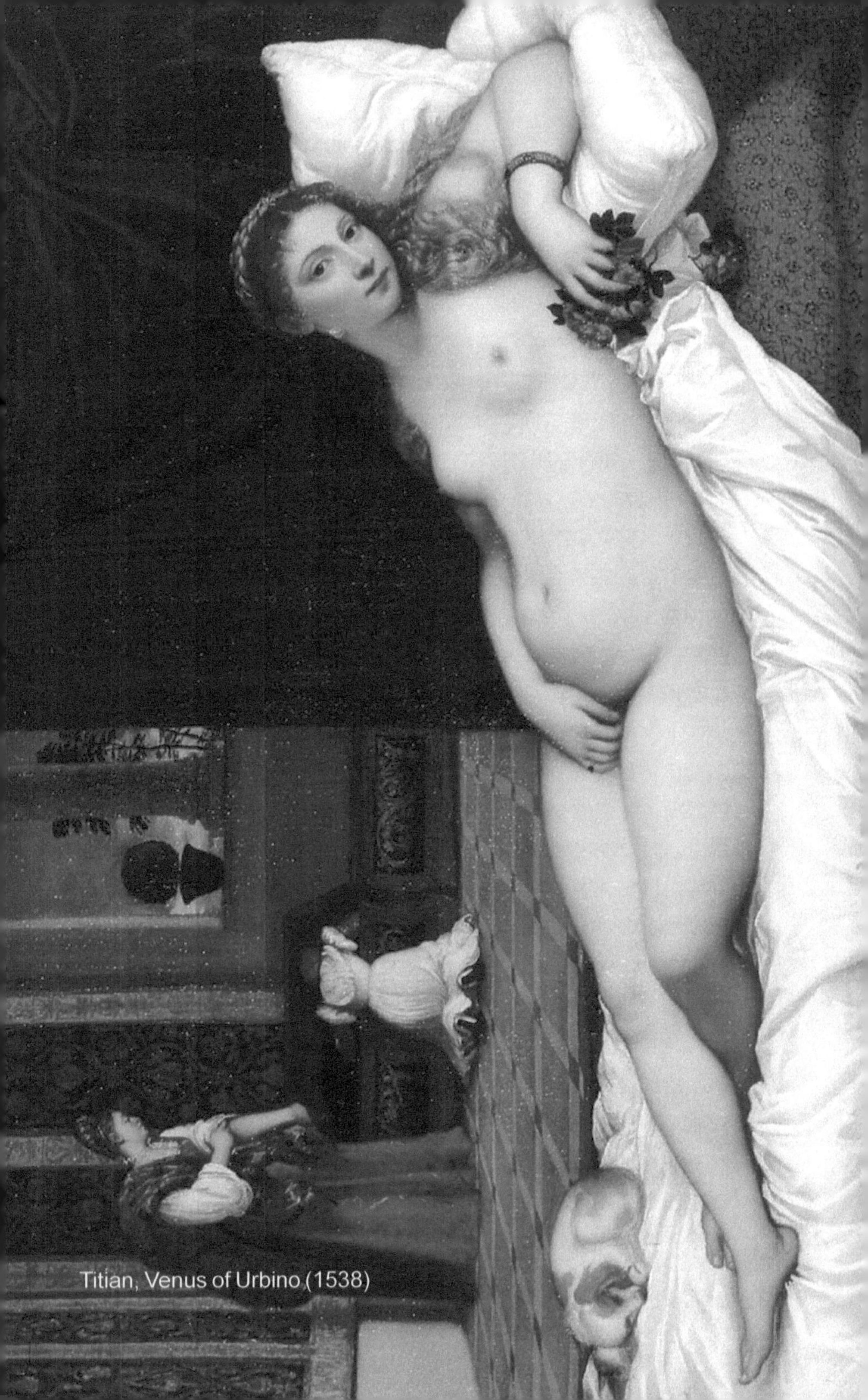

Titian, Venus of Urbino (1538)

ସମାନ ପରିବେଶରେ ଏକ କଳା ସ୍ତ୍ରୀ ଲୋକ ବିଛଣାରେ ଶୋଇଛି ଓ ଜଣେ ଶ୍ୱେତାଙ୍ଗ ମହିଳା ଫୁଲତୋଡ଼ା ଧରି ପରିଚାରିକା ହୋଇ ଠିଆହୋଇଛି ।

ଏହି ଛବିଟି କିନ୍ତୁ ମାନେଙ୍କ ଜୀବନକାଳ ଭିତରେ ବିକ୍ରୀ ହୋଇପାରି ନଥିଲା । ୧୮୯୦ରେ ଚିତ୍ରଶିଳ୍ପୀ କ୍ଲଡ଼ ମୋନେ (Claude Monet) ଲୋକମାନଙ୍କ ଠାରୁ ଟଙ୍କା ସଂଗ୍ରହ କରି ମାନେଙ୍କ ବିଧବା ପତ୍ନୀଙ୍କ ପାଖରୁ ଛବିକୁ କିଣିବାକୁ ଚେଷ୍ଟା କରିଥିଲେ । ୨୦,୦୦୦ ଫ୍ରାଙ୍କ୍ ସଂଗ୍ରହ କରିବାକୁ ତାଙ୍କୁ ଅନେକ ଚିଠି ଲେଖିବାକୁ ପଡ଼ିଥିଲା । ଶେଷରେ ୧୮୯୦ରେ ଆବଶ୍ୟକୀୟ ଅର୍ଥ ଯୋଗାଡ଼ ହୋଇଥିଲା ଓ ଛବିଟିକୁ ଫ୍ରାନ୍ସର ସରକାରଙ୍କୁ ଦିଆଯାଇଥିଲା । କିନ୍ତୁ ସେତେବେଳର ସରକାର ମଧ ଅଲମ୍ପିଆକୁ ପ୍ରସିଦ୍ଧ ଲୁଭ୍ରା ମ୍ୟୁଜିୟମ୍‌ରେ ସ୍ଥାନ ଦେଇ ନଥିଲେ । ଅଲମ୍ପିଆ ଶେଷରେ ୧୯୦୧ ମସିହାରେ ଯାଇଁ ଲୁଭ୍ରାରେ ଟଙ୍ଗା ହୋଇଥିଲା ।

ମାନେ ମନକୁ ମନ ହଠାତ ଏ ଛବି ଆଙ୍କିପକାଇ ନଥିଲେ । ଏଥିପାଇଁ ସେ ଅନେକଗୁଡ଼େ ଛବିର ରେଫେରେନ୍ସ ନେଇଥିଲେ । ମୁଖ୍ୟତଃ ସେ ଇତାଲୀୟ ରେନେସାଁ ସମୟର ଚିତ୍ରଶିଳ୍ପୀ ଟିସାନଙ୍କ ଏକ ଛବିକୁ ଆଗକୁ ନେଇଥିଲେ । ୧୫୩୨-୩୪ ବେଳକୁ 'ଭିନସ୍ ଅଫ୍ ଅରବିନୋ' ନାମରେ ୪୭ ଗୁଣନ ୬୫ ଇଞ୍ଚର ଏକ ତୈଲଚିତ୍ର ଆଙ୍କିଥିଲେ ଟିସାନ୍ । ଛବିରେ ଥିବା ଶାୟିତା ନଗ୍ନ ସୁନ୍ଦରୀ ହେଉଛନ୍ତି ରୋମାନ୍ ଦେବୀ ଭିନସ୍ । ଭିନସ୍ ହେଉଛନ୍ତି ସୌନ୍ଦର୍ଯ୍ୟ, ପ୍ରେମ, କାମନା, ପ୍ରଜନନ, ସମୃଦ୍ଧି ଓ ଯୌନତାର ଦେବୀ । ଟିସାନଙ୍କ ଛବିରେ ଭିନସ୍‌ଙ୍କ ବାଁ ହାତର ଭଙ୍ଗୀକୁ ନିଜ ଛବିରେ ବଦଳାଇଛନ୍ତି ମାନେ । ଟିସାନ୍ ବିଛଣାରେ କୁକୁର ରଖିଥିବା ବେଳେ ମାନେ ରଖିଛନ୍ତି କଳା ବିଲେଇକୁ । ଟିସାନଙ୍କ ଛବିରେ ପରିଚାରିକା ତଳକୁ ମୁହଁ କରି ସାନ ପିଲାଟିକୁ ଦେଖୁଥିବା ବେଳେ, ମାନେଙ୍କ ଛବିରେ ପରିଚାରିକା ଅଲମ୍ପିଆକୁ ଏକଲୟରେ ଚାହିଁ ରହିଛି । ଅଲମ୍ପିଆର ପାଦରେ ଚପଲ ଥିବାବେଳେ ଭିନସ୍‌ଙ୍କ ପାଦ ଖାଲି ଅଛି । 'ଭିନସ୍ ଅଫ୍ ଅରବିନୋ'ର ପରିବେଶ ଘରୁଆ ହୋଇଥିବା ବେଳେ ଅଲମ୍ପିଆ ଛବିର ପରିବେଶରେ ବେଶ୍ୟାର କାମ ଉଉେଜନା ଭରିରହିଛି । ଟିସାନ୍ ପୁଣି ତାଙ୍କ ଛବିରେ ଶୋଇଥିବା ଭିନସ୍ ଆଙ୍କିଛନ୍ତି ହାଇ ରେନେସାଁ ଚିତ୍ରଶିଳ୍ପୀ ଜୋର୍ଜ (Giorgione)ଙ୍କ ସ୍ଲିପିଙ୍ଗ ଭିନସ୍ ଛବି ପାଖରୁ ପ୍ରଭାବିତ ହୋଇ । କୁହାଯାଏ ଏଇଟି ଜୋର୍ଜଙ୍କ ଶେଷ ଛବି ଥିଲା ଓ ମଲାବେଳକୁ ସେ ଛବିଟିକୁ ସମ୍ପୂର୍ଣ୍ଣ ବି କରିପାରି ନଥିଲେ । ଛବିରେ ଥିବା ଭୂଦୃଶ୍ୟ ଓ ଆକାଶକୁ ପରେ ଟିସନ୍ ଆଙ୍କି ଶେଷ କରିଥିଲେ । କିନ୍ତୁ ଛବିର କମ୍ପୋଜିସନ୍ ଓ ଦରଶୁଆ ନଗ୍ନ ନାରୀର ବିଷୟ ପରବର୍ତ୍ତୀ ଅନେକ ଚିତ୍ରଶିଳ୍ପୀଙ୍କୁ ସେମିତି ଆଙ୍କିବାକୁ ପ୍ରେରିତ କରିଛି । ମାନେଙ୍କ ଅଲମ୍ପିଆ ପାଖରେ କଥାଟି ପହଞ୍ଚିଲା ବେଳକୁ ବିଷୟଟି

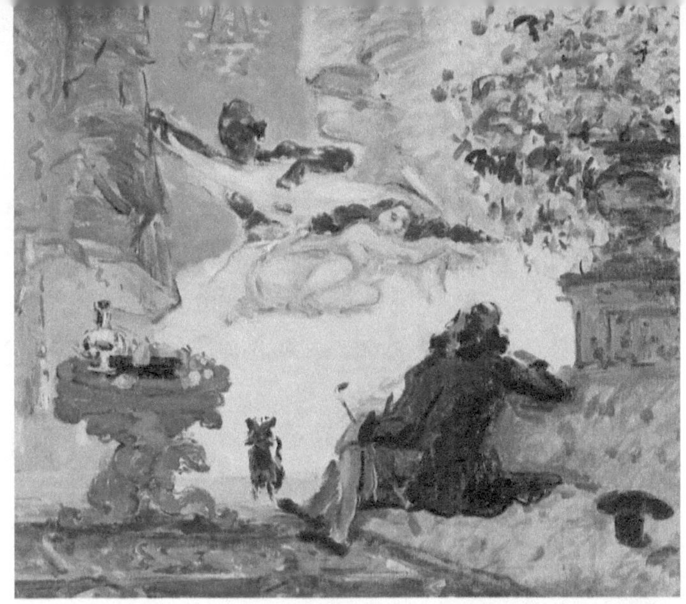

ଭିନସ୍ ଅଫ୍ ଅରବିନୋ

ବାର ବାଙ୍କରେ ବୁଲି ବୁଲି ଆସିଥିଲା। ଜଣେ ଶିଳ୍ପୀଙ୍କ ଛବି ଅନ୍ୟ ଜଣେ ଶିଳ୍ପୀଙ୍କୁ କେମିତି ପ୍ରଭାବିତ କରେ ଓ ଗୋଟେ ଛବି କେମିତି ଆଉ ଏକ ଛବିକୁ ଜନ୍ମ ଦିଏ, ତା'ର ଚମତ୍କାର ଉଦାହରଣ ଭାବରେ ଏହାକୁ ନିଆଯାଇପାରେ। ଯେମିତି ସ୍ଲିପିଙ୍ଗ ଭିନସ୍ ଛବି ପାଖରୁ ଆସିଲା ଟିସନ୍ଙ୍କ ଛବି, ସେମିତି ଟିସାନ୍ଙ୍କ ଭିନସ୍ ଅଫ୍ ଅରବିନୋ (୧୫୩୪)ରୁ ପ୍ରଭାବିତ ହେଲା ପାରିସ୍ ବୋରଦୋନେ (Paris Bordone)ଙ୍କ ସ୍ଲିପିଙ୍ଗ ଭିନସ୍ ଉଇଥ୍ କ୍ୟୁପିଡ୍ (୧୫୪୦)। ସେଥିରୁ ପ୍ରଭାବିତ ହେଇ ଅଙ୍କା ହେଲା ଆନିବେଲ କାରାସି (Annibale Carracci)ଙ୍କ ସ୍ଲିପିଙ୍ଗ ଭିନସ୍ (୧୬୦୨)। ତାକୁ ରେଫେରେନ୍ସ ନେଇ ଆର୍ଟେମିଜା ଜେଣ୍ଟିଲେସ୍କି (Artemisia Gentileschi) ଆଙ୍କିଲେ ସ୍ଲିପିଙ୍ଗ ଭିନସ୍ (୧୬୨୫)। ଜେଣ୍ଟିଲେସ୍କିଙ୍କ ଛବିରୁ ୧୬୩୯ ମସିହାରେ ଅଙ୍କାହେଲା ଗ୍ୱିଡୋ ରେନି (Guido Reni)ଙ୍କ ରିକ୍ଲାଇନିଙ୍ଗ ଭିନସ୍ ଉଇଥ୍ କ୍ୟୁପିଡ୍। ତାପରେ ଆସିଛି Diego Velazquezଙ୍କ ଭିନସ୍ ଏଟ୍ ହର ମିରର ୧୬୩୯ରେ। Velaquezଙ୍କ ଛବି ପରେ ୧୭୯୭ରେ ଆସିଛି Goyaଙ୍କ Maja Naga 2 ଓ Alexandre Cabanelଙ୍କ The Birth of Venus ଅଙ୍କା ହେଇଛି ୧୮୬୩ରେ। ଏଓଡ଼୍ଥ ମାନେଙ୍କ ଅଲମ୍ପିଆ ଯାଇ୧୮୬୩ରେ ଅଙ୍କାହେଇଛି। ଏ ସବୁଗୁଡ଼ା ଛବିର ମୂଳ ଯାଇ ରହିଛି ୧୪୯୯ର ଏକ ଉତ୍କଟ୍ ପାଖରେ। ନଗ୍ନ ନାରୀଟିର ମୂଳ ଶାୟିତା ଭଙ୍ଗୀଟି ପ୍ରକୃତରେ ସେଉଠୁ ଆସିଛି। ଅର୍ଥାତ୍ ୧୪୯୯ରୁ ଏ ଯାତ୍ରା ଆରମ୍ଭ ହୋଇ ମାନେଙ୍କ ପାଖରେ ୧୮୬୩ରେ ପହଞ୍ଚିଛି। କଥା କିନ୍ତୁ ସେଇଠି ସରିଯାଇନି। ବଡ଼ କଥା ହେଲା ମାନେଙ୍କ

ଛବି ଆଲୋଚିତ ଓ ସମାଲୋଚିତ ହେଲା ପରେ ଅଲମ୍ପିଆକୁ ନେଇ ପରେ ଅନେକ ଶିଳ୍ପୀ ବିଭିନ୍ନ ଦୃଷ୍ଟିରୁ ବିଭିନ୍ନ ବାଗରେ ବିଭିନ୍ନ ଦିଗରୁ ତାକୁ ବାର ବାର ଉପସ୍ଥାପିତ କରିଛନ୍ତି । ପୁଣି ଯେଝା ବାଟରେ ଆଙ୍କିଛନ୍ତି, ମୂର୍ତ୍ତି ଗଢ଼ିଛନ୍ତି ଓ ପରଫରମାନ୍ସ ବି କରିଛନ୍ତି ।

୧୮୭୪ରେ ପଲ୍ ସେଜାଁ ମାନେଙ୍କ ଛବି ଅଲମ୍ପିଆକୁ ରେଫେରେନ୍ସ ନେଇ ମଡର୍ଣ୍ଣ ଅଲମ୍ପିଆ ଆଙ୍କିଥିଲେ । ଛବିରେ ସେଜାଁ ବେଶ୍ୟା, ତା'ର କାଳି ପରିଚାରିକା, କଳା ବିଲେଇ, ଫୁଲତୋଡ଼ା ଓ କପଡ଼ାକୁ ରଖିଥିଲେ, କିନ୍ତୁ ସେସବୁକୁ ଅଲଗା ଭାବରେ ଅଲଗା ଜାଗାରେ ରଖିଥିଲେ । ସେଜାଁ ଛବିଟି ଇମ୍ପ୍ରେସନିଷ୍ଟ ଶୈଳୀରେ ଦ୍ରୁତ ତୁଲୀ ଚାଳନା କରି ଉଜ୍ଜ୍ବଳ ବର୍ଣ୍ଣ ପ୍ରୟୋଗ କରି ଆଙ୍କିଥିଲେ । ନୂଆ କଥା ଭାବରେ ସୋଫାରେ ଭଲ ପୋଷାକ ପରିପାଟିରେ ଜଣେ ପୁରୁଷକୁ ବସେଇଥିଲେ । ପୁରା ପରିବେଶ ଲାଗୁଥିଲା ଯେମିତି ପରିଚାରିକା ଜଣକ କପଡ଼ା ଉଠେଇ ଜଣେ ନଗ୍ନ ନାରୀକୁ ପୁରୁଷ ଆଗରେ ପ୍ରଦର୍ଶିତ କରୁଛି । ଚିତ୍ରଶିଳ୍ପୀ ମାଗ୍ରିତି ବି ଅଲମ୍ପିଆ ନାମରେ ଏକ ଛବି ଆଙ୍କିଥିଲେ, ଯାହାକୁ କି ବନ୍ଦୁକ ଦେଖାଇ ଦିବାଲୋକରେ ଏକଦା ଚୋରି କରାଯାଇଥିଲା ।

୨୦୧୬ ଜାନୁୟାରୀରେ ଜଣେ ପରଫରମାନ୍ସ ଶିଳ୍ପୀ ତଥା ଫଟୋଗ୍ରାଫର ମ୍ୟୁଜିୟମ୍ ଭିତରେ 'ଅଲମ୍ପିଆ' ଛବି ଆଗରେ ଲଙ୍ଗଳା ହୋଇ ସମାନ ଭଙ୍ଗୀରେ ଶୋଇପଡ଼ିଲେ । ତାଙ୍କୁ ଅବଶ୍ୟ ସଙ୍ଗେ ସଙ୍ଗେ ଗିରଫ କରାଯାଇଥିଲା । ଆମ ଭାରତରେ ଏମିତି ବିଭିନ୍ନ ସମୟରେ ଲଙ୍ଗଳା

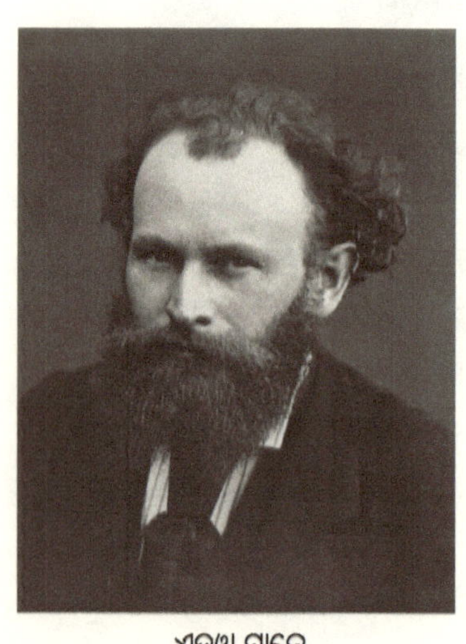

ଏଡ୍ବା ମାନେ

କଥାକୁ ନେଇ ସୋସିଆଲ ମିଡିଆ ଓ ମୁଖ୍ୟଧାରାର ମିଡିଆ ଉଠୁଛି ପଡ଼ୁଛି। ବଲିଉଡ୍ ଚଳଚିତ୍ର ଅଭିନେତା ରଣବୀର ସିଂକର ଏକ ଲଙ୍ଗଳା ଫଟୋକୁ ନେଇ ତାଙ୍କୁ ପ୍ରବଳ ଟ୍ରୋଲ କରାଯାଇଛି। ଦେଶର ଅନେକ ସ୍ଥାନରେ ବିକ୍ଷୋଭ ପ୍ରଦର୍ଶନ ବି ହେଇଛି। କିଛି ବର୍ଷ ତଳେ ଟପ୍ ମଡେଲ୍ ମଧୁ ସାପ୍ରେ ଓ ମିଲିନ୍ଦ ସୁମନଙ୍କ ଏକ ଯୋତା କମ୍ପାନୀ ପାଇଁ କରିଥିବା ବିଜ୍ଞାପନ ଓ ଏମ୍. ଏଫ୍. ହୁସେନଙ୍କ ସରସ୍ୱତୀ ରେଖାଚିତ୍ର କଥା ଏବଂ ତାକୁ ନେଇ ଉତ୍ପନ୍ନ ବିବାଦ କଥା ଅନେକଙ୍କର ମନେ ଥିବ। ବିବାଦ ପାଇଁ ହୁସେନଙ୍କୁ ଭାରତ ଛାଡ଼ି କତାର ଯିବାକୁ ପଡ଼ିଥିଲା। ସମୟ କିଛି ବଦଳନି। ମୋର ବିଶ୍ୱାସ ଆଜି ବି ଯଦି ଏଡ଼୍‌ଓ୍ୱା ମାନେ ଆମ ଏଇ ଭାରତରେ ଅଲମ୍ପିଆ ପରି ଛବି ଆଙ୍କିଥା'ନ୍ତେ, ତେବେ ସମାନ ବିବାଦରେ ନିଶ୍ଚୟ ଫସିଥା'ନ୍ତେ।

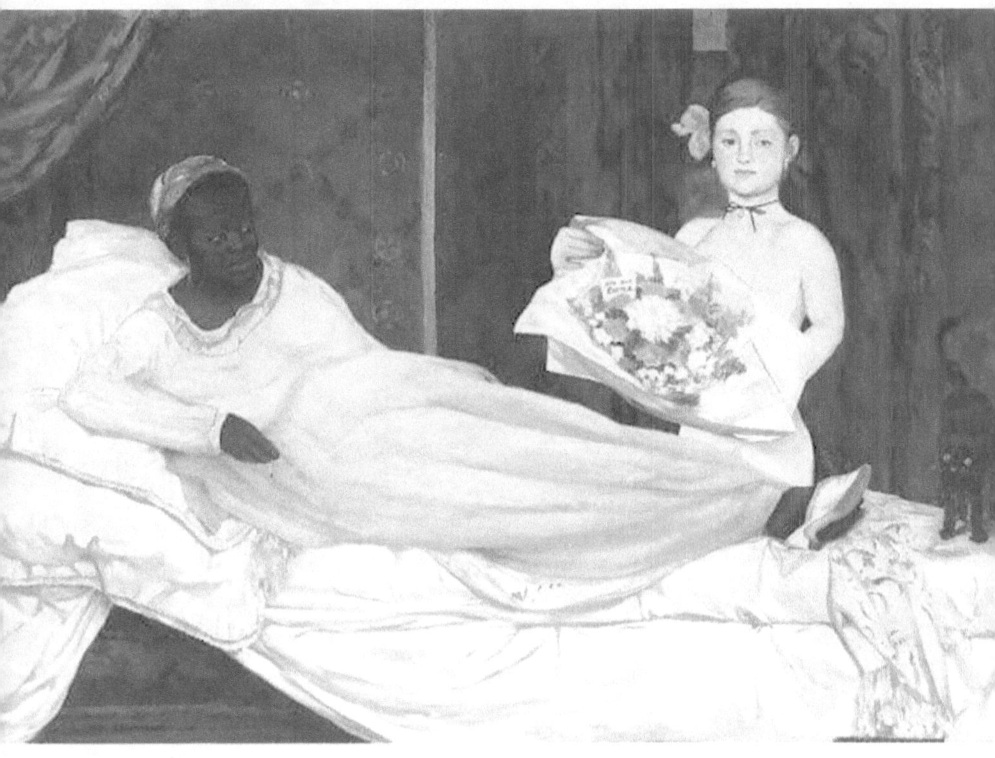

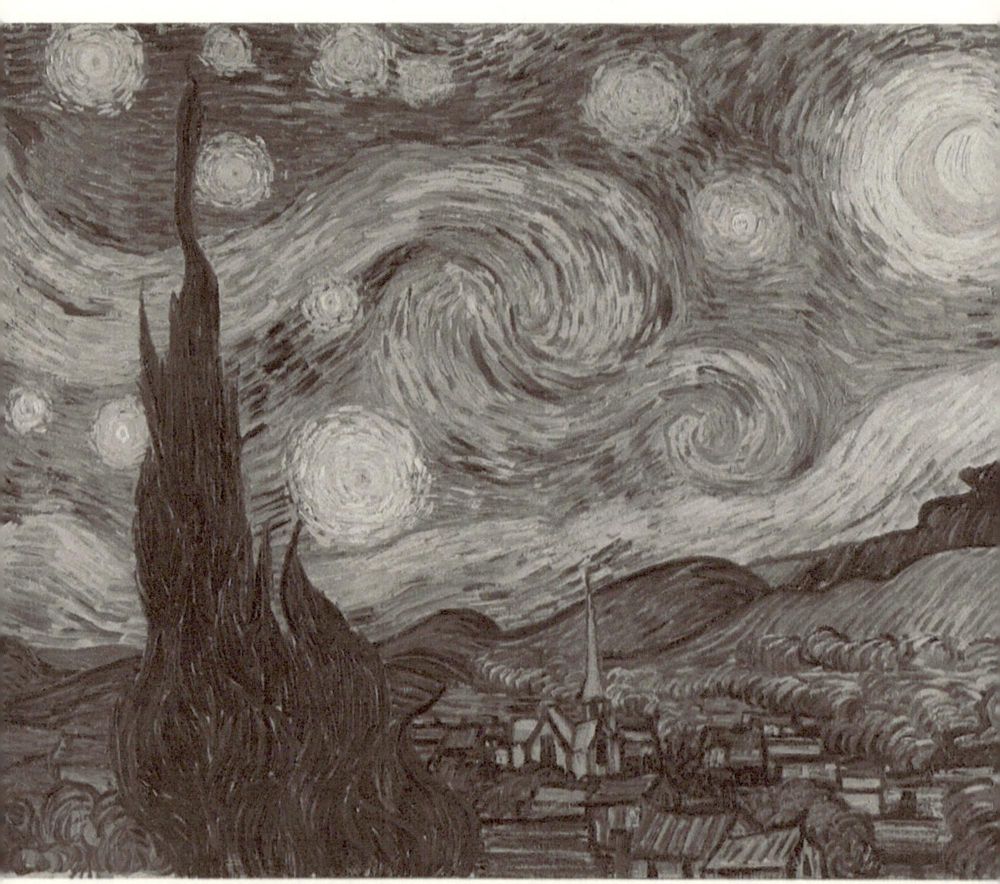

ଦ ସ୍ଟାରୀ ନାଇଟ୍

ତାରାଭରା ଆକାଶ

କଳା! କିଟିକିଟି ଅନ୍ଧାର ରାତିରେ ଆକାଶ କେମିତି ଦିଶେ ?

ସହରରେ ରହୁଥିବା ମଣିଷମାନଙ୍କ ପାଇଁ ଏ ଅନ୍ଧାର ରାତିରେ ତାରାଭରା ଆକାଶ ଦେଖିବାର ସୁଯୋଗ ସହଜରେ ଆସେନି। ସହରର ଆଲୁଅ ସାରାରାତି ସହରର ଆକାଶକୁ ଉଜ୍ଜ୍ୱଲ କରି ରଖିଥାଏ। ସେଠି ଭଲରେ ତାରା କି ଜହ୍ନ ଦେଖିବା ସପନ। ଘନ ଅନ୍ଧାର ରାତିରେ କିନ୍ତୁ ଆକାଶ ଓ ତାରାମାନେ ଚମକ୍‌ର ଦିଶନ୍ତି। ଅନ୍ଧ କେତେଥର ମୁଁ ଦେଖିଛି। ଗାଢ଼ ନୀଳର ଆକାଶ ଆଉ ସେଠି ଚକ୍‌ ଚକ୍‌ କରୁଥିବା ଅଗଣିତ ତାରା। କିଏ ସ୍ୱଷ୍ଟ କିଏ ପୁଣି ଝାପ୍‌ସା। କିଏ ପାଖରେ ତ କିଏ ପୁଣି ଦୂରରେ।

ଏମିତି ଗୋଟେ ତାରାଭରା ଆକାଶର ଛବି ଏକଦା ଆଙ୍କିଥିଲେ ଭିନସେଣ୍ଟ ଭ୍ୟାନଗୋଗ୍‌। ଛବିର ନାମ ହେଲା 'ଦି ଷ୍ଟାରୀ ନାଇଟ୍‌'। ଭ୍ୟାନଗୋଗଙ୍କର ଅନ୍ୟତମ ଲୋକପ୍ରିୟ ଛବି। ଭ୍ୟାନଗୋଗଙ୍କୁ ଅନ୍ଧରେ ଜାଣିଥିବା ଯେ କେହି ବି ନିଶ୍ଚୟ ଦେଖିଥିବ ସେ ଛବିକୁ। ଭ୍ୟାନଗୋଗ୍‌ କ୍ୟାନଭାସ୍‌ ଉପରେ ତୈଳ ରଙ୍ଗରେ ତେସ୍‌ରୀ ଗୁଣନ ବ୍ୟାନବେ ସେଣ୍ଟିମିଟରର ଏ ଛବିଟିକୁ ଆଙ୍କିଥିଲେ ୧୮୮୯ କୁନ୍‌ ମାସରେ। ଏହା ଭିତରେ ବିତିଗଲାଣି ଶହେରୁ କିଛି ଅଧିକା ବର୍ଷ।

ଭ୍ୟାନଗୋଗଙ୍କର ମାନସିକ ଅବସ୍ଥା ପ୍ରାୟତଃ ଭଲ ରହୁନଥିଲା। ୧୮୮୮ ମସିହା ୨୩ ଡିସେମ୍ବରରେ ନିଜର ବାଁ କାନକୁ ନିଜେ କାଟି ପକାଇବା ପରେ ସେ ଜାଣିସାରିଥିଲେ ତାଙ୍କ ମୁଣ୍ଡ ଠିକ୍‌ରେ କାମ କରୁନି। ତେଣୁ ସେ ୮ ମଇ ୧୮୮୯ରେ ସେଣ୍ଟ ପଲ ଦେ ମୌସୋଲେର ପାଗଳାଖାନାରେ ଚିକିତ୍ସା ପାଇଁ ନିଜେ ନିଜେ ଆସି ଭର୍ତ୍ତି ହୋଇଥିଲେ। ଏକାଦଶ ଶତାବ୍ଦୀରେ ତିଆରି ମନାଷ୍ଟ୍ରି ୧୬୦୫ ମସିହାରୁ ମାନସିକ ରୋଗୀଙ୍କ ଚିକିତ୍ସାଳୟରେ ବଦଳି ସାରିଥିଲା। ପାଗଳାଖାନାରେ ଭ୍ୟାନଗୋଗ୍‌ ପହଞ୍ଚିଲା ବେଳକୁ ସେଠି ବେଶୀ ସଂଖ୍ୟକ ଅନ୍ତେବାସୀ ନଥିଲେ। ଅନେକଗୁଡ଼େ କୋଠରୀ

ଖାଲି ଥିବାରୁ ଭ୍ୟାନଗୋଗ୍ ଉପର ମହଲାରେ ରହିଲେ ଓ ତଳ ମହଲାର ଗୋଟେ କୋଠରୀକୁ ଷ୍ଟୁଡିଓ କରି ତାଙ୍କ ଛବି ଆଙ୍କିବା ଆରମ୍ଭ କଲେ। ଭ୍ୟାନଗୋଗ୍ ସେଠି ପ୍ରାୟ ବର୍ଷେ ରହିଥିଲେ ଓ ଅନେକଗୁଡ଼େ ଛବି ଆଙ୍କିଥିଲେ। ସେଇଥିପାଇଁ ତାଙ୍କ ଦେହାନ୍ତର ଅନେକ ବର୍ଷ ପରେ ସେ କୋଠା ଅନେକଗୁଡ଼େ କୋଠରୀକୁ ଆଜି ଭ୍ୟାନଗୋଗ୍ ମ୍ୟୁଜିୟମ୍‌ରେ ବଦଳାଇ ଦିଆଯାଇଛି। ଏକଦା ସେଠାରେ ତାଙ୍କ ରହଣୀର ସ୍ମୃତି ଭାବରେ ସେଠି ଟଙ୍ଗା ହୋଇରହିଛି ତାଙ୍କ ହାତ ଅଙ୍କା କିଛି ଛବି।

ସେଉଠୁ ସେ ନିୟମିତ ଭାବରେ ପ୍ୟାରିସରେ ରହୁଥିବା ତାଙ୍କ ପ୍ରିୟ ସାନଭାଇ ଥିଓକୁ ଚିଠି ଲେଖୁଥିଲେ ଓ ସେଇ ଚିଠିମାନଙ୍କରୁ ଯାହା ଜଣାପଡୁଛି, ଅନ୍ୟ ଛବିମାନଙ୍କ ଭିତରେ ସେ ଜୁନ୍ ମାସର ମଝାମଝି 'ଦି ଷ୍ଟାରୀ ନାଇଟ୍' ଛବିଟିକୁ ଆଙ୍କିଥିଲେ। ୧୮ ଜୁନ୍‌ରେ ସେ ଗୋଟିଏ ଚିଠିରେ ଆକାଶର ତାରାମାନଙ୍କୁ ନେଇ ଛବି ଆଙ୍କିବା କଥା ଲେଖିଛନ୍ତି। ଲେଖିଛନ୍ତି, ସେ କେମିତି ସକାଳ ହେବା ଆଗରୁ ତାଙ୍କ ଶୋଇବାଘରର ଝରକା ଦେଇ ବାହାରକୁ ଦେଖୁଥିଲେ ଓ ଆକାଶରେ କେମିତି ପାହାନ୍ତି ତାରା ବେଶ୍ ଉଜ୍ଜ୍ୱଳ ଦିଶୁଥିଲା।

ଛବିକୁ ଦେଖିଲେ ଯାହା ଜଣାପଡୁଛି ଭ୍ୟାନଗୋଗ୍ ରାତି ଅନିଦ୍ରା ହୋଇ ସେ ରହୁଥିବା ଉପର ମହଲା କୋଠରୀର ଝରକା ପାଖରେ ଠିଆହୋଇ ଛବିଟି ଆଙ୍କିନାହାନ୍ତି। ଛବିଟିକୁ ସେ ଆଙ୍କିଛନ୍ତି ତଳ ମହଲାରେ ଥିବା ତାଙ୍କ ଷ୍ଟୁଡିଓ କୋଠରୀରେ। ଛବିଟି ଦେଖିଲେ କିନ୍ତୁ ଜଣାପଡୁଛି ଛବିରେ ଅଙ୍କିତ ଭୂଦୃଶ୍ୟଟି ଉପର ମହଲାରୁ ଦେଖିଲାପରି ଦିଶୁଛି। ତେଣୁ ଯାହା ଲାଗୁଛି ଭ୍ୟାନଗୋଗ୍ ଛବିଟିକୁ ମନରୁ ହିଁ ଆଙ୍କିଛନ୍ତି। ହଁ, ସେଥିପାଇଁ ତାଙ୍କୁ ରାତି ଅନିଦ୍ରା ହୋଇ ତାଙ୍କ ଶୋଇବା କୋଠରୀର ପୂର୍ବପଟର ଝରକାପଟେ ବାହାରର ରାତିକୁ ଓ ଭୂଦୃଶ୍ୟ ଦେଖିବାକୁ ହୋଇଛି। ସେଇ ଝରକା ଦେଇ ବାହାରର ଦୃଶ୍ୟ ସେ ଅତି କମ୍‌ରେ କୋଡ଼ିଏଥର ଆଙ୍କିଛନ୍ତି। ବାର ବାର ସେକଥା ନେଇ ସାନଭାଇ ଥିଓକୁ ଚିଠି ବି ଲେଖିଛନ୍ତି। ଦିନର ବିଭିନ୍ନ ସମୟରେ, ବର୍ଷର ବିଭିନ୍ନ ମାସରେ ଓ ଆଲୋକର କମ୍ ବେଶୀ ସମୟରେ ସେ ତାଙ୍କ ଶୋଇବା ଘରର ଝରକା ଦେଇ ଦିଶୁଥିବା ପୃଥିବୀକୁ ବାର ବାର ଆଙ୍କିଛନ୍ତି। କୌଣସି ଛବିରେ କିନ୍ତୁ ବାହାର ଓ ଭିତର ମଝିରେ ଥିବା ଝରକାର ବାଡ଼କୁ ସେ ଆଙ୍କିନାହାଁନ୍ତି। ହୁଏତ ସେ ସେଇଠି ଠିଆ ହୋଇ ଛବି ବି ଆଙ୍କିପକାଇ ଥାଆନ୍ତେ, କିନ୍ତୁ ଡାକ୍ତରଖାନାର କର୍ତ୍ତୃପକ୍ଷ ତାଙ୍କୁ ତାଙ୍କ ଶୋଇବାଘରେ ଛବି ଆଙ୍କିବାକୁ ଅନୁମତି ଦେଇନଥିଲେ। ତେଣୁ ସେ ତାଙ୍କ ଶୋଇବାଘରର ଝରକା ପାଖରେ ବାହାରର ଦୃଶ୍ୟକୁ ଚାରକୋଲ୍ ଓ କାଲିରେ କାଗଜ ଉପରେ ଆଙ୍କୁଥିଲେ। ତାପରେ ତଳ ଘରକୁ ଯାଇ କ୍ୟାନଭାସରେ ଆଙ୍କୁଥିଲେ।

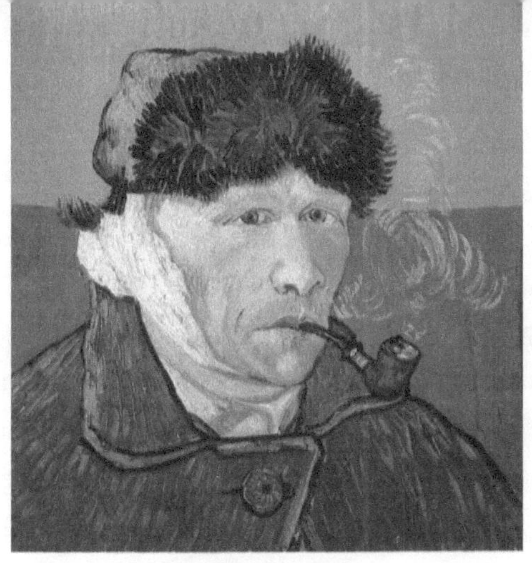

ଭିନସେଣ୍ଟ ଭ୍ୟାନଗୋଗ୍

ସବୁ ଛବିରେ ଥିଲା ଦିଗନ୍ତରେ ଶୋଇ ରହିଥିବା ଆଲପିନେସ ପର୍ବତଶ୍ରେଣୀ, ଗହମ କ୍ଷେତ ଓ ସାଇପ୍ରସ ଗଛ ।

'ଦି ସ୍ଟାରୀ ନାଇଟ୍' ଛବିରେ ଅଛି ଗୋଟେ ରାତିର ଚମତ୍କାର ଦୃଶ୍ୟ । ଆକାଶରେ ଚକମକ ତାରା । ଆକାଶରେ ଚଳମାନ ଆବର୍ତ୍ତ । ଯେମିତି ଏହା ଆକାଶ ନୁହେଁ ପାଣିର ସ୍ରୁଅ । ସ୍ରୁଅରେ ଭଉଁରୀ । ଗୋଟେ କୋଶରେ ଫାଲିକିଆ ଜହ୍ନ । ଶୀତଳ ନିଆଁ ପରି ଆକାଶ ଆଡ଼କୁ ଲହ ଲହ ଶିଖାରେ ଜଳୁଥିବା ପରି ସାଇପ୍ରସ ଗଛ । ରାତିରେ ଶୋଇପଡ଼ିଥିବା ଗୋଟେ ଗାଁ । ଆକାଶ ଓ ପୃଥିବୀ ମଝିରେ ଧାଡ଼ିଏ ପାହାଡ଼ । ସମାଲୋଚକମାନଙ୍କ କହିବା ଅନୁସାରେ, ଭ୍ୟାନଗୋଗ୍ ଡାକ୍ତରଖାନାରେ ଆସି ରହିଲା ବେଳକୁ ଭୀଷଣ ଭାବରେ ଧାର୍ମିକ ଭାବନାରେ ବୁଡ଼ି ରହିଥିଲେ । ଭ୍ୟାନଗୋଗ୍ ତାଙ୍କ ଭାଇ ଥିଓଙ୍କୁ ଚିଠିରେ ବହୁତ ଆଗରୁ ଲେଖିଥିଲେ, ସେ ତାରାଭରା ରାତି ଓ ସାଇପ୍ରସ ଗଛକୁ ଆଙ୍କିବାକୁ ଚାହୁଁଛନ୍ତି । ସାଇପ୍ରସ ଗଛକୁ ୟୁରୋପୀୟ ସଂସ୍କୃତିରେ ମୃତ୍ୟୁର ପ୍ରତୀକ ଭାବରେ ଗ୍ରହଣ କରାଯାଏ । ଲୋକ ବିଶ୍ୱାସରେ ଏକଥା ବି କୁହାଯାଏ ଯେ, ମଣିଷ ମରିଗଲା ପରେ ଆକାଶର ତାରା ହୋଇଯାଏ । ଅନୁମାନ କରାଯାଏ, ଆକାଶରେ ଅଙ୍କିତ ଆବର୍ତ୍ତକୁ ଭ୍ୟାନଗୋଗ୍ ୧୮୪୫ରେ ଅଙ୍କିତ ଛାୟାପଥର ଅଲଙ୍କରଣରୁ ନେଇଥାଇ ପାରନ୍ତି । କିନ୍ତୁ ଛବିରେ ଥିବା ଆବର୍ତ୍ତ କ'ଣ ଛାୟାପଥ ନା ପବନର ଗତିପଥ ?

ଆକାଶରେ ଫାଲିକିଆ ଜହ୍ନ ପରି ଯାହା ଦିଶୁଛି ତାହା ଜହ୍ନ ନୁହେଁ ବୋଲି ପରେ କୁହାଯାଇଛି । ଜଣେ ଗବେଷକ ୧୮ ଜୁନ୍ ବେଳକୁ ସେ ଜାଗାକୁ ଯାଇ ସେ ସମୟର ଆକାଶକୁ ଅନୁଧ୍ୟାନ କରି କହିଛନ୍ତି, 'ଛବିରେ ଜହ୍ନ ପରି ଯାହା ଦିଶୁଛି,

ତାହା ଜନ୍ମ ନୁହେଁ । ତାହା ପ୍ରକୃତରେ ପାହାନ୍ତି ତାରା । ଶୁକ୍ର ଗ୍ରହ ।’ ହିସାବ କରି ସେ କହିଛନ୍ତି, ୧୮ ଜୁନ୍ ୧୮୮୯ରେ ଆକାଶରେ ଜନ୍ମ ନଥିଲା । ଯଦି ସେଇଟି ଜନ୍ମ ତେବେ ସେଇଟି ମଲାଜନ୍ମ । କାରଣ ଭ୍ୟାନଗୋଗ୍ ପାହାନ୍ତି ସମୟର କଥା କହିଛନ୍ତି । ଜନ୍ମର ଆକାରରୁ ଜଣାପଡୁଛି ଅମାବାସ୍ୟା ଆଉ ଚାରି ପାଞ୍ଚଦିନ ବାକି ଅଛି ।

ଭ୍ୟାନଗୋଗ୍ ତାଙ୍କ ଛବିମାନଙ୍କ ବିଷୟରେ ଥିଓଙ୍କ ପାଖକୁ ଲେଖିଥିବା ଚିଠିରେ ଅନେକ କଥା ଲେଖିଥିବା ବେଲେ ‘ଦି ଷ୍ଟାରୀ ନାଇଟ୍’ ବିଷୟରେ ବେଶୀ କିଛି କହିନାହାନ୍ତି । ତେବେ ପାଗଲା ଡାକ୍ତରଖାନାରୁ ସେ ପ୍ୟାରିସରେ ରହୁଥିବା ଥିଓଙ୍କ ପାଖକୁ ପଠାଇଥିବା ଛବି ବିଡ଼ାର ତାଲିକାରେ ଷ୍ଟାରୀ ନାଇଟ୍‌କୁ ‘ନାଇଟ୍ ଷ୍ଟଡି’ ବୋଲି ଉଲ୍ଲେଖ କରିଥିଲେ । ସେଥିରେ ଥିବା ଚିଠିରେ ସେ ଅନ୍ୟ ଏକ ଛବି କଥା ଲେଖିଥିଲେ । ଶେଷ ମୁହୂର୍ତ୍ତରେ ଡାକ ଖର୍ଚ୍ଚ ଅଧିକା ହୋଇଯିବାରୁ ତାଙ୍କୁ ତିନୋଟି ଛବି କାଢ଼ିବାକୁ ହୋଇଥିଲା । ସେ ତିନୋଟି ଛବି ଭିତରେ ‘ଦି ଷ୍ଟାରୀ ନାଇଟ୍’ ବି ଥିଲା । ତେଣୁ ଭ୍ୟାନଗୋଗ୍‌ଙ୍କ ନଜରରେ ‘ଦି ଷ୍ଟାରୀ ନାଇଟ୍’ ଛବିର ବେଶୀ କିଛି ଗୁରୁତ୍ୱ ନଥିଲା । ସେ ସେଇଟିକୁ ଏକ ଅସଫଳ ଛବି ଭାବରେ ଗଣୁଥିଲେ ।

‘ଦି ଷ୍ଟାରୀ ନାଇଟ୍’ ଛବିରେ ତାରାମାନଙ୍କ ଚାରିପାଖରେ ଆଲୋକର ବୃତ୍ତ ଦେଖି ହଠାତ୍ ମୋତେ ଲାଗିଲା ଭ୍ୟାନଗୋଗ୍ ଆଉ ଗ୍ଲୁକୋମା ଚକ୍ଷୁ ରୋଗରେ ପୀଡ଼ିତ ନଥିଲେ ତ ? ଗ୍ଲୁକୋମାକୁ ଓଡ଼ିଆରେ କଳା ମୋତିଆବିନ୍ଦୁ କୁହାଯାଏ । କାରଣ ଜଣେ ଗ୍ଲୁକୋମା ରୋଗୀ ଭାବରେ ମୁଁ ଜାଣେ ଚକ୍ଷୁ ଭିତରେ ଚାପ ବଢ଼ିଲେ ଆଲୋକ ଚାରିପାଖରେ ବଳୟ ଦିଶେ । ଆଲୋକ ଅଧିକ ଉଜ୍ଜ୍ୱଲ ଦିଶେ । ନେଟ୍‌ରୁ ଖୋଜିଲା ପରେ ତଥ୍ୟ ପାଇଲି ମୋ ଆଗରୁ ଏନେଇ ପୂର୍ବରୁ ଅନୁମାନ କରାଯାଇ ସାରିଛି । ଭ୍ୟାନଗୋଗ୍ ତାଙ୍କ ଚିଠିମାନଙ୍କରେ ତାଙ୍କ ଆଖିର ଅସୁଖ କଥା ବହୁ ବାର ଉଲ୍ଲେଖ କରିଛନ୍ତି । କାହା କାହା ମତରେ ରଙ୍ଗରେ ଥିବା ଶୀଶା ପାଇଁ ତାଙ୍କ ଆଖି ଖରାପ ହୋଇଯାଇଥିଲା । ସେଇ ଶୀଶାର ବିଷ କାରଣରୁ ହୁଏତ ତାଙ୍କର ଦୃଷ୍ଟି ଦୋଷ ବାହାରିଥିଲା । କାହା ମତରେ ଅତ୍ୟଧିକ ମଦ୍ୟପାନ ପାଇଁ ତାଙ୍କର ୟେଲୋ ଭିଜନ୍ ଥିଲା, ଫଳରେ ସବୁଥିରେ ତାଙ୍କୁ ହଲଦି ରଙ୍ଗ ଦିଶୁଥିଲା । କିମ୍ବା ସେ ହଲଦୀ ରଙ୍ଗକୁ ଭଲ ପାଉଥିଲେ । ଆଉ କାହା ମତରେ ତାଙ୍କର ନାରୋ ଆଙ୍ଗଲ୍ ଗ୍ଲୁକୋମା ଥିଲା । ମୋତିଆବିନ୍ଦୁ ହେଲେ ବି ଏମିତି ଦିଶେ । ମାତ୍ର ୩୭ ବର୍ଷ ବୟସରେ ୧୮୯୦ ମସିହାରେ ଆତ୍ମହତ୍ୟା କରିଥିବା ଭ୍ୟାନଗୋଗ୍‌ଙ୍କୁ ଏତେ କମ୍ ବୟସରେ ମୋତିଆବିନ୍ଦୁ ହୋଇନଥିବ । ଭ୍ୟାନଗୋଗ୍ ତାଙ୍କ ଜୀବନକାଲରେ ପ୍ରାୟ ତିରିଶଟି ନିଜ ପ୍ରତିକୃତି ଆଙ୍କିଛନ୍ତି । ପ୍ରତିକୃତିର ଆଖିର ରଙ୍ଗ କିନ୍ତୁ ଅଲଗା ଅଲଗା କରିପକାଇଛନ୍ତି । ଅନୁମାନ

କରାଯାଏ, ସେ ତାଙ୍କ ଆଖିର ରଙ୍ଗକୁ ଠିକ୍‌ରେ ଜାଣିନଥିଲେ ଅବା ରଙ୍ଗ ଚିହ୍ନିବାରେ ତାଙ୍କର କିଛି ଗୋଟେ ଅସୁବିଧା ଥିଲା ଓ ଦେଖିବା ନେଇ ତାଙ୍କର କିଛି ଅସୁବିଧା ନିଶ୍ଚୟ ଥିଲା।

ଭ୍ୟାନ୍‌ଗୋଗ୍‌ ଅନ୍ୟ ଛବିମାନଙ୍କ ସହ 'ଦି ଷ୍ଟାରୀ ନାଇଟ୍‌'କୁ ସାନଭାଇ ଥିଓଙ୍କ ପାଖକୁ ୨୮ ସେପ୍ଟେମ୍ବର ୧୮୮୯ରେ ପଠେଇ ଦେଇଥିଲେ। ଭ୍ୟାନ୍‌ଗୋଗ୍‌ଙ୍କ ଆମ୍‌ହତ୍ୟାର ଛଅ ମାସ ଭିତରେ ଥିଓଙ୍କର ମଧ୍ୟ ଦେହାନ୍ତ ହୋଇଥିଲା। ତାପରେ ଭ୍ୟାନ୍‌ଗୋଗ୍‌ଙ୍କ ସମସ୍ତ ଛବିର ମାଲିକାନା ରହିଲା ଥିଓଙ୍କ ପନ୍ତୀଙ୍କ ହାତରେ। ୧୯୦୦ରେ ସେ 'ଦି ଷ୍ଟାରୀ ନାଇଟ୍‌' କୁ ବିକ୍ରୀ କରିଥିଲେ। ତାପରେ ଜଣକ ହାତରୁ ଆଉ ଜଣକ ହାତକୁ ଛବି ବିକ୍ରୀ ହୋଇ ବୁଲିଲା। ଶେଷରେ ୧୯୪୧ରେ ନ୍ୟୁୟର୍କର ମ୍ୟୁଜିୟମ ଅଫ୍‌ ମଡର୍ଣ ଆର୍ଟରେ ପହଞ୍ଚିଲା। ସେବେଠୁ ଷ୍ଟାରୀ ନାଇଟ୍‌ ମୋମାରେ ରହିଛି, ଆଉ କୁଆଡ଼େ ବି ଯାଇନି।

ଆଜି ଯଦି ହିସାବ ଲଗାଯାଏ, ତେବେ 'ଦି ଷ୍ଟାରୀ ନାଇଟ୍‌' ର ମୂଲ୍ୟ ହେବ ଶହେ ମିଲିୟନ୍‌ ଆମେରିକୀୟ ଡଲାରରୁ ଅଧିକ। ମୋମାରେ ଛବି ଉପରେ ଆହୁରି ଗବେଷଣା କରାଯାଇଛି। ସେଇ ଗବେଷଣାରୁ ଜଣାପଡ଼ିଛି, ଛବିର ଆକାଶରେ ଅଲଟ୍ରାମେରାଇନ ଓ କୋବାଲ୍ଟ ବ୍ଲୁ ବ୍ୟବହାର ହୋଇଛି। ଚନ୍ଦ୍ର ଓ ତାରା ପାଇଁ ଭ୍ୟାନ୍‌ଗୋଗ୍‌ ଜିଙ୍କ୍‌ ୟେଲୋ ଓ ଇଣ୍ଡିଆନ୍‌ ୟେଲୋ ବ୍ୟବହାର କରିଛନ୍ତି।

ଭ୍ୟାନ୍‌ଗୋଗ୍‌ଙ୍କ ମନସ୍ଥିତିକୁ ବୁଝିବାକୁ ଛବିଟିର ବେଶ୍‌ ଗୁରୁତ୍ୱ ରହିଛି। ସିଧାସଳଖ ଏମିତି ଛବିଟି ଅନେକଙ୍କୁ ହୁଏତ ଅତି ସାଧାରଣ ମନେହୋଇପାରେ। କିନ୍ତୁ ସେତେବେଳର ସମୟ, ଛବିର ଧାରା, ଭ୍ୟାନ୍‌ଗୋଗ୍‌ଙ୍କ ଚିଠି, ଛବିଅଙ୍କାର ପରିସର ଓ ପରିବେଶ, ଇମ୍ପ୍ରେସନ୍‌ଜିମ୍‌ର ତତ୍ତ୍ୱ ଓ କୌଶଳ ପରି ଅନେକ ପାର୍ଶ୍ୱତଳକୁ ମିଶେଇ ଦେଖିବାକୁ ପଡ଼ିବ। ତେବେ ବ୍ୟକ୍ତିଗତ ଭାବରେ ଛବିଟି ମୋର ଅନ୍ୟତମ ପ୍ରିୟ ଛବି।

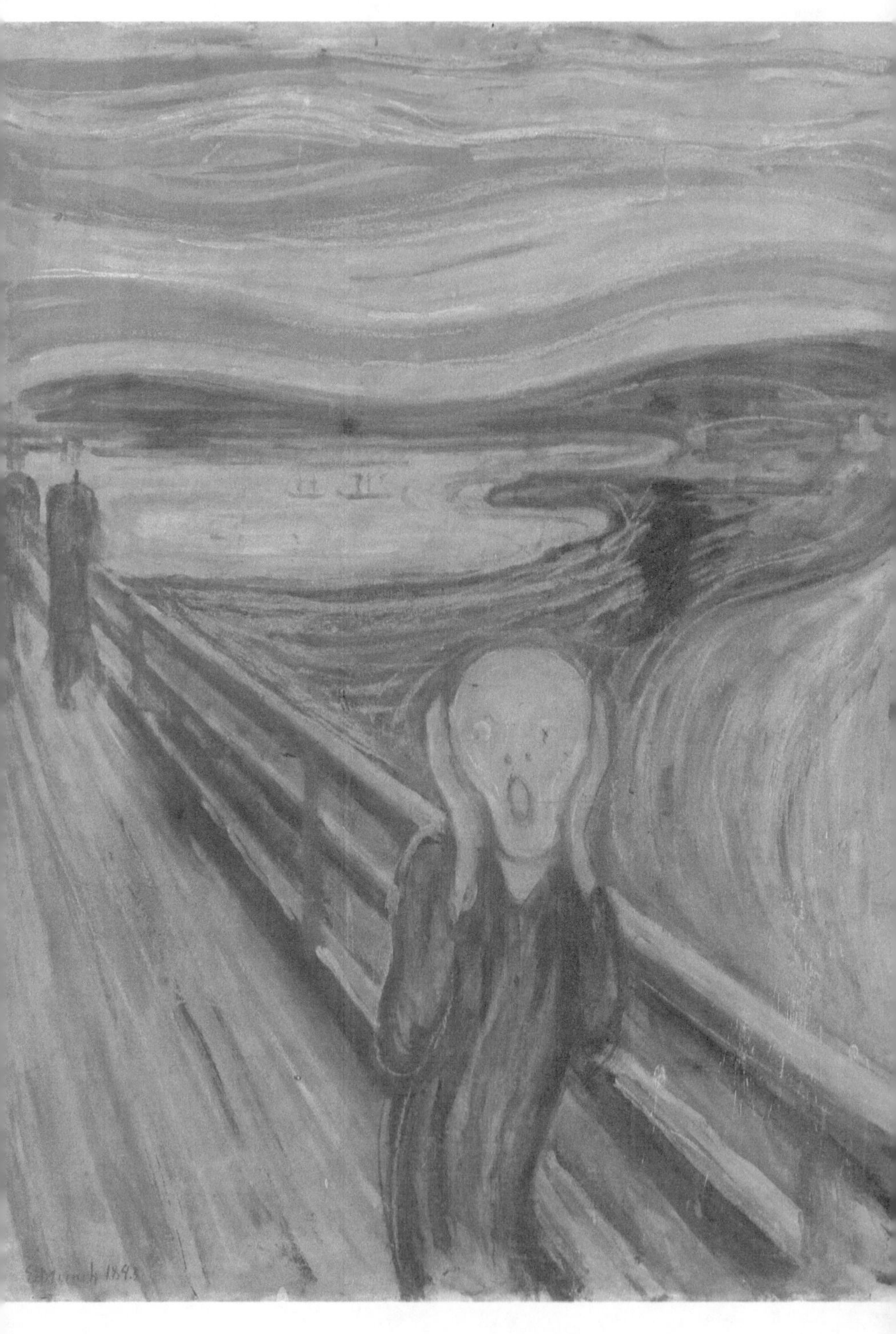

E Munch 1893

"Nature is not only all that is visible to the eye.. it also includes the inner pictures of the soul." -Edvard Munch

ଚିକ୍କାର କରୁଥିବା ଏକ ଚିତ୍ର

ଚିକ୍କାର କରୁଥିବା ଏକ ଚିତ୍ର। ଚିତ୍ରଟେ ପୁଣି ଚିକ୍କାର କ'ଣ କରିବ ? କେମିତି କରିବ ? ସେ ଚିକ୍କାର କ'ଣ ଦର୍ଶକର କାନରେ ପଡ଼ିବ ? ଆଜି ସେମିତି ଏକ ଚିତ୍ର ବିଷୟରେ କଥା ହେବା। ଚିତ୍ରଟିକୁ ଅନେକ ଜାଣନ୍ତି। ସୋସିଆଲ ମିଡିଆରେ ମିମ୍‌ର ପ୍ରଚଳନ ବଢ଼ିବା ପରେ ଚିତ୍ରଟି ସହ ପରିଚୟ ହେବାର ସମ୍ଭାବନା ବଢ଼ିଯାଇଛି। ଚିତ୍ରଶିଳ୍ପୀଙ୍କ ନାମ ଜାଣିନଥିଲେ ମଧ୍ୟ ଛବିକୁ ଅନେକ ଚିହ୍ନନ୍ତି।

ଚିତ୍ରଟିର ଶୀର୍ଷକ ହେଲା 'ଦି ସ୍କ୍ରିମ'। ଓଡ଼ିଆରେ କହିଲେ ଚିକ୍କାର। କାର୍ଡ଼ବୋର୍ଡ଼ ଉପରେ ତୈଳରଙ୍ଗ, ଟେମ୍ପରା, ପାଷ୍ଟେଲ୍ ଓ କ୍ରେୟନ୍ ରଙ୍ଗରେ ଅଙ୍କା। ୩୬ ଗୁଣନ ୨୮.୯ ଇଞ୍ଚର ଛବି ଅଙ୍କାଯାଇଛି। ୧୮୯୩ରେ ଛବିଟିକୁ ଅଙ୍କିଛନ୍ତି ନରୱେର ଚିତ୍ରଶିଳ୍ପୀ ଏଡ଼ୱାର୍ଡ଼ ମୁଙ୍କ (Edvard Munch)। ଛବିଟି ଏବେ ବି ନରୱେର ଜାତୀୟ ସଂଗ୍ରହାଳୟରେ ସଂରକ୍ଷିତ ହୋଇ ରହିଛି।

ରେନେସାଁ ସମୟକୁ ଯେମିତି ଲିଓନାର୍ଡ଼ୋ ତାଙ୍କ ମୋନାଲିସା ଛବିରେ ରୂପ ଦେଇଥିଲେ ସେମିତି ଏଡ଼ୱାର୍ଡ଼ ମୁଙ୍କ ଆଜିର ସମୟକୁ ରୂପ ଦେଇଥିଲେ। ମୋନାଲିସା ଛବିରେ ଯେଉଁ ସ୍ନିଗ୍ଧ ସରଳ ଲାବଣ୍ୟର ପରିପ୍ରକାଶ ହେଇଥିଲା ତାହା ଏଡ଼ୱାର୍ଡ଼ ମୁଙ୍କଙ୍କ ଚିକ୍କାର ଛବି ବେଳକୁ ବଦଳି ଗଲାଣି। ଅନିଶ୍ଚିତତା ଓ ବିଷାଦଗ୍ରସ୍ତ ଜୀବନକୁ ଯେତେବେଳେ ଜଣେ ଚିତ୍ରଶିଳ୍ପୀ ତା' ଛବିରେ ଆଙ୍କିବ ସେତେବେଳେ ଏମିତି କିଛି ହିଁ ଆଙ୍କିବ। କଳା ସମାଲୋଚକମାନଙ୍କ ମତରେ ମୋନାଲିସା ପରେ ମୁଙ୍କଙ୍କ 'ଦି ସ୍କ୍ରିମ' ଛବିର ଅଙ୍କିତ ଏଇ ଚିକ୍କାର କରୁଥିବା ମଣିଷଟି ହେଉଛି କଳା ଇତିହାସର ଦ୍ୱିତୀୟ ସର୍ବାଧିକ ଚର୍ଚ୍ଚିତ ମଣିଷ ଚିତ୍ର। 'ଦି ସ୍କ୍ରିମ'କୁ ଆମ ସମୟର ମୋନାଲିସା ଛବି ବୋଲି କୁହାଯାଏ।

ଛବିରେ ଅଙ୍କିତ ମଣିଷଟି ନାରୀ କି ପୁରୁଷ ଜଣା ପଡ଼େନି। ତା'ର ନରକଙ୍କାଳ ପରି ଦିଶୁଥିବା ମୁଣ୍ଡ, ଲମ୍ବା ଲମ୍ବା ହାତ, ବିସ୍ତାରିତ କୋଟରଗତ ଆଖି, ଚଉଡ଼ା ନାକ ପଛରେ ନାରଙ୍ଗୀ ଓ ଧୂସର ରଙ୍ଗର ଆକାଶ। ଚିତ୍ର ଉପୂଢ଼ି ବିଷୟରେ ମୁଙ୍କ ତାଙ୍କ ବ୍ୟକ୍ତିଗତ ଦିନଲିପିରେ ଉଲ୍ଲେଖ କରିଛନ୍ତି। ମୁଙ୍କ ଲେଖିଛନ୍ତି ଯେ, ଥରେ ସେ ସୂର୍ଯ୍ୟାସ୍ତ ସମୟରେ ତାଙ୍କର ଦୁଇ ସାଙ୍ଗକୁ ଧରି ଚାଲି ଚାଲି ବୁଲିବାକୁ ବାହାରିଥା'ନ୍ତି। ଗୋଟେ ପଟରେ ଥାଏ ସହର ଓ ତଳକୁ ଥାଏ ବରଫ ଯୋଗୁଁ ତିଆରି ହେଇଥିବା ଏକ ଲମ୍ବା ଖାଲୁଆ ନଳା। ହଠାତ୍ ସେ ଦେଖିଲେ ଅସ୍ତ ସୂର୍ଯ୍ୟର କିରଣ ଆକାଶର ବାଦଲମାନଙ୍କୁ ରକ୍ତ ରଙ୍ଗା କରିପକାଇଲା ଓ ତାଙ୍କୁ ଅନୁଭବ ହେଲା ଏକ ଅସରନ୍ତି ଚିକ୍ରାର ଯେମିତି ତାଙ୍କ ଚାରିପାଖର ପ୍ରକୃତିକୁ କବଲିତ କରିପକେଇଛି। ସେ ଭୀଷଣ କ୍ଲାନ୍ତ ଓ ଅସୁସ୍ଥ ଅନୁଭବ କଲେ ଓ ପାଖ ବାଡ଼ା ଉପରକୁ ଆଉଜି ଗଲେ। ତାଙ୍କୁ ଅନୁଭବ ହେଲା ପ୍ରକୃତିର ସେ ବିକଟାଳ ଚିକ୍ରାର ଶୁଣିପାରୁଛନ୍ତି। ସାଙ୍ଗମାନେ ଆଗକୁ ଚାଲୁଥା'ନ୍ତି କିନ୍ତୁ ମୁଙ୍କ୍ ଛିଡ଼ା ହୋଇ ସେ ଦୃଶ୍ୟ ଦେଖି ଚାଲିଥା'ନ୍ତି ଓ ଚିକ୍ରାର ଶୁଣି ଚାଲିଥା'ନ୍ତି। ତା'ପରେ ଘରକୁ ଫେରି ସେଇ ଦୃଶ୍ୟ ଓ ଅନୁଭବକୁ ସେ ଛବିରେ ଆଙ୍କିବାକୁ ବସିଗଲେ।

ପରେ କଳା ଗବେଷକମାନେ ସେଇ ନିର୍ଦ୍ଧିଷ୍ଟ ସ୍ଥାନକୁ ଖୋଜି ବାହାର କରିଛନ୍ତି। ତାପରେ ଏମିତି ଏକ ଦୃଶ୍ୟ ଓ ଶିଳ୍ପୀଙ୍କ ମନସ୍ଥିତି ପାଇଁ ଏକ ଆଗ୍ନେୟଗିରୀ ଉଦଗୀରଣର ସ୍ମୃତି ଓ ମୁଙ୍କଙ୍କ ସାନଭଉଣୀଙ୍କ ପାଗଲାଖାନାରେ ଭର୍ତ୍ତି ହେବାନେଇ ତାଙ୍କ ମାନସିକ ଅବସାଦ ଜନିତ କାରଣ ବି ଅନେକ ପରିମାଣରେ ଦାୟୀ ବୋଲି କୁହାଯାଏ। ତାପରେ କେହି କେହି ଏମିତି ମଧ୍ୟ କୁହନ୍ତି ଯେ, ଯାହା ଦେଖିଲି ତାହା ଆଙ୍କିଲି ଏମିତିକା ଚିତ୍ରଶିଳ୍ପୀ ମୁଙ୍କ ନଥିଲେ। ତେଣୁ କେବଳ ଏକ ସାଧାରଣ ଦୃଶ୍ୟପଟକୁ ସେ ସିଧାସଳଖ ଆଙ୍କିପକାଇଥିଲେ ସେମିତି ନୁହେଁ।

ମୁଙ୍କଙ୍କ ବିଷୟରେ ଗବେଷଣା କରୁଥିବା ରବର୍ଟ ରସେନବ୍ଲମ୍ ନାମକ ଜଣେ ଗବେଷକଙ୍କ କହିବା ଅନୁସାରେ ମୁଙ୍କ ପ୍ୟାରିସ୍‌ରେ ଏକ ପୁରୁଣା ମମିକୁ ଫ୍ଲୋରେନ୍ସର ନେଚୁରାଲ ହିସ୍ଟ୍ରି ମ୍ୟୁଜିୟମରେ ଦେଖିଥିଲେ। ସେ ମମିଟିର ଦୁଇ ହାତ ତା'ର ମୁହଁର ଦୁଇ ପଟରେ ଥିଲା। ଆଖି କୋଟରଗତ ଥିଲା ଓ ପାଟି ମେଲା ଥିଲା। ପଲ ଗର୍ଗାଙ୍କ 'ହୋୟାର ଡୁ ଉଇ କମ୍ ଫ୍ରମ୍? ହ୍ୱାଟ ଆର ଉଇ? ହୋୟାର ଆର ଉଇ ଗୋଇଙ୍ଗ?' ଛବିରେ ଏକ ଚରିତ୍ର ସମାନ ଭଙ୍ଗୀରେ ମଧ୍ୟ ବସିଛି। କିନ୍ତୁ କିଛି ଦିନ ପରେ ଜଣାପଡ଼ିଲା ମୁଙ୍କ ଆଗରୁ ନୁହେଁ, ସ୍କ୍ରିମ୍ ଛବିକୁ ଆଙ୍କିଲା ପରେ ହିଁ ଫ୍ଲୋରେନ୍ସ ଯାଇଥିଲେ। ଫଳରେ ଫ୍ଲୋରେନ୍ସର ପୁରୁଣା ମମି କଥା ଆପେ ମିଛ ପାଲଟିଗଲା।

ପ୍ରକୃତରେ ମୁଙ୍କ ସ୍କ୍ରିମ୍ ଛବିକୁ ଚାରି ଥର ଆଙ୍କିଥିଲେ। ଦୁଇ ଥର ପେଣ୍ଟିଂରେ ଓ ଦୁଇଥର ପ୍ରିଣ୍ଟରେ। ସେ ପ୍ରସ୍ତୁତ କରିଥିବା ଲିଥୋଗ୍ରାଫ୍ ପଥରରୁ ମଧ୍ୟ ଅନେକଗୁଡ଼େ ପ୍ରିଣ୍ଟ ନିଆଯାଇଥିଲା। ବହୁ ଚର୍ଚ୍ଚିତ ଓ ଆଲୋଚିତ ହୋଇଥିବାରୁ ମୂଳ ଛବିକୁ ଚୋରି କରିବାକୁ ବହୁବାର ପ୍ରୟାସ କରାଯାଇଛି। ୧୨ ଫେବ୍ରୁଆରୀ ୧୯୯୪ରେ ଦୁଇ ଜଣ ଚୋର ଓସଲୋର ଜାତୀୟ ଗ୍ୟାଲେରୀ ଭିତରେ ପଶି ଛବିକୁ ଚୋରି କରି ନେଇଯାଇଥିଲେ। ପରେ ପୋଲିସ ଅବଶ୍ୟ ଛବିକୁ ଉଦ୍ଧାର କରିଥିଲେ ଓ ସେଥିପାଇଁ ଚାରି ଜଣ ଲୋକଙ୍କୁ ଗିରଫ କରିଥିଲେ।

ଲୋକପ୍ରିୟ ସଂସ୍କୃତିରେ 'ଦି ସ୍କ୍ରିମ୍' ଛବିର ବହୁଳ ବ୍ୟବହାର କରାଯାଇଛି। ୧୯୮୩–୮୪ ବେଳକୁ ଆମେରିକୀୟ ଚିତ୍ରଶିଳ୍ପୀ ଆଣ୍ଡି ୱାରହଲ୍ ମୁଙ୍କଙ୍କ ଅନ୍ୟ ଛବି ସହ ସ୍କ୍ରିମକୁ ମଧ୍ୟ ସିଲ୍କ ସ୍କ୍ରିନ୍‌ରେ ଛାପିଥିଲେ। ଅନେକ ସମୟରେ ସ୍କ୍ରିମ୍ ଛବିରେ ଅଙ୍କିତ ମୁହଁକୁ ବିଭିନ୍ନ ସମୟରେ ମୁଖା ଭାବରେ ମଧ୍ୟ ବ୍ୟବହାର କରାଯାଏ।

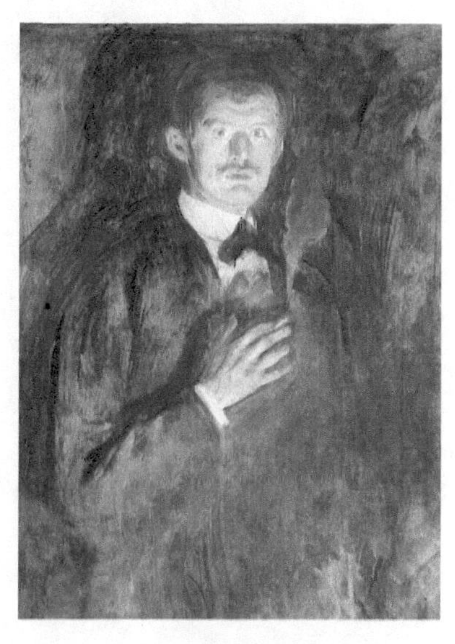

ଏଡ୍‌ୱାର୍ଡ ମୁଙ୍କ

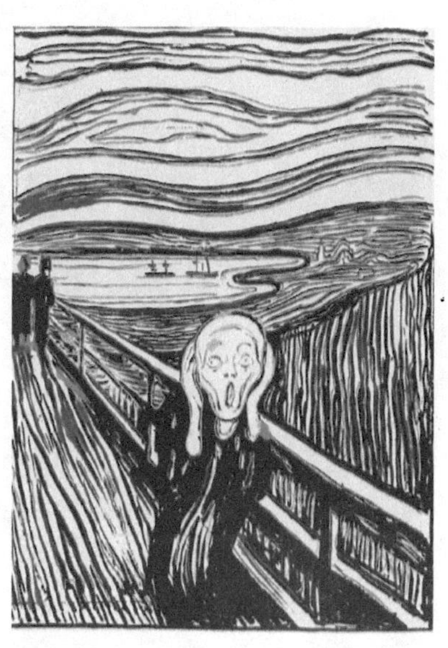

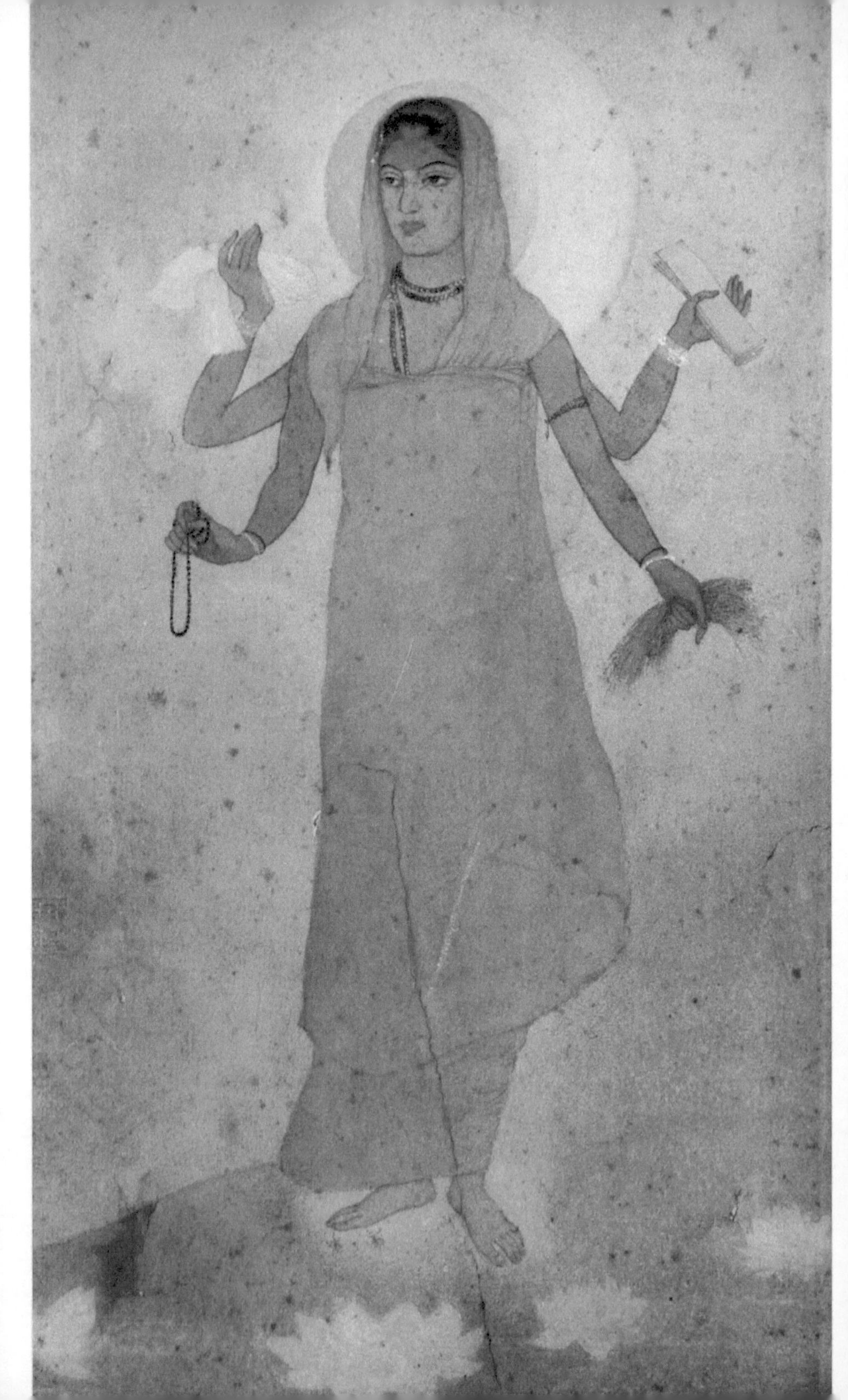

ଭାରତ ମାତାଙ୍କ ଚିତ୍ର

ବଙ୍କିମଚନ୍ଦ୍ର ଚାଟାର୍ଜିଙ୍କର 'ଆନନ୍ଦ ମଠ' ବହି ୧୮୮୦ ମସିହାରେ ପ୍ରକାଶିତ ହେଲା । ୧୭୭୦ ମସିହାର ବଙ୍ଗ ଦୁର୍ଭିକ୍ଷର ପ୍ରେକ୍ଷାପଟରେ ବଙ୍କିମଚନ୍ଦ୍ର ଏ ଉପନ୍ୟାସକୁ ରଚନା କରିଥିଲେ । ଏଇ ବହିରେ ହିଁ ପ୍ରଥମ କରି ସ୍ପଷ୍ଟ ଭାବରେ ଏକ ଭୌଗୋଳିକ ଭୂଖଣ୍ଡକୁ ଭାରତମାତା ଭାବରେ ବର୍ଣ୍ଣନା କରାଯାଇଥିଲା । ଯେଉଁଥିରେ ଲେଖାଥିବା 'ବନ୍ଦେ ମାତରମ୍' କବିତାଟି ମନ୍ତ୍ର ପରି ସାରା ଦେଶରେ ଉଚ୍ଚାରଣ କରାଯାଇଥିଲା । ବଙ୍କିମଚନ୍ଦ୍ର 'ବନ୍ଦେ ମାତରମ୍' କବିତାଟି ୧୮୭୫ ମସିହାରେ ଲେଖିଥିଲେ ଓ ପରେ 'ଆନନ୍ଦ ମଠ' ବହିରେ ସ୍ଥାନିତ କରିଥିଲେ । କିରଣ ଚନ୍ଦ୍ର ବନ୍ଦୋପାଧ୍ୟାୟଙ୍କ 'ଭାରତ ମାତା' ନାମକ ଏକ ନାଟକ ୧୮୭୩ରେ ମଞ୍ଚସ୍ଥ ହୋଇଥିଲା । ପୃଷ୍ଠଭୂମି ଥିଲା ସେଇ ଏକାକଥା, ବଙ୍ଗ ପ୍ରଦେଶର ଭୟଙ୍କର ଦୁର୍ଭିକ୍ଷ ।

ପରାଧୀନ ଭାରତର ତତ୍କାଳୀନ ଭାଇସରାୟ ଲର୍ଡ କର୍ଜନ୍ ଧର୍ମକୁ ଆଧାର କରି ୧୯ ଜୁଲାଇ ୧୯୦୫ ମସିହାରେ ବଙ୍ଗ ପ୍ରଦେଶକୁ ଭାଙ୍ଗି ଦୁଇ ଭାଗ କରିଦେଲେ । ପୂର୍ବପଟରେ ମୁଖ୍ୟତଃ ମୁସଲମାନ ଧର୍ମାବଲମ୍ୱୀ ରହିଲେ ଓ ପଶ୍ଚିମ ପଟରେ ରହିଲେ ହିନ୍ଦୁ । ଧର୍ମକୁ ଆଧାର କରି ଏମିତି ପ୍ରଦେଶକୁ ଭାଙ୍ଗି ପକାଇବାକୁ ଜାତୀୟତାବାଦୀ ଭାରତୀୟମାନେ ସହଜରେ ଗ୍ରହଣ କରିନଥିଲେ । ଆରମ୍ଭ ହେଲା ସ୍ୱଦେଶୀ ଆନ୍ଦୋଳନ ।

'ଭାରତବର୍ଷ' ଧାରଣାଟି ଊନବିଂଶ ଶତାବ୍ଦୀରେ ହିଁ 'ଭାରତ ମାତା'କୁ ବଦଳିଛି । ଭାରତମାତା ଧାରଣା ସାହିତ୍ୟରେ ଓ ଚିନ୍ତନରେ ସିନା ଆସିଗଲା, କିନ୍ତୁ ତା'ର ଚାକ୍ଷୁଷ ରୂପ କେମିତିକା ହେବ ? ଭାରତମାତାଙ୍କୁ ଚିତ୍ରରେ ପ୍ରଥମ କରି ଆଙ୍କିଥିଲେ ବିଶିଷ୍ଟ ଚିତ୍ରଶିଳ୍ପୀ ଅବନୀନ୍ଦ୍ରନାଥ ଠାକୁର । ପ୍ରକୃତରେ ଅବନୀନ୍ଦ୍ରନାଥ ବଙ୍ଗ ବିଭାଜନ ଓ ଭାରତୀୟ ସ୍ୱଦେଶୀ ଆନ୍ଦୋଳନର ପ୍ରେକ୍ଷାପଟରେ ହିଁ 'ବଙ୍ଗମାତା' ଓରଫ୍

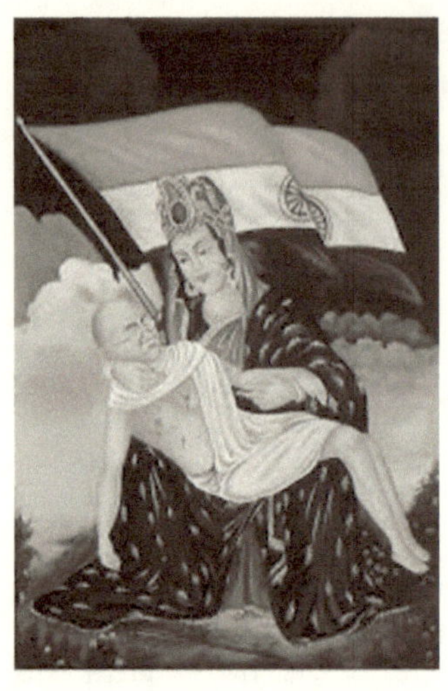

'ଭାରତମାତା'ଙ୍କ ଛବି ୧୯୦୫ ମସିହାରେ ଆଙ୍କିଛନ୍ତି । ଛବିଟିକୁ ଭଗିନୀ ନିବେଦିତା ଦେଖିଲା ପରେ ବୁଝିପାରିଥିଲେ ଏ ଛବିଟି ପ୍ରକୃତରେ ଭାରତମାତାଙ୍କ ଛବି ହେବାକୁ ପ୍ରଯୁଜ୍ୟ । ସେ ବୁଝିପାରିଥିଲେ ଯେ ଭାରତୀୟମାନଙ୍କୁ ଭାରତ ମାତାର ସନ୍ତାନ ବୋଲି ଏକ ପ୍ରକାର ଅନୁଭବ ଦେଇ ଏକାଠି କରାଇବାର ଇଏ ଏକ ସୁବର୍ଣ୍ଣ ସୁଯୋଗ । ଭଗିନୀ ନିବେଦିତା 'ଦି ମଡର୍ଣ୍ଣ ରିଭ୍ୟୁ' ପତ୍ରିକାରେ ପ୍ରକାଶିତ ତାଙ୍କର 'ଦି ଫାଉଣ୍ଡେସନ୍ ଅଫ୍ ଆର୍ଟ ଇନ୍ ସେପିଙ୍ଗ୍ ନେସନାଲିଟି' ଶୀର୍ଷକ ଏକ ପ୍ରବନ୍ଧରେ ଏହି ଛବି ବିଷୟରେ ଉଲ୍ଲେଖ କରିଥିଲେ । ସେ ହିଁ ଇଚ୍ଛା କରିଥିଲେ ଛବିଟିକୁ ହଜାର ହଜାର ସଂଖ୍ୟାରେ ଛପାଯାଉ ଓ କନ୍ୟାକୁମାରୀରୁ କେଦାରନାଥ ପର୍ଯ୍ୟନ୍ତ ଛାପା ଛବିଟିକୁ ଭାରତର ପ୍ରତିଟି କୃଷକର କାନ୍ଥରେ ଲଗାଯାଉ । ଛବିକୁ ଅବନୀନ୍ଦ୍ରନାଥ ଆଙ୍କିବାର ମାତ୍ର ଚାରି ବର୍ଷ ପରେ ତାହା ସାରା ଭାରତରେ ପରିଚିତ ଓ ପ୍ରସିଦ୍ଧ ହୋଇଯାଇଥିଲା । ସ୍ୱଦେଶୀ ଆନ୍ଦୋଳନକାରୀମାନେ 'ଭାରତ ମାତା କି ଜୟ' ବୋଲି ସ୍ଲୋଗାନ୍ ଦେଇ ଛବିକୁ ପୋଷ୍ଟର ଭାବରେ ବ୍ୟବହାର କରି ପ୍ରୋସେସନ୍‌ରେ ବାହାରିଲେ । ଭାରତକୁ ଜଣେ ନୂଆ ଦେବୀ ରୂପରେ ଭାରତମାତାଙ୍କ ରୂପ ମିଳିଯାଇଥିଲା । ବଙ୍ଗ ଭାଗକୁ ସେତେବେଳେ ଉଭୟେ ହିନ୍ଦୁ ଓ ମୁସଲମାନ ବିରୋଧ କରିଥିଲେ କିନ୍ତୁ ଅବନୀନ୍ଦ୍ରଙ୍କର ବଙ୍ଗମାତା ଛବିରେ ଜଣେ ହିନ୍ଦୁ ସାଧ୍ୱୀଙ୍କର ଛବି ଥିଲା । ଭାରତୀୟ ଜାତୀୟତାବାଦକୁ ଠିକ୍ ଏଇଠୁ ହିନ୍ଦୁ ଗେରୁଆ

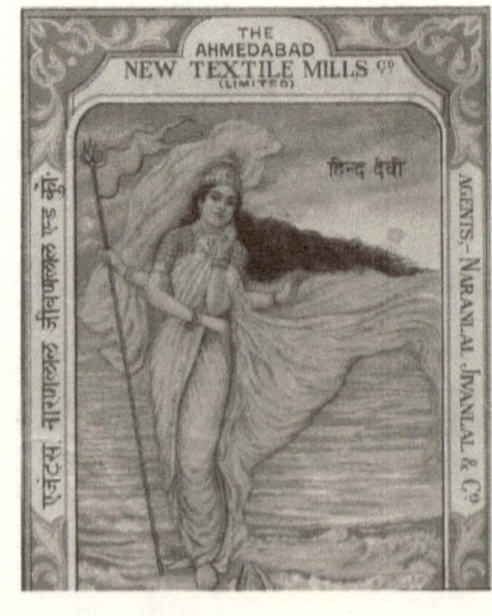

ରଙ୍ଗରେ ରଙ୍ଗାଯାଇଥିଲା । ଏହାପର ଠୁ ଭାରତବର୍ଷକୁ ମାଆ ଭାବରେ ସାରା ଭାରତରେ ପ୍ରଚାର ପ୍ରସାର କରାଗଲା ।

ଭାରତ ମାତାର ଧାରଣା ଦକ୍ଷିଣରେ କବି ସୁବ୍ରମଣ୍ୟମ ଭାରତୀ ପ୍ରଚାର କଲେ । ତାଙ୍କ ଦ୍ୱାରା ପ୍ରକାଶିତ ପତ୍ରିକା 'ବିଜୟ'ର ୧୯୦୯ର ଏକ ସଂଖ୍ୟାରେ ଭାରତମାତାଙ୍କ ଏକ ଛବି ଛାପା ହୋଇଥିଲା । ଅବଶ୍ୟ ସେ ଅବନୀନ୍ଦ୍ରନାଥଙ୍କ ଭାରତମାତା ଛବିକୁ ବ୍ୟବହାର କରିନଥିଲେ । ବମ୍ବେ ଓ ପଞ୍ଜାବ ପଟରେ ଲୋକମାନ୍ୟ ତିଲକ ଓ ଲାଲା ଲାଜପତ୍ ରାୟ ପ୍ରମୁଖ ଭାରତମାତାର ଧାରଣା ଲୋକମାନଙ୍କ ମନରେ ଭରିଦେଲେ । ଏହାର କିଛିବର୍ଷ ପରେ, ୧୯୧୮ ମସିହାରେ ବନାରସ ଠାରେ ଭାରତ ମାତାଙ୍କ ନାମରେ ଏକ ମନ୍ଦିର ପ୍ରତିଷ୍ଠା କରାଗଲା । ସର୍ଦ୍ଦାର ପଟେଲ ଓ ଖାନ୍ ଅବଦୁଲ୍ ଗଫର ଖାନ୍ଙ୍କ ପରି ନେତାଙ୍କ ଗହଣରେ ମହାତ୍ମା ଗାନ୍ଧୀ ସେ ମନ୍ଦିରକୁ ଉଦ୍‌ଘାଟନ କରିଥିଲେ । କାଶୀ ବିଦ୍ୟାପୀଠ ଠାରେ ଏବେ ସେ ମନ୍ଦିର ରହିଛି । ମନ୍ଦିରରେ ମାର୍ବଲରରେ ଖୋଦେଇ ହୋଇ ଏକ ମାନଚିତ୍ର ରହିଛି । ୨୦୧୩ ମସିହାରେ ପ୍ରଥମକରି ବନାରସ ଭ୍ରମଣ କଲାବେଳେ ମୁଁ ଭାରତମାତା ମନ୍ଦିରକୁ ବୁଲି ଯାଇଥିଲି । ପରବର୍ତ୍ତୀ ସମୟରେ ଭାରତର ଆଉ କିଛି ସ୍ଥାନରେ ଭାରତ ମାତାଙ୍କ ମନ୍ଦିର ସବୁ ପ୍ରତିଷ୍ଠା ହେଲା । ଅନ୍ୟ

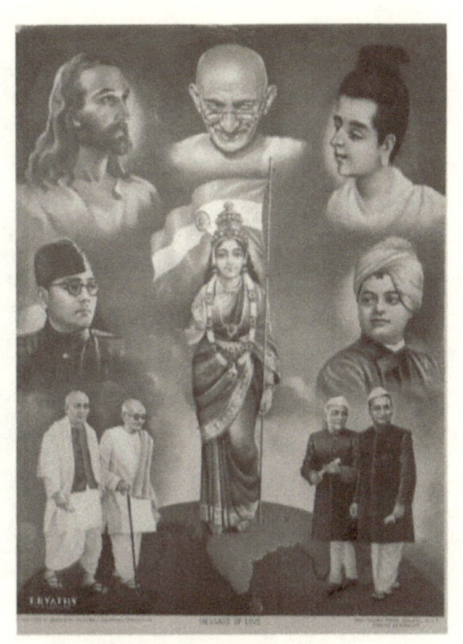

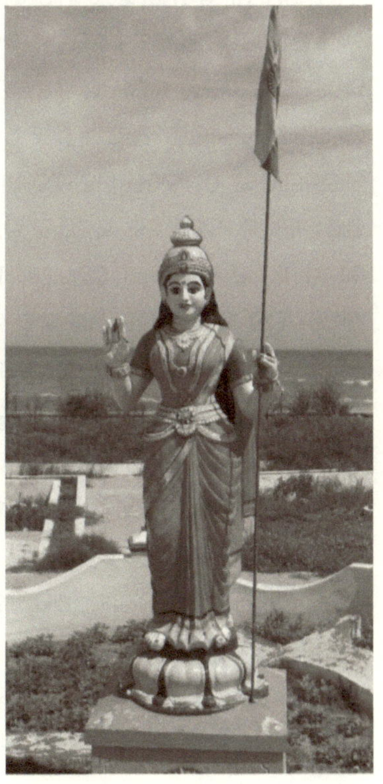

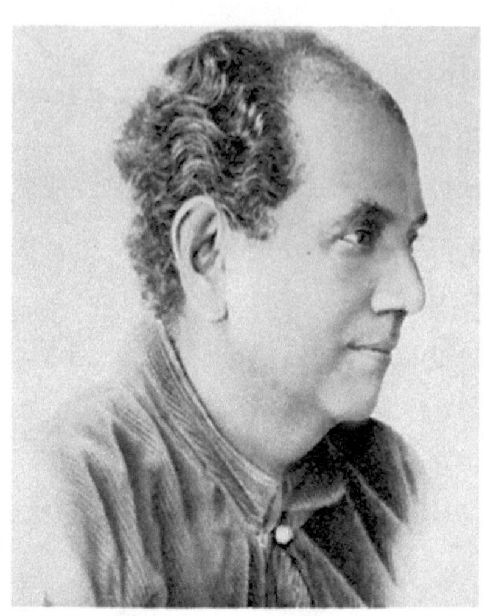

ଅବନୀନ୍ଦ୍ରନାଥ ଠାକୁର

ଚିତ୍ରଶିକ୍ଷୀମାନେ ସେମାନଙ୍କ ବୁଦ୍ଧି ଓ ଜ୍ଞାନ ଲଗାଇ ଭାରତ ମାତାଙ୍କର ଅନେକ ରୂପର ନୂଆ ଛବି ସବୁ ଆଙ୍କିଲେ। ଲେବଲ୍ ଛପା ହେଉଥିବା ଓ ଲିଥୋଗ୍ରାଫି ପ୍ରେସ୍‌ମାନଙ୍କରୁ ଛପା ହୋଇ ବିଭିନ୍ନ ରୂପର ଓ ପ୍ରକାରର ଭାରତ ମାତାଙ୍କ ଲେବଲ୍ ବିଭିନ୍ନ ଦ୍ରବ୍ୟରେ ମରାଯାଇ ବଜାରକୁ ଆସିଲା। ୧୯୪୦ ମସିହାରେ ଛାପା ଏକ ପୋଷ୍ଟରରେ ଭାରତମାତାଙ୍କ କୋଳରେ ମହାମ୍ୟାଗାନ୍ଧୀ ବସିଥିବାର ଚିତ୍ର ବି ରହିଛି। ପରେ କେବଳ ଗାନ୍ଧୀ କାହିଁକି ବରଂ ସେ ସମୟର ଜାତୀୟ ସ୍ତରର ପ୍ରାୟ ସମସ୍ତ ନେତାଙ୍କର ଛବି ଭାରତମାତାଙ୍କ ସହ ଅଙ୍କା ହୋଇଥିଲା। ଏମିତିକି ଏକ ପୋଷ୍ଟରରେ ସୁଭାଷ ବୋଷ ଆପଣା ମୁଣ୍ଡ କାଟି ଭାରତ ମାତାଙ୍କର ପାଦତଳେ ଭେଟି ଦେଉଥିବାର ଛବି ଥିଲା।

ଅବନୀନ୍ଦ୍ରଙ୍କ ଭାରତ ମାତା ଗେରୁଆ ରଙ୍ଗର ଶାଢ଼ୀ ପିନ୍ଧିଛନ୍ତି। ତାଙ୍କର ଚାରୋଟି ହାତ ଅଛି। ଚାରିହାତରେ ଅଛି, ଯଥାକ୍ରମେ ପୋଥ, ଶସ୍ୟକେନ୍ଦ୍ରା, ଧଳା କପଡ଼ା ଓ ରୁଦ୍ରାକ୍ଷର ଜପାମାଳା। ଭାରତମାତା ଛବିକୁ ଅବନୀନ୍ଦ୍ରନାଥ ଜଳ ରଙ୍ଗରେ ଧୌତ ଶୈଳୀରେ ଅଙ୍କନ କରିଥିଲେ। ଜଣେ ଭାରତୀୟ ନାରୀର ଚାରି ଗୋଟି ହାତ ଅଙ୍କନ କରି ଓ ତାଙ୍କୁ ଗେରୁଆ ବସ୍ତ୍ର ପରିଧାନ କରାଇ ଶିଳ୍ପୀ ସେଥିରେ ଦେବତ୍ୱ ଆରୋପଣ କରିଛନ୍ତି। ସାଧାରଣ ନାରୀକୁ ଅସାଧାରଣ କରି ଛିଡ଼ା କରିଛନ୍ତି। ମାଆ ଦୁର୍ଗାଙ୍କର ଦ୍ୱିଭୁଜା ମୂର୍ତ୍ତିଠାରୁ ଚତୁର୍ଭୁଜା, ଷଡ଼ଭୁଜା, ଅଷ୍ଟଭୁଜା, ଦଶଭୁଜା ଓ ବାରଭୁଜା ପର୍ଯ୍ୟନ୍ତ ମୂର୍ତ୍ତି ଭାରତରେ ଦେଖ୍‌ବାକୁ ମିଳେ। ସବୁ ହାତରେ କିଛି ନା କିଛି ଆୟୁଧ ଥାଏ। ଏଠି ମଧ ଅବନୀନ୍ଦ୍ରନାଥ ଭାରତମାତାଙ୍କ ଚାରି ହାତରେ ଚାରୋଟି ଦ୍ରବ୍ୟ ଧରାଇଛନ୍ତି।

ଉର୍ଦ୍ଧ୍କୁ ଥିବା ଡାହାଣ ହାତରେ ମାଆ ଧରିଛନ୍ତି ଶୁକ୍ଲ ବର୍ଣ୍ଣର ଲୁଗା। ଏଇଠି ଆମକୁ ମନେ ରଖିବାକୁ ହେବ, ବଙ୍ଗ ପ୍ରଦେଶ ହସ୍ତତନ୍ତ ପାଇଁ ପ୍ରସିଦ୍ଧ ଥିଲା ଓ ଅବନୀନ୍ଦ୍ର ଏହି ଛବିକୁ ପ୍ରଥମେ ବଙ୍ଗମାତା ଭାବରେ ଅଙ୍କନ କରିଥିଲେ। ତେଣୁ ଧଲା ରଙ୍ଗର କପଡ଼ା ସେହି ପରମ୍ପରାକୁ ପ୍ରତିନିଧିତ୍ୱ କରୁଥାଇପାରେ। ଧଲା ରଙ୍ଗ ଶାନ୍ତି ଓ ପବିତ୍ରତାର ପ୍ରତୀକ ମଧ୍ୟ। ଡାହାଣ ପଟର ତଳକୁ ଥିବା ହାତରେ ସେ ଧରିଛନ୍ତି ରୁଦ୍ରାକ୍ଷର ମାଲା। ହିନ୍ଦୁ ଧର୍ମରେ ରୁଦ୍ରାକ୍ଷର ବହୁଳ ବ୍ୟବହାର ରହିଛି। ବିଶେଷକରି ଶାକ୍ତ ଓ ଶୈବ ଉପାସନା ପରମ୍ପରାରେ ରୁଦ୍ରାକ୍ଷକୁ ଖୁବ୍ ପବିତ୍ର ବୋଲି ଧରାଯାଏ। ଭାରତୀୟ ସାଧୁ ସନ୍ତ ରୁଦ୍ରାକ୍ଷର ମାଲା ପରିଧାନ କରନ୍ତି। ରୁଦ୍ରାକ୍ଷର ମାଲା ଧରି ଜପ-ତପ କରନ୍ତି। ଭାରତମାତା ବାମପଟର ଉପରକୁ ଥିବା ହାତରେ ଧରିଛନ୍ତି ଖେଦାଏ ପୋଥି। ପୋଥି ଜ୍ଞାନର ପ୍ରତୀକ। ମହାନ ଭାରତୀୟ ଗ୍ରନ୍ଥମାନଙ୍କର ବିଷୟରେ ଏଠି ସୂଚନା ଦିଆଯାଇଛି। ୧୫୦୫ ବେଳକୁ କଲିକତା ସହରରେ ପ୍ରେସ୍ ସ୍ଥାପନ ହୋଇ କାଗଜ ବହି ପ୍ରକାଶ ପାଇବା ପୁରୁଣା କଥା ହେଲାଣି। ଏଠି ଅବନୀନ୍ଦ୍ରନାଥ କିନ୍ତୁ କୌଣସି ପ୍ରେସ୍ ଛାପା ବହି ମାଆଙ୍କ ହାତରେ ଧରାଇ ନାହାନ୍ତି। ପ୍ରାଚୀନ ଭାରତର ମୌଲିକ ଜ୍ଞାନ ବିଷୟରେ ଦର୍ଶାଇବାକୁ ହୁଏତ ପୋଥିର ଖେଦା ଧରେଇଛନ୍ତି। ବାମପଟର ତଳ ଆଡ଼କୁ

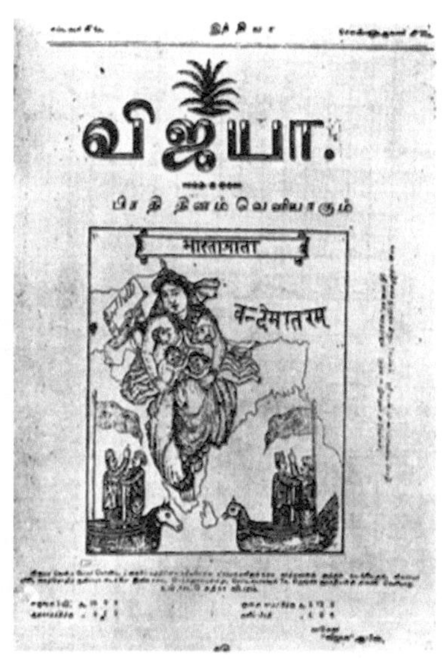

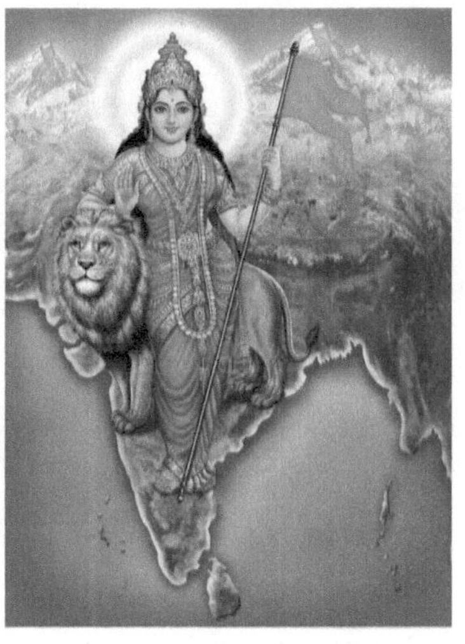

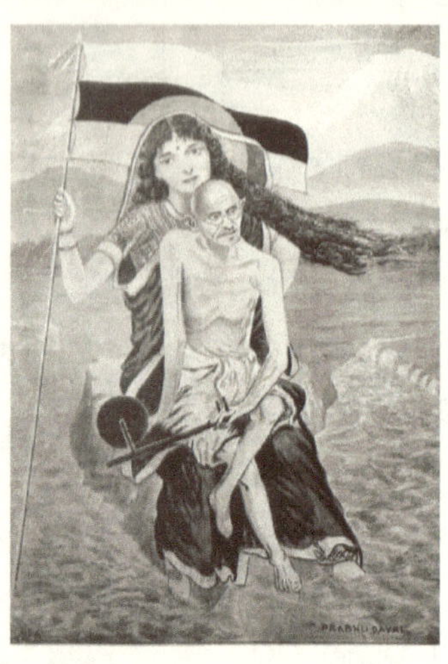

ଝୁଲିଥିବା ହାତରେ ମାଆ ଧାନକେଣ୍ଡାଏ ଧରିଛନ୍ତି । ଭାରତୀୟ କୃଷି, କୃଷକ ଓ ଖାଦ୍ୟର ଏହା ପ୍ରତିନିଧୃତ୍ୱ କରେ । ଦେଶ ମାତୃକାକୁ ମା' ବୋଲି ଗ୍ରହଣ କରିବାର ଯୁକ୍ତି ସବୁ ଏ ଚିତ୍ରରେ ପ୍ରଦାନ କରାଯାଇଛି । ମଥାରେ ସିନ୍ଦୁର, ବେକରେ ମାଳା, ମୁଣ୍ଡ ପଛରେ ଆଭା ମଣ୍ଡଳ, ପାଦ ପାଖରେ ପ୍ରସ୍ଫୁଟିତ କେତୋଟି କମଳର ଉପସ୍ଥିତି । ଛବିରେ ବର୍ଣ୍ଣିତ ସମୟ ଯେମିତି ଉଷାକାଳ ବା ସୂର୍ଯ୍ୟ ଉଦୟର ସମୟ । ଚତୁର୍ଦ୍ଦିଗ ସ୍ୱର୍ଣ୍ଣାଭ କାନ୍ତିରେ ଝଟକୁଛି ।

ଅବନୀନ୍ଦ୍ରନାଥଙ୍କ ଭାରତ ମାତା ଛବି ଦେଖିଲେ ମନେ ହେଉଛି ନବଯୌବନା ସାଧ୍ୱୀରୂପିଣୀ ଗୈରିକବସନା ଭାରତମାତା, ତା'ର ସନ୍ତାନମାନଙ୍କ ପାଇଁ ଖାଦ୍ୟ, ବସ୍ତ୍ର, ବିଦ୍ୟା ଓ ଆଧ୍ୟାମ୍ବିକ ଶକ୍ତିର ଭଣ୍ଡାର ରୂପରେ ଦଣ୍ଡାୟମାନା । ଗୋଟିଏ ଧାଡ଼ିରେ କହିଲେ ଦେଶ ପାଇଁ ଦରକାର ଶିକ୍ଷା, ଦୀକ୍ଷା, ଅନ୍ନ ଓ ବସ୍ତ୍ର ଯୋଗାଇ ଦେବାକୁ ମା'ଙ୍କ ଆବିର୍ଭାବ । ପରାଧୀନ ଭାରତର ବିପନ୍ନ ସନ୍ତାନଙ୍କୁ କେବଳ ଭାରତମାତା ହିଁ ଭରସା ।

ପରବର୍ତ୍ତୀ କ୍ୟାଲେଣ୍ଡର ଛବିରେ କିଛି ହିନ୍ଦୁତ୍ୱବାଦୀ ସଂଗଠନ ଏବଂ ରାଜନୈତିକ ଦଳଙ୍କ ଦ୍ୱାରା ପ୍ରଚାରିତ ଭାରତ ମାତାଙ୍କ ଛବିରେ ଭାରତର ଯେଉଁ ବର୍ଣ୍ଣିତ ଓ ଈପ୍ସିତ ମାନଚିତ୍ର ରହିଛି ତାହା ଅବନୀନ୍ଦ୍ରଙ୍କ ଭାରତ ମାତାଙ୍କ ଛବିରେ ଅନୁପସ୍ଥିତ । ପରେ ଅଖଣ୍ଡ ଭାରତର ମାନଚିତ୍ର ସହ ସିଂହ ଓ ହାତରେ ଜାତୀୟ ପତାକା ଧରିଥିବା ଭାରତମାତା ଭାରତରେ ଲୋକପ୍ରିୟ ହୋଇଛନ୍ତି । କିଛି ପୋଷ୍ଟରରେ ଭାରତ ମାତା ଦକ୍ଷିଣ ଭାରତୀୟ ନାରୀ ରୂପରେ ପର୍ଯ୍ୟାପ୍ତ ସୁନା ଅଳଙ୍କାରରେ ମଣ୍ଡିତା ହୋଇଛନ୍ତି ।

ଅବନୀନ୍ଦ୍ରନାଥ ତାଙ୍କ ଛବିରେ ମୋଗଲ୍ ମିନିଏଚର, ପାହାଡ଼ି ମିନିଏଚର,

ଜାପାନୀ ଧୌତ ଶୈଳୀ ସହ ବିଦେଶୀ ଓ ଦେଶୀ ବର୍ଷର ବ୍ୟବହାର କରିଛନ୍ତି । କୁହାଯାଏ ଜଣେ ବଙ୍ଗୀୟ ମହିଳା ପରି ପ୍ରତେ ଭାରତମାତାଙ୍କ ଛବି ପାଇଁ ସେ ତାଙ୍କ ଝିଅର ମୁହଁକୁ ମନେପକାଇ ଏହି ଛବିଟି ଆଙ୍କିଥିଲେ ।

୨୦୧୬ ମସିହାରେ ଭାରତମାତା ଛବି କଲିକତାର ଭିକ୍ଟୋରିଆ ମେମୋରିଆଲ୍ ହଲରେ ଅବନୀନ୍ଦ୍ରନାଥଙ୍କ ଅନ୍ୟାନ୍ୟ ଛବିମାନଙ୍କ ସହ ପ୍ରଦର୍ଶିତ ହୋଇଥିଲା । ରବିନ୍ଦ୍ରଭାରତୀ ସୋସାଇଟି ଓ ଭିକ୍ଟୋରିଆ ମେମୋରିଆଲ୍ ହଲ୍ ମିଳିତ ଭାବରେ ଶିଳ୍ପୀଙ୍କ ୧ ୨୩ଟି ଛବିର ପ୍ରଦର୍ଶନ କରିଥିଲେ, ଯେଉଁଥିରେ ପ୍ରଖ୍ୟାତ 'ଭାରତ ମାତା' ଛବି ବି ସାମିଲ ଥିଲା ଓ ମୂଳ ଛବି ଅନେକ ବର୍ଷ ପରେ ଲୋକଲୋଚନକୁ ଆସିଥିଲା ।

ଭାରତ ମାତା ଛବି କେବଳ ଅବନୀନ୍ଦ୍ରନାଥଙ୍କ ଜୀବନର ଶ୍ରେଷ୍ଠ ରାଜନୈତିକ ଓ ଜାତୀୟତାବାଦୀ ଛବି ନଥିଲା ବରଂ ସେ ସମୟ ଭାରତର ଶ୍ରେଷ୍ଠ ଛବି ମଧ୍ୟ ଥିଲା । ଭାରତୀୟ ଧାରାରେ ଭାରତୀୟ ବିଷୟକୁ ନେଇ ଭାରତୀୟମାନଙ୍କୁ ଏକଜୁଟ କରିପାରିବାର ସାମର୍ଥ୍ୟ ରଖି ପାରିଥିବା ଏକ ଚର୍ଚ୍ଚିତ ଛବି ଥିଲା । ଅବନୀନ୍ଦ୍ରଙ୍କ ପାଖରୁ ଭାରତ ମାତାଙ୍କ ଛବି ଆରମ୍ଭ ହୋଇଥିଲେ ମଧ୍ୟ ଅନେକ ତାଙ୍କ ସୌମ୍ୟ ଦର୍ଶନା 'ଭାରତ ମାତା' ଛବି ସହ ଆଜି ପରିଚିତ ନୁହଁନ୍ତି । ଦେଶ ବଦଳୁଛି । ସମୟ ଓ ପରିସ୍ଥିତିର ଦାୟରେ ଅନେକ କିଛି ବଦଳିଲା ପରି, ଭାରତମାତାଙ୍କ ରୂପ ବି ଏ ଭିତରେ ଅନେକଟା ବଦଳି ସାରିଲାଣି ।

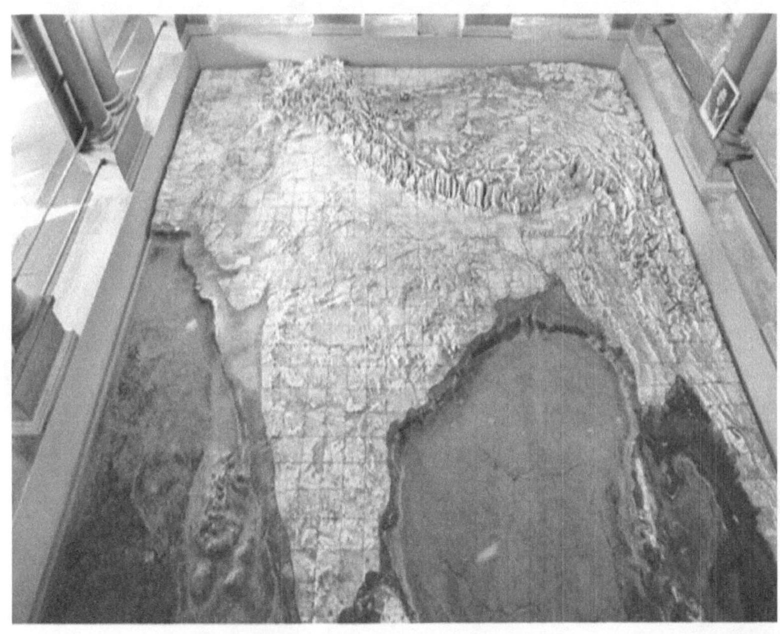

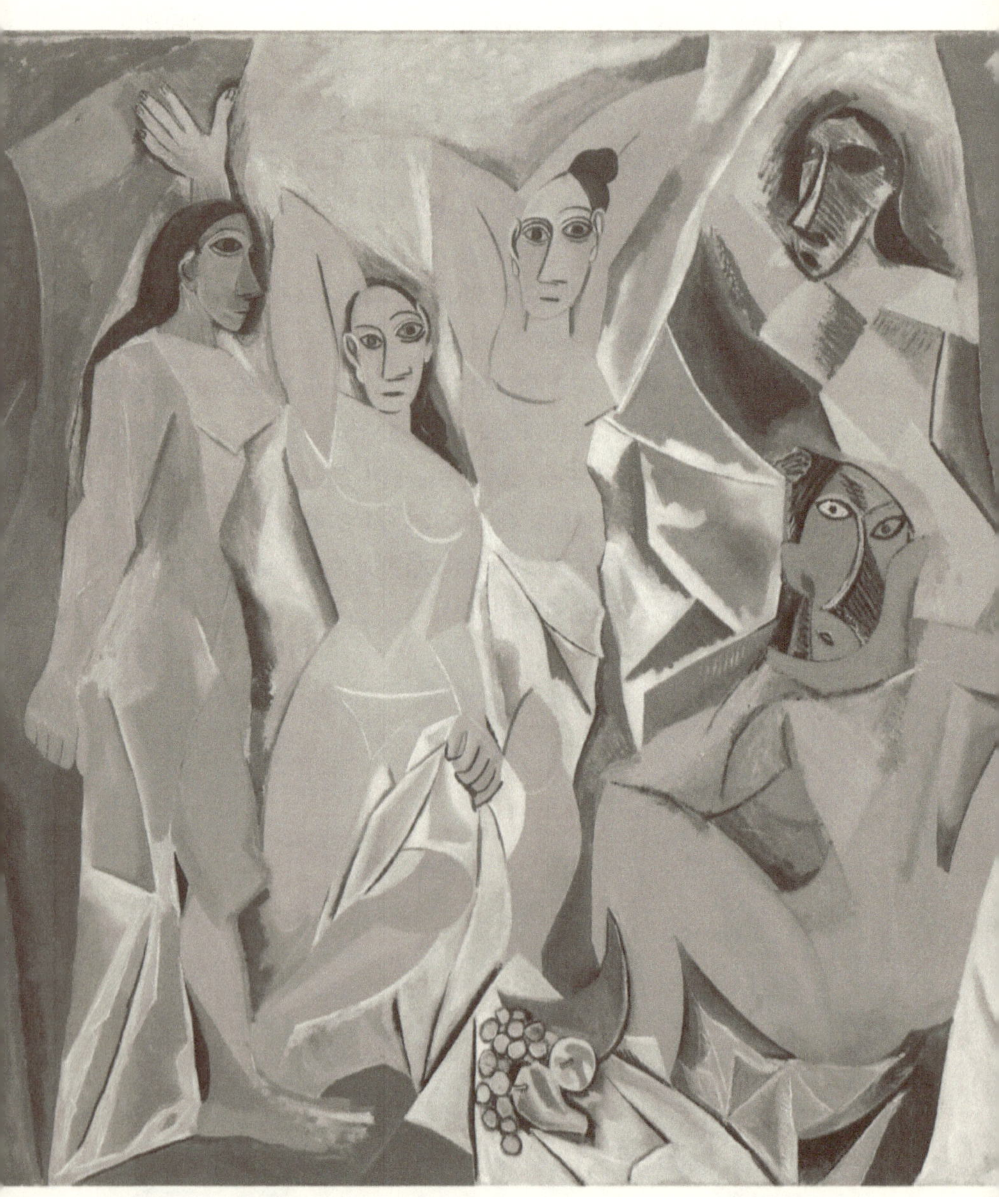

 | ରମାକାନ୍ତ ସାମନ୍ତରାୟ

'I don't say everything, but I paint everything.'- Pablo Picasso

ପିକାଶୋ ଓ ଡାଭିନ୍ୟୁର ବେଶ୍ୟାପଡ଼ା

ଜଣେ ଆଧୁନିକ କଳାକାର ଭାବରେ ପିକାଶୋଙ୍କ ବିଶ୍ୱବ୍ୟାପୀ ଜନପ୍ରିୟତା ବେଶ୍ ଈର୍ଷଣୀୟ । ନିଜ ଜୀବନ କାଳ ଭିତରେ ଏତେ ପ୍ରସିଦ୍ଧି ରୋଜଗାର କରିବା ଖୁବ୍ କମ୍ କଳାକାରଙ୍କ ଭାଗ୍ୟରେ ମିଳେ । କଳାକାର ଯେ କେବଳ ପ୍ରଖ୍ୟାତ ହୁଅନ୍ତି ସେକଥା ନୁହେଁ, ପ୍ରସିଦ୍ଧ କଳାକାରଙ୍କ କିଛି କଳାକୃତି ମଧ୍ୟ ବିଶ୍ୱବିଖ୍ୟାତ ହୋଇଥାଏ । ପିକାଶୋଙ୍କର ଅନେକ ପ୍ରସିଦ୍ଧ କଳାକୃତି ମଧ୍ୟରେ 'ଲେ ଡିମୋଜେଲ୍ ଡାଭିନ୍ୟୁ' (Les Demoiselles d'Avignon (The Brothel of Avignon) ନାମକ ବିଶାଳ ଛବିଟି ଯେତିକି ପ୍ରସିଦ୍ଧ, କଳା ଇତିହାସରେ ସେତିକି ବିବଦମାନ ଓ ସେତିକି ଯୁଗାନ୍ତକାରୀ ମଧ୍ୟ ।

ପିକାଶୋ ଏ ଛବିଟି ୧୯୦୭ରେ ଆଙ୍କିଥିଲେ । ଏବେ 'ଲେ ଡିମୋଜେଲ୍ ଡାଭିନ୍ୟୁ' ଛବିଟି ମ୍ୟୁଜିୟମ୍ ଅଫ୍ ମଡର୍ଣ୍ଣ ଆର୍ଟ'ର ସ୍ଥାୟୀ ସଂଗ୍ରହରେ ରହିଛି । ଛବିରେ ଚିତ୍ରିତ ହୋଇଛି ମାନିକୁଇନ୍ ପରି ଛିଡ଼ା ପାଞ୍ଚଜଣ ବେଶ୍ୟାଙ୍କ ନଗ୍ନ ରୂପ, କିଛି କପଡ଼ା ଓ କିଛି ଫଳ । କ୍ୟାନଭାସ୍ ଉପରେ ତୈଳରଙ୍ଗରେ ଅଙ୍କିତ ଏହି ଛବିଟିର ଆକାର ହେଲା ଆଠ ଫୁଟ୍‌ରେ ସାଢ଼େ ସାତ ଫୁଟ୍ । ଏତେ ବଡ଼ କ୍ୟାନଭାସ୍ ପିକାଶୋ ଆଗରୁ କେବେ ଭିଡ଼ି ନଥିଲେ । ଛବିକୁ ଆଙ୍କିବା ପାଇଁ ପିକାଶୋ ଆରମ୍ଭରୁ ହିଁ ବେଶ୍ ପରିଶ୍ରମ କରିଥିଲେ । ଏଇ ଛବିଟି କରିବାର ପ୍ରସ୍ତୁତିରେ ଶିଳ୍ପୀ ଶହେରୁ ଅଧିକ ପ୍ରାରମ୍ଭିକ ସ୍କେଚ୍ ଓ ଷ୍ଟଡି କରିଥିଲେ । ଛବିଟିକୁ ଶେଷ କରିବାକୁ ତାଙ୍କୁ ପାଖାପାଖି ଛଅ ମାସ ସମୟ ଲାଗିଥିଲା । ପିକାଶୋ ତାଙ୍କ ଜୀବନ କାଳରେ ସୃଷ୍ଟି କରିଥିବା କଳାକୃତିମାନଙ୍କ ମଧ୍ୟରୁ କୌଣସି କଳାକୃତି ପାଇଁ ଏତେ ମାତ୍ରାରେ ପ୍ରାକ୍ ପ୍ରସ୍ତୁତି କରିନଥିଲେ । ପ୍ରାଥମିକ ଯୋଜନାରେ ପିକାଶୋ 'ଲେ ଡିମୋଜେଲ ଡାଭିନ୍ୟୁ' ଛବିରେ ପାଞ୍ଚ ଜଣ ନଗ୍ନ ନାରୀଙ୍କ ସହ ଦୁଇ ଜଣ ପୋଷାକ ପିନ୍ଧା ପୁରୁଷଙ୍କୁ ବି ଆଙ୍କିବାର ଯୋଜନା ରଖିଥିଲେ । ସେମାନେ ଥିଲେ ପେଟେ ଲେଖା ମଦ ପିଇ ମାତାଲ୍ ଅବସ୍ଥାରେ ଥିବା ଦୁଇ ଚରିତ୍ର।

ଦୁଇଜଣରୁ ଜଣେ ଥିଲେ ନାବିକ ଓ ଅନ୍ୟ ଜଣେ ଡାକ୍ତରୀ ପାଠ ପଢୁଥିବା ଛାତ୍ର। ଯୋଜନା ଥିଲା ଛବିର ବାମ ପଟରେ ହିଁ ଡାକ୍ତରୀ ଛାତ୍ର ଜଣକ ହାତରେ ଗୋଟେ ଖପୁରି ଧରି ବେଶ୍ୟାଳୟକୁ ପଶିବାର ଛବି ଅଙ୍କାଯାଇଥା'ନ୍ତା। କିନ୍ତୁ କ୍ୟାନଭାସରେ ଛବି ଆଙ୍କିଲା ବେଳକୁ ଶେଷରେ ଦୁଇ ପୁରୁଷ ବାଦ୍ ପଡ଼ିଲେ ଓ ସିଧାସଳଖ ଦର୍ଶକଙ୍କ ସହ ଆଖି ମିଶାଇ କେବଳ ପାଞ୍ଚ ନାରୀ ହିଁ ରହିଲେ। ତେବେ କେହି କେହି ଏକଥା ମଧ୍ୟ କୁହନ୍ତି ଯେ, ପିକାଶୋ ଛବିଟିକୁ ଶେଷ ନକରି ଅଧାପାନ୍ତରିଆ କରି ଛାଡ଼ି ଦେଇଛନ୍ତି।

ପରବର୍ତ୍ତୀ ସମୟରେ ପିକାଶୋ ବିଶ୍ୱ କଳା ଇତିହାସରେ ଯେଉଁ କ୍ୟୁବିଜିମ୍ ପାଇଁ ପ୍ରସିଦ୍ଧ ହୋଇଥିଲେ ତା'ର ଅୟମାରମ୍ଭ ଏଇ ଛବିରୁ ହିଁ ହୋଇଥିଲା। ୨୦୦୩ରେ ବୈଜ୍ଞାନିକ ପ୍ରଣାଳୀରେ ପରୀକ୍ଷା କଲା ପରେ ଜଣାପଡ଼ିଲା ଯେ, ପିକାଶୋ 'ଲେ ଡିମୋଜେଲ ଡାଭିନ୍ୟୁ' ଛବିରେ ଲେଡ୍ ଧଳା, ବୋନ୍ କଳା, ଭରମିଲନ୍, କାଡମିୟମ୍ ହଳଦୀ, କୋବାଲ୍ଟ ନୀଳ, ଏମରଲ୍ଡ ସବୁଜ, ଅକର ଓ ବ୍ରାଉନ୍ ରଙ୍ଗ ବ୍ୟବହାର କରିଥିଲେ।

କୁହାଯାଏ, ପିକାଶୋ ଏହି ଛବିରେ ସେଜାଁଙ୍କ 'ଲାର୍ଜ ବାଥର୍ସ' ଛବି ଦ୍ୱାରା ପ୍ରଭାବିତ ଥିଲେ। ସେଜାଁଙ୍କ ଛବିରେ ଅଙ୍କିତ ନାରୀମାନେ କିନ୍ତୁ ଅନ୍ୟ ଦିଗକୁ ସେମାନଙ୍କ ଚାହାଁଣି ରଖିଥିବା ବେଳେ ପିକାଶୋଙ୍କ ଏହି ଛବିରେ ଅଙ୍କିତ ନାରୀମାନେ ସିଧାସଳଖ ଦର୍ଶକଙ୍କୁ ଅନେଇ ରହିଛନ୍ତି। ସାଧାରଣରେ ଆମ ସାହିତ୍ୟ ଓ ଚିତ୍ରକଳା ଏବଂ ଭାସ୍କର୍ଯ୍ୟରେ ନାରୀମାନଙ୍କୁ ଯେଉଁ ଭାବରେ ଉପସ୍ଥାପିତ କରାଯାଏ ଏଠାରେ ସେମିତି କରାଯାଇନି। ସିଧାସଳଖ, ସ୍ୱସ୍ଥ ଓ ତୀକ୍ଷ୍ଣ ପାଞ୍ଚ ନାରୀଙ୍କ ଏମିତି ଚାହାଁଣିକୁ ସେତେବେଳେ ଅନେକ ପସଦ କରିନଥିଲେ। ତତ୍କାଳୀନ ୟୁରୋପୀୟ ସମାଜରେ ନାରୀମାନଙ୍କ ଆଚାର ବ୍ୟବହାର ଓ ଚାଲିଚଳନ ନେଇ କିଛି କମ୍ ରକ୍ଷଣଶୀଳ ପରିବେଶ ନଥିଲା। ୧୯୦୭ରେ ଅଙ୍କା ହୋଇଥିଲେ ମଧ୍ୟ ଛବିଟି ୧୯୧୬ ଜୁଲାଇ ୧୬-୩୧ରେ ସାଲୋନ୍ ଡି ଆଣ୍ଟିନ୍ ଯାଇଁ ପ୍ରଦର୍ଶିତ ହେଇଥିଲା। କାରଣ ନିକଟତମ ବନ୍ଧୁ ଓ ପାଖ ଲୋକମାନଙ୍କ ନକାରାତ୍ମକ ମତାମତ ପାଇଁ ଛବିଟିକୁ ପିକାଶୋ ଅନେକ ବର୍ଷ ପର୍ଯ୍ୟନ୍ତ ନିଜ ପାଖରେ ରଖିଥିଲେ। 'ଲେ ଡିମୋଜେଲ ଡାଭିନ୍ୟୁ' ଛବି ପ୍ରଥମ କରି ଗେଲେଟ୍ ବର୍ଗେସଙ୍କ ଏକ ପ୍ରବନ୍ଧରେ ଛପା ଯାଇଥିଲା। ଛବିଟିକୁ କେହି ଗ୍ରହଣ କରିବାକୁ ପ୍ରସ୍ତୁତ ନଥିଲେ ଓ ୧୯୨୦ରେ ଆନ୍ଦ୍ରେ ବେଟୋ ତାଙ୍କର ଏକ ପ୍ରବନ୍ଧରେ ଛବିକୁ ପୁଣି ଥରେ ଛାପିଲା ପରେ ଧୀରେ ଧୀରେ ଅନ୍ୟମାନେ ଛବିକୁ ନେଇ ସହଜ ହେବାକୁ ଆରମ୍ଭ କଲେ। ପରେ ଛବିଟି ପଚିଶ ହଜାର ଫ୍ରାଙ୍କରେ ବିକ୍ରି ହୋଇଯାଇଥିଲା।

ସ୍ପେନୀୟ ଚିତ୍ରଧାରା ଓ ଆଇବେରିଆନ୍ ଭାସ୍କର୍ଯ୍ୟର ପ୍ରଭାବ ଥିବା ଏହି ଛବିରେ ଆଫ୍ରିକୀୟ ଆଦିବାସୀଙ୍କ ମୁଖାର ସ୍ୱସ୍ଥ ପ୍ରଭାବ ରହିଛି ବୋଲି କଳା

ସମାଲୋଚକମାନେ କୁହନ୍ତି । ପିକାଶୋ ସ୍ୱୟଂ
କିନ୍ତୁ ଏ ପ୍ରକାର ପ୍ରଭାବକୁ ସ୍ୱୀକାର କରନ୍ତିନି ।
କିନ୍ତୁ କଥା ହେଲା, ପିକାଶୋ ୧୯୦୬ରେ
ମାତିଜ୍‌ଙ୍କ ପାଖରେ ଥିବା କଙ୍ଗୋ ଦେଶର
'ଟେକେ' ନାମକ ପ୍ରାଚୀନ ଅଧିବାସୀଙ୍କ ରୂପକୁ
କପି କରିଥିଲେ । ପିକାଶୋଙ୍କର କେବଳ
ଆଫ୍ରିକାର ପ୍ରାଚୀନ ଚିତ୍ରକଳା ନୁହେଁ ତା'
ସାଙ୍ଗରେ ସ୍ପେନ୍ ଓ ପର୍ତ୍ତୁଗାଲର ପୁରାତନ କଳା
ପ୍ରତି ମଧ ତାଙ୍କର ଦୁର୍ବଳତା ଥିଲା । ପ୍ରାଚୀନ
କଳାର ସରଳ ରୂପ ଓ ସହଜ ଆକାର ଏବଂ
ଜ୍ୟାମିତିକ ତଥା ସାବଲୀଳ ବଳିଷ୍ଠ
ପରିପ୍ରକାଶକୁ ଖୁବ୍ ପସନ୍ଦ କରୁଥିଲେ
ପିକାଶୋ ।

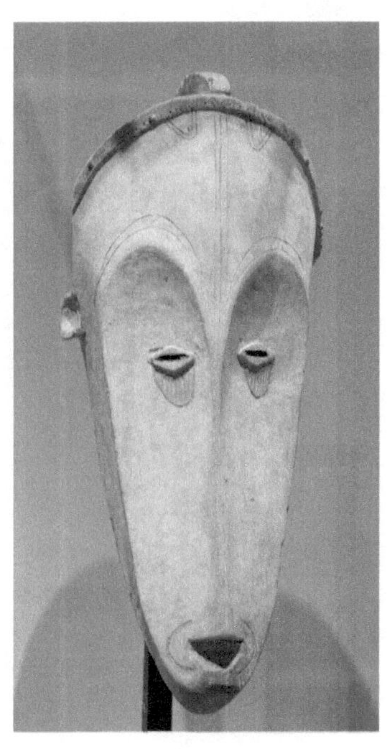

'ଲେ ଡିମୋଜେଲ୍ ଡାଭିନ୍ୟୁ'
ଛବିରେ ପିକାଶୋ ସବୁଗୁଡ଼ା ଚରିତ୍ରଙ୍କୁ ଅଲଗା
ଅଲଗା କରି ଆଙ୍କିଛନ୍ତି । ୧୯୭୨ରେ କଳା
ସମାଲୋଚକ ଲେ ସ୍ଟେନ୍‌ବର୍ଗ ସେଇ ଛବିକୁ
ନେଇ ଅନେକ ନୂଆ କଥା ସବୁ କହିଲେ ।
ତାଙ୍କ ମତରେ, ଛବିରେ ଥିବା ପାଞ୍ଚ ଜଣ
ଚରିତ୍ର ପରସ୍ପରଙ୍କ ସହ ଆଦୌ ସମ୍ପର୍କିତ
ନୁହଁନ୍ତି । ସେମାନେ ସେମାନଙ୍କ ନିଜ ନିଜ
ବାଟରେ ଦର୍ଶକଙ୍କ ସହ ସମ୍ପର୍କ ଯୋଡ଼ୁଛନ୍ତି ।
କପଡ଼ା ଟେକି ଧରିଥିବା ଡାହାଣ
ପଟ ଉପରକୁ ଥିବା ସ୍ତ୍ରୀ ଲୋକଟି ଜ୍ୟାମିତିକ
ଆକାରରେ ବହଳ ବର୍ଷ ପ୍ରୟୋଗରେ ଅଙ୍କା
ଯାଇଛି । ପାଞ୍ଚଜଣ ନାରୀଙ୍କ ଭିତରେ ଏଇ
ଜଣଙ୍କ ମୁହଁରେ ଘନବାଦର ସବୁଠୁ ଅଧିକ
ପ୍ରଭାବ ରହିଛି । ନିଜ ନିଜକୁ ପ୍ରଦର୍ଶିତ କରିବାର
ଭଙ୍ଗୀରେ ଠିଆ ଏଇ ପାଞ୍ଚ ଜଣ ସ୍ତ୍ରୀ ଲୋକଙ୍କ

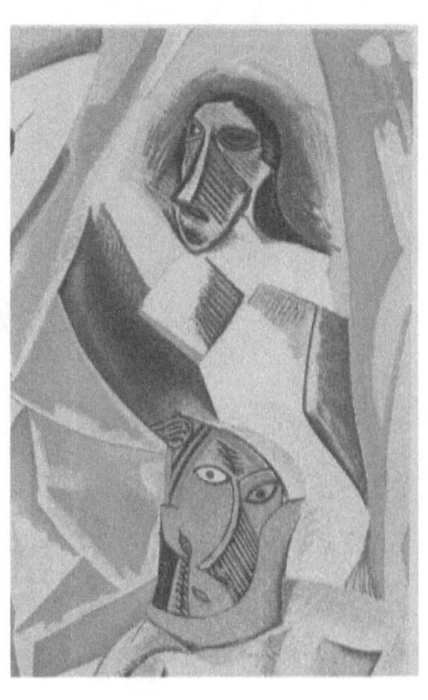

ଭିତରେ କିଏ ଇଜିପ୍ଟିଆନ୍ ପରି ବେଶ ପଢ଼ିଛି ତ କିଏ ସ୍ଥେନୀୟ ମୂଳ ବାସିନ୍ଦା ପରି। ଲାଗୁଛି, ଅଲଗା ଅଲଗା ଭୂଖଣ୍ଡରେ ବସବାସ କରୁଥିବା ନାରୀମାନେ ଏକାଠି ହେଇ ଠାଏ ଠିଆ ହୋଇଯାଇଛନ୍ତି। ଡାହାଣ ପଟର ଦୁହିଁଙ୍କ ମୁହଁ ଦିଶୁଛି ଆଫ୍ରିକାର ମୁଖା ପରି। ପିକାଶୋ ଏହି ଛବିରେ ପରସ୍ପେକ୍ଟିଭ୍ ବା ପରିପ୍ରେକ୍ଷକୁ ବ୍ୟବହାର କରିନାହାନ୍ତି। କୌଣସି ଭାନିସିଂ ପଏଣ୍ଟ ବି ରଖିନାହାନ୍ତି। ମଣିଷର ରୂପକୁ ଜ୍ୟାମିତିକ ଆକାର ଭିତରକୁ ଆଣି ପିକାଶୋ ଆମ ପରମ୍ପରାରେ ମଣିଷ ଶରୀର ଓ ରୂପକୁ ଯେଉଁ ଭାବରେ ଆଗରୁ ଦେଖାଯାଇଥିଲା ତାକୁ ଅନ୍ୟ ଏକ ବାଟରେ ନେଇଯାଇଛନ୍ତି। ଛବିଟି ଅନେକ ଦିଗରୁ ଯୁଗାନ୍ତକାରୀ ଥିଲା ଓ ପ୍ରାରମ୍ଭିକ ପର୍ଯ୍ୟାୟରେ ବିବଦମାନ ହୋଇଥିଲେ ମଧ ପରେ ବିଶ୍ୱକଳା ଇତିହାସକୁ ବିଭିନ୍ନ ଭାବରେ ପ୍ରଭାବିତ କରିଥିଲା।

ଏ କଥା ସତ ଯେ, ଛବିଟିକୁ ଅନେକ ପସନ୍ଦ କରୁନଥିଲେ ଓ ଖୋଲାଖୋଲି ସମାଲୋଚନା କରୁଥିଲେ। ଏମିତିକି ସେ ସମୟର ପ୍ରସିଦ୍ଧ ଚିତ୍ରଶିଳ୍ପୀ ମାତିଜ୍ ଛବିଟିକୁ ଏକ ବାଜେ ଜୋକ୍ ବୋଲି କହିଥିଲେ। ସେ ଭାବୁଥିଲେ ତାଙ୍କ ଛବି 'ବ୍ଲୁ ନ୍ୟୁଡ୍' ଓ ଅନ୍ୟ କିଛି ଛବିରୁ ଆଇଡିଆ ଚୋରି କରିଛନ୍ତି ପିକାଶୋ। ଘନବାଦର ଅନ୍ୟତମ ସ୍ରଷ୍ଟା ଜର୍ଜ ବ୍ରାକ୍ ମଧ ପିକାଶୋଙ୍କ ଏହି ଛବିଟିକୁ ପସନ୍ଦ କରିନଥିଲେ। 'ଲେ ଦିମୋଜେଲ

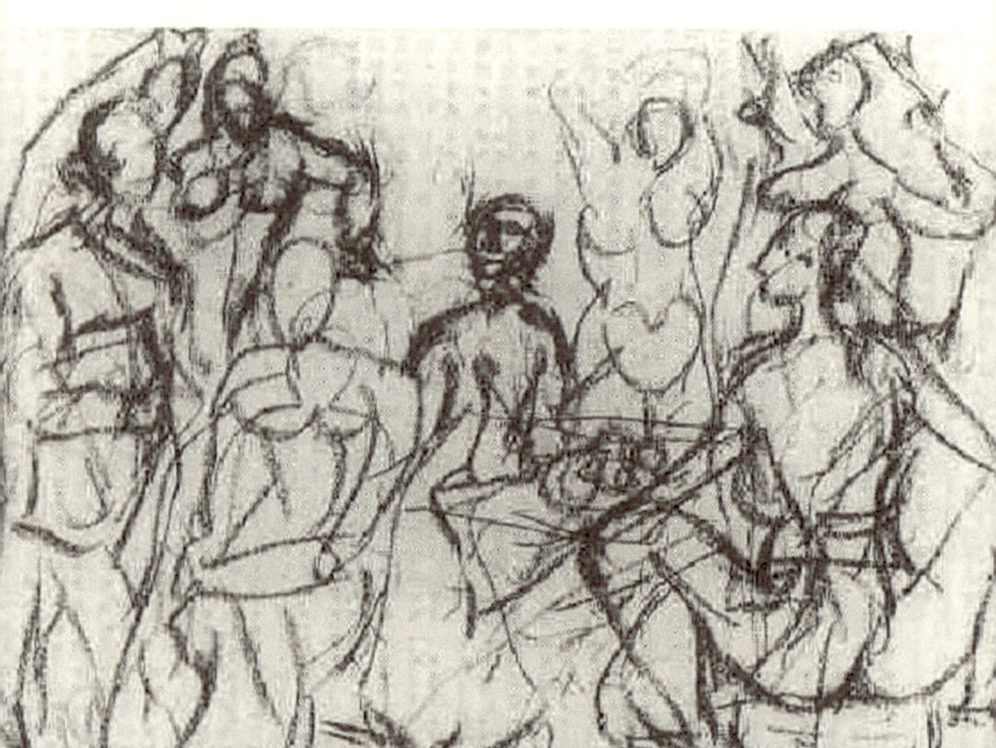

ଡାଭିନ୍ୟୁ' ଛବି ଉପରେ ପୂର୍ବବର୍ତ୍ତୀ ଅନେକ କଳାକୃତିଙ୍କର ପ୍ରଭାବ ରହିଥିଲା। ଫରାସୀ ଚିତ୍ରଶିଳ୍ପୀ ପଲ୍ ଗଗାଁଙ୍କ ୧୯୦୬ର ପ୍ରଦର୍ଶନୀରେ ପ୍ରଦର୍ଶିତ ତାହିତି ଦ୍ୱୀପର ଦେବୀଙ୍କ ଭାସ୍କର୍ଯ୍ୟ ଦେଖି ପିକାଶୋ ସେହି ବର୍ଷ ସେରାମିକ୍ ଓ ଉଡ୍‌କଟ୍‌ରେ ସେମିତି କିଛି କରିବାକୁ ଚେଷ୍ଟା କରିଥିଲେ। ସମାଲୋଚକମାନଙ୍କ କହିବା କଥା ହେଲା, ଗଗାଁଙ୍କ ଆଦିମତାକୁ ଭଲପାଇବା ଓ ତାକୁ ନେଇ ଛବି କରିବା ଏବଂ ଆଦିମ ମଣିଷମାନଙ୍କ ସାଙ୍ଗରେ ମିଶି ରହିବା ଘଟଣାରେ ପିକାଶୋ ବେଶ୍ ପ୍ରଭାବିତ ଥିଲେ।

ପିକାଶୋ ଛବିର ନାମ ପ୍ରଥମେ ରଖିଥିଲେ Le Demoiselles d' Avignon କିନ୍ତୁ କଳା ସମାଲୋଚକ ଆଁଦ୍ରେ ସାଲମୋନ୍ ଚିତ୍ର ପ୍ରଦର୍ଶନୀରେ ତା'ର ନାମକୁ ବଦଲାଇ Les Demoiselles d' Avignon କରିଦେଇଥିଲେ। ପିକାଶୋଙ୍କୁ କିନ୍ତୁ ଆଁଦ୍ରେ ଦେଇଥିବା ନାମଟି ଭଲ ଲାଗିନଥିଲା।

ସେମିତି ଦେଖିବାକୁ ଗଲେ ଡାଭିନ୍ୟୁ ନାମରେ କିଛି ସହର କିମ୍ବା ପ୍ରଦେଶ ନଥିଲା। ପ୍ରକୃତରେ ବାର୍ସିଲୋନାର ବେଶ୍ୟାପଡ଼ାର ଏକ ଗଲିର ନାମ ଥିଲା ଡାଭିନ୍ୟୁ। କୁହାଯାଏ ପିକାଶୋ ସେଉଠୁ ହିଁ ନାମଟି ଉଠେଇଥିଲେ।

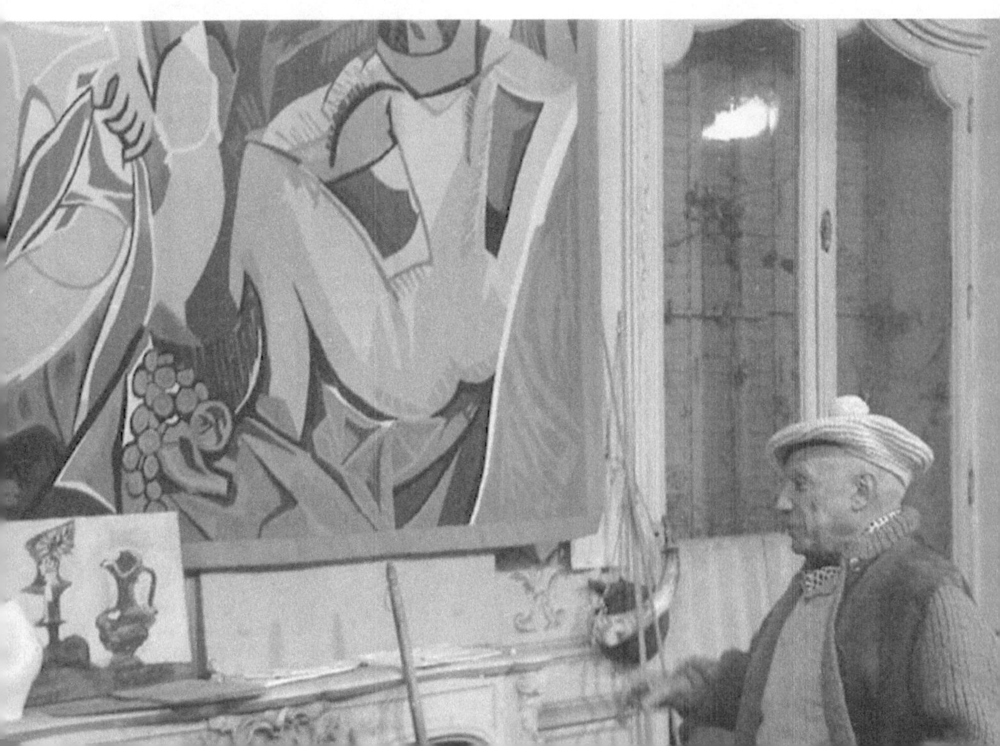

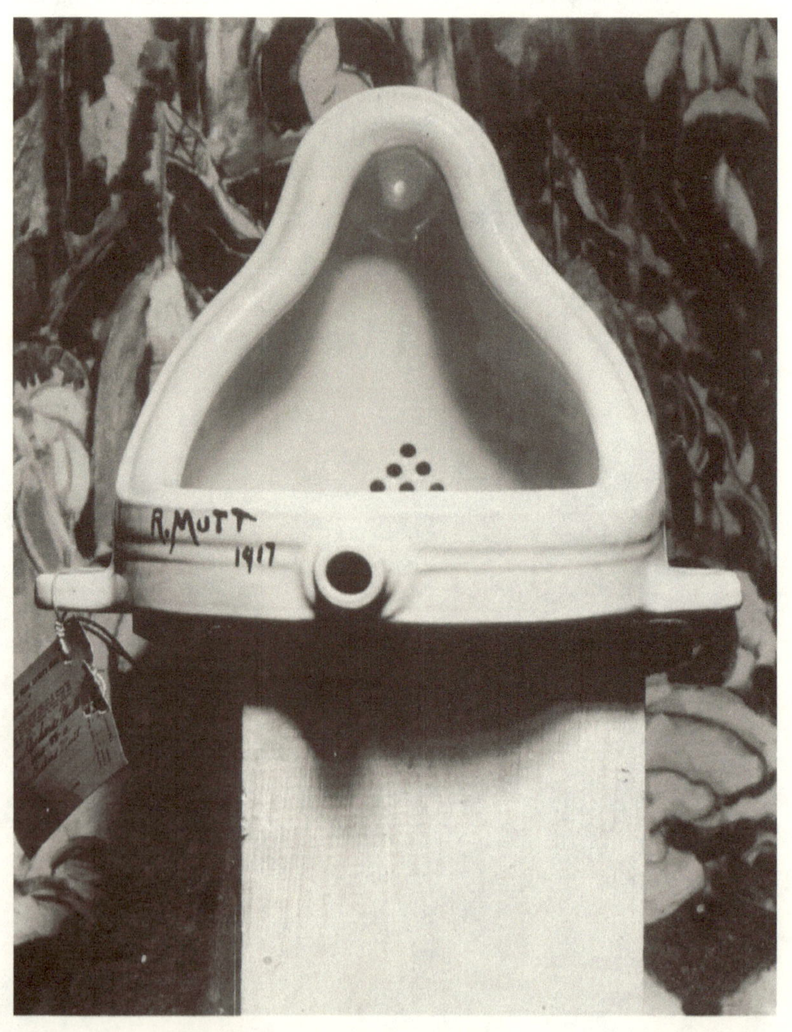

'I don't believe in art. I believe in artists.' - Marcel Duchamp

ଦୁସୋଙ୍କ ଫାଉଣ୍ଟେନ୍

ସ୍ଥାନ : ଆମେରିକାର ନ୍ୟୁୟର୍କ ସହର
ତାରିଖ : ୯ ଏପ୍ରିଲ୍, ୧୯୧୭

ଏହା ଭିତରେ ଶହେରୁ ଅଧିକ କିଛି ବର୍ଷ ବିତିଗଲାଣି ।

ଏପ୍ରିଲ୍ ୯, ୧୯୧୭ ମସିହାରେ ଆମେରିକାର ନ୍ୟୁୟର୍କ ସହରର ସାଲୋନ୍‌ରେ ବିନା ବିଚାରକ ମଣ୍ଡଳିରେ 'ସୋସାଇଟି ଅଫ୍ ଇଣ୍ଟିପେଣ୍ଡେଣ୍ଟ ଆର୍ଟିଷ୍ଟସ୍'ର ଏକ କଳା ପ୍ରଦର୍ଶନୀର ଆୟୋଜନ ହୋଇଥାଏ । ସର୍ତ୍ତ ଥାଏ ଯେ, ନିର୍ଦ୍ଧାରିତ ଛଅ ଡଲାର ଅର୍ଥରାଶି ସହ ଯେ କୌଣସି ଚିତ୍ରଶିଳ୍ପୀ ତାଙ୍କର ଯେକୌଣସି କଳାକୃତି ପ୍ରଦର୍ଶନୀ ପାଇଁ ଦାଖଲ କରିପାରିବେ ।

ସେଦିନ ହଠାତ୍ ଜଣେ ଭଦ୍ରମହିଳା ବଜାରରେ ମିଳୁଥିବା ସାଧାରଣ ଏକ ପର୍ସୋଲିନ୍‌ର ୟୁରିନାଲ ଧରି ପ୍ରଦର୍ଶନୀର କର୍ମକର୍ତ୍ତାଙ୍କ ପାଖରେ ପହଞ୍ଚିଲେ ଓ ଛଅ ଡଲାର ଦେଇ ସେଇଟିକୁ ପ୍ରଦର୍ଶନୀରେ ଭାଗ ନେବା ପାଇଁ ଦାଖଲ କଲେ । ସଚରାଚରରେ ୟୁରିନାଲର କାନ୍ତୁ ପାଖକୁ ରହୁଥିବା ସମତଳ ଭାଗଟି ଭୂମି ସହ ସମାନ୍ତରାଳ ଭାବରେ ଏକ ପେଡେଷ୍ଟାଲ୍ ଉପରେ ଥିଲା ଓ ତା' ଉପରେ କଳାକାରଙ୍କର ଦସ୍ତଖତ ଭାବରେ କଳା ରଙ୍ଗରେ ଲେଖା ହୋଇଥିଲା R.mutt । କଳାକୃତିଟିର ନାମ ଦିଆ ଯାଇଥିଲା "ଫାଉଣ୍ଟେନ୍" ।

ଘଟଣାଟି କିନ୍ତୁ ପ୍ରଦର୍ଶନୀର ଆୟୋଜକ ସଦସ୍ୟମାନଙ୍କୁ ହରଡ଼ ଘଣାରେ ପକେଇଦେଲା । କାରଣ ସେମାନେ ନିଶ୍ଚିତ ହୋଇପାରୁ ନଥିଲେ ଯେ, କଳାକୃତି ଭାବରେ ଦାଖଲ ୟୁରିନାଲଟି ପ୍ରକୃତରେ କଳାକୃତିରେ ଯିବ ନା ନାହିଁ । ଏହିଟିକୁ ତ କେହି ମୌଳିକ ଭାବରେ ଗଢ଼ିନି । ବଜାରରେ ଯାହାକୁ ଯେତେ ମିଳୁଥିବା ତୁଚ୍ଛା

ଟିଜଟିଏ ମାତ୍ର। ଅଲଗା କିଛି ନୁହେଁ, ସାଧାରଣ ପରିଶ୍ରା କରିବା ଜାଗାଟେ। ଏଭଳି ପୁଣି କୋଉ ପଟରୁ କଳା ପଦବାଚ୍ୟ ହୋଇପାରିବ? କେମିତି ବା ହୋଇପାରିବ? ଆପୋଷରେ ଅନେକ ଆଲୋଚନା ଓ ପର୍ଯ୍ୟାଲୋଚନା ପରେ ଉଦ୍ୟୋକ୍ତାମାନେ ଶେଷ ନିଷ୍କର୍ଷରେ ପହଞ୍ଚିଲେ ଯେ, ଏଇଟିକୁ କେହି ଜଣେ ଅଜଣା କଳାକାର ମଜା ନେବା ପାଇଁ ଦାଖଲ କରିଛନ୍ତି। ହାଲୁକା ଘଟଣାଟିକୁ ଏତେ କିଛି ଗୁରୁତ୍ୱ ଦେବାର ନାହିଁ। ତେଣୁ ପରିଣାମରେ R.muttଙ୍କ 'ଫାଉଣ୍ଟେନ୍'କୁ ଚୂଡ଼ାନ୍ତ ପ୍ରଦର୍ଶନୀରେ ପ୍ରଦର୍ଶନ କରାଗଲା ନାହିଁ। ସେ ପ୍ରଦର୍ଶନୀରେ ସମୁଦାୟ ବାରଶହ ଶିଳ୍ପୀଙ୍କର ଦୁଇ ହଜାର କଳାକୃତି ସ୍ଥାନ ପାଇଥାଏ। ଆୟୋଜକ ସଦସ୍ୟମାନଙ୍କର ମତ ଥିଲା ଯେ, ୟୁରିନାଲ୍‌ଟି ହୁଏତ ତା' ନିଜ ସ୍ଥାନରେ ଏକ ଆବଶ୍ୟକୀୟ ବସ୍ତୁ ହୋଇପାରେ, କିନ୍ତୁ ତା'ର ଏପରି ଏକ କଳା ପ୍ରଦର୍ଶନୀରେ କୌଣସି ସ୍ଥାନ ନାହିଁ। ତାପରେ ଯେକୌଣସି ପ୍ରକାର ସଂଜ୍ଞା ନିରୂପଣ କରାଗଲେ ମଧ୍ୟ ଏହି ୟୁରିନାଲ୍‌ଟି କୌଣସି ପ୍ରକାରରେ କଳା ପର୍ଯ୍ୟାୟରେ ଯିବ ନାହିଁ।

ଏଇ ଘଟଣାରେ ସୋସାଇଟିର ଅନ୍ୟତମ ବୋର୍ଡ ମେମ୍ବର ମାର୍ସେଲ ଦୁସୋଁ କିନ୍ତୁ ତାଙ୍କ ପଦବୀରୁ ଇସ୍ତଫା ଦେଇଦେଲେ। ତାଙ୍କର ଯୁକ୍ତି ଥିଲା, R.muttଙ୍କ ଫାଉଣ୍ଟେନ୍ କାହିଁକି କଳା ପଦବାଚ୍ୟ ହେବ ନାହିଁ? ଏଇ କଥାକୁ ନେଇ What is Artର ପ୍ରଚଣ୍ଡ ତର୍କ କିନ୍ତୁ ଆରମ୍ଭ ହୋଇସାରିଥିଲା ବୁଦ୍ଧିଜିବୀମାନଙ୍କ ଗହଣରେ। ଦୁସୋଁ ସେଇଆ ତ ଚାହୁଁଥିଲେ। ଦୁସୋଁ ଚାହୁଁଥିଲେ ପାରମ୍ପରିକ ନନ୍ଦନତତ୍ତ୍ୱରୁ ବାହାରି ନୂଆ କିଛି କହିବାକୁ ଓ ଘଷାମଜା ସ୍ଥିତାବସ୍ଥାକୁ ପ୍ରଶ୍ନ କରିବାକୁ।

କଥା ସେଇଠି ସରିଗଲାନି। ଆର୍. ମଟ୍‌'ଙ୍କ କଳାକୃତିକୁ ପ୍ରତ୍ୟାଖାନ କରାଯିବା ଘଟଣାକୁ ସମାଲୋଚନା କରି ନ୍ୟୁୟର୍କରୁ ପ୍ରକାଶ ପାଉଥିବା ଡାଡାବାଦୀମାନଙ୍କର ପତ୍ରିକା 'ଦ ବ୍ଲାଇଣ୍ଡ ମ୍ୟାନ୍'ରେ ଗୋଟିଏ ଲେଖା ପ୍ରକାଶ ପାଇଲା। ସେଇଠି ସେ ଲେଖା ସାଙ୍ଗରେ ଛପା ଯାଇଥିଲା ଭାସ୍କର୍ଯ୍ୟ 'ଫାଉଣ୍ଟେନ୍' ର ଛବି। ଦୁସୋଁ ସେ କଳାକୃତିଟିର ଫଟୋ ଫୋଟୋଗ୍ରାଫର ଓ ଗ୍ୟାଲେରୀ ମାଲିକ Alfred Stieglitz ଙ୍କ ଦ୍ୱାରା ଉଠାଇଥିଲେ। ଡାଡାବାଦୀମାନଙ୍କର ପତ୍ରିକା 'ଦ ବ୍ଲାଇଣ୍ଡ ମ୍ୟାନ୍'ରେ ଲେଖାଯାଇଥିଲା ଯେ, ମି.ମଟ୍ ୟୁରିନାଲ୍‌କୁ ନିଜ ହାତରେ ତିଆରି କରିଛନ୍ତି କି ନା ବଡ଼ କଥା ନୁହେଁ। ବଡ଼ କଥା ହେଲା, ସେ ଏକ ସାଧାରଣ ପଦାର୍ଥକୁ କଳାକୃତି ଭାବରେ ବାଛିଛନ୍ତି ଓ ଏମିତି ବାଟରେ ପୁଣି ଉପସ୍ଥାପିତ କରିଛନ୍ତି ଯେ, ଯେଉଁଥିରେ ବସ୍ତୁଟି ତା'ର ନିର୍ଦ୍ଦିଷ୍ଟ ଆବଶ୍ୟକୀୟ ସାଧାରଣ ବ୍ୟବହାର୍ଯ୍ୟ ଦିଗରୁ ବାହାରି ସ୍ୱତନ୍ତ୍ର ହୋଇଯାଇପାରିଛି।

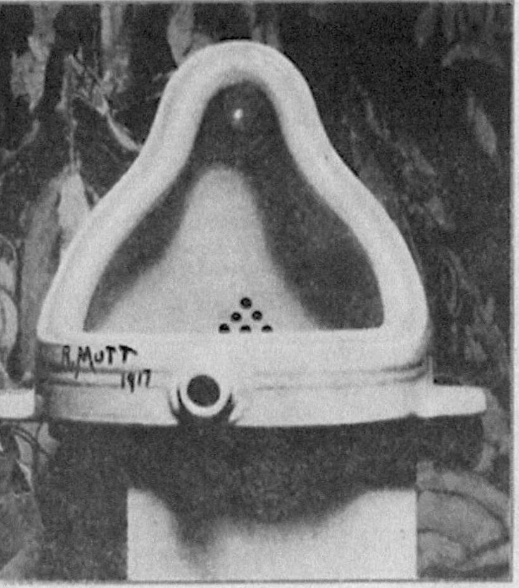

THE EXHIBIT REFUSED BY THE INDEPENDENTS

THE BLIND MAN

The Richard Mutt Case

They say any artist paying six dollars may exhibit.

Mr. Richard Mutt sent in a fountain. Without discussion this article disappeared and never was exhibited.

What were the grounds for refusing Mr. Mutt's fountain:—

1. Some contended it was immoral, vulgar.

2. Others, it was plagiarism, a plain piece of plumbing.

Now Mr. Mutt's fountain is not immoral, that is absurd, no more than a bath tub is immoral. It is a fixture that you see every day in plumbers' show windows.

Whether Mr. Mutt with his own hands made the fountain or not has no importance. He CHOSE it. He took an ordinary article of life, placed it so that its useful significance disappeared under the new title and point of view— created a new thought for that object.

As for plumbing, that is absurd. The only works of art America has given are her plumbing and her bridges.

"Buddha of the Bathroom"

I suppose monkeys hated to lose their tail. Necessary, useful and an ornament, monkey imagination could not stretch to a tailless existence (and frankly, do you see the biological beauty of our loss of them?), yet now that we are used to it, we get on pretty well without them. But evolution is not pleasing to the monkey race; "there is a death in every change" and we monkeys do not love death as we should. We are like those philosophers whom Dante placed in his Inferno with their heads set the wrong way on their shoulders. We walk forward looking backward, each with more of his predecessors' personality than his own. Our eyes are not ours.

The ideas that our ancestors have joined together let no man put asunder! In *La Dissociation des Idées*, Remy de Gourmont, quietly analytic, shows how sacred is the marriage of ideas. At least one charming thing about our human institution is that although a man marry he can never be only a husband. Besides being a money-making device and the *one* man that *one* woman can sleep with in legal purity without sin he may even be as well some other woman's very personification of her abstract idea. Sin, while to his employees he is nothing but their "Boss," to his children only their "Father," and to himself certainly something more complex.

But with objects and ideas it is different. Recently we have had a chance to observe their meticulous monogomy.

When the jurors of *The Society of Independent Artists* fairly rushed to remove the bit of sculpture called the *Fountain* sent in by Richard Mutt, because the object was irrevocably associated in their atavistic minds with a certain natural function of a secretive sort. Yet to any "innocent" eye

କଳାକୃତି ପାଇଁ ଏକ ନୂଆ ଶୀର୍ଷକ ଦିଆଯାଇଛି, ନୂଆ ଦୃଷ୍ଟିକୋଣ ବି ଦିଆ ଯାଇଛି, ଯାହାକି ସେ ବସ୍ତୁ ପ୍ରତି ଏକ ନୂଆ ଭାବନା ମଧ୍ୟ ଜାଗ୍ରତ କରୁଛି ।

ଏତେ ସବୁ କାଣ୍ଡ କାରଖାନାର ପ୍ରକୃତରେ ଅସଲ ସୂତ୍ରଧର ଥିଲେ ଫରାସୀ-ଆମେରିକୀୟ ଶିଳ୍ପୀ ମାର୍ସେଲ ଦୁସାଁ । ଦୁସାଁ ୧୯୧୫ ମସିହାରେ ଫ୍ରାନ୍ସରୁ ଆମେରିକା ଆସିଥିଲେ । ସେ ଆଣ୍ଟି ଆର୍ଟ ଓ ଡାଡା ଆନ୍ଦୋଲନ ସହ ସିଧାସଳଖ ସମ୍ପୃକ୍ତ ଥିଲେ । ସେ ହିଁ ଏକ ଅତି ସାଧାରଣ ୟୁରିନାଲକୁ ବଜାରରୁ ଖରିଦ୍ କରି ଜାଣି ଜାଣି ଏଇ କଳା ପ୍ରଦର୍ଶନୀକୁ ତାଙ୍କର ଜଣେ ବାନ୍ଧବୀଙ୍କ ହାତରେ ପଠେଇଥିଲେ । କାରଣ, ସେ ଚାହୁଁଥିଲେ କଳାକୁ ନେଇ ସାଧାରଣରେ ଥିବା ଚିରନ୍ତନ ଶାଶ୍ୱତ ଧାରଣାକୁ ଭାଙ୍ଗି ଖଣ୍ଡ ଖଣ୍ଡ କରିଦେବାକୁ । କେବଳ ଆଖିକୁ ସୁନ୍ଦର ଦିଶିବା ପରି (ରେଟିନାଲ୍ ଆର୍ଟ) କଳା ସୃଷ୍ଟିର ଘୋର ବିରୋଧୀ ଥିଲେ ସେ । ଯଦିଓ ସେ ଏହି ପ୍ରଦର୍ଶନୀରେ ଭାଗ ନେବା ପାଇଁ କ୍ୟୁବିଷ୍ଟ ଶୈଳୀରେ ଛବି ଖଣ୍ଡେ ଆଙ୍କୁଛନ୍ତି ବୋଲି ଗୁଜବ ଗୋଟେ ପ୍ରଚାର ହେଉଥାଏ । ଛବିର ନାଁ ଥାଏ "Tulip Hysteria Co-ordinating" । ପ୍ରକୃତରେ ଦୁସାଁଙ୍କର ଏଇଟି ଗୋଟେ କାଳ୍ପନିକ ଛବି । ପରେ ଏଇ ନାମରେ ତାଙ୍କର କୌଣସି ଛବିର ସନ୍ଧାନ ମିଳିନଥିଲା । ହୁଏତ ଏମିତି ଏକ ଗୁଜବର ସ୍ରଷ୍ଟା ମଧ୍ୟ ଥିଲେ ନିଜେ ଦୁସାଁ ।

ଦୁସାଁଙ୍କର ପ୍ରକୃତ ଉଦ୍ଦେଶ୍ୟ ଥିଲା ଯେ, କଳାର ଭୌତିକ ଶିଳ୍ପରୂପକୁ ଛାଡ଼ି ବୌଦ୍ଧିକ ଯୁକ୍ତିକୁ ଗୁରୁତ୍ୱ ଦେବା ଉପରେ । ଦୁସାଁ ଜାଣି ଜାଣି ବଜାରରେ ମିଳୁଥିବା ସାଧାରଣ ୟୁରିନାଲକୁ ପସନ୍ଦ କରିଥିଲେ । କାରଣ ସେ ଜାଣିଥିଲେ, ଜିନିଷଟିରେ ଏମିତି କିଛି ଅଭୁତ ଓ ଆକର୍ଷଣୀୟ କଥା ନାହିଁ, ଯାହାକୁ ଦେଖ ଲୋକେ ଅଭିଭୂତ ହେଇଯିବେ । ଦୁସାଁଙ୍କର ଧାରଣା ଥିଲା ଯେ, ସେ ଏମିତି ଏକ ବସ୍ତୁକୁ ପସନ୍ଦ କରିବେ ଯାହା ତାଙ୍କୁ ଆଦୌ ଆକର୍ଷିତ କରୁ ନଥିବ । ଏମିତି କି ସୁନ୍ଦର କି ଅସୁନ୍ଦର ଉଭୟ କାରଣରୁ ଆକର୍ଷିତ କରୁ ନଥିବ । ହେଲେ ନିର୍ବିକାର ଭାବର ଗୋଟିଏ ବିନ୍ଦୁର ସନ୍ଧାନ କିନ୍ତୁ ମିଳିଯାଉଥିବ । ଏହି ଧାରାରେ ସେ ପ୍ୟାରିସ୍ରେ ଥିବା ସମୟରେ ଯେଉଁ ରେଡିମେଡ୍ ନାମରେ କଳାକୃତିର ଆରମ୍ଭ କରିଥିଲେ, ଫାଉଣ୍ଟେନ୍ ସେଇ ଧାରାର ଗୋଟେ କାମ ଥିଲା ।

ସେଇ ସମୟରେ ବାଦ ବିବାଦର କେନ୍ଦ୍ର ପାଲଟିଥିଲେ ମଧ୍ୟ ଦୁସାଁଙ୍କର ଏହି ଫାଉଣ୍ଟେନ୍ ଶୀର୍ଷକ କାମଟିକୁ ପରେ ବିଂଶ ଶତାବ୍ଦୀର ଏକ ପ୍ରମୁଖ କଳାକୃତି ଭାବରେ କିନ୍ତୁ ଗଣାଗଲା । ସମୟକ୍ରମେ ମୂଳ କାମଟି କିନ୍ତୁ କେଉଁଠି ହଜିଗଲା । ଯାହା ପରବର୍ତ୍ତୀ ସମୟ ପାଇଁ ବଞ୍ଚି ରହିଲା ତାହା କେବଳ 'ବ୍ଲାଇଣ୍ଡ ମାଇଣ୍ଡ' ପତ୍ରିକାରେ ପ୍ରକାଶିତ ଫଟୋଟି । ପ୍ରକୃତରେ ଆୟୋଜକମାନେ ଫାଉଣ୍ଟେନ୍ ଶୀର୍ଷକ ୟୁରିନାଲକୁ

ଫେରାଇବାକୁ ତା'ର ଶିଷ୍ୟ ମିଃ.ମଟ୍ଙ୍କ ଠିକଣା ଜାଣିନଥିଲେ। ଜାଣିଥିଲେ ହୁଏତ ଫେରାଇବାର ବ୍ୟବସ୍ଥା କରିଥା'ନ୍ତେ ପରା !

ମିଃ.ମଟ୍ଙ୍କ ଠିକଣା କେବଳ ଦୁସୋଁଙ୍କୁ ହିଁ ଜଣାଥିଲା। କାରଣ ସାନିଟାରି ଜିନିଷ ପତ୍ର ତିଆରି କରୁଥିବା ୧୮ ଫିଫ୍‌ଥ୍‌ ଆଭେନ୍ୟୁର J.L.Mott Iron ଦୋକାନରୁ ଦୁସୋଁ ନିଜ ଷ୍ଟୁଡିଓ ପାଇଁ ୟୁରିନାଲ୍‌ଟିକୁ କିଣିଥିଲେ। ଦୁସୋଁ ନିଜର ନାମଟିକୁ ଲୁଚାଇବା ପାଇଁ ୟୁରିନାଲ୍‌ ଉପରେ ଯେଉଁ R.mutt ନାମଟି ଲେଖିଥିଲେ, ସେ ନାମ ଚୟନ ପ୍ରକ୍ରିୟାଟି ବି ବେଶ୍‌ ରୋଚକ ଥିଲା। ଦୁସୋଁ ସେତେବେଳର ପ୍ରସିଦ୍ଧ କମିକ୍‌ ପ୍ରସ୍ତ 'Mutt and Jeff' ରୁ 'Mutt' ଉଠାଇ ଥିଲେ ଓ 'R' ନେଇଥିଲେ ଏକ ଫରାସୀ ସ୍ଲାଙ୍ଗ 'ରିଚାର୍ଡ'ରୁ।

ବିଶ୍ୱ କଳା ଇତିହାସକୁ ଯଦି ଦୁଇ ଭାଗରେ ବିଭକ୍ତ କରାଯାଏ, ତେବେ ମୋ ମତରେ ଦୁସୋଁଙ୍କ ପୂର୍ବ ସମୟ ଓ ଦୁସୋଁଙ୍କ ପର ସମୟ ଭାବରେ ହିଁ ତାକୁ ବିଭକ୍ତ କରାଯାଇପାରେ। ଦୁସୋଁଙ୍କର ଏହି ୟୁରିନାଲର ପ୍ରଭାବ ଥିଲା ସୁଦୂରପ୍ରସାରୀ। ପରେ ତାଙ୍କର ରେଡିମେଡ୍‌ର ପ୍ରଭାବ ଆଣ୍ଡି ୱାରହଲ୍‌, ଯୋସେଫ ବୟସ୍‌, ଟ୍ରେସି ଅମିନ୍‌ଙ୍କ ପରି ଅନେକ ଚିତ୍ରଶିଳ୍ପୀଙ୍କୁ ନୂଆ ପ୍ରକାର କାମ କରିବାକୁ ଶକ୍ତି ଓ ସାମର୍ଥ୍ୟ ଯୋଗାଇଛି। ସାଧାରଣ ବସ୍ତୁ ତା' ପ୍ରକୃତ ବ୍ୟାବହାରିକ ସ୍ଥାନରୁ ସ୍ଥାନାନ୍ତରିତ ହୋଇ କେମିତି ଅଧିକ ଅର୍ଥପୂର୍ଣ୍ଣ ହୋଇଛି, ମହିମାମଣ୍ଡିତ ହୋଇପାରିଛି ଓ ଆର୍ଟ ଗ୍ୟାଲେରୀର ପ୍ରଦର୍ଶନୀରେ ପହଞ୍ଚିଯାଇଛି, ତାହା ଦେଖିବାର କଥା। ଦୁସୋଁଙ୍କ ଆଣ୍ଡି ଆର୍ଟ ଓ ରେଡିମେଡ୍‌ର ସିଧାସଳଖ ପ୍ରଭାବ ପରବର୍ତ୍ତୀ ଅନେକ କଳାଧାରା ଓ କଳାଧାରଣା ଉପରେ ପଡ଼ିଥିଲା।

ଏବେ ପୃଥିବୀର ବିଖ୍ୟାତ ସଂଗ୍ରହାଳୟମାନଙ୍କରେ ଦୁସୋଁଙ୍କର ସେଇ ବିଖ୍ୟାତ ପର୍ସୋଲିନ୍‌ ୟୁରିନାଲ୍‌ ସବୁ ଯାହା ଅଛି, ସେସବୁ ପ୍ରକୃତରେ ମୂଳ କାମର ଅନୁକୃତି ବା ରେପ୍ଲିକା। ୧୯୫୦ ରୁ ୧୯୬୦ ମଧ୍ୟରେ ଏହି ରେପ୍ଲିକା ସବୁ ତିଆରି ହୋଇଥିଲା। ୧୯୩୫ ମସିହା ବେଳକୁ ଅବଶ୍ୟ ଦୁସୋଁ ନିଜେ ପେପରମାସି ଓ ପର୍ସୋଲିନ୍‌ରେ ଫାଉଣ୍ଟେନ୍‌ର କ୍ଷୁଦ୍ର ସଂସ୍କରଣ ସବୁ ଆରମ୍ଭ କରିଥିଲେ। ନିୟୁ ଡାଡାବାଦର ଉତ୍‌ଥାନ ପରେ ୧୯୫୦-୧୯୬୦ ମସିହା ବେଳକୁ ଦୁସୋଁଙ୍କ ଅନ୍ୟ ରେଡିମେଡ୍‌ କଳାକୃତି ସହ ଫାଉଣ୍ଟେନ୍‌ ପୁଣି ଥରେ ଆଲୋଚନା ଓ ସମାଲୋଚନାର ପରିସରକୁ ଫେରି ଆସିଲା। ଡିସେମ୍ବର ୨୦୦୪ରେ ବିଂଶ ଶତାବ୍ଦୀର ପାଞ୍ଚ ଶହ କଳାକୃତି ମଧ୍ୟରେ ମାର୍ସେଲ ଦୁସୋଁଙ୍କର ଏହି ଫାଉଣ୍ଟେନ୍‌ କାମଟି ପୃଥିବୀର ସବୁଠାରୁ ଅଧିକ ପ୍ରଭାବଶାଳୀ କଳାକୃତି ଭାବରେ ତାଲିକାର ଶୀର୍ଷରେ ରହିଥିଲା। ସମସାମୟିକ କଳାର ଅନ୍ୟତମ

ମୂଳସୂତ୍ର ଭାବରେ ଦୁସେଁାଙ୍କ ଫାଉଣ୍ଡେନ୍ର ଏକ ରେପ୍ଲିକା ସୁଥବିସ୍ର ୧୯୯୯ ନଭେମ୍ବର ଅକ୍ସନ୍ରେ ୧୭,୬୭,୫୦୦ ଆମେରିକୀୟ ଡଲାରରେ ନିଲାମ ହୋଇଥିଲା। ମୂର୍ତ୍ତି ପୂଜାର ବିରୋଧ କରି ଶେଷରେ ନିଜେ ମୂର୍ତ୍ତି ହୋଇଯାଇଥିବା ବୁଦ୍ଧଙ୍କ ପରି, ଦୁସେଁା ଆଣ୍ଟି ଆର୍ଟ ଭାବରେ ଯାହା ସବୁ ବିଶ୍ୱ ଆଗରେ ଉପସ୍ଥାପନ କରିଥିଲେ, ସମୟକ୍ରମେ ତାହା ପୁଣି ସେହି ମୂଖ୍ୟ ସ୍ରୋତର କଳା ଭାବରେ ଚିହ୍ନିତ ହେଲା। ତାଙ୍କ ରେଡିମେଡ୍‌ଗୁଡ଼ିକ ଲୋକଙ୍କୁ ଏଥର ପୁଣି ସୁନ୍ଦର ଦିଶିଲା। ତାଙ୍କ କଳାକୃତିଗୁଡ଼ିକ ବିଭିନ୍ନ ମ୍ୟୁଜିୟମ୍‌ରେ ରହିଲା ଓ ନିଲାମ୍‌କାରୀ ସଂସ୍ଥାମାନଙ୍କ ଦ୍ୱାରା ନିଲାମ୍ ବି ହେଲା। କ'ଣ କହିବା ଏହାକୁ? ବିଡ଼ମ୍ବନା କହିବା ନା ଆଉ କିଛି କହିବା ?

ବିଭିନ୍ନ ସମୟରେ ଦୁସେଁାଙ୍କ ଫାଉଣ୍ଡେନ୍‌କୁ ନେଇ ବିଭିନ୍ନ ଘଟଣା କିନ୍ତୁ ଘଟି ଚାଲିଥିଲା। ଯେମିତି କି, ଦକ୍ଷିଣ ଆଫ୍ରିକୀୟ ଶିଳ୍ପୀ Kendell Geers ୧୯୯୩ରେ ଭେନିସ୍‌ର ଏକ କଳା ପ୍ରଦର୍ଶନୀରେ ଦୁସେଁାଙ୍କ ପ୍ରଦର୍ଶିତ ୟୁରିନାଲ୍‌ରେ ପରିଶ୍ରା କରିଦେଇଥିଲେ। ସେଇ ୧୯୯୩ରେ ମ୍ୟୁଜିୟମ୍ ଅଫ୍ ମଡର୍ଣ ଆର୍ଟର ଏକ ପ୍ରଦର୍ଶନୀରେ ମ୍ୟୁଜିସିଆନ୍ Brian Eno ମଧ୍ୟ ପ୍ରଦର୍ଶିତ ଏକ ଫାଉଣ୍ଡେନ୍‌ରେ ପରିଶ୍ରା କରିଦେଇଥିଲେ। ୧୯୯୫ରେ ଜଣେ ସୁଇଡିସ୍ ଶିଳ୍ପୀ ମଧ୍ୟ ସ୍ଟକ୍‌ହାମ୍‌ର ଏକ ପ୍ରଦର୍ଶନୀରେ ଦୁସେଁାଙ୍କ କାମରେ ପରିଶ୍ରା କରିଥିଲେ। ୨୦୦୬ରେ ପ୍ୟାରିସ୍‌ର ଏକ ପ୍ରଦର୍ଶନୀରେ ଜଣେ ପରଫରମାନ୍‍ ଶିଳ୍ପୀ ପ୍ରଦର୍ଶିତ ୟୁରିନାଲ୍‌କୁ ଭାଙ୍ଗିବାକୁ ଚେଷ୍ଟା କରି ଆଂଶିକ ସଫଳ ହୋଇଥିଲେ ଓ ଏପରି କାମ ପାଇଁ ଗିରଫ ମଧ୍ୟ ହୋଇଥିଲେ। ସେ କିନ୍ତୁ କହିଥିଲେ ଯେ, ଏଇଟି ତାଙ୍କର ଗୋଟିଏ ପରଫରମାନ୍ ଓ ଦୁସେଁା ବଞ୍ଚିଥିଲେ ନିଶ୍ଚୟ ତାଙ୍କର ଏଇ କାମ ଦେଖି ଖୁସି ହୋଇଥା'ନ୍ତେ।

୧୯୧୭ ମସିହାରେ ନ୍ୟୁୟର୍କ ସହରରେ ଦୁସେଁା ଯେଉଁ ପର୍ସୋଲିନ୍ ୟୁରିନାଲ୍‌କୁ ଏକ କଳାକୃତି ଭାବରେ ଉପସ୍ଥାପିତ କରିଥିଲେ, ସେତେବେଲକୁ ଏ ୟୁରିନାଲ୍ ଜିନିଷଟି କ'ଣ ବୋଲି ଅଧିକାଂଶ ଭାରତୀୟ ଜାଣିନଥିଲେ। ସେତେବେଲକୁ ଭାରତୀୟ କଳାରେ ବେଙ୍ଗଲ ରେନେସାଁ ଚାଲିଥିଲା। ଅଜନ୍ତାର ଭିତ୍ତିଚିତ୍ର, ମୋଗଲ ମିନିଏଚର୍ ଭିତରେ ଚାଲିଥିଲା ଭାରତୀୟତାର ଉସ୍ ସନ୍ଧାନ। ଜାତୀୟତାବାଦରେ ଉଦ୍‌ବୁଦ୍ଧ ଥିଲେ ଆମ ଶିଳ୍ପୀକୁଳ। ରବୀନ୍ଦ୍ରନାଥ ସେଯାଏ ବିଶ୍ୱଭାରତୀ ଶାନ୍ତିନିକେତନରେ କଳାଭବନର ପ୍ରତିଷ୍ଠା କରିନାହାନ୍ତି। ୧୯୧୯ରେ ଯାଇଁ କଳାଭବନର ପ୍ରତିଷ୍ଠା ହେଲା। ୧୯୨୨ରେ ରବି ଠାକୁରଙ୍କ ଉଦ୍ୟମରେ କଲିକତାରେ ପ୍ରଥମ କରି ଭାରତୀୟ ଚିତ୍ରଶିଳ୍ପୀଙ୍କ ସହ ପଲ୍ କ୍ଲୀ, କ୍ୟାନ୍ଡିନସ୍କି ଆଦି ଆନ୍ତର୍ଜାତିକ ଖ୍ୟାତି ସମ୍ପନ୍ନ

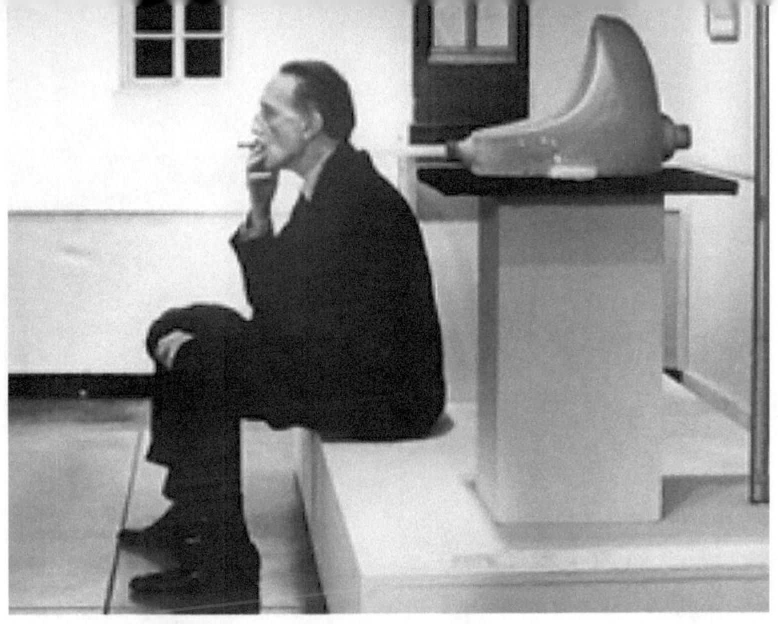

ଚିତ୍ରଶିଳ୍ପୀମାନଙ୍କର ଚିତ୍ର ପ୍ରଦର୍ଶନୀ ହେଲା। ଗଗନେନ୍ଦ୍ର ନାଥ ଠାକୁର ଆପଣା ଛବିରେ କ୍ୟୁବିଜିମ୍ ପରୀକ୍ଷା କରୁଛନ୍ତି ସେଇ ୧୯୨୨ ବେଳକୁ। ୧୯୩୦ରେ ଯାଇଁ ଅମ୍ରିତା ସେରଗିଲ୍ ପ୍ୟାରିସରୁ କଳାଶିକ୍ଷା କରି ଭାରତ ଫେରୁଛନ୍ତି।

୧୯୧୧ ବେଳକୁ ଓଡ଼ିଶାର ଖବର ହେଲା, ପ୍ରଥମ ଓଡ଼ିଆ ଭାବରେ କଲିକତା କଳା ବିଦ୍ୟାଳୟରୁ ଏକାଡେମିକ୍ କଳାଶିକ୍ଷା ଶେଷ କରି ପୁରୀର ଆନନ୍ଦ ମିଶ୍ର ୧୯୧୩ରେ ଓଡ଼ିଶା ଫେରି ଆସି ସାରିଥିଲେ। ଆମର ଗୋପାଲ କାନୁନ୍‌ଗୋ ୧୯୨୮ ମସିହାରେ ସେଇ କଲିକତା କଳା ବିଦ୍ୟାଳୟରେ ଚିତ୍ର ଶିକ୍ଷା କରିବାକୁ ନାମ ଲେଖାଇଥିଲେ। ଆମର ବିଖ୍ୟାତ ଶରତଚନ୍ଦ୍ର ଦେବ ବିଲାତରୁ କଳାଶିକ୍ଷା କରି ଓଡ଼ିଶା ଫେରିଲେ ୧୯୩୮ ମସିହାରେ। ଓଡ଼ିଶାରେ ପ୍ରଥମ କରି ସରକାରୀ କଳା ବିଦ୍ୟାଳୟ ଖଲ୍ଲିକୋଟ ଠାରେ ଖୋଲିଲା ଯାଇଁ ୧୯୫୭ରେ। ଅଜିତ କେଶରୀ ରାୟଙ୍କୁ ଓଡ଼ିଶା ମାଟିରେ କ୍ୟୁବିଜିମ୍ ପରୀକ୍ଷାର ସ୍ୱୀକୃତି ମିଳୁଛି ୧୯୬୧ ମସିହାରେ।

ଏସବୁ ଏଠି କହିବାର କାରଣଟି ହେଲା ଯେ, ଆମେ ଏହି ତାରିଖ ସବୁରୁ ଜାଣିପାରିବା ଯେ, ୧୯୧୧ ମସିହାରେ ଦୁସୋଁ ପର୍ସୋଲିନ୍‌ର ୟୁରିନାଲକୁ ଏକ କଳାକୃତି ଭାବରେ ପୃଥିବୀ ଆଗରେ ରଖିଲା ବେଳକୁ ଆମ ଦେଶ ଓ ରାଜ୍ୟରେ କଳାର ପରିସ୍ଥିତି କ'ଣ ଓ କିପରି ଥିଲା। କଳାକୁ ନେଇ କ'ଣ ଭାବୁଥିଲେ ଆମର ଶିଳ୍ପୀକୁଳ।

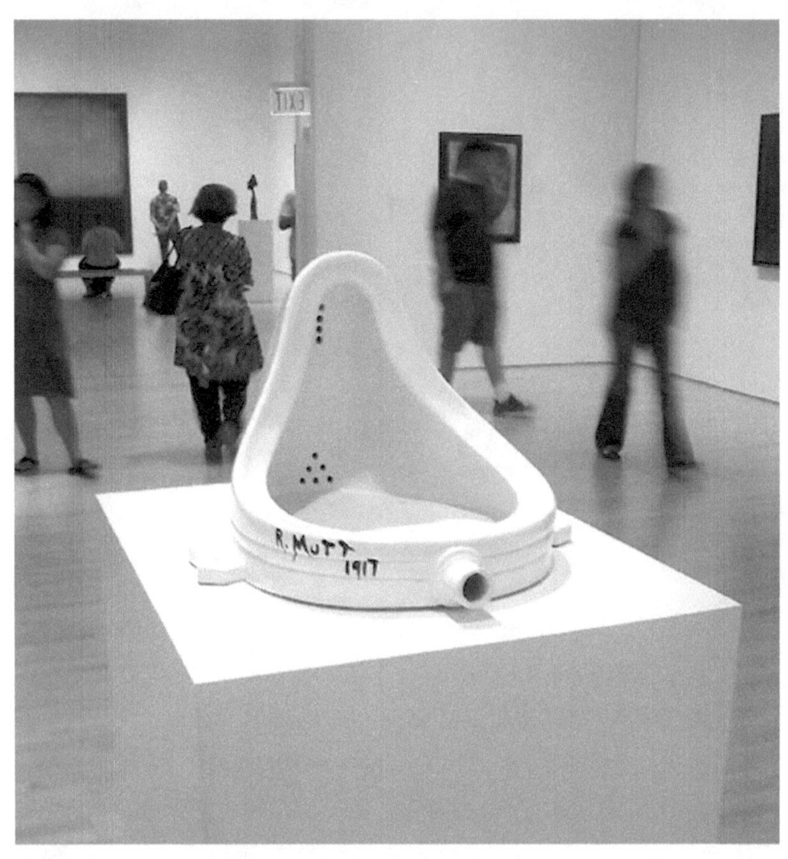

হঁ, এহা ভিতরে দুসোঁଙ্କ ଫାଉন୍ଟେନ୍କୁ ଶହେରୁ ଅଧିକ ବର୍ଷ ହୋଇଗଲାଣି। ଭାରତୀୟ କଳା ତା' ବାଟରେ ଆଧୁନିକତାରୁ ସମସାମୟିକ ବଜାର ଆଡ଼କୁ ଆଗେଇ ଗଲାଣି। ସେମିତି ଦେଖିବାକୁ ଗଲେ ଆମର ଏଠାର କଳା ରାଜ୍ୟରେ କାହିଁରେ କେତେ କେତେ ନୂଆ କଥା ଘଟୁଛି। ଅକ୍ସନ୍ ହାଉସ୍ର ହାତୁଡ଼ି ପାହାର ତଳେ କେତେ ଭାରତୀୟ କଳାକୃତି କୋଟିଏ ଟଙ୍କାର ଅଙ୍କ ଟପିଗଲେଣି। ଆଜି କେତେ ନୂଆ ଗ୍ୟାଲେରୀ, କେତେ ଆଲୋଚନା, କେତେ ନୂଆ କଳାତତ୍ତ୍ୱ ଆଉ କେତେ କଳା ମେଳା।

ଦୁସୋଁ ଯେଉଁ କେବଳ ଆଖିକୁ ପ୍ରୀତିପଦ ଲାଗୁଥିବା କଳା (ରେଟିନାଲ୍ ଆର୍ଟ୍) ସୃଷ୍ଟି କରିବାର ପ୍ରକ୍ରିୟାରୁ ବାହାରି ବିକଳ୍ପ ରାସ୍ତାରେ ବାଟ ଚାଲିଥିଲେ, ମୋତେ ଲାଗେ ତାହା ଏବେବି ଆମ ମାଟିରେ ଅବୁଝା ରହିଯାଇଛି ଅବା ବିଭିନ୍ନ କାରଣରୁ

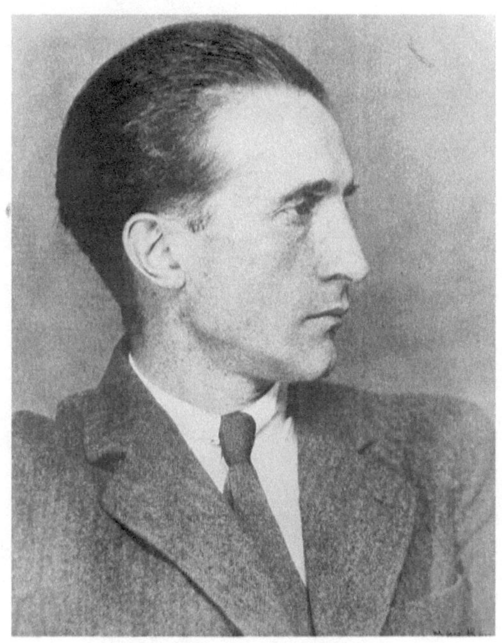

ମାର୍ସେଲ୍ ଦୁସାଁ

ଆଗେଇ ପାରିନି। ଆମେ ସମସ୍ତେ ଆଜି ବି ସେଇ ମହାନ ଭାରତୀୟ ନନ୍ଦନ ତତ୍ତ୍ୱ ର ଆବର୍ତରେ ଭଉଁରୀ କାଟୁଛେ। ନୟନସୁଖ କଳା ହିଁ ଆଜି ପର୍ଯ୍ୟନ୍ତ ଆମର ମୁଖ୍ୟ ସ୍ରୋତର କଳାଧାରା ହୋଇ ରହିଆସିଛି କେଉଁ ଅନନ୍ତ କାଳରୁ। ଆମେ ଆମ ମହାନ ପରମ୍ପରାକୁ କେବେ ବି ପ୍ରଶ୍ନ କରିବାକୁ ସାହସ କରିନେ। ହୁଏତ ସେଇଥିପାଇଁ ନୂଆ କିଛି କରିନେ। ଏକଦମ୍ ଇନ୍ ସାଇଡ୍ ଆଉଟ୍ ଓ ଅପ୍ ସାଇଡ୍ ଡାଉନ୍ ହୋଇଥିବା ପରି କଥା କିଛି ବି ହୋଇନି ଆମର ଏଠି।

ତେବେ ଆଜି ପାଇଁ ଗୋଟେ ମୌଳିକ ପ୍ରଶ୍ନ ପଚରାଯାଉ। ଏବେବି ଆମ ନିଜର କଳା ରାଜ୍ୟରେ ଦୁସାଁଙ୍କ ଫାଉଣ୍ଡେସନ୍ ପରି ଏକଦମ୍ ନୂଆ କଥାଟିକୁ ଗ୍ରହଣ କରିବାକୁ ସତରେ ଆମେ କ'ଣ ଏବେ ବି ପ୍ରସ୍ତୁତ ହେଲେଣି ? ଅନ୍ୟମାନଙ୍କ ଉତ୍ତର ମୁଁ ଜାଣେନା। ମୋର ଉତ୍ତର କିନ୍ତୁ 'ନାଁ', ଗୋଟେ ବଡ଼ 'ନାଁ'।

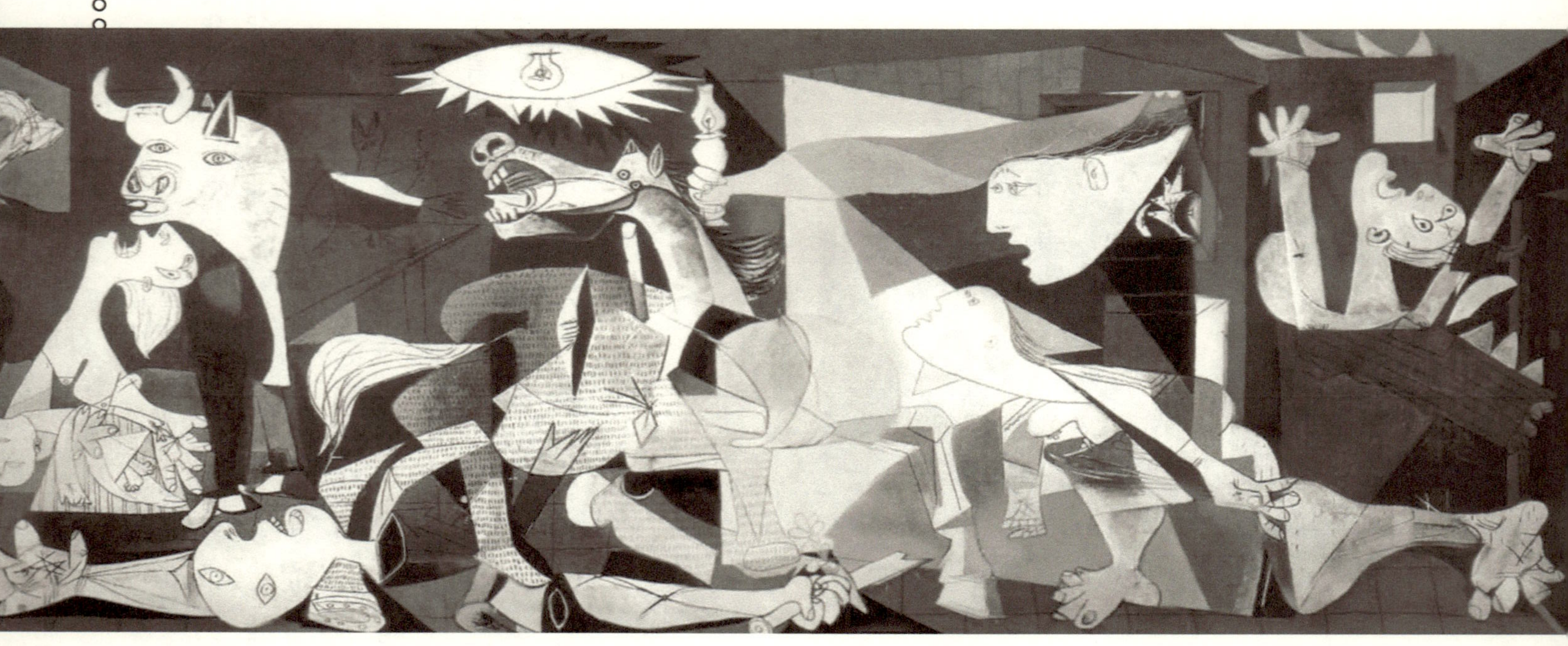

"Painting is just another way of keeping a diary." Pablo Picasso

ଯୁଦ୍ଧକୁ ନେଇ ଏକ ଚିତ୍ର କବିତା

ଯୁଦ୍ଧ ଚାଲିଛି । ଘମାଘୋଟ ଯୁଦ୍ଧ । ସବୁବେଳେ ପୃଥ୍ବୀର କୋଉ ଗୋଟେ କୋଣରେ ଯୁଦ୍ଧ ଚାଲିଛି । କିଏ ଯୁଦ୍ଧକୁ ସମର୍ଥନ କରୁଛି ତ କିଏ ବିରୋଧ କରୁଛି । କିଏ ରୁଷିଆ ପଟରେ ତ କିଏ ୟୁକ୍ରେନ୍ ପକ୍ଷରେ । କିଏ ପାଲେଷ୍ଟାଇନ ସପକ୍ଷରେ ତ କିଏ ଇସ୍ରାଏଲର ପକ୍ଷରେ । କିଏ ଆମେରିକା ପକ୍ଷରେ ତ କିଏ ଇରାନ ସପକ୍ଷରେ । ସାରା ବିଶ୍ୱ ପକ୍ଷଭୁକ୍ତ । ଆମ ତୁମର ସମର୍ଥନ ଓ ବିରୋଧ ଭିତରେ କିନ୍ତୁ ଶହ ଶହ ନିରୀହ ମଣିଷ ମରୁଛନ୍ତି । ହଁ, ସବୁ ଯୁଦ୍ଧରେ ସେମାନେ ମରନ୍ତି । କାରଣ, ଶାସକର ଅହଂକାର, କ୍ଷମତା ଓ ଜିଦ୍ ଆଗରେ ସାଧରଣ ମଣିଷ ଜୀବନର ମୂଲ୍ୟ କିଛି ନାହିଁ । କେବେ ବି ନଥିଲା । ହାର ଜିତ୍‍ର ଖେଳରେ ସବୁବେଳେ ତାଆରି ଜୀବନର ବାଜି ଲାଗେ । ତେବେ ସେଇ ସାଧାରଣ ଜନତାଙ୍କ ପକ୍ଷ ନେଇ ସବୁବେଳେ କିଛି ସୃଜନଶୀଳ ବ୍ୟକ୍ତି କିନ୍ତୁ ଛିଡ଼ା ହୁଅନ୍ତି (କିଛି ସୃଜନଶୀଳ ବ୍ୟକ୍ତି !) । କବି କବିତା ଲେଖେ ତ ଚିତ୍ରକର ଚିତ୍ର କରେ, ଏବଂ ଆଉ କିଏ ଆଉ କିଛି କରେ । ସେମାନେ ପକ୍ଷ ନିଅନ୍ତି । ମଣିଷର ପକ୍ଷ ନିଅନ୍ତି । ଅହଂକାର ଓ କ୍ଷମତାକୁ ପ୍ରତିବାଦ କରୁଥିବା ପ୍ରତିବାଦୀର ପକ୍ଷ ନିଅନ୍ତି ।

ଯୁଦ୍ଧର ପ୍ରତିବାଦରେ ଯୁଦ୍ଧର ଭୟଙ୍କର ପରିବେଶ ଓ ପରିସ୍ଥିତିକୁ ନେଇ ଏକ ବିଶ୍ୱବିଖ୍ୟାତ ଛବି କଥା ଆଜି ମନେପଡୁଛି । ସେ ଛବି ଦେଖିଲେ ରୁଷୀୟ କ୍ଷେପଣାସ୍ତ୍ର ମାଡ଼ରେ ଧ୍ୱସ ବିଧ୍ୱସ୍ତ ୟୁକ୍ରେନ୍ କିମ୍ବା ଗାଜାର ରୂପ ନିଶ୍ଚୟ ଆପଣଙ୍କୁ ଦିଶିଯିବ । ଶୁଭିଯିବ ବୋମା ମାଡ଼ରେ ମରିହଜି ଯାଉଥିବା ଅସହାୟ ମଣିଷମାନଙ୍କ କରୁଣ ଆର୍ତ୍ତ ଚିକ୍ରାର ।

ଲିଓନାର୍ଡୋଙ୍କ ମୋନାଲିସା ଛବିର ରହସ୍ୟମୟ ସ୍ମିତହସକୁ କିଏ ନଜାଣେ । ସୁନ୍ଦରପଣର ରହସ୍ୟମୟ କମନୀୟତାକୁ ନେଇ ଅଙ୍କିତ ମୋନାଲିସା ପରି ପାବ୍ଲୋ ପିକାଶୋଙ୍କ 'ଗର୍ନିକା' ଯୁଦ୍ଧର ବିଭୀଷିକାକୁ ନେଇ ଅଙ୍କିତ ପ୍ରସିଦ୍ଧ ଛବି । କ୍ୟାନଭାସ୍

ଉପରେ ତୈଳରଙ୍ଗରେ ଅଙ୍କିତ ଏହି ଛବିରେ ପିକାଶୋ କେବଳ କଳା, ଧଳା ଓ ଧୂସର ରଙ୍ଗ ବ୍ୟବହାର କରିଥିଲେ। ଛବିରେ ଘର କାନ୍ଥରେ ଦିଆଯାଉଥିବା ଓ ବେଶୀ ଚକ୍ ଚକ୍ କରୁନଥିବା ରଙ୍ଗ ପିକାଶୋ ବ୍ୟବହାର କରିଥିଲେ। ବରାଦ୍ ଦେଇ ସ୍ୱତନ୍ତ୍ର ଭାବରେ ସେ ରଙ୍ଗ ତିଆରି କରେଇଥିଲେ। ୩.୪୯ ମିଟର ଚଉଡ଼ା ଓ ୭.୭୬ ମିଟର ଲମ୍ବର ଏହି ପ୍ରସିଦ୍ଧ ଛବିକୁ ପିକାଶୋ ୧୯୩୭ ମସିହାରେ ଆଙ୍କିଥିଲେ।

ଦ୍ୱିତୀୟ ବିଶ୍ୱଯୁଦ୍ଧର ପୂର୍ବବର୍ତ୍ତୀ ସମୟ। କିନ୍ତୁ ଯୁଦ୍ଧର କଳା ବାଦଲ ସାରା ପୃଥିବୀ ଉପରକୁ ଧୀରେ ଧୀରେ ଘନେଇ ଆସୁଥାଏ। ସ୍ପେନ୍‌ର ରିପବ୍ଲିକ୍ ସରକାର ୧୯୩୭ ଜାନୁଆରୀ ମାସରେ ସେତେବେଳକୁ ପ୍ୟାରିସରେ ରହୁଥିବା ପିକାଶୋଙ୍କୁ ପ୍ୟାରିସ ୱାର୍ଲ୍ଡ ଫେୟାରରେ ସ୍ପେନ୍‌ର ପାଭିଲିୟନ୍‌ରେ ପ୍ରଦର୍ଶନ ପାଇଁ ଏକ ବଡ଼ ମ୍ୟୁରାଲ୍ ଆଙ୍କିବାକୁ ଅନୁରୋଧ କଲେ। ଉଦ୍ଦେଶ୍ୟ ଥିଲା, ଛବି ମାଧ୍ୟମରେ ଯୁଦ୍ଧ ବିଷୟରେ ଲୋକଙ୍କୁ ସଚେତନ କରାଯିବ ଓ ଆବଶ୍ୟକୀୟ ପାଣ୍ଠି ବି ଯୋଗାଡ଼ କରାଯିବ। ପିକାଶୋ କାମରେ ଲାଗିଗଲେ। ଜାନୁଆରୀରୁ ଏପ୍ରିଲ୍ ମାସ ଯାଏଁ ଛବି ପାଇଁ ଦରକାରି ପ୍ରାରମ୍ଭିକ ସ୍କେଚ୍ କରୁଥିବା ବେଳେ ସ୍ପେନ୍ ସହରର ଗର୍ନିକା ଉପରେ ପୁରା ଦୁଇ ଘଣ୍ଟା ପାଇଁ ବୋମାବର୍ଷା ହେଲା। ସ୍ପେନୀୟ ଜାତୀୟତାବାଦୀଙ୍କ ଅନୁରୋଧରେ ନାଜୀ ଜର୍ମାନୀ ଓ ଫାସିଷ୍ଟ ଇଟାଲୀ ସ୍ପେନ୍‌ର ଗର୍ନିକା ସହର ଉପରେ ବୋମା ବର୍ଷଣ କଲେ। ସ୍ପେନୀୟ

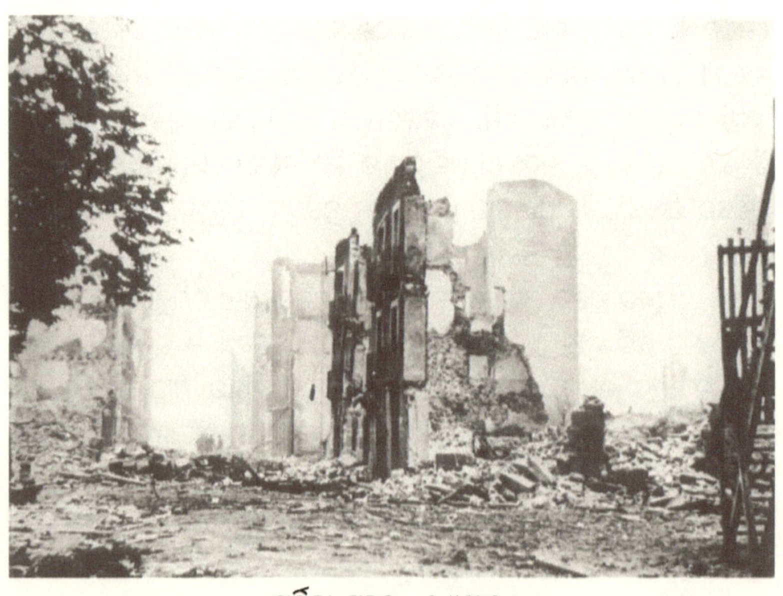

ଗର୍ନିକା ସହର, ୧୯୩୭

କବି ଓ ପ୍ରାବନ୍ଧିକ ଜୁଆନ୍ ଲରେଆ ପିକାଶୋଙ୍କ ଷ୍ଟୁଡିଓ ଆସି ତାଙ୍କୁ ଅନୁରୋଧ କଲେ ସେ ସ୍ପେନ୍ ପାଇଁ ଆଙ୍କୁଥିବା ଛବିର ବିଷୟ ଭାବରେ ଗର୍ନିକାରେ ବୋମା ପଡ଼ିବା ଓ ତା'ର ଭୟାବହ ପରିଣାମକୁ ବିଷୟ କରି ଆଙ୍କି ପାରନ୍ତି। ତାପରେ ପିକାଶୋ 'ନ୍ୟୁୟର୍କ ଟାଇମସ୍' ଓ 'ଦ ଟାଇମସ୍' ଆଦି ଖବର କାଗଜରୁ ସେ ବୋମା ମାଡ଼ ବିଷୟରେ ଅଧିକ ଜାଣିଲେ। ପ୍ରତ୍ୟକ୍ଷଦର୍ଶୀଙ୍କ ବିବରଣୀ ବି ପଢ଼ିଲେ। ତାପରେ ପୁରୁଣା ସ୍କେଚ୍ ସବୁକୁ ଖାରଜ କରି ନୂଆ ଛବି ପାଇଁ ଖସଡ଼ା ତିଆରି ଆରମ୍ଭ କଲେ। କୁହାଯାଏ ଛବି ପାଇଁ ପିକାଶୋ ପ୍ରାୟ ତିରିଶଟି ଷ୍ଟଡି କରିଥିଲେ।

ମଇ ମାସ ୧୧ ତାରିଖ ବେଳକୁ ଛବି ପାଇଁ କ୍ୟାନଭାସ୍ ପ୍ରସ୍ତୁତ ହୋଇ ସାରିଥିଲା। ଜଣେ ଆମେରିକୀୟ ଚିତ୍ରଶିଳ୍ପୀ ତାଙ୍କୁ ସହେଯାଗ କରୁଥା'ନ୍ତି। ପ୍ରଥମରୁ ପିକାଶୋ ଯେଉଁ ଖସଡ଼ା ପ୍ରସ୍ତୁତ କରିଥିଲେ, ତାହା ଛବିର ଶେଷ ବେଳକୁ ଅନେକଟା ବଦଳି ଯାଇଥିଲା। ଯେମିତି ଷଣ୍ଢ ମୁଣ୍ଡ ପ୍ରଥମରୁ ଯେଉଁଠି ଥିଲା ସେଇଠି ରହିଲା, କିନ୍ତୁ ଶେଷ ବେଳକୁ ତା' ଦେହ ବାମ ପଟକୁ ବୁଲିଗଲା। ୨୦ ମଇରେ ଘୋଡ଼ା ତା' ଷଣ୍ଢ ଉପରକୁ ଟେକିଲା। ଚଟାଣରେ ପଡ଼ିଥିବା ମଲା ସୈନିକ ବାମରୁ ଡାହାଣକୁ ଥିଲା, କିନ୍ତୁ ତା'ର ସ୍ଥାନ ଜୁନ ୪ରେ ବଦଳିଗଲା। ଶେଷ ମୁହୂର୍ତ୍ତରେ ଶିଳ୍ପୀ ମଲା ସୈନିକର ହାତରେ ଥିବା ଭଙ୍ଗା ଖଣ୍ଡାରେ ଫୁଲ ଆଙ୍କିଲେ।

ପିକାଶୋ ଗର୍ନିକା ଆଙ୍କୁଥିବା ବେଳେ ତା'ର ଅଗ୍ରଗତିର ଫଟୋ କିନ୍ତୁ ନିୟମିତ ଭାବରେ ନେଉଥିଲେ। କୁହାଯାଏ, କଳା-ଧଳା ଫଟୋ ଦେଖି ସେ ଆଙ୍କୁଥିବା ଗର୍ନିକା ଛବିର ରଙ୍ଗ ନେଇ ଆବଶ୍ୟକୀୟ ପରିବର୍ତ୍ତନ ଓ ସଂଶୋଧନ ବି କରୁଥିଲେ। ଫଟୋଗ୍ରାଫି ପାଇଁ ଗର୍ନିକା ଛବିରେ କଳା-ଧଳା ଓ ଧୂସର ରଙ୍ଗର ଏତେ ଚମକ୍ରାର ସହାବସ୍ଥାନ ଓ ସମନ୍ୱୟ ସମ୍ଭବ ହୋଇପାରିଥିଲା। ଆମେ ଏବେ ଦେଖୁଥିବା ଛବି ତଳେ ଆଉ କିଛି ଛବି ଲୁଚି ଛବିଗଢ଼ାର ପ୍ରକ୍ରିୟା ଭିତରେ ପୋତି ହୋଇଯାଇଛନ୍ତି। ଯେମିତିକି ଘୋଡ଼ା ପଛରେ ଅଛି ଗୋଟେ ମଣିଷ ଖପୁରୀ। ଘୋଡ଼ା, ଷଣ୍ଢ ଓ ଚିକ୍ରାର କରୁଥିବା ଗୋଟେ ସ୍ତ୍ରୀ ଲୋକ ଆଦି ତିନି ଜଣଙ୍କ ଜିଭ ଜାଗାରେ ଜାଗା ନେଇଛନ୍ତି ତିନିଟା ଡାଗର। ପିକାଶୋ ତାଙ୍କ ଛବିରେ ପ୍ରାୟତଃ ବ୍ୟବହାର କରୁଥିବା ଷଣ୍ଢର ମୁଣ୍ଡ ଓ ଲାଞ୍ଜ ଥିବା ଗ୍ରୀକ୍ ମିଥର ମିନୋଟର୍ ଓ ବିଦୂଷକଙ୍କ ଛବିକୁ ଏଠି ବ୍ୟବହାର କରିଛନ୍ତି। ମିନୋଟର୍ ଅର୍ନ୍ତନିହିତ ଶକ୍ତି ଓ ବିଦୂଷକ ଏଠି ଜୀବନ ଓ ମୃତ୍ୟୁର ପ୍ରତିନିଧ୍ୱ କରନ୍ତି।

ଅନ୍ତ କିଛି ଚରିତ୍ରକୁ ନେଇ ପିକାଶୋ ସ୍ପେନ୍ର ସିଭିଲ୍ ୱାରକୁ ଆଙ୍କିବାକୁ ପ୍ରୟାସ କରିଛନ୍ତି। ଛବିରେ ପିକାଶୋ ଯେତିକି କ୍ୟୁବିଷ୍ ସେତିକି ଏକ୍ସପ୍ରେସନିଷ୍ଟିକ୍। ଗୋଟେ କୋଠରୀ ଭିତରେ ସବୁ କିଛି ଘଟଣା ଓ ଚରିତ୍ରମାନଙ୍କୁ ସମାହିତ କରିଛନ୍ତି

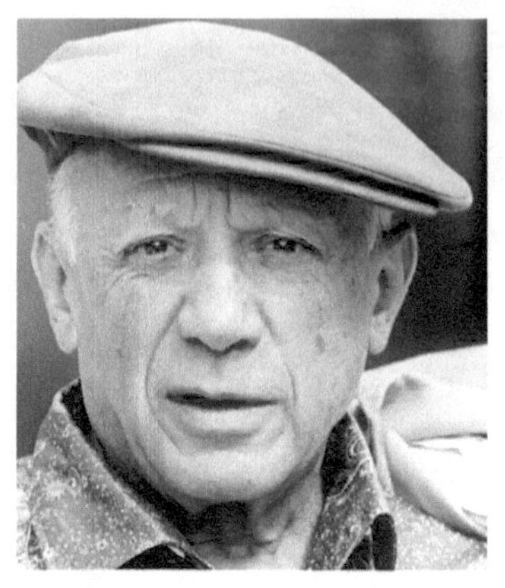 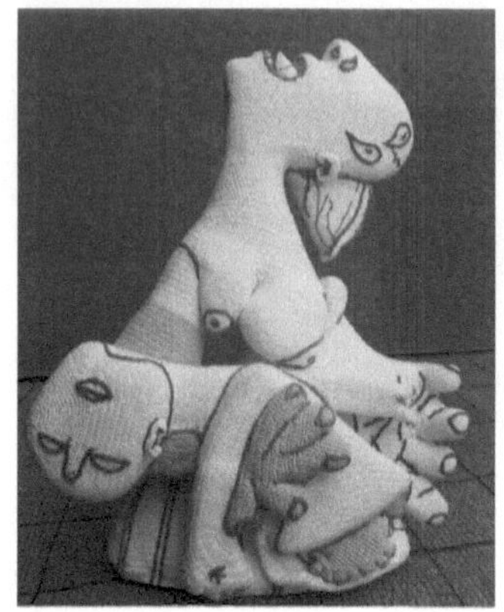

ପିକାଶୋ । ମ୍ୟୁରାଲ୍‌ର ବାମ ପାଖରେ ଉପରକୁ ଅଛି ଏକ ବଡ଼ ଆଖ୍ୱଆ ଷଣ୍ଢ ଓ ତା'ର ଠିକ୍‌ ତଳକୁ ମଲା ଛୁଆକୁ ଧରି କାନ୍ଦୁଥିବା ଜଣେ ସ୍ତ୍ରୀ ଲୋକ । ଷଣ୍ଢର ପଛରେ ଥିବା କାନ୍ଥରେ ଖୋଦେଇ ହୋଇଛି ଗୋଟେ କପୋତର ଛବି । ଠିକ୍‌ ସେଠି ଟିକିଏ ଫାଟିଯାଇଛି କାନ୍ଥ । ଫଟା କାନ୍ଥ ଫାଙ୍କରେ ଧାରେ ବାହାର ଆଲୁଅ ପଶି ଆସିଛି ଅନ୍ଧାରିଆ ଘର ଭିତରକୁ । କୋଠରୀର ମଝାମଝି ଅଛି ଯନ୍ତ୍ରଣାରେ ଚିକ୍ତାର କରୁଥିବା ଘୋଡ଼ା । ଘୋଡ଼ା ତଳକୁ ମରିଯାଇଥିବା ଜଣେ ସୈନିକ । ହାତରେ ତା'ର ଅଧା ଭଙ୍ଗା ଏକ ତରବାରୀ । ଯେଉଁଥିରୁ ଭବିଷ୍ୟତର ଆଶାର ଫୁଲ ଫୁଟିଛି । ଘୋଡ଼ାର ମୁଣ୍ଡ ଉପରେ ମଣିଷ ଆଖ୍ ଆକାରର ବିଜୁଲି ବଲବ । କଳା ସମାଲୋଚକଙ୍କ କହିବା କଥା ଅନୁସାରେ ଘୋଡ଼ା ଓ ଷଣ୍ଢ ହେଉଛନ୍ତି ସ୍ୱେନୀୟ ସଂସ୍କୃତିର ପ୍ରତିନିଧି । ଆଗରୁ ପିକାଶୋ ତାଙ୍କର ଅନ୍ୟ ଛବିରେ ଅନେକବାର ସେମାନଙ୍କୁ ଆଙ୍କିଛନ୍ତି । ପିକାଶୋଙ୍କ ଅନୁସାରେ ଗର୍ନିକାର ଘୋଡ଼ା ହେଉଛି ଗର୍ନିକା ସହରର ଲୋକେ ।

ପିକାଶୋ ଗର୍ନିକା ମ୍ୟୁରାଲ୍‌କୁ ଶେଷ କରିବାକୁ ପଇଁତିରିଶ ଦିନ ନେଇଥିଲେ । ଠିକ୍‌ ୪ ଜୁନ୍‌, ୧୯୩୭ରେ ସେ ଏହାକୁ ଶେଷ କରିଥିଲେ । କଳା ଇତିହାସରେ ଯୁଦ୍ଧ ବିରୋଧରେ ଓ ଶାନ୍ତିର ବାର୍ତ୍ତା ବହନ କରୁଥିବା ଦର୍ଶନକୁ ନେଇ ଅଙ୍କା ଯାଇଥିବା ସର୍ବଶ୍ରେଷ୍ଠ ଛବି ଭାବରେ ଗର୍ନିକାକୁ ଗଣାଯାଏ । ୱାର୍ଲଡ ଫେୟାର ସରିଲା ପରେ ସ୍ପାନୀସ ରିପବ୍ଲିକ୍‌ ଗର୍ନିକାକୁ ସ୍କାଣ୍ଡିନାଭିଆ ଓ ଇଂଲଣ୍ଡରେ ଯୁଦ୍ଧ ବିରୁଦ୍ଧରେ ଜନ ସଚେତନତା ଓ ପାଣ୍ଠି ଯୋଗାଡ଼ ପାଇଁ ବୁଲାଇଥିଲେ । ନାଜିମାନଙ୍କ ପ୍ୟାରିସ୍‌ ଅଧିକାର ଭୟରେ ପିକାଶୋ ଗର୍ନିକାକୁ ନ୍ୟୁୟର୍କର ମ୍ୟୁଜିୟମ ଅଫ୍‌ ମଡର୍ଣ ଆର୍ଟକୁ ଦେଇଦେଇଥିଲେ । ଛବି ସେଠି କୋଡ଼ିଏ ବର୍ଷ ରହିଯାଇଥିଲା । ପିକାଶୋଙ୍କର

ଦେହାନ୍ତ ୧୯୭୩ରେ ହୋଇଥିଲା ଓ ତାଙ୍କ ଜୀବନ କାଳ ଭିତରେ ଗର୍ନିକା ସ୍ପେନ୍‌ ଫେରି ନଥିଲା। ଅନେକ ବର୍ଷ କଥାବାର୍ତ୍ତା ପରେ ୧୯୮୧ରେ ମୋମା ଛବିଟିକୁ ସ୍ପେନ୍‌କୁ ଫେରେଇଥିଲା। ଗର୍ନିକାର ଏକ ଟାପେଷ୍ଟ୍ରି ସଂସ୍କରଣକୁ ନ୍ୟୁୟର୍କ ସହରରେ ଥିବା ମିଳିତ ଜାତିସଂଘର ମୁଖ୍ୟ କାର୍ଯ୍ୟାଳୟରେ ଥିବା ସିକ୍ୟୁରିଟି କାଉନ୍‌ସିଲ୍‌ ରୁମ୍‌ ଆଗରେ ଟଙ୍ଗା ଯାଇଛି। ମୂଳ ଗର୍ନିକା ମ୍ୟୁରାଲ୍‌ କେବେବି ବିକ୍ରୀ କରାଯାଇନି। ତେବେ ୨୦୧୧ରେ ଏକ ଆକଳନ ଅନୁସାରେ ଏହା ୨୦୦ ମିଲିୟନ ଆମେରିକୀୟ ଡଲାରର ପାଖାପାଖି ହେବ।

୧୯୭୪ରେ ଯୁଦ୍ଧ ବିରୋଧୀ ଟୋନି ନାମକ ଜଣେ ଆକ୍ଟିଭିଷ୍ଟ ଓ ପରବର୍ତ୍ତୀ ସମୟର ଆର୍ଟ ଡିଲର ହଠାତ୍‌ ନାଲି ରଙ୍ଗରେ ଗର୍ନିକା ମ୍ୟୁରାଲ ଉପରେ ସ୍ପ୍ରେ କରି 'କିଲ୍‌ ଅଲ୍‌ ଲାଏଜ୍‌' ଲେଖିଦେଲେ। ସେତେବେଳେ ଗର୍ନିକା ନ୍ୟୁୟର୍କର ମେଟ୍ରୋପଲିଟାନ୍‌ ମ୍ୟୁଜିୟମ୍‌ ରେ ପ୍ରଦର୍ଶିତ ହେଉଥାଏ। ଅବଶ୍ୟ କ୍ୟୁରେଟର୍‌ ଯଥାଶୀଘ୍ର ସେ ରଙ୍ଗ ଛଡ଼େଇ ଦେଇଥିଲେ ଓ ଟୋନି ଜେଲ୍‌ ଯାଇଥିଲେ।

ଶେଷରେ ଗର୍ନିକା ବିଷୟରେ ଶୁଣିଥିବା ଏକ ମଜା କଥା– ଦ୍ୱିତୀୟ ବିଶ୍ୱଯୁଦ୍ଧ ବେଳେ ପ୍ୟାରିସ୍‌ ସହରକୁ ଜର୍ମାନମାନେ ଅକ୍ତିଆର କଲାପରେ ଏକଦା ଜଣେ ଜର୍ମାନ ଅଫିସର ପିକାଶୋଙ୍କ ଷ୍ଟୁଡିଓରେ ପଶିଆସି ଗର୍ନିକା ଛବିର ଫଟୋ ଦେଖାଇ ପିକାଶୋଙ୍କୁ ପଚାରିଲା; 'ତୁମେ ଏଇଟା କରିଛ ?' ପିକାଶୋ ଚଟାପଟ୍‌ ଉତ୍ତର ଫେରାଇଥିଲେ; 'ନାଇଁ, ତୁମେ କରିଛ।'

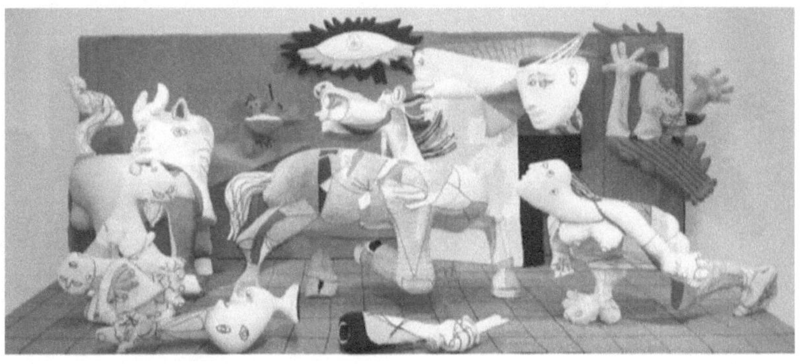

ERASED de KOONING DRAWING
ROBERT RAUSCHENBERG
1953

ଏକଦା ଲିଭାଇ ଦିଆଯାଇଥିବା ଏକ ଛବି ସମ୍ପର୍କରେ

ସମୁଦାୟ ଘଟଣାଟି ଥିଲା ବେଶ୍‌ ରୋଚକ । ଜଣେ ବିଖ୍ୟାତ ଚିତ୍ରଶିଳ୍ପୀଙ୍କ ଛବିକୁ ମାଗି ନେଇ ଆଉ ଜଣେ ଯୁବ ଚିତ୍ରଶିଳ୍ପୀ ମନଧ୍ୟାନ ଦେଇ ପୁରା ଦୁଇ ମାସ ସମୟ ନେଇ ଛବିକୁ ସମ୍ପୂର୍ଣ୍ଣ ଲିଭେଇ ପକେଇଲେ । ଏଇ ଲିଭେଇ ପକାଇବା କାମଟିକୁ ତାଙ୍କର କଳାକର୍ମ ବୋଲି ଦାବି ମଧ୍ୟ କଲେ । ଅବଶ୍ୟ ଘଟଣାକୁ ଆମର ଏଠି କେହି ସହଜରେ ଆଜି ବି ଗ୍ରହଣ କରିବେନି । କାଗଜ କିମ୍ବା କ୍ୟାନଭାସ୍‌ ଉପରେ କି ସହରର କାନ୍ଥ ବାଡ଼ରେ ଆଙ୍କିପକାଇବାକୁ ସିନା ଆମେ ଚିତ୍ରକଳା କହିବା, ହେଲେ ଅଙ୍କା ଯାଇଥିବା ଛବିକୁ ଲିଭାଇବାକୁ କେମିତି ଛବି କହିବା ଯେ ? ଏମିତି ଏକ ଘଟଣାଟି କିନ୍ତୁ ଘଟିଥିଲା ୧୯୫୩ ମସିହାରେ ଆମେରିକାରେ ।

ଛବିକୁ ସମ୍ପୂର୍ଣ୍ଣ ଲିଭେଇ ଦେଇ ତାକୁ ପୁଣି ଏକ ଛବି ଭାବରେ ଗ୍ରହଣ କରିବାର ଧାରଣାଟି ତିଆରି କରିଥିଲେ ଆମେରିକୀୟ ଚିତ୍ରଶିଳ୍ପୀ ରବର୍ଟ ରସେନବର୍ଗ (୧୯୨୫- ୨୦୦୮) । ସେତେବେଳକୁ ସେ ହ୍ୱାଇଟ୍‌ ପେଣ୍ଟିଂ ନାମରେ କିଛି ଛବି କରୁଥା'ନ୍ତି । ବିଂଶ ଶତାବ୍ଦୀର ମଧ୍ୟଭାଗରେ ଆଦୌ ରଙ୍ଗ ବ୍ୟବହାର ନକରି ଏପରି ଧଳା ଛବି କରିବା ଏମିତି ବି କିଛି କମ୍‌ କଥା ନଥିଲା । ମୋନୋକ୍ରୋମ୍‌ ବା ଯେକୌଣସି ଗୋଟିଏ ରଙ୍ଗରେ ଛବି କରିବାର ପରମ୍ପରା ଅବଶ୍ୟ ବହୁତ ପୁରୁଣା । କିନ୍ତୁ ରସେନବର୍ଗ ଧଳା ରଙ୍ଗର ପ୍ରଷ୍ଠଭୂମିରେ ଧଳା ରଙ୍ଗରେ ହିଁ ଛବି କରିଛନ୍ତି ଯେ ! ଏଥିପାଇଁ ସେ ରେନେଁସା ଓ ମଧ୍ୟଯୁଗ ସମୟରେ ଶିଳ୍ପୀମାନେ ଯେମିତି ସାଧାରଣତଃ ତିନୋଟି ଛବିକୁ ମିଶାଇ ରଖୁଥିଲେ ରସେନବର୍ଗ ଠିକ୍‌ ସେମିତି ତିନୋଟି କ୍ୟାନଭାସକୁ ପାଖରେ ପାଖରେ ରଖିଥିଲେ । କିନ୍ତୁ ଧଳା କ୍ୟାନଭାସ୍‌ ଉପରେ ଧଳା ରଙ୍ଗରେ ସେ ସତରେ କ'ଣ କିଛି ଆଙ୍କିଥିଲେ କି ? ପ୍ରଶ୍ନ ଉଠୁଥିଲା ଏହାକୁ ଛବି କୁହାଯିବ ନା ବ୍ୟଙ୍ଗ କୁହାଯିବ ? ରସେନବର୍ଗ ଘର କାନ୍ଥରେ ବ୍ୟବହାର ହୋଇଥିବା ସାଧାରଣ ଧଳା ରଙ୍ଗକୁ ରୋଲର ଧରି କାନ୍ଥ ରଙ୍ଗାଇଲା ପରି କ୍ୟାନଭାସ୍‌ ରଙ୍ଗାଇ ଦେଉଥିଲେ । ସେ

ଏ ପ୍ରକାର ଛବିକୁ 'ହ୍ୱାଇଟ୍ ପେଣ୍ଟିଂ' ବୋଲି କହୁଥିଲେ। ଏହାକୁ କିଛି କଳା ସମାଲୋଚକ ଗୁରୁତ୍ୱର ସହ ବିଚାର କଲାବେଳେ ଅନ୍ୟ କିଛି କଳା ସମାଲୋଚକ ଘଟଣାକୁ ନିରୋଳା ପ୍ରହସନ ଓ ଭାଣ୍ଡାମି ବୋଲି କହିଲେ। ଅନେକ ସମାଲୋଚନା ପରେ କିନ୍ତୁ ରସେନବର୍ଗଙ୍କ ବନ୍ଧୁ ବିଖ୍ୟାତ ସଙ୍ଗୀତଜ୍ଞ ଜନ୍ କେଜ୍ କିନ୍ତୁ କହିଲେ ହ୍ୱାଇଟ୍ ପେଣ୍ଟିଂ ନିଶ୍ଚୟ ଭାବରେ ଗୁଡ୍ ଆର୍ଟରେ ଯିବ। ଏଥିରେ ଭାଣ୍ଡାମି ବୋଲି କିଛି ବି ନାହିଁ। କେଜ୍ଙ୍କ ବିଖ୍ୟାତ ଚାରି ମିନିଟ୍ ତେତିଶି ସେକେଣ୍ଡର ସମ୍ପୂର୍ଣ୍ଣ ନୀରବତାର କମ୍ପୋଜିସନ୍ଟିର ଧାରଣା ଏଇ ହ୍ୱାଇଟ୍ ପେଣ୍ଟିଂ ପାଖରୁ ଜନ୍ମ ନେଇଥିଲା।

ରସେନବର୍ଗଙ୍କ ପାଞ୍ଚଟି ହ୍ୱାଇଟ୍ ପେଣ୍ଟିଂ କିନ୍ତୁ ଆଧୁନିକ ଚିତ୍ରଧାରାକୁ ଅନେକଟା ବଦଲାଇ ଦେଲା ଓ ମିନିମାଲିଷ୍ଟମାନଙ୍କ ପାଇଁ ବାଟ ଖୋଲିଦେଲା। ଦର୍ଶକଙ୍କୁ ବୁଝାଇଦେଲା ଯେ ଆଲୋକ, ଛାଇ, ସ୍ଥାନ ଓ ସମୟକୁ ନେଇ କଳାକୃତିକୁ ବୁଝିବାକୁ ହେବ। ହଁ, ୧୯୫୧ ମସିହା ବେଳକୁ ରସେନବର୍ଗଙ୍କୁ ମାତ୍ର ଛବିଶି ବର୍ଷ ବୟସ ଓ ସେ ସେତେବେଳେ ବ୍ଲାକ୍ ମାଉଣ୍ଟେନ୍ କଲେଜରେ ପଢୁଥା'ନ୍ତି। ସେତିକିବେଳେ ସେଇଠି ପର ସମୟର ବିଖ୍ୟାତ ଚିତ୍ରଶିଳ୍ପୀ ସାଇ ଟୋମ୍ବ୍ଲି ବି ପାଠ ପଢୁଥା'ନ୍ତି।

ହ୍ୱାଇଟ୍ ପେଣ୍ଟିଂ କଲାପରେ ରସେନବର୍ଗଙ୍କ ମନରେ ଧାରଣା ଗୋଟେ ଜନ୍ମିଲା ଯେ, ଅଙ୍କା ସରିଥିବା ଛବିକୁ ଇରେଜରରେ ଲିଭେଇ କ'ଣ ଛବି ସୃଷ୍ଟି କରାଯାଇ ପାରିବନି ? ପରୀକ୍ଷା କରିବାକୁ ତାପରେ ସେ ନିଜର କିଛି ଅଙ୍କା ସରିଥିବା ଛବିକୁ ଲିଭାଇବା ଆରମ୍ଭ କଲେ। କିନ୍ତୁ କଥାଟା ଏତେ ଜମିଲାନି। ତେଣୁ ସେ ଭାବିଲେ ଜଣେ ପ୍ରତିଷ୍ଠିତ ଚିତ୍ରଶିଳ୍ପୀଙ୍କ ଛବିକୁ ଲିଭାଯାଇ ଦେଖାଯାଇପାରେ। ସେଥିପାଇଁ ସଂପୃକ୍ତ ଚିତ୍ରଶିଳ୍ପୀଙ୍କର ଆବଶ୍ୟକୀୟ ସ୍ୱୀକୃତି ଦରକାର, ଯେମିତିକି ରସେନବର୍ଗ ଅତି ସହଜରେ ବିନା ବିବାଦରେ ତାକୁ ଲିଭେଇ ପାରିବେ।

ତା' ପରର ଦୃଶ୍ୟ ହେଲା ସେଦିନ ରବର୍ଟ ରସେନବର୍ଗ ନାମକ ସତେଇଶ ବର୍ଷୀୟ ଆମେରିକୀୟ ଯୁବ ଚିତ୍ରଶିଳ୍ପୀ ସେ ସମୟର ବିଖ୍ୟାତ ଆମେରିକୀୟ ଆବଷ୍ଟ୍ରାକ୍ଟ ଏକ୍‌ପ୍ରେସନିଷ୍ଟ ଶିଳ୍ପୀ ଉଇଲିୟମ୍ ଡକୁନିଙ୍ଗଙ୍କ ଘର ଆଗରେ କିଛି ଭୟ ଓ କିଛି ସମ୍ଭ୍ରମତାର ସହ ନୀରବରେ ଛିଡ଼ା ହୋଇଥିଲେ। ଭାବୁଥିଲେ କବାଟରେ କରାଘାତ କରିବେ ନା ନାହିଁ ? ଶେଷରେ ସାହସ ସଞ୍ଚୟ କରି ଗୋଟେ ହାତରେ ଜ୍ୟାକ୍ ଡାନିଏଲ୍ ହୁଇସ୍କି ବୋତଲ ଗୋଟେ ଧରି, ଅନ୍ୟ ହାତରେ ଘରର କବାଟ ବାଡ଼େଇଲେ ସେ। ଘର ଭିତରକୁ ଗଲାପରେ ସେ ଡକୁନିଙ୍କୁ ତାଙ୍କ ଉଦ୍ଧେଶ୍ୟ ବୁଝେଇଦେଇ କହିଲେ ଯେ, ତାଙ୍କର ଗୋଟେ ଛବି ଦରକାର। ଚିହ୍ନାଜଣା ଚିତ୍ରଶିଳ୍ପୀମାନେ ନିଜ ନିଜ ଭିତରେ ଅବଶ୍ୟ ଆପଣା ଆପଣା ଛବିର ଆଦାନପ୍ରଦାନ କରନ୍ତି। ଏଠି କିନ୍ତୁ ରସେନବର୍ଗଙ୍କ

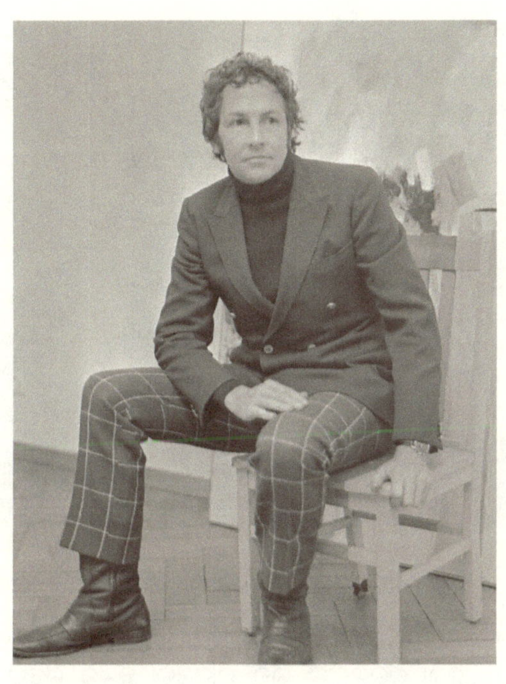

ଛବି ମାଗିବାର ଉଦ୍ଦେଶ୍ୟ ପୁରା ଅଲଗା। ତାଙ୍କର ଇଚ୍ଛା ଯେ ଡକୁନିଙ୍ ତାଙ୍କୁ ଛବି ଖଣ୍ଡେ ଦେବେ ଯାହାକୁ ସେ ଲିଭେଇବେ। ୧୯୫୩ ବେଲକୁ ଉଇଲିୟମ୍ ଡକୁନି ଆମେରିକାରେ ଏତେ ବିଖ୍ୟାତ ଯେ ତାଙ୍କ ପାଖରୁ ଖଣ୍ଡେ ଛବି ପାଇବାକୁ ଗ୍ୟାଲେରୀ ମାଲିକ ଓ କଲା ସଂଗ୍ରାହକମାନଙ୍କର ଲମ୍ଵ ଧାଡ଼ି। ସେ ଯାହା ହେଉ ଦୁହେଁ ବସି ହୁଇଷ୍କି ପିଇବା ଭିତରେ ଡକୁନିଙ୍କୁ ନିଜ କଥା ବୁଝେଇବାରେ ସମର୍ଥ ହୋଇଥିଲେ ଯୁବକ ରସେନବର୍ଗ। ପ୍ରଥମେ ରାଜି ନଥିଲେ ମଧ ଶେଷରେ ନିଜ ଛବି ଗଦା ଭିତରୁ ଡକୁନି ଗ୍ରୀଜ୍, ପେନ୍ସିଲ୍, କାଲି, ଚାରକୋଲ ଓ ଗ୍ରାଫାଇଟ୍ ଦ୍ୱାରା କାଗଜ ଉପରେ ଅଙ୍କା ଛବି ଖଣ୍ଡେ ରସେନବର୍ଗଙ୍କ ହାତରେ ଧରେଇଲେ। ଡକୁନିଙ୍ ତାଙ୍କର ଏମିତି ଏକ ଛବି ଖୋଜି ଖୋଜି ରସେନବର୍ଗଙ୍କ ହାତରେ ଧରେଇଲେ, ଯେଉଁଟିକି ଏତେ ସହଜରେ ଲିଭେଇ ହେବନି। କିନ୍ତୁ ଛବି ଲିଭାଇବାର ବିଭିନ୍ନ ପ୍ରକାର କୌଶଲ ବ୍ୟବହାର କରି ଦୁଇ ମାସ ଲାଗି ପୁରା ଛବିଟିକୁ ଲିଭେଇଦେଲେ ରସେନବର୍ଗ।

ରସେନବର୍ଗ ସେ ସମୟର ସବୁଠାରୁ ପ୍ରସିଦ୍ଧ ଆବ୍‌ଷ୍ଟ୍ରାକ୍ଟ ଏକ୍‌ପ୍ରେସନିଷ୍ଟ ଶିଳ୍ପୀ ଡକୁନିଙ୍କ ଛବିକୁ ଲିଭାଇବା କାମକୁ ଜନ୍ କେଜ୍ ଏକଦା ମାର୍ସଲ ଦୁସୌଙ୍କ ପ୍ରସିଦ୍ଧ ମୋନାଲିସା ଛବିର ପୋଷ୍ଟକାର୍ଡରେ ନିଶ ଆଙ୍କିବା ଘଟଣା ସହ ଯୋଡ଼ିଥିଲେ।

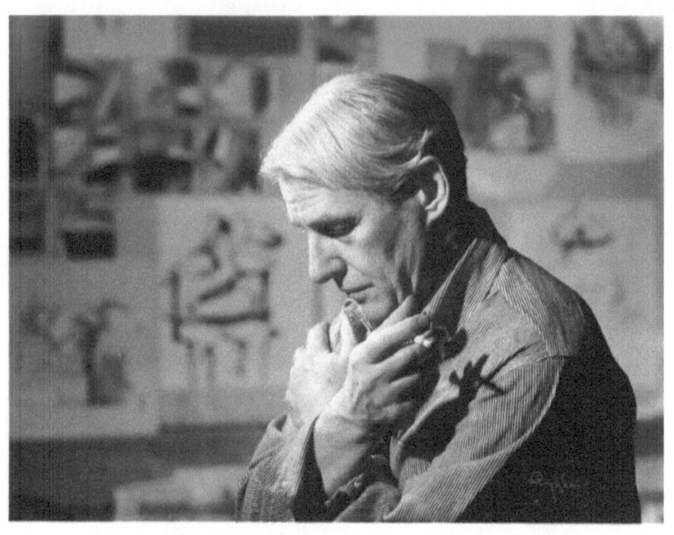

ଏମିତି ଏକ କାମ କରି ରସେନବର୍ଗ ପ୍ରକୃତରେ ପାରମ୍ପରିକ ଛବି ଆଙ୍କିବାର ଅଭ୍ୟାସକୁ ପ୍ରଶ୍ନ କରିଥିଲେ ।

କଥା ହେଲା ଡକୁନିଙ୍ଙ୍କ ଲିଭି ଯାଇଥିବା ଛବିର କିଛିବି ଫଟୋ କାହା ପାଖରେ ନଥିଲା । ତେଣୁ ଲିଭା ହେବା ଆଗରୁ ପ୍ରକୃତ ଛବିର ରୂପରେଖ କ'ଣ ଥିଲା, ସେକଥା କାହାର ମନେ ନଥିଲା । ଏମିତିକି ସ୍ୱୟଂ ରସେନବର୍ଗ ବି ସେ କଥା ଭୁଲିସାରିଥିଲେ । କିନ୍ତୁ ୨୦୧୦ରେ ରସେନବର୍ଗ ରିସର୍ଚ ପ୍ରୋଜେକ୍ଟରେ ନୂଆ କୌଶଳରେ ଇନ୍‌ଫ୍ରାରେଡ୍ ସ୍କାନ୍ ଦ୍ୱାରା ଏକଦା ଲିଭା ଯାଇଥିବା ମୂଳ ଛବିକୁ ସନ୍ଧାନ କରାଗଲା । ଜଣାପଡ଼ିଲା ଡକୁନିଙ୍ଙ୍କ ମୂଳ ଛବିରେ ପେନ୍‌ସିଲ୍ ଓ ଚାରକୋଲ୍ ବ୍ୟବହାର କରାଯାଇ କିଛି ସ୍ତ୍ରୀ ଲୋକ ବିଭିନ୍ନ ଦିଗକୁ ମୁହଁ କରିଥିବାର ଅନେକଗୁଡ଼େ ଛବି ଥିଲେ । ସେଥିରୁ କିଛି ରେଖା ଛବି କରିବାର ପ୍ରକ୍ରିୟାରେ ଖୋଦ୍ ଡକୁନିଙ୍ ବି ଆଗରୁ ଲିଭାଇ ସାରିଥିଲେ । ବାକି ସବୁ ଲିଭାଇଥିଲେ ରସେନବର୍ଗ । ଫ୍ରେମ୍ ସହ ଛବିର ଆକାର ଥିଲା ୨୫.୨୫ ଗୁଣନ ୨୧.୭୫ ଇଞ୍ଚ । ରସେନବର୍ଗଙ୍କ ବନ୍ଧୁ ଜାସପର ଜୋହାନସ୍ ଛବିର ନାମ ଦେଇଥିଲେ 'ଇରେଜଡ୍ ଡକୁନିଙ୍ ଡ୍ରଇଂ, ରବର୍ଟ ରସେନବର୍ଗ, ୧୯୫୩' । ସୁନେଲି ରଙ୍ଗର ଫ୍ରେମ୍ ସହ ଛବିଟି ରବର୍ଟ ରସେନବର୍ଗଙ୍କ କାମ ଭାବରେ ନ୍ୟୁୟର୍କର ଏଲିନୋର ଗ୍ୟାଲେରୀରେ ପ୍ରଦର୍ଶିତ ହେଲାପରେ କିନ୍ତୁ କୌଣସି ସମୀକ୍ଷାରେ ଏ ଛବି ବିଷୟରେ ପ୍ରଥମରୁ କିଛି ଆଲୋଚନା କରାଯାଇ ନଥିଲା । କିନ୍ତୁ କଥାରେ କଥାରେ ଏ ବିଷୟରେ ଖବର ଚାରିଆଡ଼େ ବ୍ୟାପି ଯାଇଥିଲା ।

ଆଜିର ବିଚାର ଅନୁସାରେ, ଛବିଟି ରସେନବର୍ଗଙ୍କ ଅନ୍ୟତମ ବିବଦମାନ କଳାକୃତି ଭାବରେ ଗଣାଯାଏ। ୧୯୬୪ ବେଳକୁ ଛବିଟି ବିଖ୍ୟାତ ହୋଇସାରିଥିଲା। ତାପରେ ରସେନବର୍ଗଙ୍କ ପ୍ରତିଟି ସିଂହାବଲୋକନ ପ୍ରଦର୍ଶନୀରେ ଇରେଜ୍‌ଡ ପେଣ୍ଟିଂ ନିଶ୍ଚୟ ରହୁଥିଲା। ଅନେକ ଛବିଟିକୁ ନେଓ – ଡାଡାବାଦର ଛବି ଭାବରେ ବିଚାର କରୁଥିଲେ। କେହି କେହି ଛବିଟିକୁ ଏକ ପରଫରମେଟିଭ୍ ଓ କୋଲାବୋରେଟିଭ୍ କାମ ଭାବରେ ଗ୍ରହଣ କରିଥିଲେ। ଛବିଟି ବିଭିନ୍ନ ପ୍ରଦର୍ଶନୀରେ ପ୍ରଦର୍ଶିତ ହେବା ନେଇ ଡକୁନିଙ୍ଗ୍ କିନ୍ତୁ ବିରକ୍ତ ହେଇଥିଲେ। ସେ ଭାବିଥିଲେ ଘଟଣାଟି ବ୍ୟକ୍ତିଗତ ସ୍ତରରେ ରହିଥିଲେ ଭଲହୋଇଥା'ନ୍ତା। ଏବେ ସେଇ ବିଖ୍ୟାତ ଛବିଟି ୧୯୯୮ ମସିହାରୁ ସାନ୍ ଫ୍ରାନ୍ସିକୋ ମ୍ୟୁଜିୟମ୍ ଅଫ୍ ମଡର୍ଣ୍ଣ ଆର୍ଟରେ ସଂଗୃହିତ ହୋଇ ରହିଛି। ଛବିର ମଧ୍ୟ ଭାଗରେ ଦର୍ଶାଯାଇଛି – ଡ୍ରଇଂ (ଉଇଥ) ଟ୍ରେସେସ୍ ଅଫ୍ ଡ୍ରଇଂ ମିଡିଆ ଅନ୍ ପେପର ଉଇଥ ଏ ଲେବେଲ ଆଣ୍ଡ ଗୋଲ୍ଡେଡ୍ ଫ୍ରେମ୍।

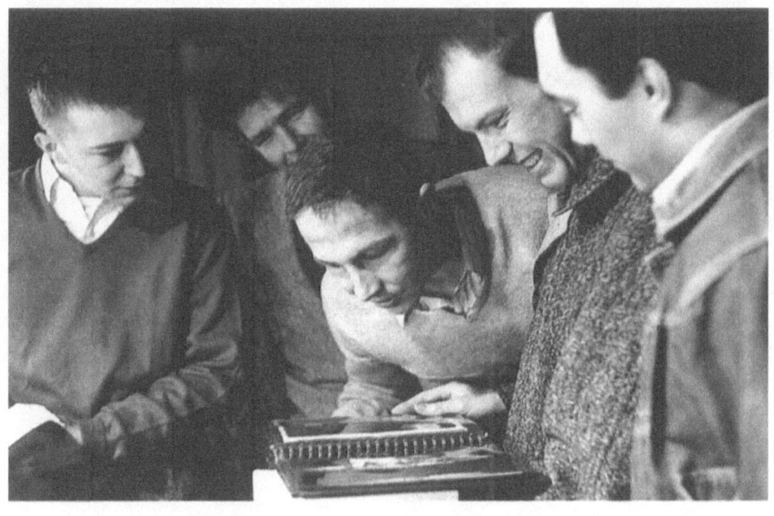

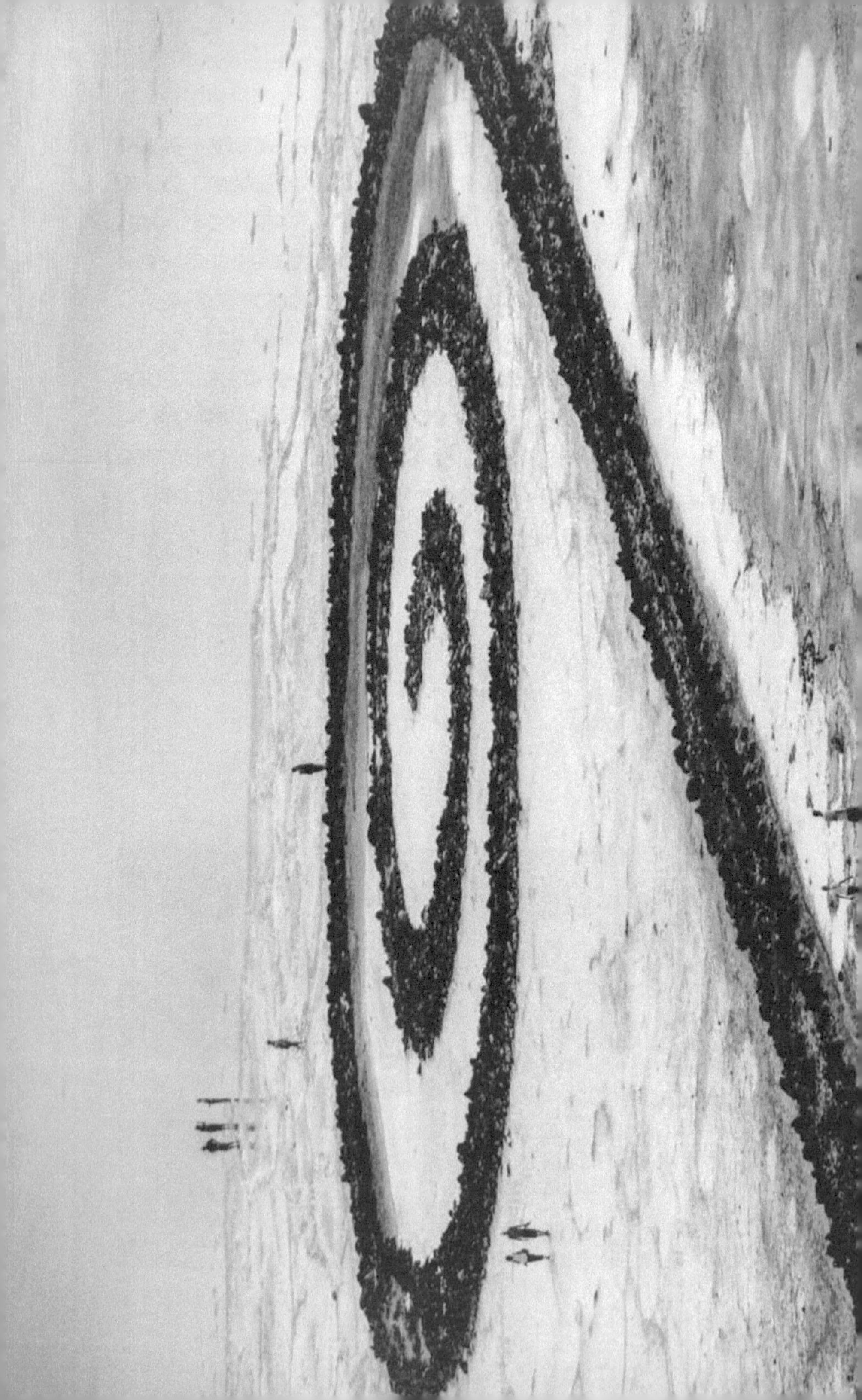

'If I create from the heart, nearly everything works: if from the head, almost nothing.' - Marc Chagall

କୁଣ୍ଡଳୀ ଜେଟି

କଳା ରାଜ୍ୟରେ ଲ୍ୟାଣ୍ଡ ଆର୍ଟ ବେଶୀ ପୁରୁଣା ନୁହେଁ। ଲ୍ୟାଣ୍ଡ ଆର୍ଟକୁ ବ୍ୟାପକ ଅର୍ଥରେ ଆର୍ଥ ଆର୍ଟ, ଏନ୍‌ଭାରମେଣ୍ଟାଲ ଆର୍ଟ ଓ ଆର୍ଥ ୱାର୍କସ୍ ଭାବରେ ମଧ ଜଣାଯାଏ। ୧୯୬୦–୭୦ ଦେଳକୁ ଏସବୁ କଳା ଆଦୋଲନ ଭାବରେ ଆମେରିକା ଓ ଗ୍ରେଟ୍ ବ୍ରିଟେନରେ ଆରମ୍ଭ ହେଇଥିଲା। ଗ୍ୟାଲେରୀର ଚାରି କାନ୍ଥ ଭିତରୁ ବାହାରି, କ୍ୟାନଭାସ୍ ଓ ବିଭିନ୍ନ ରଙ୍ଗର ପସରା ପାଖରୁ ମୁହଁ ଫେରାଇ, କଳାକାର ତା'ର କଳାସୃଷ୍ଟି ପାଇଁ ପ୍ରକୃତି ପାଖକୁ ଫେରିବାକୁ ପ୍ରୟାସ କରିଛି। ମାଟି, ପାଣି, ପଥର ଓ ପ୍ରକୃତି କୋଳରେ ମିଳୁଥିବା ଜିନିଷପତ୍ରକୁ ଆପଣା କଳାସୃଷ୍ଟି ପାଇଁ ବ୍ୟବହାର କରିଛି। କଳାକୃତିକୁ ତା' ବାଟରେ ପୁଣି ସେଇ ପ୍ରକୃତି ପାଖରେ ଛାଡିଦେଇ ଆସିଛି। ସାଙ୍ଗରେ କେବଳ ତା' କାମର ଫଟୋ ଆଣିଛି। ସେଇ ଫଟୋ ଓ ଭିଡିଓକୁ ଗ୍ୟାଲେରୀ ଭିତରେ ପ୍ରଦର୍ଶନ କରିଛି। କଳାର ବଜାରୀକରଣ ଓ ପର୍ଯ୍ୟାବରଣ ପ୍ରତି କଳାକାରର ଚିନ୍ତା ଓ ଦାୟିତ୍ୱ ଏମିତି କିଛି କଳା ଆଦୋଲନର ସୂତ୍ରପାତ କରିଥିଲା। ଅବଶ୍ୟ ଏହା ପଛରେ ମିନିମାଲ୍ ଓ କନସେପଚୁଆଲ କଳା ଆଦୋଲନର ଅନେକ ପ୍ରଭାବ ରହିଛି।

ଆମେରିକାରେ ରବର୍ଟ ସ୍ମିଥସନ୍ (୧୯୩୮–୧୯୭୩) ନାମରେ ଜଣେ ଶିଳ୍ପୀ ଥିଲେ। ଲ୍ୟାଣ୍ଡଆର୍ଟ କଳା ଆଦୋଲନର ସେ ଅନ୍ୟତମ ସଦସ୍ୟ ଥିଲେ। ସ୍ମିଥସନ୍ ପ୍ରାରମ୍ଭିକ ଭାବରେ ଡ୍ରଇଂ, କୋଲାଜ୍ ଆଦି କରୁଥିଲେ ଓ ପରେ ବିକଳ୍ପ କଳା ଆଦୋଲନରେ ନିଜକୁ ସାମିଲ କରିଥିଲେ। ସ୍ମିଥସନ୍ ୧୯୭୦ ମସିହାରେ ପଶ୍ଚିମ ଆମେରିକା ଅନ୍ତର୍ଗତ ୟୁଥ ରାଜ୍ୟର ଗ୍ରେଟ୍ ସଲ୍ଟଲେକରେ 'ସ୍ପାଇରାଲ ଜେଟି' ନାମରେ ଏକ ବିରାଟ କଳାକୃତି ତିଆରି କରିଥିଲେ। ବିଶ୍ୱ କଳା ଇତିହାସ ସାଙ୍ଗରେ ସାମନ୍ୟ ସମ୍ପର୍କ ରଖୁଥିବା ଯେ କେହି ବି 'ସ୍ପାଇରାଲ ଜେଟି' ବିଷୟରେ ନିଶ୍ଚୟ ଜାଣିଥିବେ। କିଛି ନହେଲେ ସ୍ମିଥସନ୍ ନାମ ନଜାଣିଥିଲେ ବି 'ସ୍ପାଇରାଲ ଜେଟି'ର ଫଟୋ ନିଶ୍ଚୟ ଦେଖିଥିବେ। ଅନେକ କଳା ସମାଲୋଚକଙ୍କ ମତ ଅନୁସାରେ 'ସ୍ପାଇରାଲ ଜେଟି' କାମଟି ସ୍ମିଥସନଙ୍କ ସର୍ବଶ୍ରେଷ୍ଠ କଳାକୃତି। ଗ୍ରେଟ୍ ସଲ୍ଟଲେକ୍‌ର ତଟରୁ ଆରମ୍ଭ ହେଇ

ପାଣି ଭିତରକୁ କୁଣ୍ଡଳୀ ଭାବରେ ଗୁଡ଼େଇ ହୋଇ ରହିଥିବା ଜେଟିଟିର ଲମ୍ବ ପନ୍ଦର ଶହ ଫୁଟ୍ ଓ ଓସାର ପନ୍ଦର ଫୁଟ୍। ଉଚ୍ଚାରୁ ଦେଖିଲେ ସ୍ମିଥସନଙ୍କ ସ୍ପିରାଲ୍ ଜେଟି ଆମେ ଘରେ ବ୍ୟବହାର କରୁଥିବା ମଶାମରା କଛୁଆ ଛାପ୍ କଏଲ ପରି ଦିଶିବ। ଜେଟିଟି କାଦୁଅ, ଲୁଣ ସ୍ଫଟିକ ଓ ଲାଭା ପଥରରେ ତିଆରି ହେଇଛି। ୧୯୯୯ ମସିହାରୁ ଏହି ଲ୍ୟାଣ୍ଡଆର୍ଟକୁ 'ଦିଆ ଆର୍ଟ ଫାଉଣ୍ଡେସନ୍'କୁ ଦାନ କରିଦିଆଯାଇଛି ଓ ଫାଉଣ୍ଡେସନ୍ ତା'ର ରକ୍ଷଣାବେକ୍ଷଣା ଦାୟିତ୍ୱରେ ଅଛି। ସେଠାକୁ ବୁଲିଯାଉଥିବା ଦର୍ଶକଙ୍କ ପାଇଁ ନିର୍ଦ୍ଦେଶ ରହିଛି ସେମାନେ ଜେଟିରୁ ଯେମିତି ପଥର ଉଠେଇ ସାଙ୍ଗରେ ନନିଅନ୍ତି କିମ୍ବା ନିଆଁ ଜାଳିବା ପାଇଁ ଖୋଲାଖୋଲି ନକରନ୍ତି ଓ ଗଛବୃଛଙ୍କୁ ପାଦରେ ଦଳାଦଲି ନକରନ୍ତି। ତା' ସହ ଆଖପାଖରେ ଅଳିଆ ଆବର୍ଜନା ନପକାଇବାକୁ ମଧ୍ୟ ନିର୍ଦ୍ଦେଶ ରହିଛି।

ସ୍ମିଥସନ୍ ଜାଣି ଜାଣି ରୋଜେଲ ପଏଣ୍ଡ ସ୍ଥାନକୁ ଚୟନ କରିଥିଲେ ଏକ ବିଶେଷ କାରଣରୁ। କାରଣଟି ହେଲା; ସ୍ଥାନଟି ତା'ର ପୁରାତନ ଗ୍ରାମୀଣ ଚାରଣଭୂମିର ସୌନ୍ଦର୍ଯ୍ୟ ହରେଇ ସାରିଥିଲା ଓ ପାଖରେ ପୁରୁଣା ଘାଟ ସହ କାରଖାନାର ବର୍ଯ୍ୟବସ୍ତୁ ଫିଙ୍ଗାଯାଉଥିଲା। ତା' ସାଙ୍ଗକୁ ଅବ୍ୟବହୃତ ତୈଳ ବିଶୋଧାନଗାର ବି ରହିଥିଲା। କିଛି ବ୍ୟାକ୍ଟେରିଆ ଓ ଆଲଜି ଯୋଗୁଁ ସଲ୍ଟଲେକ୍ରେ ରିଜେଲ ପଏଣ୍ଟର ପାଣି ରକ୍ତ ପରି ନାଲି ରାଙ୍ଗ ହେଇ ରହୁଥିଲା। ଆହୁରି ମଧ୍ୟ ଅନେକ ଆଗରୁ ସେ ଜାଗାରେ ମୂଳ ଆମେରିକୀୟମାନେ ବସବାସ କରୁଥିଲେ ଓ କ୍ରମେ ଶ୍ୱେତାଙ୍ଗମାନେ ଆସି ସେଠି ରହୁଥିଲେ। ସ୍ଥାନ ନିରୂପଣ ସମୟରେ ସ୍ମିଥସନ୍ ହେଲିକ୍ୟାପ୍ଟରରେ ସେ ସ୍ଥାନ ଉପରେ ଚକ୍କର କାଟୁଥିବା ବେଳେ ଫରାସୀ କ୍ଲାସିକାଲ୍ ଛବିର ଶିଳ୍ପୀ ନିକୋଲାସ୍ ପୁସିନଙ୍କ

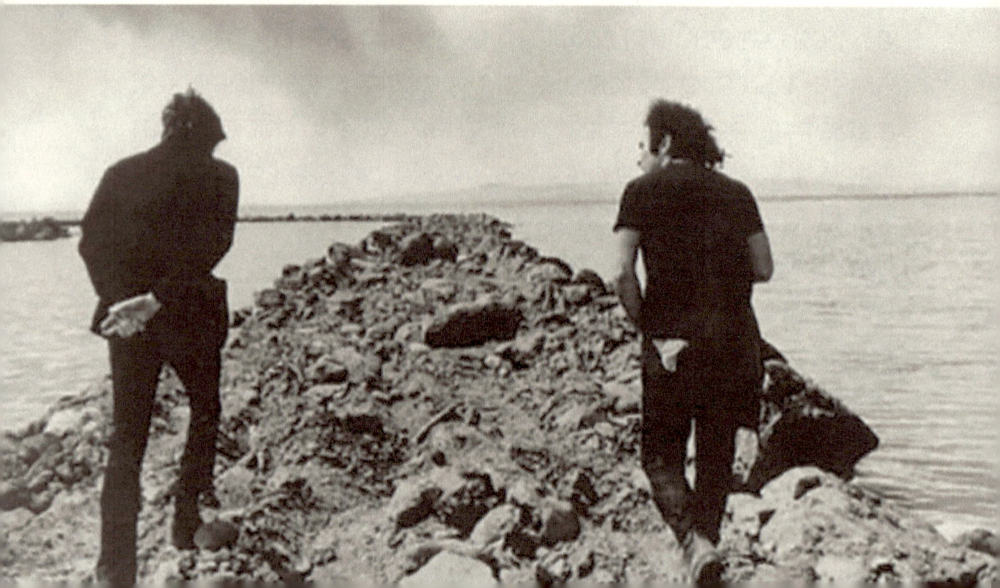

ଛବି ବିଷୟରେ କଥା ହୋଇଥିଲେ। ନିକୋଲାସଙ୍କ ଛବିର ଠିକ୍ ଓଲଟା ଭୂଦୃଶ୍ୟ ଭିତରେ ତାଙ୍କ କଳାକୃତି ଗଢ଼ିବାକୁ ସେ ମନସ୍ଥ କରିଥିଲେ। ଖାଲି ମନସ୍ଥ କରିଦେଲେ ତ କାମ ହୋଇଯିବନି। କାମକୁ ପୂର୍ଣ୍ଣାଙ୍ଗ କରିବାକୁ ସ୍ମିଥସନ୍ ପାଖ ସହରରୁ ବବ୍ ଫିଲିପସ ନାମକ ଜଣେ କଣ୍ଟ୍ରାକ୍ଟରଙ୍କୁ ଦାୟିତ୍ୱ ଦେଲେ। ଜଣେ କଣ୍ଟ୍ରାକ୍ଟରଙ୍କୁ ଏମିତି ଏକ ନିର୍ମାଣ ପାଇଁ ରାଜି କରାଇବା କାଠିକର ପାଠ ଥିଲା। କଣ୍ଟ୍ରାକ୍ଟର ବୁଝିପାରୁ ନଥିଲା ସ୍ମିଥସନ୍ କ'ଣ ପାଇଁ ଏତେ ବଡ଼ ଗୋଟେ ଅଜୀବ ଜେଟିର ନିର୍ମାଣ କରିବେ, ଯାହା କାହାର ବି କିଛି କାମରେ ଲାଗିବନି। ଏକଥା ସତ ଯେ, ଆମର ନିର୍ମାଣ ସବୁ ବ୍ୟବହାର ଉପଯୋଗୀ। ଏଇ ନିର୍ମାଣ କାମକୁ ଆମେ ପ୍ରଗତି ଓ ସଭ୍ୟତା ବୋଲି କହୁ। ଖାସ୍ ଏଇ ନିର୍ମାଣ ପାଇଁ ହିଁ ପରିବେଶ ଧ୍ୱଂସ ହୁଏ। ପରିବେଶକୁ ବାଜିରେ ଲଗାଇ ଆମ ସଭ୍ୟତାର ରଥ ଆଗକୁ ଗଡ଼େ।

ଯା'ହେଉ ବବ୍ ଫିଲିପସ ଶେଷରେ ସ୍ମିଥସନ୍‌ଙ୍କ କଥା ବୁଝିଲେ ଓ ୧୯୭୦ ଏପ୍ରିଲ୍ ମାସରେ କାମ ଆରମ୍ଭ ହେଲା। ବବ୍ ଦୁଇଟି ଟ୍ରକ୍ ଓ ଗୋଟେ ଟ୍ରାକ୍ଟର ଧରି ସାଢ଼େ ଛଅହଜାର ଟନ୍‌ରୁ ଅଧିକ ପଥର ହ୍ରଦ ଭିତରେ ପକାଇଲେ। ହେଲେ କାମ ଆରମ୍ଭର ଠିକ୍ ଦୁଇଦିନ ପରେ ସ୍ମିଥସନ୍ କାମ ଅଟକାଇ ଜେଟୀର ଆକାରରେ ଅଦଲ ବଦଲ କଲେ। ତେଣୁ କାମ ସରିବାକୁ ଯେଉଁ ନିର୍ଦ୍ଧାରିତ ସମୟ ଧାର୍ଯ୍ୟ କରାଯାଇଥିଲା ତା'ଠାରୁ ଟିକେ ଅଧିକ ସମୟ ଲାଗିଲା।

ଜେଟି ତିଆରି କରିବାକୁ ହ୍ରଦ କୂଳରେ ଥିବା ପଚିଶ ଏକର ଜାଗା ବର୍ଷକୁ ଶହେ ଡଲାରର ଭଡ଼ାରେ ସ୍ମିଥସନ୍‌ଙ୍କୁ ଲିଜରେ ମିଳିଲା ପରେ ଯାଇ କାମ ଆରମ୍ଭ ହେଲା। ସ୍ପାଇରାଲ୍ ଜେଟି ପାଇଁ ଖର୍ଚ୍ଚ ଅର୍ଥର କିଛି ଅଂଶ ନ୍ୟୁୟର୍କର ଏକ ଗ୍ୟାଲେରୀ

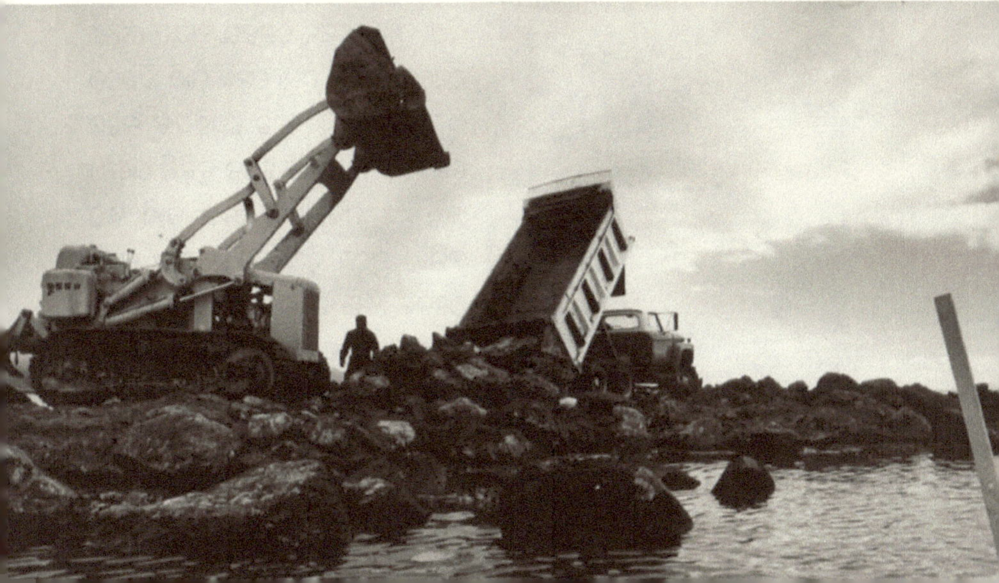

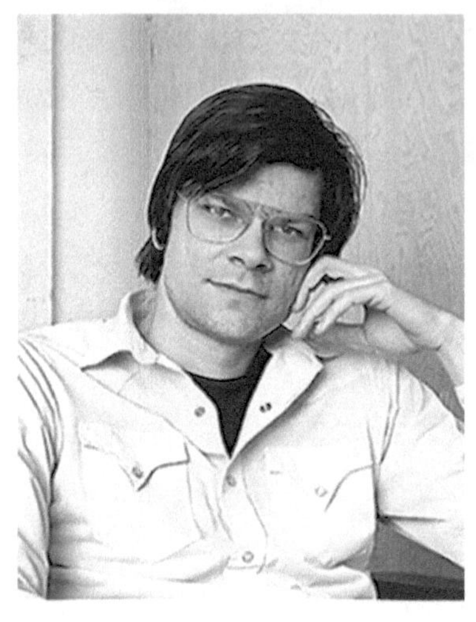

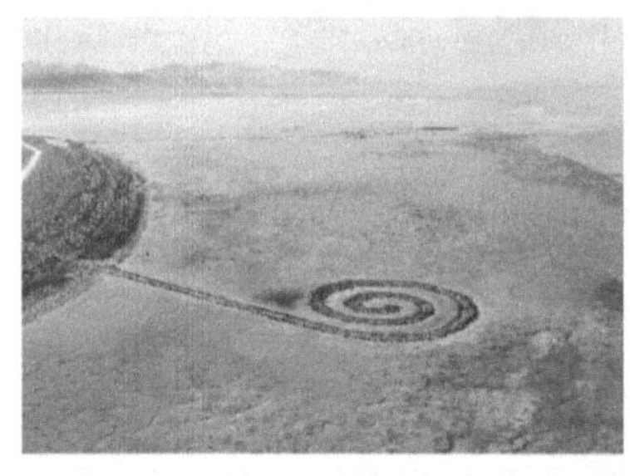

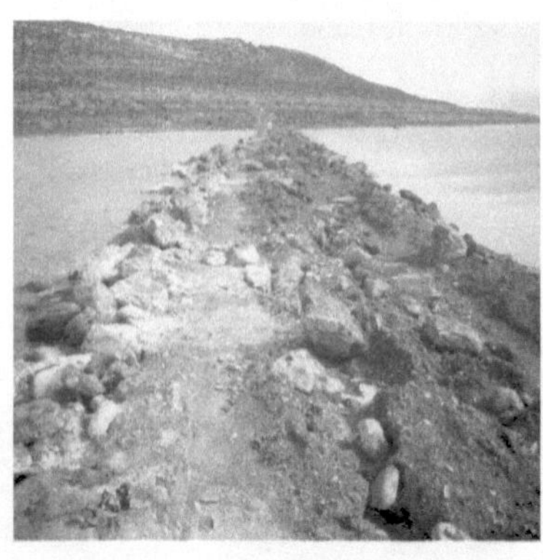

ବହନ କରିଥିଲେ। ସ୍ମିଥସନ୍‌କୁ ଗ୍ୟାଲେରୀ ନଅ ହଜାର ଆମେରିକୀୟ ଡଲାରର ସାହାଯ୍ୟ କରିଥିଲେ। ଜେଟି ନିର୍ମାଣ ସମୟରେ ସ୍ମିଥସନ୍ ତାଙ୍କ ପନୀଙ୍କ ସହ ମିଶି ବତିଶ ମିନିଟ ଅବଧିର ଏକ ରଙ୍ଗୀନ ସିନେମା ବି ତିଆରି କରିଥିଲେ। ପ୍ରଥମରୁ ସ୍ମିଥସନ୍‌କୁ କୁଣ୍ଡଳୀ ଆକୃତି ଭଲଲାଗୁଥିଲା। ଆମେରିକାର ମୂଲ ବାସିନ୍ଦାମାନଙ୍କ ପ୍ରାଚୀନ ଛବିରେ ଅନେକତ୍ର କୁଣ୍ଡଳୀର ଉଲ୍ଲେଖ ଥିଲା। ଆମ ବିଶ୍ୱବ୍ରହ୍ମାଣ୍ଡର ଆକାର ସହ କୁଣ୍ଡଳୀର ସାମଞ୍ଜସ୍ୟ ଥିବା କଥା ସ୍ମିଥସନ୍ କହିଛନ୍ତି। ସ୍ମିଥସନ୍‌ଙ୍କ ପୁରୁଣା ଛବିରେ କୁଣ୍ଡଳୀକୁ ସେ ଅନେକଥର ଆଙ୍କିଥିବାର ଦେଖିବାକୁ ମିଳେ। ସ୍ବିରାଲ୍ ଜେଟୀର ଅଳ୍ପଦୂରରେ ତମ୍ବା ଖଣି ଅଛି, ଯାହାର ସ୍ବିରାଲ୍ ଆକାର ସହ ସାମଞ୍ଜସ୍ୟ ଅଛି। ସ୍ଥାନ ଚୟନ, କଣ୍ଟ୍ରାକ୍ଟର ସହ ଯୋଗାଯୋଗ, ଆବଶ୍ୟକୀୟ ସରକାରୀ ଅନୁମତି ଓ ଜେଟୀ ନିର୍ମାଣକୁ ସ୍ମିଥସନ୍ ମାତ୍ର ଚାରି ସପ୍ତାହରେ ଶେଷ କରିଥିଲେ। ପରେ ଯେତେବେଳେ ଦିଆ ଫାଉଣ୍ଡେସନ୍ ଜେଟିର ଦାୟିତ୍ୱ ନେଲା ସେତେବେଳକୁ ପୁରା ଜେଟି ପାଣି ଭିତରେ ଲୁଚି ଯାଇଥାଏ। ଏମିତି ଦେଖିବାକୁ ଗଲେ ଜେଟି ପ୍ରାୟତଃ ପାଣି ତଳେ ବୁଡ଼ିକି ରହେ। ୨୦୦୦ ମସିହାରେ ହ୍ରଦର ପାଣି ସ୍ତର କମିଲା ପରେ ସ୍ମିଥସନ୍‌ଙ୍କ କୁଣ୍ଡଳୀ ଜେଟି ଅନେକ ଦିନ ପରେ ଉପରକୁ ଦୃଶ୍ୟମାନ ହେଲା। ସେତେବେଳକୁ ପ୍ରଥମରୁ ବ୍ୟବହାର କଳାପଥର ସବୁ ଲୁଣଲଗା

ହୋଇ ଚକ୍‌ଚକ୍‌ ଧଲା ହୋଇସାରିଥିଲେ। ପାଣି ତଳେ ଲୁଚିକି ରହୁଥିବା ଓ କଳା ଇତିହାସରେ ଚର୍ଚ୍ଚାରେ ରହୁଥିବା ଏମିତି ଏକ କଳାକୃତିକୁ ଅନେକ କେବଳ ପୁରୁଣା ଫଟୋରେ ଦେଖିବାକୁ ପାଆନ୍ତି ଯାହା।

ଏ କଥା ସତ ଯେ ସ୍ମିଥସନ୍‌ଙ୍କ କୁଣ୍ଡଳୀ ଜେଟିରେ କେବେ ବି କୌଣସି ଡଙ୍ଗା କି ଜାହାଜ ଲାଗିବନି। କୌଣସି ଅର୍ଥ ନଥାଇ ବି ଅର୍ଥପୂର୍ଣ୍ଣ ଏଇ କଳାକୃତିଟି ପ୍ରକୃତି ସହ ଆଧୁନିକ ମଣିଷର ସମ୍ପର୍କ ବିଷୟରେ ବେଶ୍‌ କଥା କହେ। ସମସାମୟିକ କଳାକୁ ନିୟନ୍ତ୍ରଣ କରୁଥିବା ନ୍ୟୁୟର୍କର ଗ୍ୟାଲେରୀମାନଙ୍କ ଠାରୁ ବେଶ୍‌ ଦୂରରେ ସ୍ପାଇରାଲ ଜେଟି ନିର୍ମାଣ କରି କଳାରାଜ୍ୟକୁ ଏକଚାଟିଆ ନିୟନ୍ତ୍ରଣରେ ରଖୁଥିବା ଗ୍ୟାଲେରୀଙ୍କୁ ସ୍ମିଥସନ୍‌ କହିବାକୁ ଚାହୁଁଥିଲେ ଯେ, ମୂଳକାମଟି ଏବେ ଗ୍ୟାଲେରୀ ବାହାରେ। ମାନେ ତୁମମାନଙ୍କ ନିୟନ୍ତ୍ରଣର ବାହାରେ। ତୁମ ଗ୍ୟାଲେରୀରେ ତା'ର କେବଳ ଫଟୋ ରହିପାରିବ। ଯଦି ସହରରୁ ବାହାରି କେହି ଜଣେ କାରଖାନା ଓ କାରଖାନାର ବର୍ଯ୍ୟବସ୍ତୁ, ଖଣି ଖଦାନ ଏବଂ ଟାଙ୍ଗରା ଲ୍ୟାଣ୍ଡସ୍କେପ୍‌ ଭିତର ଦେଇ ସ୍ପାଇରାଲ ଜେଟି ପାଖକୁ ଯିବ, ତେବେ ଜାଗା ମୁଣ୍ଡରେ ପହଞ୍ଚି କିଛି ବି ପାଇବନି। ହୁଏତ ଜେଟି ପାଣି ତଳେ ବୁଡ଼ିକି ଥିବ ଅବା ଦିଶୁଥିଲେ ତାହା ଅନେକଙ୍କୁ ସୌନ୍ଦର୍ଯ୍ୟକର ଓ ମନମୁଗ୍ଧକର ଲାଗି ନପାରେ।

ଏକଥା ଅଲଗା ଯେ, ଆମ ଭାରତରେ ଏମିତି ଏକ କଳାଭ୍ୟାସ ପାଇଁ ବେଶୀ କିଛି ପରିସର ତିଆରି ହୋଇନି। ଆଜିକାଲି ଅବଶ୍ୟ କିଛି ଯୁବ କଳାକାର ଲ୍ୟାଣ୍ଡ ଆର୍ଟ କରୁଛନ୍ତି ଓ ଧିରେ ଧିରେ ଏନେଇ ଦର୍ଶକ ଓ କଳାପ୍ରେମୀଙ୍କ ଭିତରେ ଆଗ୍ରହ ବଢୁଛି। ତଥାପି ୧୯୭୦ ମସିହାରେ ଘଟି ସାରିଥିବା ଘଟଣା ପରି ଆଜି ବି ଆମର ଏଠି କିଛି ଘଟିବାର ସମ୍ଭାବନା ଦିଶୁନି। ସ୍ଥିତାବସ୍ଥାକୁ ପ୍ରଶ୍ନ ପଚାରିବାର ଅଭ୍ୟାସ ଆମର ନାହିଁ। ଅଲଗା ରାସ୍ତାରେ ବାଟ ଚାଲିବାର ସାହାସ ଓ ସାମର୍ଥ୍ୟ ବି ନାହିଁ।

ସ୍ମିଥସନ୍‌ ବେଶୀ କିଛି କାମ କରିପାରି ନଥିଲେ। ସ୍ପାଇରାଲ ଜେଟି ନିର୍ମାଣର ମାତ୍ର ତିନି ବର୍ଷ ପରେ ନୂଆ ଏକ କାମ ପାଇଁ ଆକାଶ ମାର୍ଗରୁ ସର୍ଭେ କରୁଥିବା ବେଳେ ଅଳ୍ପ ବୟସର ସ୍ମିଥସନ୍‌ ଏକ ଉଡ଼ାଜାହାଜ ଦୁର୍ଘଟଣାରେ ପ୍ରାଣ ହରାଇଥିଲେ।

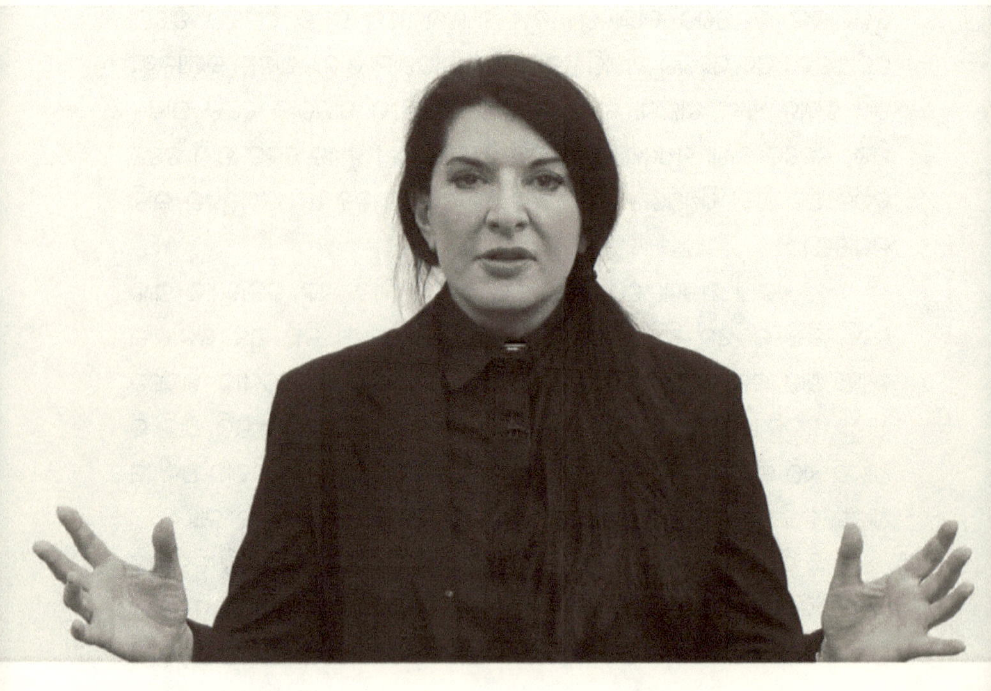

'In theater, blood is ketchup; in performance, everything's real.'
- Marina Abramovic

ରିଦମ୍ – ଜିରୋ, ଏକ ଭୟଙ୍କର ପର୍ଫର୍ମାନ୍ସ

ବିଶ୍ୱ କଳା ରାଜ୍ୟରେ ପରଫର୍ମିଙ୍ଗ ଆର୍ଟ ତା'ର ଚେର ଭଲରେ ଭିଡ଼ି ନଥାଏ । ସେଥର ସର୍ବିଆର ତେଇଶି ବର୍ଷର ଝିଅ ମରିନା ଆବ୍ରାମୋଭିଚ୍ (୧୯୪୬) ନିଜ ଶରୀରକୁ ଏକ ବସ୍ତୁ ଭାବରେ ଗ୍ୟାଲେରୀ ପରିସରରେ ଦର୍ଶକମାନଙ୍କ ଜିମାରେ ପୁରା ଛଅ ଘଣ୍ଟା ପାଇଁ ଛାଡ଼ିଦେଲେ । ତାଙ୍କ ସାମ୍ନାରେ ଏକ ଧଳା କପଡ଼ା ପଡ଼ିଥିବା ଲମ୍ବା ଟେବୁଲ୍ ଉପରେ ସେ ବାଆସ୍ତରିଟି ଜିନିଷ ବି ସଜେଇ ରଖିଥିଲେ । ଯେଉଁଥିରେ ଥିଲା ଗୋଟେ କଣ୍ଟା ଯୁକ୍ତ ଡାଲରେ ଫୁଟିଥିବା ଗୋଲାପ ଫୁଲ, ଚଢ଼େଇର ପର, ଚାମଚ, ମହମବତୀ, ମୁଣ୍ଡ କଣ୍ଟା, ବହି, କଲମ, ମହୁ, ବଇଁଶୀ, ରୁମାଲ, ଅତର, ରୁଟି, ଅଙ୍ଗୁର, ସେଓ, ଜୋତା, ଡବାଏ ବ୍ରେଡ୍, ଲୁଣ, ଖବର କାଗଜ, କରତ, ସେଫ୍ଟିପିନ୍, ଆଇନା, ପାନିଆ, ମଦ, ହାତୁଡ଼ି, କୁରାଢ଼ି, କଇଁଚି, ପରିବା କଟା ଛୁରୀ, କଣ୍ଟା, ଧାତବ ଦଣ୍ଡ, ଗୁଲି ଭରାଯାଇଥିବା ଗୋଟେ ବନ୍ଧୁକ ସହ ଆହୁରି ଅନେକ କିଛି । ଏମିତି ଏକ ଜିନିଷମାନଙ୍କର ତାଲିକା ଥିଲା ଯାହାକି ଉଭୟେ ଭଲ ଓ ଖରାପରେ ବ୍ୟବହାର କରାଯାଇପାରିବ । ଉଭୟେ ଶାନ୍ତି ଓ ଆତଙ୍କ ପାଇଁ ବ୍ୟବହାର କରାଯାଇପାରିବ । ଭଲରେ ବ୍ୟବହାର କରାଯାଇପାରିବ ଓ ପୁଣି ଅନ୍ୟର କ୍ଷତି ବି କରିପାରିବ । ଜିନିଷଗୁଡ଼ିକ ଏମିତି ଭାବରେ ମରିନା ସଂଗ୍ରହ କରିଥିଲେ ଯାହା କି ଲୋକମାନଙ୍କର ନିତିଦିନିଆ ବ୍ୟବହାରରେ ପ୍ରାୟତଃ ଲାଗିଥାଏ । ସୂଚନା ଦିଆଯାଇଥିଲା ଯେ, ଟେବୁଲ୍ ଉପରେ ସଜେଇକି ରଖାଯାଇଥିବା ଜିନିଷମାନଙ୍କୁ ପରିଦର୍ଶକମାନେ ଯେମିତି ଚାହିଁବେ ସେମିତି ମରିନାଙ୍କ ଶରୀର ଉପରେ ବ୍ୟବହାର

କରିପାରିବେ । ପରଫରମାନ୍ଟିକୁ ଆୟୋଜନ କରାଯାଇଥିଲା ଇଟାଲୀର ନାପଲେସ୍‌ର ମୋରା ଷ୍ଟୁଡିଓରେ । ଏଥିପାଇଁ ଅଲଗା କିଛି ମଞ୍ଚର ବ୍ୟବସ୍ଥା କରାଯାଇ ନଥିଲା । ଦର୍ଶକ ଓ କଳାକାର ସମାନ ସମତଳରେ ସମାନ ଜାଗାରେ ରହିଥିଲେ । ପରଫରମାନ୍ସର ନାମ ରଖାଯାଇଥିଲା 'ରିଦମ୍‌ – ଜିରୋ' ।

ପରଫରମାନ୍ସର ସମୟସୀମା ଧାର୍ଯ୍ୟ କରାଯାଇଥିଲା ଛଅ ଘଣ୍ଟା । କଥା ଥିଲା ମରିନା ରାତି ଆଠଟାରୁ ରାତି ଦୁଇଟା ପର୍ଯ୍ୟନ୍ତ ଗ୍ୟାଲେରୀ ଭିତରେ ଚୁପ୍‌ ଚାପ୍‌ କେବଳ ଛିଡ଼ା ହେବେ । ସେଠାରେ ଉଲ୍ଲେଖ କରାଯାଇଥିଲା, ଟେବୁଲ ଉପରେ ରଖାଯାଇଥିବା ଜିନିଷମାନଙ୍କୁ ଯେ କେହିବି ତାଙ୍କ ଉପରେ ଯେମିତି ଚାହିଁବ ବ୍ୟବହାର କରିପାରିବ ଓ ପରଫରମାନ୍ସ ସମୟରେ ଯାହା କିଛି ଘଟଣା ଅଘଟଣ ଘଟିବ ସେକଥା ସେ ବୁଝିବେ । ମରିନାଙ୍କର ଉଦ୍ଦେଶ୍ୟ ଥିଲା ସେ ଏମିତି ଏକ ପରୀକ୍ଷା କରିବେ ଯେଉଁଠି ଜଣେ ପରଫରମାନ୍ସ କଳାକାର ଭାବରେ ସେ କିଛି ବି ଆଙ୍ଗିକ କି ବାଚିକ ପ୍ରତିକ୍ରିୟା ବିନା ଦର୍ଶକମାନଙ୍କର ବ୍ୟବହାରକୁ ପରଖିବେ । ଜାଣିବେ ପ୍ରକୃତରେ ଅନ୍ୟ ସବୁ ବସ୍ତୁ ସହ ଦର୍ଶକ ତାଙ୍କୁ ଏକ ବସ୍ତୁ ଭାବରେ ଗ୍ରହଣ କରିନେଇ ତାଙ୍କ ସହ ଓ ତାଙ୍କ ଶରୀର ସହ କ'ଣ କ'ଣ ସବୁ ବ୍ୟବହାର କରୁଛନ୍ତି ।

ଛଅ ଘଣ୍ଟା ର ପରଫରମାନ୍ସ ଅବଧିର ପ୍ରଥମ କିଛି ଘଣ୍ଟା ସବୁ ଠିକ୍‌ ଠାକ୍‌ ଥିଲା । ଦର୍ଶକମାନେ ପ୍ରଥମେ ମରିନାଙ୍କୁ ପାଖକୁ ଆସି ଦେଖିଲେ । ଟେବୁଲ ଉପରେ ଥିବା ଜିନିଷ ପତ୍ରକୁ ପରଖିଲେ । ରଖାଯାଇଥିବା କାଗଜକୁ ପଢ଼ିଲେ । ତାପରେ କେହି କେହି ଚୁପ୍‌ ଚାପ୍‌ ଛିଡ଼ା ହେଇଥିବା ମରିନାଙ୍କୁ ଗୋଲାପ ଫୁଲ ଦେଲେ ଓ କେହି ତାଙ୍କୁ ଛୁଇଁଲେ, ତାଙ୍କ ଚାରିପାଖରେ ଘୁରିଲେ ଏବଂ ତାଙ୍କ ଗାଲରେ ଚୁମ୍ବନ ବି ଦେଲେ ।

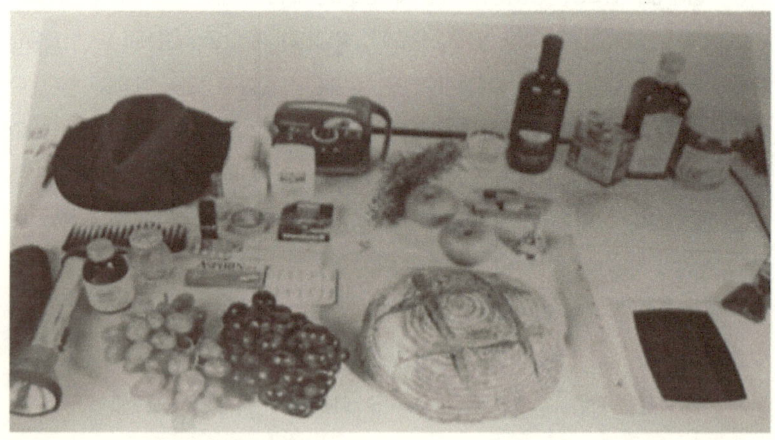

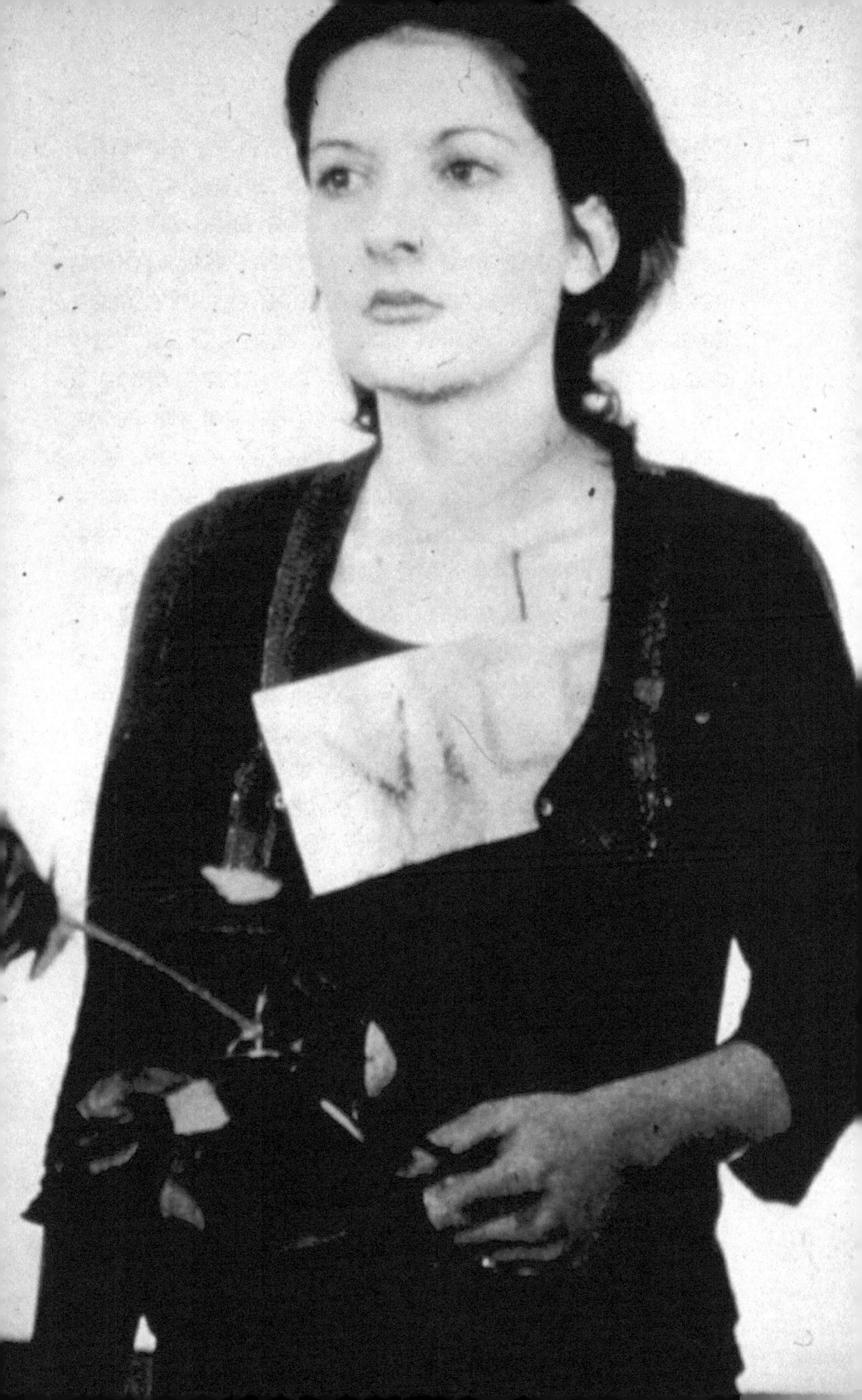

ଦର୍ଶକମାନଙ୍କର ଏସବୁ ବ୍ୟବହାର ପ୍ରତି ନିର୍ବିକାର ରହି ମରିନା କିନ୍ତୁ ଚୁପଚାପ୍ ନିଜ ଜାଗାରେ ଛିଡ଼ା ହୋଇ ରହିଥିଲେ। କିନ୍ତୁ ରାତି ବଢ଼ିବା ସହ ଗ୍ୟାଲେରୀ ପରିସର ଯେମିତି ଧୀରେ ଧୀରେ ଉଷ୍ମ ହେବାକୁ ଲାଗିଲା। କାଳିସ ଲାଗିଲା ପରି ଉପସ୍ଥିତ ଦର୍ଶକମାନେ ଧୀରେ ଧୀରେ ଅଲଗା ବ୍ୟବହାର କରିବାକୁ ଆରମ୍ଭ କରିଦେଲେ। ତିନିଘଣ୍ଟା ବେଳକୁ ଦର୍ଶକମାନେ ଟେବୁଲରେ ରଖାଯାଇଥିବା ରେଜର ବ୍ଲେଡ୍‍ରେ ମରିନାଙ୍କର ପୋଷାକକୁ ଟିକେ ଟିକେ କରି କାଟିବା ଆରମ୍ଭ କରିଦେଲେ। ଚାରି ଘଣ୍ଟା ବେଳକୁ ସେଇ ବ୍ଲେଡ୍‍ରେ ମରିନାଙ୍କ କଟା ସରିଥିବା ପୋଷାକ ତଳ ଦରଲଙ୍ଗଲା ଶରୀରକୁ ବି କିଏ କିଏ କାଟିବା ଆରମ୍ଭ କଲେ। ଗୋଲାପ ଡାଲରେ ଥିବା କଣ୍ଟା ବାଜି ମରିନାଙ୍କ ଦେହରେ ଅନେକ କ୍ଷତ ହୋଇସାରିଥାଏ। ସେତିକିବେଳେ ଜଣେ ଦର୍ଶକ ତାଙ୍କ ବେକ ପାଖକୁ ବ୍ଲେଡ୍‍ରେ କାଟି କିଛି ରକ୍ତ ପିଇବାର ଉପକ୍ରମ କଲା। ଜଣେ ଦର୍ଶକ ତ ସେଠାରେ ଆଗରୁ ରଖାଯାଇଥିବା ବନ୍ଧୁକରେ ଗୁଳି ଭରି ମରିନାଙ୍କ ହାତରେ ବନ୍ଧୁକ ଧରେଇ ଦେଲା ଓ ବନ୍ଧୁକର ମୁହଁ ମରିନାଙ୍କ ବେକ ପାଖରେ ରଖି ଟ୍ରିଗର ଦବାଇବାର ଉପକ୍ରମ କରୁଥିଲା। ଠିକଣା ସମୟରେ ଗ୍ୟାଲେରୀର ଜଣେ କର୍ମଚାରୀ କିନ୍ତୁ କିଛି ଦୁର୍ଘଟଣା ଘଟିବା ଆଗରୁ ସେ ଲୋକ ହାତରୁ ବନ୍ଧୁକ ଛଡ଼ାଇ ଝରକା ପଟେ ବାହାରକୁ ଫିଙ୍ଗି ଦେଲା। ଏତେ ପରେ ବି ମରିନା କିନ୍ତୁ ଚୁପଚାପ୍ ଛିଡ଼ା ହୋଇ ରହିଥିଲେ। କେବଳ ତାଙ୍କ ଆଖିରୁ ଲୁହ ଧାର ଧାର ହୋଇ ଝରିଯାଉଥିଲା। ସେଠାରେ ଉପସ୍ଥିତ ଥିବା ଜଣେ କଳା ସମାଲୋଚକଙ୍କ କହିବା କଥା ଅନୁସାରେ ସେଇ ଛଅ ଘଣ୍ଟା ଭିତରେ ଚୁପଚାପ୍ ଦରଲଙ୍ଗଲା ହୋଇ ଛିଡ଼ା ହୋଇଥିବା ମରିନାକୁ ହତ୍ୟା କିମ୍ବା ଧର୍ଷଣ କରାଯାଇଥିଲେ ବି ସେ କଦାପି ସେଦିନ ବିରୋଧ କରିନଥା'ନ୍ତେ। ଠିକ୍

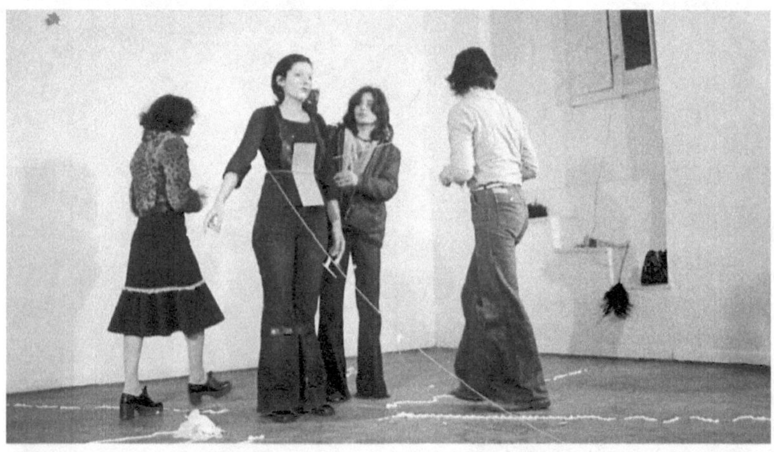

ମରିନାଙ୍କ ପରଫରମାନ୍ସର ଦଶ ବର୍ଷ ଆଗରୁ ଜାପାନୀ ଶିଳ୍ପୀ 'ୟକୋ ଓନୋ'(୧୯୩୩) ଠିକ୍ ଏମିତି ଏକ ପରଫରମାନ୍ସ ୧୯୬୪ରେ କରିଥିଲେ, ଯେଉଁଠି ସେ ମଞ୍ଚରେ ଥିଲେ ଓ ସେଠାରେ ଉପସ୍ଥିତ ଦର୍ଶକଙ୍କୁ କଇଁଚିରେ ତାଙ୍କ ପୋଷାକ କାଟିବାକୁ ଅନୁମତି ଦେଇଥିଲେ। ପ୍ରଥମେ ଦର୍ଶକମାନେ ତାଙ୍କ ପୋଷାକରୁ ଅଳ୍ପ ଅଳ୍ପ କରି କାଟିବା ଆରମ୍ଭ କରି ଶେଷରେ ତାଙ୍କର ସବୁ ପୋଷାକକୁ କାଟି ପକାଇଥିଲେ।

ମରିନା ତାଙ୍କର ବ୍ୟକ୍ତିଗତ କଳା ଦର୍ଶନ ସମ୍ପର୍କରେ କୁହନ୍ତି ଯେ, ସେ ସାଜସଜା ପାଇଁ କଳା ସୃଷ୍ଟି କରନ୍ତିନି କି ସୁନ୍ଦର ଭାବରେ ଫ୍ରେମିଂ ହୋଇଥିବା ଓ ଆଖିକୁ ଭଲ ଲାଗୁଥିବା ରଙ୍ଗ ବ୍ୟବହାର କରାଯାଇ କାନ୍ଥରେ ଟଙ୍ଗା ଯିବା ପାଇଁ ଖାସ୍ ତିଆରି କରାଯାଇଥିବା କଳା ସୃଷ୍ଟି କରିବାକୁ ପସନ୍ଦ କରନ୍ତିନି। ତାଙ୍କ ପାଇଁ କଳା ହେଉଛି ଅନ୍ୟକୁ ଦ୍ବିଧାଗ୍ରସ୍ତ କରିବା, ପ୍ରଶ୍ନ ପଚାରିବା ଓ ଭବିଷ୍ୟତ ବିଷୟରେ ପୂର୍ବାନୁମାନ ଲଗାଇବା ଏବଂ ବିଭିନ୍ନ ପ୍ରସ୍ତରେ ତାକୁ ବୁଝିବା ପାଇଁ ସୁଯୋଗ ତିଆରି କରିବା।

ପରେ ମରିନା 'ରିଦମ୍ – ଜିରୋ' ପରଫରମାନ୍ସ ନେଇ ତାଙ୍କ ଅନୁଭବ ଓ ଅନୁଭୂତିକୁ ବର୍ଣ୍ଣନା କରିବାକୁ ଯାଇ କହିଥିଲେ ଯେ, ଯଦି ଦର୍ଶକମାନଙ୍କୁ ତାଙ୍କ ଇଚ୍ଛାରେ ସ୍ୱାଧୀନ ଭାବରେ ଏମିତି କରିବାକୁ ଛାଡ଼ି ଦିଆଯାଏ, ତେବେ ସେମାନେ ତାଙ୍କୁ ଜୀବନରେ ପୁରାପୁରି ମାରି ବି ଦେଇପାରନ୍ତି। କିଛି ସମୟ ପରେ କେତେ ଜଣ ଦର୍ଶକ ମରିନାଙ୍କୁ ଧରି ଟେକିନେଇ ଟେବୁଲ ଉପରେ ଚିତ୍ କରି ଶୁଆଇ ପକାଇଲେ। ଜଣେ ଗୋଟେ ପରିବା କଟା ଛୁରୀ ଧରି ତାଙ୍କ ଦୁଇ ଗୋଡ଼ ଫାଙ୍କରେ ଟେବୁଲ ଉପରେ ଛୁରୀକୁ ଭୃଷି ଦେଲା। ପ୍ରତୀକାତ୍ମକ ଭାବରେ କାର୍ଯ୍ୟଟିକୁ ଆମେ ଉଭୟେ ହତ୍ୟା ଓ ଧର୍ଷଣ ଭାବରେ ଧରିନେଇ ପାରିବା।

ପରଫରମାନ୍ସ ଆର୍ଟ ଓ ଥ୍ୱଏଟର ଅନେକ ସମୟରେ ଏକା ପରି ଦିଶୁଥିଲେ ମଧ୍ୟ ଏଇଠି ସେମାନଙ୍କ ଭିତରେ ଥିବା ପ୍ରଭେଦକୁ ଠିକ୍‌ରେ ବୁଝିହେବ। ପରଫରମାନ୍ସ ଆର୍ଟର ଓଡ଼ିଆ ଅନୁବାଦ କରିବାକୁ ମୁଁ ଚେଷ୍ଟା କରିନି। କାରଣ ଆମର ସେପରି କିଛି ଶବ୍ଦ ନାହିଁ ଯାହା ପ୍ରକୃତ ଅର୍ଥରେ ପରଫରମାନ୍ସ ଆର୍ଟକୁ ବୁଝାଇ ପାରିବ। ମରିନାଙ୍କ ଏଇ ପରଫରମାନ୍ସ ଧାରଣା ପଛରେ କିଛି ବି ପୂର୍ବ ପ୍ରସ୍ତୁତି ସ୍ୱଳ୍ପ ନଥିଲା। ନା' ଉପସ୍ଥିତ ଦର୍ଶକ ଭାବିଥିଲେ ସେମାନେ ପରିବେଶ ଓ ପରିସ୍ଥିତିକୁ ନେଇ କେମିତି ବ୍ୟବହାର କରିବେ। ସେମାନେ ହୁଏତ ଏତକ ମଧ୍ୟ ଜାଣିନଥିଲେ ସେମାନଙ୍କ ଭିତରେ ଏତେ ପରିମାଣରେ ହିଂସା, ଯୌନପ୍ରବଣତା ଲୁଚିକି ରହିଛି। ତା' ପୁଣି ଏକୁଟିଆ ନୁହେଁ ଅନ୍ୟମାନଙ୍କ ଉପସ୍ଥିତିରେ ମଧ୍ୟ ପ୍ରକାଶ ପାଇବାକୁ ସଙ୍କୋଚ କରୁନି। ମଞ୍ଚରେ ଭୟକୁ କୃତ୍ରିମ ଉପାୟରେ ପରିବେଷଣ କରାଯାଏ, ଏଠି କିନ୍ତୁ ଭୟ ଓ ଆତଙ୍କ ସ୍ୱତଃ ପ୍ରକାଶ

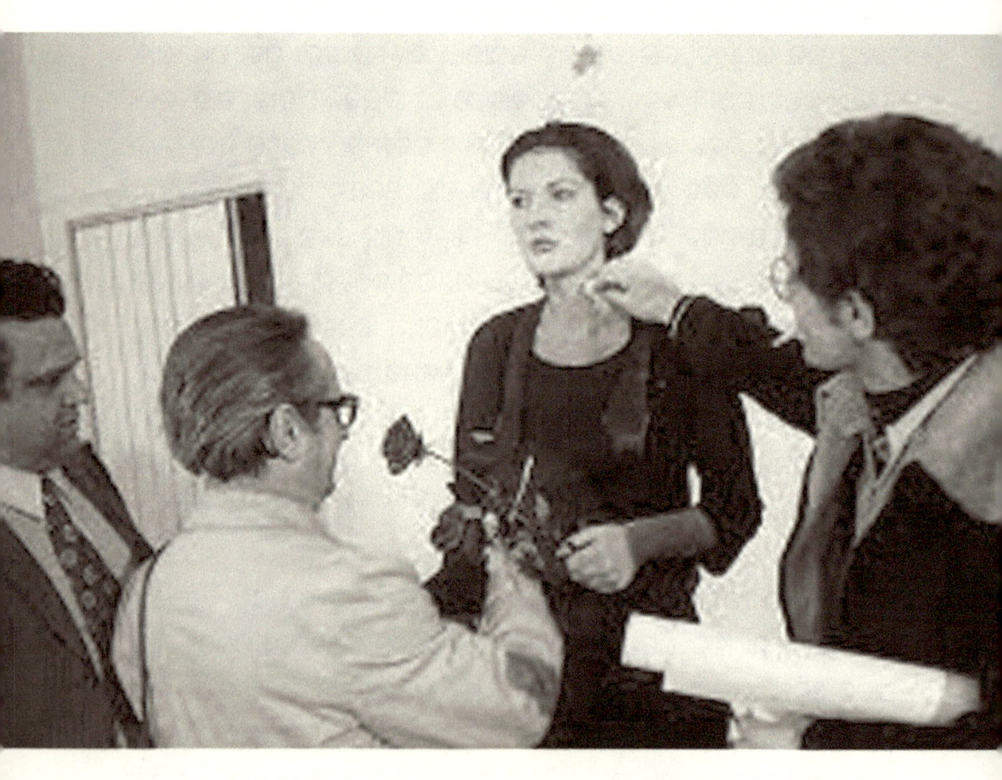

ପାଇଥିଲା। ଦୁହିଁଙ୍କ ଭିତରେ ଥିବା ଫରକ୍ ହେଉଛି ମିଛ ଓ ସତର ଫରକ। ସେତେବେଳର ପରଫର୍ମାନ୍ସ ଆର୍ଟରେ କଳାକାରମାନଙ୍କର ଆଙ୍ଗିକ ପ୍ରତିକ୍ରିୟା ଓ ଶାରୀରିକ କାର୍ଯ୍ୟକୁ କିଛି କଲା। ସମାଲୋଚକ ସମାଲୋଚନା କଲା ପରେ ମରିନା ଏମିତି ଏକ ପରଫର୍ମାନ୍ସ ବିଷୟରେ ଚିନ୍ତା କରିଥିଲେ, ଯେଉଁଠି ସେ ଶାରୀରିକ ଭାବରେ କିଛି ବି ପ୍ରତିକ୍ରିୟା ନକରି ଦର୍ଶକଙ୍କୁ ସେମାନଙ୍କ ଇଚ୍ଛାରେ କିଛି ବି କରିବାକୁ ଛାଡ଼ିଦେବେ। ଜଣେ ଜୀବନ୍ତ ସୁନ୍ଦରୀ ସ୍ୱାସ୍ଥ୍ୟବତୀ ଯୁବତୀ ତା'ର ଶରୀରକୁ ଅନେକ ମଣିଷଙ୍କ ଗହଣରେ ଗୋଟିଏ ବସ୍ତୁ ଭାବରେ ଛାଡ଼ିଦେବା ଓ ଉପସ୍ଥିତ ଦର୍ଶକ ସେ ଜୀବନ୍ତ ଶରୀରକୁ ଏକ ବସ୍ତୁ ଭାବରେ ଗ୍ରହଣ କରି ଯଦୃଚ୍ଛା ବ୍ୟବହାର କରିବା ସତରେ ଆଶ୍ଚର୍ଯ୍ୟର ବିଷୟ।

ସବୁଠାରୁ ମଜାକଥା ହେଲା, ଛଅ ଘଣ୍ଟାର ପରଫର୍ମାନ୍ସ ପରେ ମରିନା ଯେତେବେଳେ ସେ ଛଅଘଣ୍ଟା ଧରି ଚୁପଚାପ୍ ଥିବା ଜାଗାରୁ ଉଠିପଡ଼ି ଦର୍ଶକମାନଙ୍କ ଆଡ଼କୁ ଚାଲିବାକୁ ଉପକ୍ରମ କଲେ, ସେତେବେଳେ ସେଠାରେ ଉପସ୍ଥିତ ଥିବା ଦର୍ଶକ ତାଙ୍କୁ ସାମ୍ନା କରିନପାରି ତରତରରେ ଗ୍ୟାଲେରୀ ପରିସର ଛାଡ଼ି ବାହାରକୁ ପଳେଇଥିଲେ। ମାନେ ଏକ ବସ୍ତୁ ଭାବରେ ସେମାନେ ମରିନାଙ୍କ ଶରୀର ଉପରେ ଯାହା କଲେ ବି ଜଣେ ମଣିଷ ଭାବରେ ମରିନାଙ୍କୁ ସାମ୍ନା କରିପାରି ନଥିଲେ। ବିଶ୍ୱ ପରଫର୍ମାନ୍ସ ଇତିହାସରେ ମରିନା ଆବ୍ରାମୋଭିଚ୍‌ଙ୍କ ଏହି ରିଦମ୍ — ଜିରୋ ପରଫର୍ମାନ୍ସ‌ଟିକୁ ବେଶ୍ ଗୁରୁତ୍ୱ ଦେଇ ସବୁବେଳେ ବିଚାର କରାଯାଏ। ମରିନାଙ୍କର ରିଦମ୍ ସିରିଜର ଦଶଟି ପରଫର୍ମାନ୍ସର ଏଇଟି ଶେଷ ପରଫର୍ମାନ୍ସ ଥିଲା। ମରିନାଙ୍କ ଏଇ ରିଦମ୍ ଜିରୋ କାମ ପରେ ପରଫର୍ମାନ୍ସ ଆର୍ଟ ଅଭ୍ୟାସ ନେଇ ଅନେକ ପ୍ରଶ୍ନ ଉଠିଥିଲା ଓ ଏନେଇ ଆଲୋଚନା ପର୍ଯ୍ୟାଲୋଚନା ଚାଲିଲା। ଯେମିତିକି ପରଫର୍ମାନ୍ସ ଆର୍ଟରେ ଦର୍ଶକମାନଙ୍କର କ'ଣ ଓ କେତେ ପର୍ଯ୍ୟନ୍ତ ଭୂମିକା ରହିବ। ଗ୍ୟାଲେରୀର ଭୂମିକା କ'ଣ ରହିବ। କଳାକାର ନିଜର କାମରେ ଦର୍ଶକଙ୍କୁ କେତେ ମାତ୍ରାରେ ସାମିଲ କରିବେ କି ନ କରିବେ ଇତ୍ୟାଦି। ମରିନା ତ ସେଇକଥା ହିଁ ଚାହୁଁଥିଲେ।

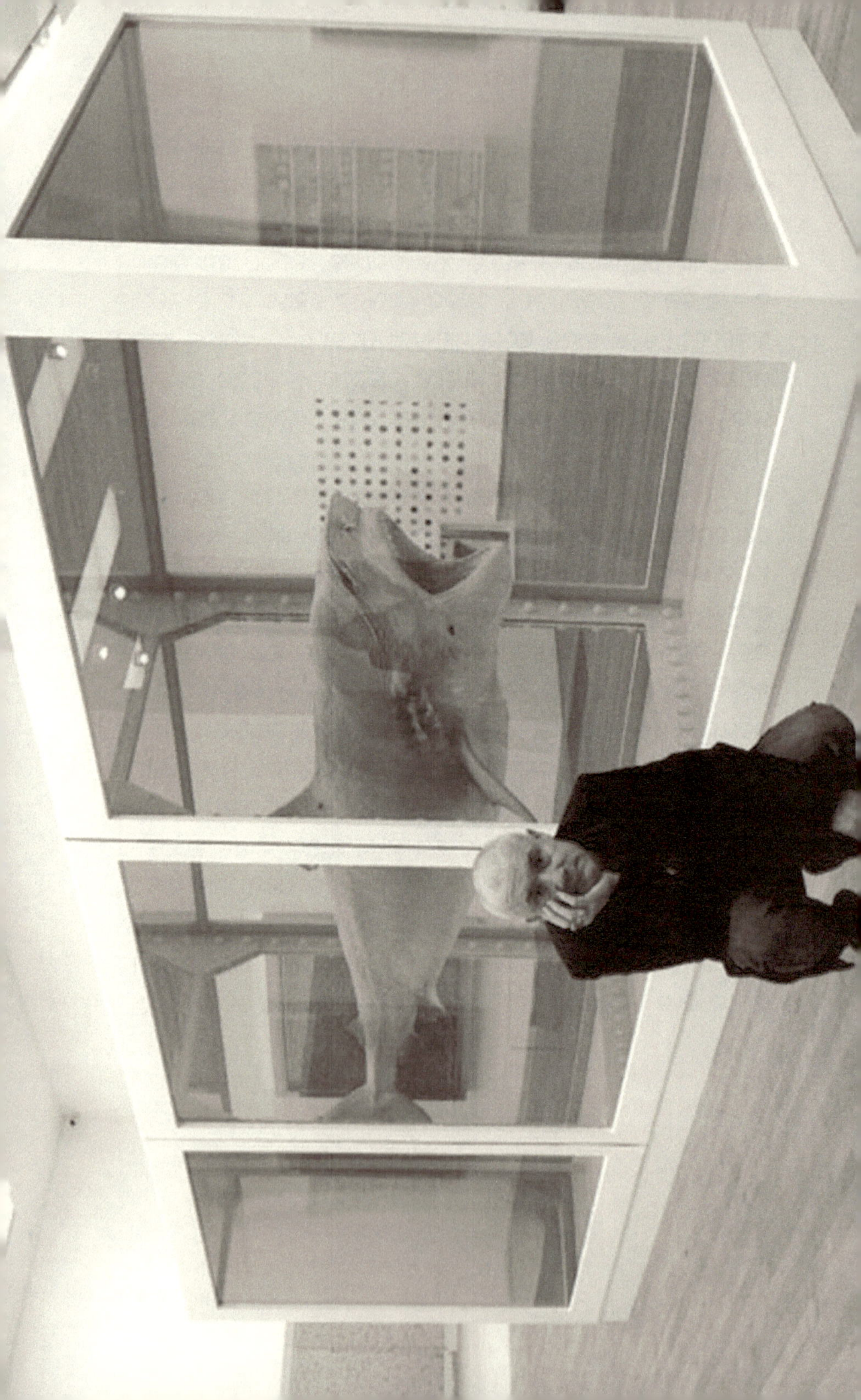

'Great art picks up where nature ends.' - Marc Chagall

ମଲ୍ଲା ସାର୍କ ମାଛର କଳାକୃତି

ଚିତ୍ରକଳା ରାଜ୍ୟରେ ଥରେ ଥରେ ଏମିତି କିଛି କଳାକାର ଆସନ୍ତି ଓ ଏମିତି କିଛି କଳାକୃତି ସୃଷ୍ଟି କରନ୍ତି, ଯାହାକି ବିଚରା ଦର୍ଶକ ବାପୁଡ଼ାକୁ ବଡ଼ ହଇରାଣ କରିପକାଏ। ସେମାନଙ୍କ ଅପାରମ୍ପରିକ କଳାକୃତି ପାରମ୍ପରିକ କଳା ରାଜ୍ୟକୁ ଓଲଟ ପାଲଟ କରି ପକାଏ। କଳା ପ୍ରଚଳିତ ଶଗଡ଼ଗୁଲା ଛାଡ଼ି ନୂଆ ଗୋଟେ ରାସ୍ତା ତିଆରି କରି ବାଟ ଚାଲିବା ଆରମ୍ଭ କରେ। କଳାପ୍ରେମୀ ବୁଝିପାରେନି କଳାକାରର ପରୀକ୍ଷାକୁ ସେ ସମ୍ମାନ ଦେବ ନା ନାହିଁ। ଗ୍ରହଣ କରିବ ନା ନାହିଁ ତା'ର ପାଗଳାପଣକୁ।

ଆଜି ସେମିତି ଏକ ଘଟଣାର ଅବତରଣିକା। ଈଏ ୧୯୯୦ ମସିହାର କଥା। ବ୍ରିଟିଶ ଶିଳ୍ପୀ ଦେମିଏନ ହର୍ଷ୍ଟ ଓ ତାଙ୍କର ଜଣେ ବନ୍ଧୁ ମିଶି ଏକ କଳା ପ୍ରଦର୍ଶନୀ କ୍ୟୁରେଟ୍ କରୁଥା'ନ୍ତି। ସେଇ ପ୍ରଦର୍ଶନୀରେ ଦେମିଏନ୍ କାଚ ବାକ୍ସ ଭିତରେ ଗୋଟେ ମଲ୍ଲା ଗୋରୁ ମୁଣ୍ଡ ରଖିଥିଲେ। ଯାହାକୁ କି ମେଞ୍ଚେ ଘୁଣ ପୋକ ଓ ଶହ ଶହ ମାଛି ଭିଣି ଭିଣି ଖାଉଥିଲେ। ପୃଥିବୀର କଳା ଇତିହାସରେ ଏମିତି ଏକ କଳାକୃତି ଯେତିକି ବିବଦମାନ ଥିଲା ସେତିକି ଅଭିନବ ମଧ ଥିଲା। ଅନ୍ୟ ପାରମ୍ପରିକ କଳାକୃତି ପରି ଏଥରେ ସମୟ ଅଟକି ଯାଇନଥିଲା। ବରଂ ପ୍ରତି ମୁହୂର୍ତ୍ତରେ ବଦଳି ଚାଲିଥିଲା। ଗୋରୁ ମୁଣ୍ଡ, ଘୁଣ ପୋକ ଓ ମାଛି ସବୁକିଛି ସତସତିକା ଥିଲେ। ଦେମିଏନଙ୍କ ଏହି କାମଟି ଦେଖି କିଏ କ'ଣ କହିଲେ ସେଇଟି ବଡ଼ କଥା ନଥିଲା, ବଡ଼ କଥାଟି ହେଲା ଦେମିଏନଙ୍କ ଏହି କଳାକୃତିକୁ ଦେଖି ବିଶ୍ୱ ବିଖ୍ୟାତ କଳା ସଂଗ୍ରାହକ ଚାର୍ଲ୍ସ ସାଛି ମୁଗ୍ଧ ହୋଇଗଲେ। ଜଣେ ଯୁବ କଳାକାର ଭାବରେ ଦେମିଏନ୍ ଏକାଥରକରେ ଚାର୍ଲ୍ସ ସାଛିଙ୍କ ଦୃଷ୍ଟିରେ ପଡ଼ିବା କିଛି କମ୍ କଥା ନଥିଲା। ଦେମିଏନ୍ଙ୍କ କାମରେ ଚାର୍ଲ୍ସ ଏତେ ମାତ୍ରାରେ ପ୍ରଭାବିତ ଓ ମୁଗ୍ଧ ହୋଇଗଲେ ଯେ, ଘୋଷଣା କରିଦେଲେ ଦେମିଏନଙ୍କ ପରବର୍ତ୍ତୀ କାମ ପାଇଁ ସେ ଆଗତୁରା ପଇସା ପତ୍ର ଖର୍ଚ୍ଚ କରିବାକୁ ରାଜି ଅଛନ୍ତି। ଦେମିଏନ୍ ଯାହା ଓ ଯେତେ ଖର୍ଚ୍ଚ କରିପାରନ୍ତି।

ସାଚ୍ଚିଙ୍କ ସହଯୋଗ ଫଳରେ ୧୯୯୧ରେ ପ୍ରଥମ ୟଙ୍ଗ୍ ବ୍ରିଟିଶ୍ ଆର୍ଟିଷ୍ଟ ପ୍ରଦର୍ଶନୀରେ ଦେମିଏନ୍ ଯେଉଁ କଳାକୃତିଟି ପ୍ରଦର୍ଶିତ କଲେ, ତାହା ଦେମିଏନ୍ଙ୍କୁ କେବଳ ବିଶ୍ୱବିଖ୍ୟାତ କଲାନି ବରଂ ସମସାମୟିକ କଳା ଆନ୍ଦୋଳନକୁ ଭିନ୍ନ ଦିଶା ଦେଲା। କାମଟି କଳାପ୍ରେମୀମାନଙ୍କୁ ଆଣି ଏମିତି ଏକ ଦୋଛକିରେ ଛିଡ଼ା କରିଦେଲା ଯେ ସେମାନେ ବାଧ୍ୟ ହେଲେ ଦେମିଏନ୍ ଓ ତାଙ୍କ କଳାକୃତିକୁ ଗୁରୁତ୍ୱର ସହ ବିଚାର କରିବାକୁ।

ଉତ୍ତର ଇଂଲଣ୍ଡର ସାଚ୍ଚି ଗ୍ୟାଲେରୀରେ ଆୟୋଜିତ ପ୍ରଦର୍ଶନୀରେ ଦେମିଏନ୍ଙ୍କ ସେହି କଳାକୃତିର ନାମ ଥିଲା 'ଦ ଫିଜିକାଲ୍ ଇମ୍ପସିବିଲିଟି ଅଫ୍ ଡେଥ୍ ଇନ୍ ଦ ମାଇଣ୍ଡ ଅଫ୍ ସମଓ୍ୱାନ ଲିଭିଙ୍ଗ୍'। କଳାକୃତିଟି ହେଲା ଫର୍ମାଲ୍ ଡିହାଇଡ୍ ଭର୍ତ୍ତିଥିବା ଏକ ବିରାଟ କାଚ ବାକ୍ସ ଭିତରେ ଭାସମାନ ଅବସ୍ଥାରେ ଚଉଦ ଫୁଟ ଲମ୍ବର ଗୋଟିଏ ମଲା ଟାଇଗର ସାର୍କ ମାଛ। କାଚ ବାକ୍ସର ଆକାର ଥିଲା ୨୧୩ ଗୁଣନ ୫୧୮ ଗୁଣନ ୨୧୩ ସେଣ୍ଟିମିଟର। ସେଇ ସାର୍କ ମାଛକୁ ଧରିବାକୁ ଚାର୍ଲସ ସାଚ୍ଚି ଆଗତୁରା ପଇସା ଖର୍ଚ୍ଚ କରିଥିଲେ। କେବଳ ସାର୍କ ପାଇଁ ଛଅ ହଜାର ପାଉଣ୍ଡ ଖର୍ଚ୍ଚ ହୋଇଥିଲା। ମାଛଟିକୁ ଅଷ୍ଟ୍ରେଲିଆରୁ ଧରା ଯାଇଥିଲା। ସମୁଦାୟ କାମ ପାଇଁ ସେତେବେଳେ ଚାର୍ଲସ ସାଚ୍ଚିଙ୍କୁ ପଚାଶ ହଜାର ପାଉଣ୍ଡ ଖର୍ଚ୍ଚ କରିବାକୁ ପଡ଼ିଥିଲା।

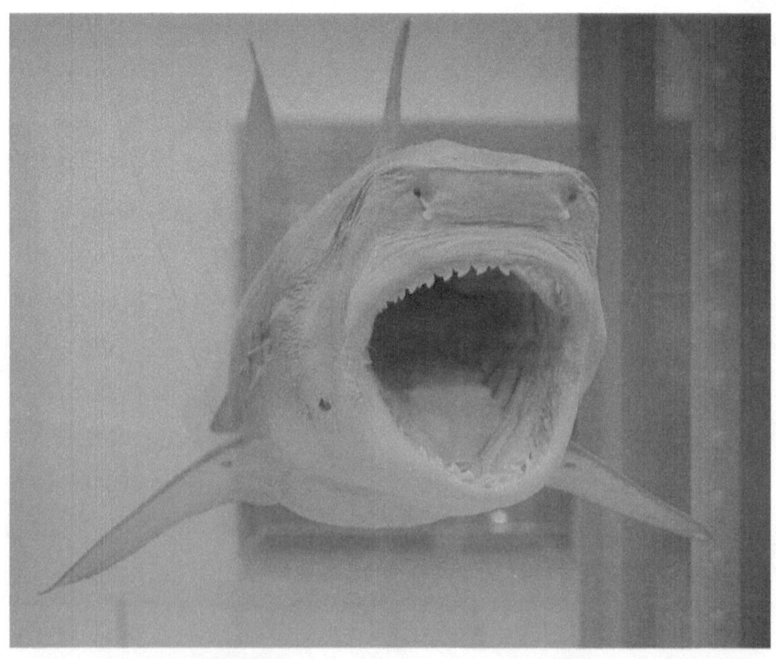

ଏକଦା ଗ୍ୟାଲେରୀ ଭିତରେ ପର୍ସୋଲିନ୍ ୟୁରିନାଲ୍‌କୁ ସିଧାସଳଖ ଆଣି କଳାକୃତି ଭାବରେ ମାର୍ସଲ୍ ଦୁସୋଁ ରଖିଲା। ପରି ଦେମିଏନ୍ ଟାଇଗର୍ ସାର୍କ‌କୁ ଆଣି ସିଧାସଳଖ ଗ୍ୟାଲେରୀ ଭିତରେ ରଖିଦେଇ ସମସ୍ତଙ୍କୁ ଚମକାଇ ଦେଇଥିଲେ।

ଦେମିଏନ୍‌ଙ୍କୁ ଏହି କାମ ପାଇଁ କିଛି କମ୍ ବଦନାମ ସହିବାକୁ ପଡ଼ିନି। ୨୦୦୩ରେ ଷ୍ଟକିସିମ୍ ଇଣ୍ଟରନ୍ୟାସନାଲ୍ ଗ୍ୟାଲେରୀ ଦେମିଏନ୍‌ଙ୍କ ସାର୍କ ମାଛ କାମକୁ ବିରୋଧ ଓ ବ୍ୟଙ୍ଗ କରି 'ଏ ଡେଡ୍ ଫିସ୍ ଇଜ୍ ନଟ୍ ଆର୍ଟ' ନାମରେ ଏକ ପ୍ରଦର୍ଶନୀ ଆୟୋଜନ କଲେ। ସେମାନଙ୍କର କହିବା କଥା ହେଲା, ଲଣ୍ଡନର ଜଣେ ଇଲେକ୍ଟ୍ରିକାଲ୍ ଆସବାବପତ୍ର ବ୍ୟବସାୟୀଙ୍କ ଦୋକାନରେ ଆଗରୁ ଏକ ସାର୍କ ମାଛ ପ୍ରଦର୍ଶିତ ହୋଇଥିଲା ଓ ଦେମିଏନ୍ ସେଉଠୁ ମୂଳ ଧାରଣାଟି ଚୋରି କରିଛନ୍ତି।

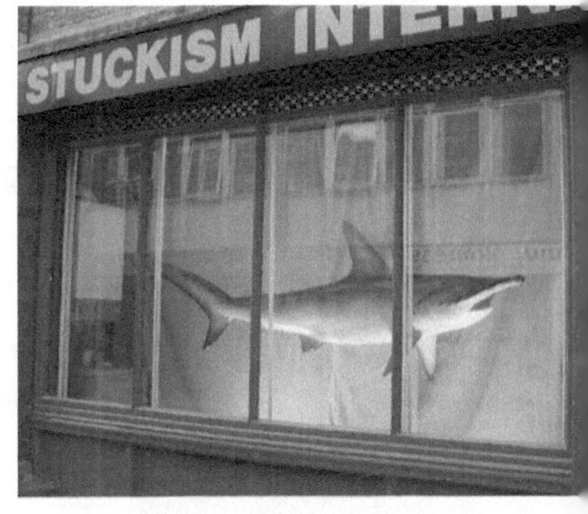

ପ୍ରଥମରୁ ମଲା ସାର୍କ ମାଛକୁ ଭଲରେ ସଂରକ୍ଷଣ କରାଯାଇ ନଥିଲା। ଫଳରେ ସମୟକ୍ରମେ କାଚ ବାକ୍ସ ଭିତରେ ସେଇଟି ଖରାପ ହେବାକୁ ଆରମ୍ଭ କଲା। ସାଚି ଗ୍ୟାଲେରୀ ଏଥିପାଇଁ ଦେମିଏନ୍‌ଙ୍କୁ ଦାୟୀ କଲାବେଳକୁ ଦେମିଏନ୍‌ଙ୍କ କହିବା କଥା ଅନୁସାରେ, ଗ୍ୟାଲେରୀ ବାଲା ଫର୍ମାଲ୍ ଡିହାଇଡ୍‌ରେ ବ୍ଲିଚ୍ ମିଶାଇବା ଫଳରେ ମାଛ ପଚି ଖରାପ ହେବାକୁ ଆରମ୍ଭ କଲା। ୧୯୯୩ରେ ଗ୍ୟାଲେରୀ କର୍ତ୍ତୃପକ୍ଷ ସାର୍କର ଚମଡ଼ାକୁ ଛାଲି ଗୋଟେ ସାର୍କ ମାଛର

ଫାଇବର ଗ୍ଲାସର ମୋଲୁ ଉପରେ ପିନ୍ଧେଇଦେଲେ। କଥାଟି କିନ୍ତୁ ଦେମିଏନ୍‌ଙ୍କୁ ଠିକ୍ ଲାଗିଲାନି। ସେ କହିଲେ ସତ କଥା ଦର୍ଶକଙ୍କୁ କହିବା ଉଚିତ ଯେ, କାଚ ବାକ୍ସ ଭିତରେ ଫର୍ମାଲ୍ ଡିହାଇଡ୍ କେମିକାଲ୍ ପାଣିରେ ଭାସୁଥିବା ସାର୍କଟି ସତ ସାର୍କ ନୁହେଁ। ତାପରେ ସତ ସାର୍କର ଓଜନ ଏଇ ଫାଇବର ଗ୍ଲାସର ମୋଲୁରେ ନଥିଲା।

୨୦୦୪ରେ ଚାର୍ଲ୍ସ୍ ସାଚି ସାର୍କ ମାଛର କଳାକୃତିଟିକୁ ସ୍ଟେଭେନ୍ ଏ. କୋହେନଙ୍କୁ ବିକ୍ରୀ କରିଦେଇଥିଲେ। ଏମିତି ବାହାରିଆ ଖବର ଅନୁସାରେ କାମଟି ଆଠ ମିଲିୟନ୍ ଅବା ବାର ମିଲିୟନ୍ ଆମେରିକୀୟ ଡଲାରରେ ବିକ୍ରୀ ହେଇଥିବାର ଶୁଣାଗଲେ ମଧ ପ୍ରକୃତ ସତ୍ୟଟି ଉଭୟେ କ୍ରେତା ଓ ବିକ୍ରେତା ଗୋପନୀୟ ରଖିଛନ୍ତି।

୨୦୦୪ରେ ଯେତେବେଲେ ଦେମିଏନ୍ ଜାଣିଲେ ଯେ, ସାଚି କାମଟିକୁ ବିକ୍ରୀ କରିଦେଇଛନ୍ତି ସେ ସେତେବେଲେ କାମଟିର ଖରିଦଦାର ସ୍ଟେଭେନ୍ ଏ. କୋହେନଙ୍କୁ ଏକ ପ୍ରସ୍ତାବ ଦେଲେ ଯେ ସେ ଏବେ ସତ ସାର୍କର ଚମଡ଼ା ଘୋଡ଼ାଯାଇଥିବା ଫାଇବର ଗ୍ଲାସର ମୋଲୁ ସାର୍କୁ ବଦଲାଇ ଆଉ ଏକ ସତ ସାର୍କ ରଖନ୍ତୁ। ଯା ହେଉ ସ୍ଟେଭେନ୍ ଏ. କୋହେନ ଦେମିଏନଙ୍କ ପ୍ରସ୍ତାବରେ ହଁ ଭରି ଆବଶ୍ୟକୀୟ ଅର୍ଥ ଖର୍ଚ କରିବାକୁ ରାଜି ହୋଇଗଲେ। କୁଇନ୍ସଲ୍ୟାଣ୍ଡ ତଟରୁ ଗୋଟେ ୨୫-୩୦ ବର୍ଷ ବୟସର ମାଇ ସାର୍କ ଧରା ହୋଇ ଆସିଲା। ଦେମିଏନଙ୍କ ପାଖରେ ମାଛ ପହଞ୍ଚିବାକୁ ଦୁଇ ମାସ ଲାଗିଗଲା। ୨୦୦୬ରେ ଜଣେ ବୈଜ୍ଞାନିକ ତଥା ଲଣ୍ଡନର ନେଚୁରାଲ୍ ହିଷ୍ଟ୍ରି ମ୍ୟୁଜିୟମ୍‌ର ମାଛ ବିଭାଗର କ୍ୟୁରେଟର୍ ନୂଆ ସାର୍କ ମାଛଟିକୁ ବୈଜ୍ଞାନିକ ପ୍ରଣାଳୀରେ ସଂରକ୍ଷଣ କଲେ। ପ୍ରଥମେ ସାର୍କର ଦେହରେ ଫର୍ମାଲ୍ ଡିହାଇଡ୍‌କୁ ଇଞ୍ଜେକ୍‌ନ ଭାବରେ ଦିଆଗଲା ଓ ଦୁଇ ସପ୍ତାହ ଧରି ଫର୍ମାଲିନ୍ ସଲ୍ୟୁସନ ଭିତରେ ବୁଡ଼ାଇ ରଖାଗଲା। କେବଲ ଏହି ପ୍ରକ୍ରିୟାରେ ୧୦୦,୦୦୦ ଡଲାର୍ ଖର୍ଚ ହୋଇଗଲା। ନୂଆ ମାଛକୁ କିନ୍ତୁ ୧୯୯୧ର ପୁରୁଣା କାଚ ବାକ୍ସ ଭିତରେ ରଖାଗଲା। କାମଟି ପରେ ନ୍ୟୁୟର୍କର ବିଖ୍ୟାତ ମେଟ୍ରୋପଲିଟାନ୍ ମ୍ୟୁଜିୟମ୍‌ରେ ୨୦୦୭ ରୁ ୨୦୧୦ ଯାଏଁ ପ୍ରଦର୍ଶିତ ହୋଇଥିଲା।

ମାଛ ବଦଲ ହେଲା ପରେ କେହି କେହି ଦେମିଏନ୍‌ଙ୍କୁ ପ୍ରଶ୍ନ କଲେ, ଏବେ ଏ ନୂଆ ମାଛକୁ କ'ଣ ସେଇ ପୁରୁଣା କାମ ଭାବରେ ଗଣାଯିବ କି ? ଏ ନେଇ ଦେମିଏନ୍ କହିଥିଲେ, ମୂଲ କୃତି କ'ଣ କେମିତି ଥିଲା ତାହା ଅପେକ୍ଷା କାମଟି କରିବାର ପ୍ରାଥମିକ ଉଦ୍ଦେଶ୍ୟ ଜଣେ କନସେପ୍‌ଚୁଆଲ୍ ଶିଳ୍ପୀ ଭାବରେ ତାଙ୍କ ପାଖରେ ସବୁବେଲେ ଅଧିକ ଗୁରୁତ୍ୱ ରଖେ।

ଦେମିଏନ୍ଙ୍କ କଳା ସୃଷ୍ଟିର ଭିତିରି ଦର୍ଶନ ହେଲା ମୃତ୍ୟୁ। ମୃତ୍ୟୁ ତାଙ୍କର କଳା ଦର୍ଶନ ହେବା ପଛରେ ଗୋଟିଏ ପ୍ରମୁଖ କାରଣ ଥିବା କଥା କୁହାଯାଏ। ସେଇଟି ହେଲା ଦେମିଏନ୍ ଗୋଲ୍‌ସ୍ମିଥ କଲେଜରେ କଳା ଶିକ୍ଷା କରୁଥିବା ସମୟରେ ପଇସା ରୋଜଗାର ପାଇଁ ସେ ସ୍ଥାନୀୟ ଶବରଖା ଘରେ କାମ କରୁଥିଲେ। ଯେଉଁଠି ସେ ମଲା ମଣିଷଙ୍କ ଶବ ସହ ସବୁଦିନ ପ୍ରତ୍ୟକ୍ଷ ହେଉଥିଲେ।

'ଦ ଫିଜିକାଲ୍ ଇମ୍ପସିବିଲିଟି ଅଫ୍ ଡେଥ୍ ଇନ୍ ଦ ମାଇଣ୍ଡ ଅଫ୍ ସମଓ୍ୱାନ୍ ଲିଭିଙ୍ଗ୍,' କାମରେ ବ୍ୟବହୃତ ଟାଇଗର ସାର୍କ ମାଛଟିକୁ ମୃତ୍ୟୁର ପ୍ରତୀକ ଭାବରେ ନିଆଯାଇପାରେ। ସାର୍କୁ ତା'ର ପ୍ରାକୃତିକ ରହଣୀ ସ୍ଥାନରୁ ସ୍ଥାନାନ୍ତରିତ କରାଯାଇ ଗ୍ୟାଲେରୀ ଭିତରକୁ ଅଣାଯାଇଛି। ଟି.ଭି ପରଦାରେ ଅବା କେବେ ଆକ୍ୱାରିଅମ୍‌ରେ ଆମେ ସାର୍କୁ ଦେଖୁ। କିନ୍ତୁ ପାଟି ମେଲା କରି ରହିଥିବା ଏତେ ବଡ଼ ସାର୍କୁ ଆଣି ଅତି ପାଖରୁ ଦେଖିଲା ପରି ଜାଗାରେ ରଖିବା ହିଁ ବଡ଼ କଥା ଥିଲା। ନୀରବ ନିଷ୍କଳ ହୋଇ ଦର୍ଶକକୁ ଏକଦମ୍ ତୀକ୍ଷ୍ଣ ଦୃଷ୍ଟିରେ ଅନେଇ ରହିଥିବା ବିରାଟ ଏକ ସାର୍କୁ ଏତେ ପାଖରେ ଦେଖି କିଏ ବା ଭୟ ନ ପାଇବ ? ସାର୍କ ଧରାଯିବା ଆଗରୁ ଦେମିଏନ୍ ପ୍ରଥମରୁ ହିଁ ଚାହିଁଥିଲେ ମାଛଟି ମଣିଷକୁ ଖାଇଲା ପରି ବଡ଼ ହୋଇଥିବା ଦରକାର। ପରେ ଦେମିଏନ୍ ମିନିଏଚର ମ୍ୟୁଜିୟମ୍ ପାଇଁ ୧୦ ଗୁଣନ ୩.୫ ଗୁଣନ ୫ ସେଣ୍ଟିମିଟର ଆକାରର ଫର୍ମାଲ୍ ଡିହାଇଡ୍ ଭର୍ତ୍ତି ଥିବା କାଚ ବାକ୍ସ ଭିତରେ ଛୋଟ ମାଛ ଗୋଟେ ରଖି କାମଟେ ମଧ କରିଥିଲେ।

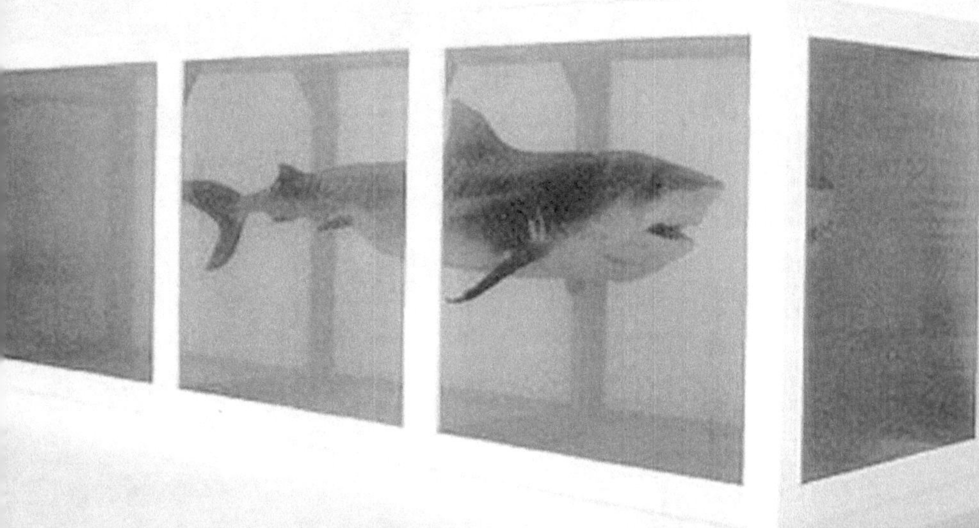

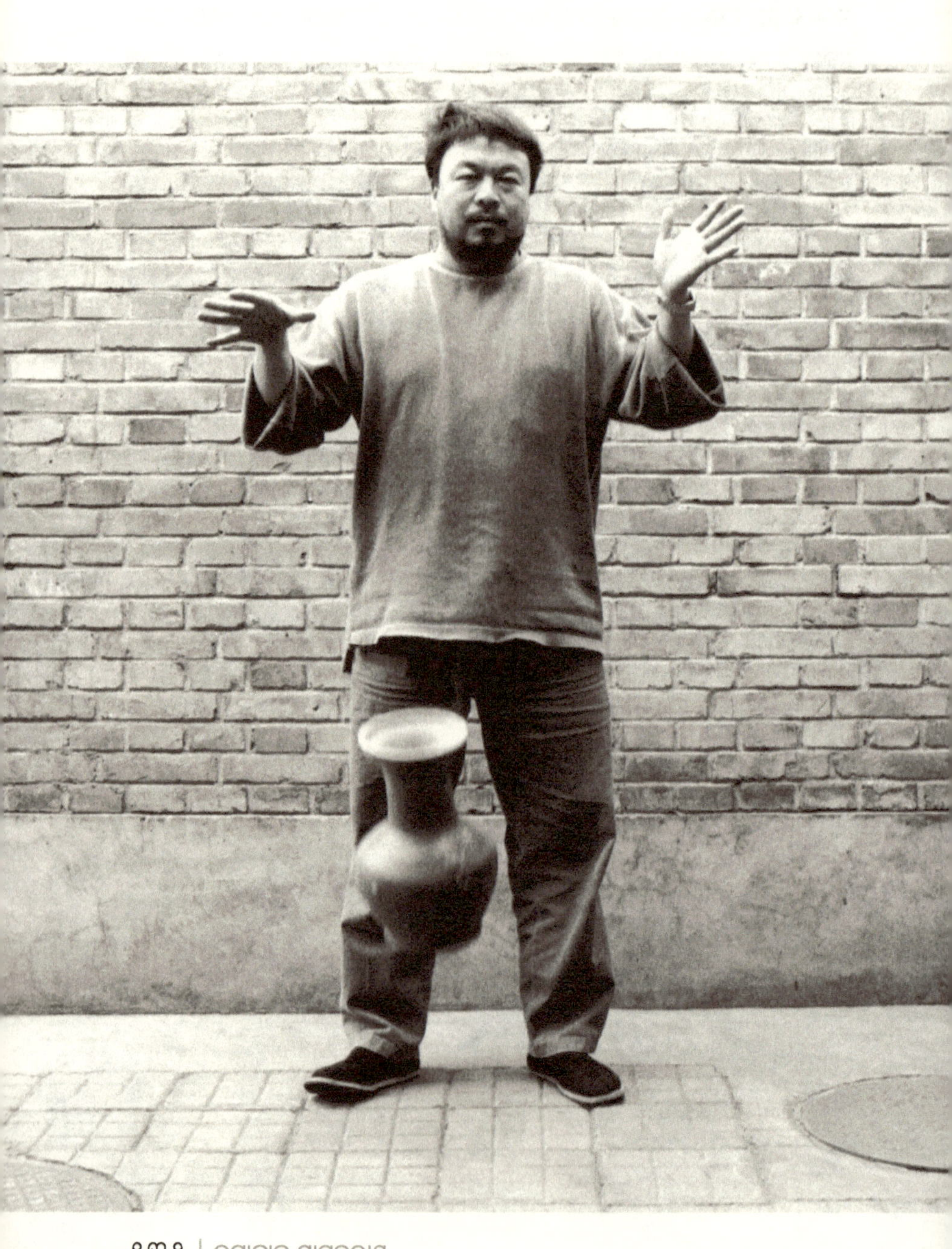

'To create one's own world takes courage.' - Georgia O'Keeffe

ଭଙ୍ଗା କଳସ

ଏଠାରେ ଦିଆଯାଇଥିବା ଫଟୋରେ ଚିନ୍ ଶିଳ୍ପୀ ଆଇ ୱେଇୱେଇ ସ୍ୱୟଂ ଏକ ପୁରୁଣା ପାରମ୍ପରିକ କଳସକୁ ହାତରୁ ତଳକୁ ଖସେଇ ଭାଙ୍ଗିବାର ଘଟଣା ଚିତ୍ର ରହିଛି । ଅତି ସାଧାରଣ ମନେହେଉଥିବା ଫଟୋଟିକୁ କିନ୍ତୁ ବିଶ୍ୱ ସମସାୟିକ କଳା ଇତିହାସର ଅନ୍ୟତମ ଚର୍ଚ୍ଚିତ, ବିବଦମାନ ଓ ବିଖ୍ୟାତ କଳାକୃତି ଭାବରେ ଗଣାଯାଏ । କଳାକୃତିର ନାମ ହେଲା 'ଡ୍ରପିଂ ଏ ହାନ୍ ଡାଇନାଷ୍ଟି ଅର୍ଣ୍' । ଆଇ ୱେଇୱେଇ ହାନ୍ ରାଜତ୍ୱ (ଖ୍ରୀ.ପୂ. ୨୦୬- ଖ୍ରୀ୨୨୦) ସମୟର, ଅର୍ଥାତ୍ ପ୍ରାୟ ଦୁଇ ହଜାର ବର୍ଷ ତଳର କଳସକୁ ବେଶ୍ ଗୁଡ଼େ ଦାମ୍ ଦେଇ ୧୯୯୦ରେ କିଣିଥିଲେ ଓ ତାକୁ ଠିଆ ଠିଆ ଏମିତି ତଳେ ପକେଇ ଭାଙ୍ଗିଥିଲେ । କଳସ ଭାଙ୍ଗିବା ପ୍ରକ୍ରିୟାକୁ କ୍ୟାମେରା ସହାୟତାରେ ବନ୍ଦୀ କଲାବେଳକୁ ପ୍ରଥମ ଥର ଅସଫଳ ହୋଇଥିଲେ । କଳସ ଭାଙ୍ଗିଲା କିନ୍ତୁ ଫଟୋ ଠିକ୍‌ରେ ଉଠିପାରିଲାନି । ସେଥିପାଇଁ ତାଙ୍କୁ ଆଉ ଗୋଟେ ସେଇ ହାନ୍ ସମୟର କଳଶ ଯୋଗାଡ଼ କରିବାକୁ ହୋଇଥିଲା ଓ ଆଉଥରେ ହାତରୁ ଖସେଇ ଭାଙ୍ଗିବାକୁ ହୋଇଥିଲା । ପୁରା ଘଟଣାକ୍ରମର ଫଟୋ ନେଇ ପରେ ୧୪୮ ଗୁଣନ ୧୨୧ ସେଣ୍ଟିମିଟର କଳା ଧଳା ଫଟୋ ଭାବରେ ପ୍ରଦର୍ଶନ କରିଥିଲେ । ପ୍ରକୃତରେ ଏହା ତିନୋଟି ଫଟୋର ସମାହାର । ପ୍ରଥମ ଫଟୋରେ ଆଇ ୱେଇୱେଇ କଳସକୁ ଧରିଛନ୍ତି । ଦ୍ୱିତୀୟ ଫଟୋରେ କଳସକୁ ହାତରୁ ଖସେଇ ଦେଇଛନ୍ତି, ଯେଉଁଥିରେ କଳସ ଶୂନ୍ୟରେ ଅଛି ଓ ତୃତୀୟ ଫଟୋରେ କଳସଟି ତଳେ ପଡ଼ି ଭାଙ୍ଗିଯାଇଛି ।

ସମକାଳର କଳା ଦୁନିଆରେ ଚୈନିକ ଶିଳ୍ପୀ ଆଇ ୱେଇୱେଇ ବେଶ୍ ଜଣେ ଚର୍ଚ୍ଚିତ ଓ ବିବାଦୀୟ ବ୍ୟକ୍ତିତ୍ୱ । ଏଯାଏଁ ପ୍ରାୟ ସାତ ଶହରୁ ଅଧିକ ପ୍ରଦର୍ଶନୀରେ ଭାଗ ନେଇସାରିଥିବା ୱେଇୱେଇ ନିଜ ଦେଶ ବାହରେ ଯେତିକି ଚର୍ଚ୍ଚିତ, ନିଜ ଦେଶ ଭିତରେ ସେତିକି ବିବାଦୀୟ । ସରକାରଙ୍କ ନୀତି ନିୟମ ଓ କାର୍ଯ୍ୟପନ୍ଥାକୁ ଖୋଲାଖୋଲି ବିରୋଧ ଓ ସମାଲୋଚନା କରିବା କାରଣରୁ ତାଙ୍କୁ ବିଭିନ୍ନ ପ୍ରକାର

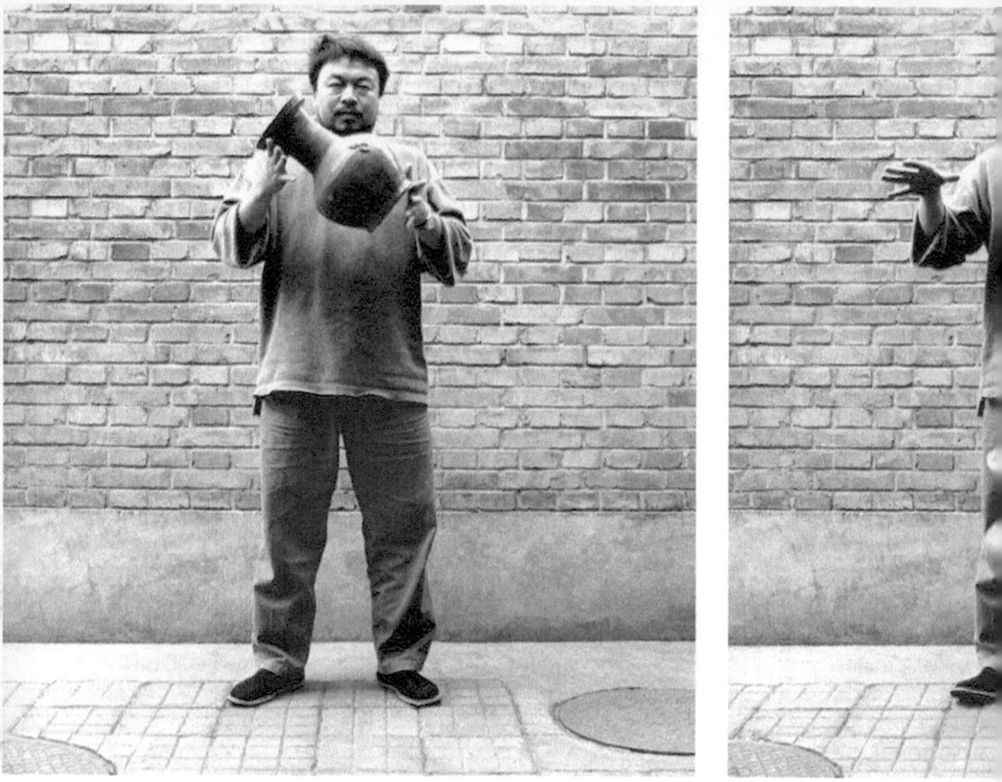

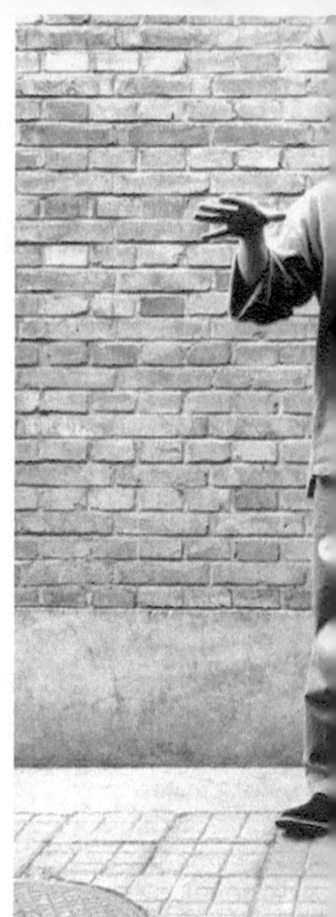

ଶାରିରୀକ ଓ ମାନସିକ ଅତ୍ୟାଚାରର ସମ୍ମୁଖୀନ ହେବାକୁ ହୋଇଛି । ଥରେ ସରକାରୀ ପୋଲିସଙ୍କ ପାଖରୁ ପିଟା ଖାଇ ମରଣ ମୁହଁରୁ ଡାକ୍ତର ଓ ଭାଗ୍ୟବଳରୁ ବଞ୍ଚି ଯାଇଥିଲେ ସେ ।

ଆଇ ୱେଇୱେଇଙ୍କ ଜନ୍ମ ବେଜିଂ ସହରରେ ୧୯୪୭ ମସିହାରେ ହୋଇଥିଲା । ବାପା ତାଙ୍କର ବିଖ୍ୟାତ କବି ଆଇ କ୍ବିଙ୍ । ଚିନରେ ମାଓସେ ତୁଂ କ୍ଷମତାକୁ ଆସିବା ପରେ ତାଙ୍କୁ ବିରୋଧ କରୁଥିବା କବି ଆଇ କ୍ବିଙ୍ ଓ ତାଙ୍କ ପରିବାରକୁ ଦଣ୍ଡ ବିଧାନ ସ୍ବରୂପ ଦେଶର ଦକ୍ଷିଣ ସୀମାନ୍ତ ଅଞ୍ଚଳକୁ ଦେଶାନ୍ତରେ ପଠାଇ ଦିଆଯାଇଥିଲା । ଆଇ ୱେଇୱେଇଙ୍କ ପିଲାଦିନ ସେଇଠି ବିଭିନ୍ନ ପ୍ରତିକୂଳ ପରିସ୍ଥିରେ ବଡ଼ କଷ୍ଟରେ କଟିଥିଲା । ୧୯୭୬ରେ ମାଓସେ ତୁଂଙ୍କ ମୃତ୍ୟୁ ପରେ ଯାଇ ସେମାନେ ନିଜ ଘରକୁ ଫେରିଥିଲେ ।

୧୯୮୧ରେ ଆଇ ୱେଇୱେଇ ନ୍ୟୁୟର୍କ ବାହାରି ଯାଇଥିଲେ ଓ ବାପାଙ୍କ ଦେହ ଖରାପ ଖବର ପାଇଲା ପରେ ୧୯୯୩ରେ ଯାଇ ଦେଶକୁ ଫେରିଥିଲେ । କମ୍ୟୁନିଷ୍ଟ ଚିନ୍ରେ ମାନବାଧିକାର ଉଲଂଘନ ବିରୋଧରେ ଓ ଗଣତନ୍ତ୍ର ପ୍ରତିଷ୍ଠା ପାଇଁ ସ୍ବର ଉଠାଉଥିବାରୁ ତାଙ୍କୁ ବାର ବାର ରାଜଦ୍ଵେଷର ଶିକାର ହେବାକୁ ପଡ଼ିଛି । ୨୦୦୮

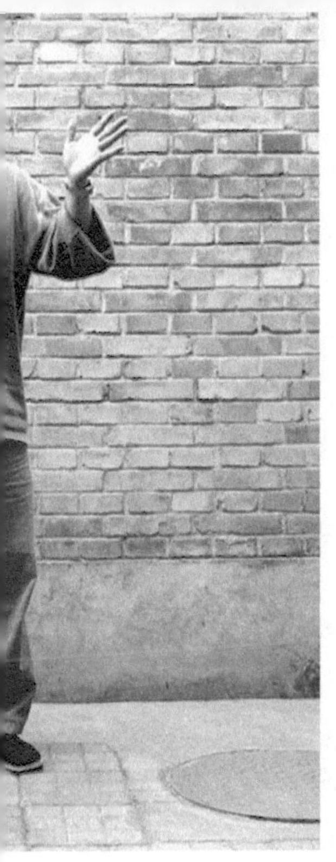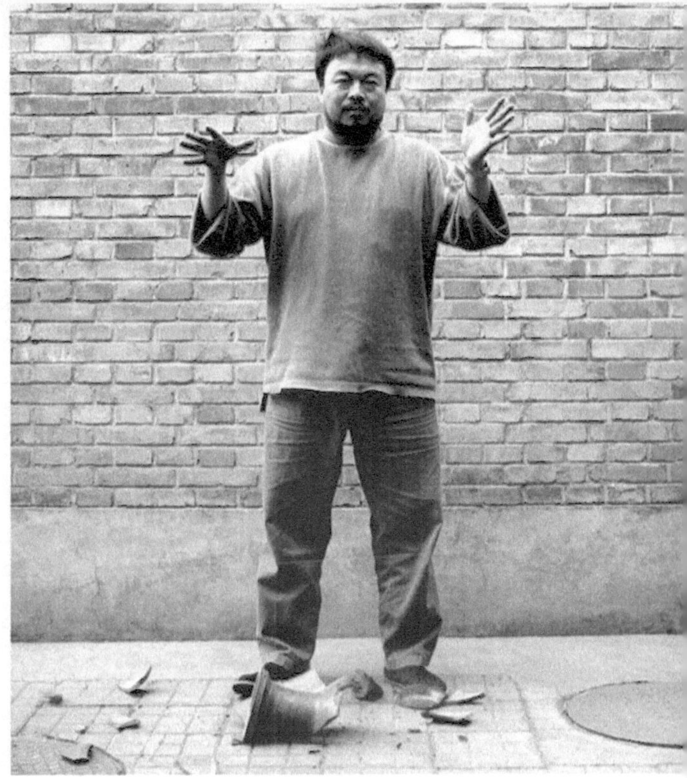

ମସିହାରେ ଚିନ୍‌ରେ ହୋଇଥିବା ପ୍ରଳୟଙ୍କରୀ ଭୂମିକମ୍ପରେ ଗୋଟେ ସ୍କୁଲ୍ ଘର ଭାଙ୍ଗି ଯିବାରୁ ଶହ ଶହ କୁନି କୁନି ପିଲା ମୃତ୍ୟୁମୁଖରେ ପଡ଼ିଥିଲେ। ସରକାର ସମବେଦନା ଦେବା ଓ ନିମ୍ନମାନର ସ୍କୁଲ ଘର ତିଆରିର ତଦନ୍ତ ବଦଳରେ ପ୍ରକୃତ ମୃତ୍ୟୁ ସଂଖ୍ୟା ଲୁଚେଇବାରେ ଲାଗିପଡ଼ିଥିଲା। ଆଇ ୱେଇୱେଇ ବ୍ୟକ୍ତିଗତ ଭାବରେ ଘଟଣାର ଅନୁସନ୍ଧାନ କରି ପ୍ରକୃତ ସଂଖ୍ୟା ପ୍ରକାଶ କରି ସରକାରଙ୍କ ଚାଲାକି ଧରାପକେଇଥିଲେ। ଯେମିତି ଆମର ଦେଶର ସରକାର ଏଠି କରୋନା ସମୟରେ କରୋନା ମୃତ୍ୟୁର ପ୍ରକୃତ ସଂଖ୍ୟାକୁ ଲୁଚେଇ ୱାର୍ଲ୍ଡ ହେଲଥ ଅର୍ଗାନାଇଜେସନ୍ ଦ୍ୱାରା ଧରାପଡ଼ି ବିଶ୍ୱ ଦରବାର ଆଗରେ ଅପଦସ୍ତ ହୋଇଥିଲେ। ସେଥିପାଇଁ ସରକାର ତାଙ୍କୁ ଗିରଫ କରି ଏକାଅଶୀ ଦିନ ଜେଲ୍‌ରେ ରଖିଥିଲା ଓ ଅନ୍ୟ ଦେଶମାନଙ୍କ ଚାପ ପରେ ମୁକ୍ତ କରିଥିଲା।

ଆଗରୁ ୧୯୯୪ରେ ଆଇ ୱେଇୱେଇ ହାନ୍‌ ସମୟର ଏକ କଳସରେ କୋକାକୋଲା ଲେଖି ଚର୍ଚ୍ଚାକୁ ଆସିଥିଲେ। ସେ ଯେବେ ନ୍ୟୁୟର୍କରେ ଥିଲେ ସେବେ ଡାଡା ଶିଳ୍ପୀ ମାର୍ସଲ ଦୁସାଁଙ୍କ ରେଡିମେଡ୍ ଦର୍ଶନ ଦ୍ୱାରା ପ୍ରଭାବିତ ହୋଇଯାଇଥିଲେ। ସବୁଦିନିଆ ସାଧାରଣ ଚିଜକୁ ନେଇ ଅର୍ଥପୂର୍ଣ୍ଣ କଳାକୃତି ତିଆରି କରାଯାଇପାରେ ଏନେଇ ଚିନ୍ତା କରିଥିଲେ। ପରେ ଏମିତି ଏକ ପ୍ରାଚୀନ କଳସ ବା ଜାରକୁ ଆଣି

ଭାଙ୍ଗିବା କାମକୁ ସେ କଲଚରାଲ୍ ରେଡିମେଡ୍ କହିଥିଲେ। ଚିନ୍ ଇତିହାସରେ ହାନ୍ ରାଜତ୍ୱ ସମୟକୁ ବେଶ ଗୁରୁତ୍ୱପୂର୍ଣ୍ଣ ବୋଲି କୁହାଯାଏ। ତେଣୁ ସେହି ସମୟର ପ୍ରତୀକ ଭାବରେ ସେଇ ସମୟର ପୁରୁଣା କଳସକୁ ନିଜ ପାଦ ପାଖରେ ପକେଇ ଭାଙ୍ଗିଦେବା ଏକ ଦେଶର ସାଂସ୍କୃତିକ ଉତ୍ତରାଧିକାରକୁ ସ୍ୱୀକାର ନ କରିବାର ପ୍ରକ୍ରିୟା ଭାବରେ ଗ୍ରହଣ କରାଯାଇପାରେ। ଏଠାରେ ସଂସ୍କୃତି, ସାଂସ୍କୃତିକ ମୂଲ୍ୟବୋଧର ନିର୍ମାଣ ଓ ମୂଲ୍ୟାୟନ କିଏ କରୁଛି ଓ କେମିତି ଧାର୍ଯ୍ୟ କରାଯାଉଛି ସେ ନେଇ ମଧ ପ୍ରଶ୍ନ ଉଠାଇଛନ୍ତି ଶିଳ୍ପୀ।

ଓ୍ୱେଇଓ୍ୱେଇଙ୍କ କାମଟି କିନ୍ତୁ ଅନେକଙ୍କୁ ପସନ୍ଦ ହେଲାନି। ସେମାନେ ଏହାକୁ ଏକ ଧ୍ୱଂସାତ୍ମକ କାର୍ଯ୍ୟ ଭାବରେ ଗ୍ରହଣ କରି ଶିଳ୍ପୀଙ୍କୁ ସମାଲୋଚନା କଲେ। ଓ୍ୱେଇଓ୍ୱେଇ ସମାଲୋଚକମାନଙ୍କୁ ଉତ୍ତରରେ ୧୯୬୬-୭୬ରେ ଚିନର ମାଓଙ୍କ ସାଂସ୍କୃତିକ ବିପ୍ଲବ କଥା ମନେପକେଇଦେଲେ। ସେତେବେଳେ କୁହାଯାଇଥିଲା, ନୂଆ ସମାଜ ଗଠନ କରିବାକୁ ହେଲେ ପୁରୁଣା ରୀତିନୀତି, ପୁରୁଣା ଅଭ୍ୟାସ ଓ ପୁରୁଣା ସାଂସ୍କୃତିକ ଓ ପୁରୁଣାକାଳିଆ ବିଚାରକୁ ଛାଡ଼ିଦେବାକୁ ହେବ। କମ୍ୟୁନିଷ୍ଟ ଚିନ ଓ ମାଓଙ୍କୁ ଏତେ ଚମତ୍କାର ଓ କଳାତ୍ମକ ଭାବରେ ଆଗରୁ କେହି ସମାଲୋଚନା କରିନଥିଲେ। ମାଓଙ୍କ ନିର୍ଦ୍ଦେଶରେ କମ୍ୟୁନିଷ୍ଟ ଚିନରେ କିଛି କମ୍ ପୁରୁଣା ଜିନିଷକୁ ନଷ୍ଟ କରାଯାଇନି।

ଆଇ ଓ୍ୱେଇଓ୍ୱେଇ ଏଠି ଦୁଇ ହଜାର ବର୍ଷ ତଳର ଜଣେ କଳାକାରଙ୍କ ସହ ଏକାବେଳେ ସମ୍ପର୍କ ଯୋଡ଼ିଛନ୍ତି ଓ ସମ୍ପର୍କ ଛିଡ଼ାଇଛନ୍ତି। ସେମିତି ଦେଖିଲେ ଆଇ ଓ୍ୱେଇଓ୍ୱେଇ ତାଙ୍କର ଏହି କଳାକର୍ମରେ, ପୁରୁଣା କଳସଟି ପୁରୁଣା ବୋଲି ପ୍ରକୃତରେ ଯେତିକି ଗୁରୁତ୍ୱପୂର୍ଣ୍ଣ ଥିଲା ତା'ଠାରୁ ଅଧିକ ଗୁରୁତ୍ୱପୂର୍ଣ୍ଣ, ବିଖ୍ୟାତ ଓ ଅର୍ଥପୂର୍ଣ୍ଣ କରିଦେଇଛନ୍ତି। ସତକଥା ଯେ, ଯେତେ ଭଲରେ ସେ କଳସକୁ ସଂରକ୍ଷଣ କରିଥିଲେ ମଧ ତାହା ଏତେ ଆଲୋଚିତ ହୋଇନଥା'ନ୍ତା। ଆଇ ଓ୍ୱେଇଓ୍ୱେଇ ନିଜକୁ ଜଣେ ଶିଳ୍ପୀ ଅପେକ୍ଷା ଜଣେ ଜନପକ୍ଷରେ ଛିଡ଼ା ରାଜନୈତିକ କର୍ମୀ ଭାବରେ ପରିଚିତ ହେବାକୁ ଅଧିକ ପସନ୍ଦ କରନ୍ତି।

ଅନେକ ବିଶ୍ୱାସ କରନ୍ତି ଯେ ଆଇ ଓ୍ୱେଇଓ୍ୱେଇ ସତ ସତିକା ଦୁଇ ହଜାର ବର୍ଷ ତଳର ପୁରୁଣା କଳସକୁ ଭାଙ୍ଗିନାହାନ୍ତି। ଅବିକଳ ସେମିତିକା ଦିଶୁଥିବା ଏକ ନକଲି କଳସ ଭାଙ୍ଗିଛନ୍ତି। ବିଦେଶରେ ଅନେକ ଦିନ ରହିଲା ପରେ ସେ ଚିନ ଫେରିଲା ପରେ ଏମିତି କିଛି କଳାସୃଷ୍ଟି କରିଥିଲେ ଯାହା ପୁରାତତ୍ତ୍ୱର ଧ୍ୱଂସ ଓ ପୁରାତତ୍ତ୍ୱର ସଂରକ୍ଷଣ ବିଷୟରେ ଚିନ୍ତା କରିବାକୁ ବାଧ୍ୟ କରୁଥିଲା। ତା ସହ ସେ ଏନେଇ

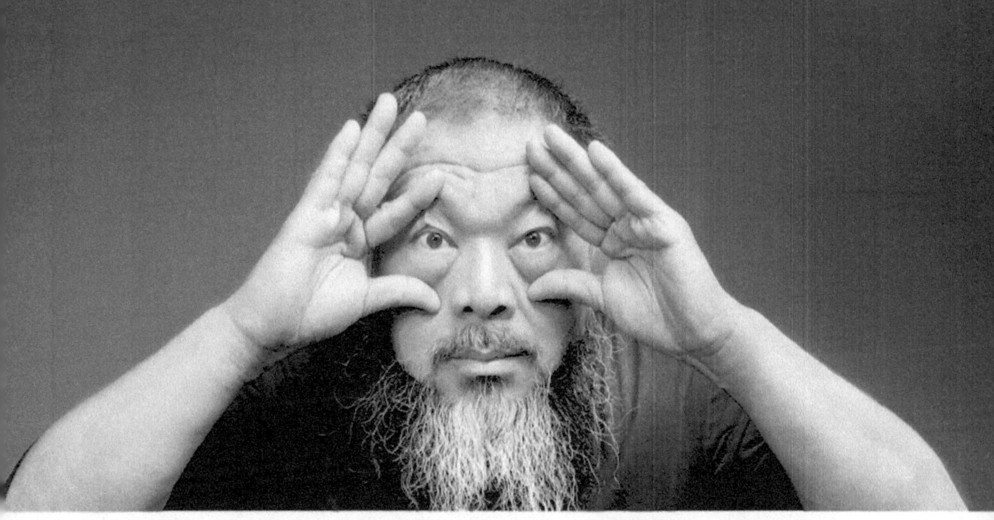

କଳାକାରର ଭୂମିକା ଓ ପୁରାତନ କଳାକୃତିର ଚୋରି ବିଷୟରେ ମଧ୍ୟ ସଚେତନ କରାଇଥିଲା ।

ଭାରତର ଆଜିର ରାଜନୈତିକ ଓ ସାଂସ୍କୃତିକ ପରିସ୍ଥିତି ଓ ପ୍ରସଙ୍ଗରେ ଆଇ ଓ୍ୱେଇଓ୍ୱେଇଙ୍କ ଏଇ କାମଟିକୁ ସହଜରେ ବୁଝିହେବ । ଯଦିଓ ଭାରତରେ ସରକାରଙ୍କୁ ସମାଲୋଚନା କରିବା ଓ ସରକାରଙ୍କ ଭୁଲ୍‌କୁ ଭୁଲ୍ ବୋଲି କହିବା ପାଇଁ ଆମ ଚିତ୍ରଶିଳ୍ପୀମାନେ ପସନ୍ଦ କରନ୍ତିନି । ସେମାନେ ସରକାରଙ୍କ ପକ୍ଷ ନିଅନ୍ତି ଅବା ନିରାପଦ ଦୂରରେ ରହି ନୀରବ ରହିବାକୁ ଅଧିକ ପସନ୍ଦ କରନ୍ତି । ଆମର ଆଜିର ଭାରତରେ ପୁରାଣ, ପୁରାତତ୍ତ୍ୱ, ସଂସ୍କୃତି, ଧର୍ମ ଓ ନବ୍ୟ ଜାତୀୟତାବୋଧର ଯେଉଁ ଅର୍ଥ ଅର୍ଥାନ୍ତର ଚାଲିଛି ସେଠି ସବୁକିଛି ଗୋଳିଆମିଶା ହୋଇସାରିଛି । ଇତିହାସକୁ ବଦଲାଇ ଦିଆଯାଉଛି । ନୂଆ ତିଆରି ନାମରେ ପୁରୁଣା ଘରମାନଙ୍କୁ ଭାଙ୍ଗିପକାଯାଇଛି । କିନ୍ତୁ ବିଡ଼ମ୍ବନାର କଥା ଯେ ଏସବୁ ଘଟଣା ଆମ କଳାକାର ଓ କଳାରାଜ୍ୟ ପାଇଁ କୌଣସି ଆଲୋଡ଼ନ ତିଆରି କରିପାରୁନି । ଆମ ଦେଶର ବଡ଼ ବଡ଼ କଳାକାର ସରକାରଙ୍କୁ ବିରୋଧ ବଦଲରେ ରାଜନେତାଙ୍କ ସହ ଧାଡ଼ିରେ ଠିଆ ହୋଇ ଫଟୋ ଉଠେଇବାକୁ ଅଧିକ ପସନ୍ଦ କରନ୍ତି ।

୨୦୧୫ରେ ଚିନ୍‌ରୁ ବିଦେଶ ଯିବା ପାଇଁ ଅନୁମତି ପାଇଲା ପରେ ଆଇ ଓ୍ୱେଇଓ୍ୱେଇ ଜର୍ମାନୀର ବର୍ଲିନରେ ରହୁଥିଲେ, ତାପରେ ଇଂଲଣ୍ଡରେ ଓ ଏବେ ୨୦୨୧ରୁ ସପରିବାର ପର୍ତ୍ତୁଗିଜ୍‌ରେ ରହୁଛନ୍ତି ।

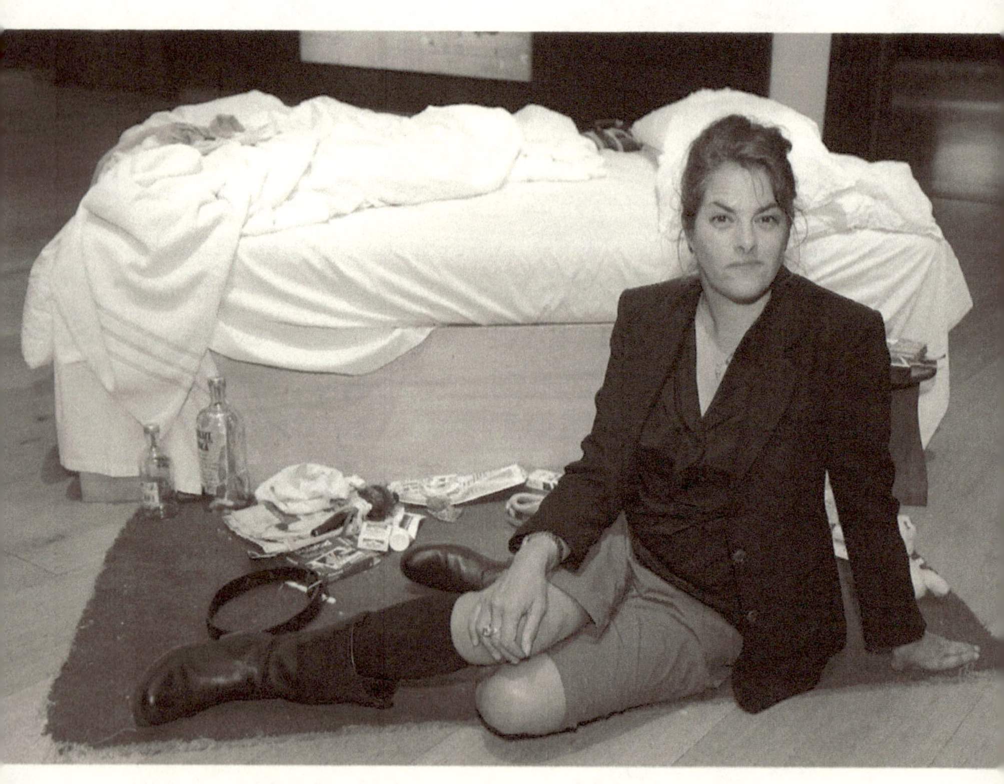

ଟ୍ରେସି ଏମିନଙ୍କ ବାସି ଶେଯ

ଆପଣ କେବେ ଅନୁମାନ କରିଥିଲେ କି ଜଣଙ୍କର ବାସି ଶେଜ ଏକ କଳାକୃତି ଭାବରେ ସ୍ୱୀକୃତ ହେବ ଓ ପରେ ବେଶ୍ ଚଢ଼ା ଦରରେ ବିକ୍ରି ବି ହୋଇଯିବ ? ବିଶ୍ୱ ସମସାମୟିକ କଳା ଜଗତରେ ମଝିରେ ମଝିରେ କିଛି କିଛି କଳାକାର ତାଙ୍କ କାର୍ଯ୍ୟକଳାପ ଓ କଳାକୃତିକୁ ନେଇ ବେଶ୍ ଝଡ଼ ସୃଷ୍ଟି କରନ୍ତି । କେହି କେହି ସେ କଳାକୃତି ଓ ଘଟଣାକୁ ତଲେଇକରି ଦେଖନ୍ତି ତ କିଏ ଅଭିନବ କହି ବାହାବା' ଦିଅନ୍ତି । ଏକଥା ସତ ଯେ ପରମ୍ପରାବାଦୀମାନେ କେବେବି ନୂଆ ଚିନ୍ତା ଓ ଚେତନାକୁ ଗ୍ରହଣ କରନ୍ତିନି । ହେଲେ ସେକଥା କ୍ରମେ ଇତିହାସ ପାଲଟେ ଓ ଆଉ କେତେଜଣଙ୍କୁ ନୂଆ ରାସ୍ତାରେ ବାଟ ଚାଲିବାକୁ ସାହସ ଦିଏ । କଳାରାଜ୍ୟର ପରିବର୍ତ୍ତନ ଏମିତି ପରମ୍ପରାରୁ ବାଟ ହୁଡ଼ି ନୂଆ ରାସ୍ତା ଖୋଜାର କଥା ।

ଦେଖି ଶିଖି କିଛି ବି ଆଙ୍କି ପକାଇବା ଠାରୁ କଳାକୁ ପ୍ରକାଶିବାକୁ ସମସାମୟିକ କଳା ଆନ୍ଦୋଳନମାନଙ୍କରେ କାହିଁରେ କେତେ ବାଟ ଖୋଜା ସରିଲାଣି । ନୂଆ ବାଟ ପୁରୁଣା ହୋଇଛି ଓ ପୁରୁଣା ପୁଣି ନୂଆ ହେଇ ପହଞ୍ଚୁଛି ।

ଏକଥା ସତ ଯେ, କେହି କେବେ ଅନୁମାନ କରିନଥିବ ଯେ ଜଣକର ଶୁଆ ବସା କାମରେ ବ୍ୟବହୃତ ବାସି ଶେଯଟି ଦିନେ ଏକ କଳାକୃତି ଭାବରେ ଗଣା ହେବ ଓ କଳା ଇତିହାସରେ ଏକ ପ୍ରମୁଖ କଳାକୃତି ଭାବରେ ସ୍ଥାନ ପାଇବ । ୧୯୯୮ ମସିହାରେ ବ୍ରିଟିଶ ଶିଳ୍ପୀ ଟ୍ରେସି ଏମିନ୍ ତାଙ୍କ ଖଟ ଓ ଶେଜକୁ ସିଧା ନେଇ ଗ୍ୟାଲେରୀ ଭିତରେ ରଖିଦେଇଥିଲେ । ଚାର୍ଲସ ସାଚି ଲଣ୍ଡନର କ‌ଣ୍ଟ ହଲ୍‌ରେ ନୂଆ ଗ୍ୟାଲେରୀ ଖୋଲିଲାବେଳେ ଟ୍ରେସିଙ୍କ କାମକୁ ୧୫୦,୦୦୦ ୟୁରୋରେ କିଣି ସ୍ଥାନ

ଦେଇଥିଲେ । ତାପରେ ୧୯୯୯ରେ ସେଇଟି ଟର୍ଣ୍ଡର ପୁରସ୍କାରର ଚୂଡ଼ାନ୍ତ ତାଲିକାରେ ସ୍ଥାନ ପାଇ ଟେଟ୍ ଗ୍ୟାଲେରୀରେ ପ୍ରଦର୍ଶିତ ହୋଇଥିଲା । କୌଣସି କଳାକୃତି ଟର୍ଣ୍ଡର ପୁରସ୍କାରର ଚୂଡ଼ାନ୍ତ ତାଲିକାରେ ସ୍ଥାନ ପାଇବା ସବୁବେଳେ ସମ୍ମାନର କଥା ହୋଇ ରହିଛି ।

ପୁରା ଘଟଣାଟି ଥିଲା ଏମିତି । ଥରେ ନିଜର ଉଚ୍ଛୃଙ୍ଖଳ ଜୀବନଚର୍ଯ୍ୟା ଓ ତତ୍‌ଜନିତ ମାନସିକ ଅବସାଦରେ ମ୍ରିୟମାଣ ହୋଇ ଟ୍ରେସି ଖାଇବା ପିଇବା ଛାଡ଼ି ଆପଣା ଖଟରେ ଏକାଦିକ୍ରମେ ପୁରା ଚାରିଦିନ ପଡ଼ିରହିଲେ । ଅବଶ୍ୟ ମଦ୍ୟପାନ ଅବ୍ୟାହତ ଥିଲା । ତାପରେ ଚାରିଦିନ ପରେ ହୋସ୍‌କୁ ଫେରି ସେ ଯେବେ ତାଙ୍କ ଶୋଇବା ଘରର ପରିସର ଓ ପରିବେଶ ଦେଖିଲେ ହଠାତ୍‌ ବିଶ୍ୱାସ କରିପାରିଲେନି ପ୍ରକୃତରେ ସେ ତାଙ୍କ ଚାରିକଟିକୁ କ'ଣ କରି ରଖିଛନ୍ତି ।

ଟ୍ରେସିଙ୍କ ଏ କାମ ପ୍ରଦର୍ଶିତ ହେଲାପରେ କଳାରାଜ୍ୟରେ ହଇଚଇ ହେବା ସହ ଖବର କାଗଜରେ ବେଶ୍‌ ସରଗରମ ଭାବରେ ପରଷାଗଲା । ଖବର କାଗଜ ଓ ଟାବଲଏଡ୍‌ମାନେ ସମୁଦାୟ କାମ ଅପେକ୍ଷା ସେଠି ବିକ୍ଷିପ୍ତ ହୋଇ ପଡ଼ିଥିବା ଜିନିଷପତ୍ରକୁ ନେଇ ବେଶୀ ମାତ୍ରାରେ କୌତୁହଳୀ ଥିଲେ । ଶେଯ ଉପରେ ପଡ଼ିଥିବା ବେଡ଼ସିଟ୍‌ରେ ଲାଗିଥିବା ଦାଗ, ଖଟ ତଳେ ପଡ଼ିଥିବା କଣ୍ଡୋମ୍‌, ଅନ୍ତର୍ବାସରେ ରତୁସ୍ରାବର ରକ୍ତ ଚିହ୍ନ, ଅଲଗା ଅନେକ ଆବର୍ଜନା, ଜଣେ ସ୍ତ୍ରୀଲୋକ ବ୍ୟବହାର କରୁଥିବା କିଛି ନିତିଦିନିଆ ଜିନିଷ, ହଳେ ସ୍ଲିପର ଓ ଆହୁରି ଅନେକ କିଛି । ଟ୍ରେସିଙ୍କର କହିବା କଥା ଥିଲା, ସେ ତାଙ୍କ ଶୋଇବା ଶେଯକୁ ଅନେକ ଦିନ ଧରି ସଜାଡ଼ି ନଥିଲେ । ଘୋର ମାନସିକ ଅବସାଦରେ ଅବସନ୍ନ ଟ୍ରେସି ଆତ୍ମହତ୍ୟା କଥା ବି ସେତେବେଳେ ଭାବୁଥିଲେ ।

ଟ୍ରେସିଙ୍କ ଖଟ ଓ ଶେଯ ଗ୍ୟାଲେରୀ ପରିସରରେ ପ୍ରଦର୍ଶିତ ହେଉଥିବା ବେଳେ ୟୁନ ଚାଇ ଓ ଜିଆନ ଜନ୍‌ ଜି ନାମକ ଦୁଇ ଜଣ ପରଫରମାନ୍ସ ଶିଳ୍ପୀ ହଠାତ୍‌ ଖଟ ଉପରକୁ ଲଙ୍ଗଳା ହୋଇ ଚଢ଼ିଗଲେ ଓ ସେଠି ପନ୍ଦର ମିନିଟ୍‌ ଧରି ଡିଆଁଡେଇଁ କଲେ ଓ ତକିଆ ଧରି ପରସ୍ପର ଭିତରେ ବାଡ଼ିଆପିଟା ହେଲେ । ସେମାନଙ୍କୁ ଅବଶ୍ୟ ସିକ୍ୟୁରିଟି ଗାର୍ଡଙ୍କ ଦ୍ୱାରା ଯଥାଶୀଘ୍ର କାବୁ କରିନିଆଗଲା । ସେମାନେ କିନ୍ତୁ ତାଙ୍କର ଏହି କାର୍ଯ୍ୟକ୍ରମକୁ ସେମାନଙ୍କ ଏକ ପରଫରମାନ୍ସ ବୋଲି ଦାବି କଲେ ଓ ନାମ ରଖିଲେ 'ଟୁ ନେକେଡ୍‌ ମ୍ୟାନ ଜମ୍ପ ଇନ୍‌ଟୁ ଟ୍ରେସିସ ବେଡ୍‌' ।

ଟ୍ରେସି ଯେତିକି ନାମ କଲେ ସେତିକି ବଦନାମ୍‌ ବି ହେଲେ । ତାଙ୍କର ଜଣେ ପ୍ରାକ୍ତନ ପ୍ରେମିକ କହିଲା ଯେ, ମୋ ପାଖରେ ବି ଗୋଟେ ଖଟ ଅଛି ଓ

ସେଠରେ ବି ଟ୍ରେସି ଶୋଉଥିଲା। ତେଣୁ ଉପଯୁକ୍ତ ପଇସା ମିଳିଲେ ସେଇଟିକୁ ସେ ନିଲାମ୍ କରି ବିକିବାକୁ ପ୍ରସ୍ତୁତ ଅଛନ୍ତି। ଆଉ କେହି କେହି ତ ଅନ୍ୟ ସବୁ ଜିନିଷଗୁଡ଼ିକ ବି କାହିଁକି କଳାକୃତି ନୁହେଁ ବା ହୋଇପାରିବ ନାହିଁ ବୋଲି ଦାବି କଲେ। ଜଣେ ସମାଲୋଚକ ଟ୍ରେସିଙ୍କର ମଜା ନେଇ ଗୋଟେ ଲମ୍ବା ଲେଖା ଲେଖିଲେ। କହିଲେ, ସେ ତାଙ୍କ ମଳକୁ ବି କଳାକୃତି ଭାବରେ ବିକ୍ରି କରିବେ। ଟ୍ରେସିଙ୍କ ଶେଯକୁ ଦେଖି କଳାସମାଲୋଚକମାନେ ନିରୋଲା ଫାର୍ସ ଭାବରେ ଅଭିହିତ କଲେ ଓ କହିଲେ, ଏମିତି ଖଟ ଉପରେ ଅସନା ଶେଯକୁ ଯେ କେହି ବି କଳା ନାମରେ ଗ୍ୟାଲେରୀରେ ରଖିଦେଇପାରେ। ହେଲେ ଟ୍ରେସି କିଛି କମ୍ ନଥିଲେ। ସେ ବଡ଼ କଡ଼ା କରି ଉଉର ଫେରାଇ କହିଥିଲେ; ହଁ ଠିକ୍ କଥା ଯେ, ହେଲେ କେହି ଏଯାଏଁ ଏମିତି କିଛି କରିନଥିଲା କାହିଁକି ? ଏଲଟି ଏକ ନିରୋଲା କଳାକୃତି ହୋଇପାରିବ ବୋଲି ଅନ୍ୟମାନେ ଭାବିନଥିଲେ କାହିଁକି ? ଆଗରୁ ବି ଟ୍ରେସି ନିଜର ଅତି ଗୋପନୀୟ ଘଟଣାକୁ ଗ୍ୟାଲେରୀ ପର୍ଯ୍ୟନ୍ତ ଆଣି ନାମ ଓ ବଦନାମ୍ ଉଭୟେ ରୋଜଗାର କରିଥିଲେ। ବିଖ୍ୟାତ ନିଲାମକାରୀ ସଂସ୍ଥା ଖ୍ରୀଷ୍ଟିଜ୍‌ର ୨୦୧୪ର ଏକ ନିଲାମରେ ଟ୍ରେସିଙ୍କର ଏହି ବାସି ଶେଯର କଳାକୃତି ୨,୫୪୬,୫୦୦ ୟୁରୋରେ ନିଲାମ୍ ହୋଇଥିଲା।

ଟ୍ରେସିଙ୍କର ଜନ୍ମ ୩ ଜୁଲାଇ ୧୯୬୩ରେ ହୋଇଥିଲା। ବ୍ରିଟିଶ ମା ଓ ତୁର୍କୀ ବାପାଙ୍କ ଔରସରୁ ତାଙ୍କର ଜନ୍ମ ଦକ୍ଷିଣ ଲଣ୍ଡନରେ ହୋଇଥିଲା।

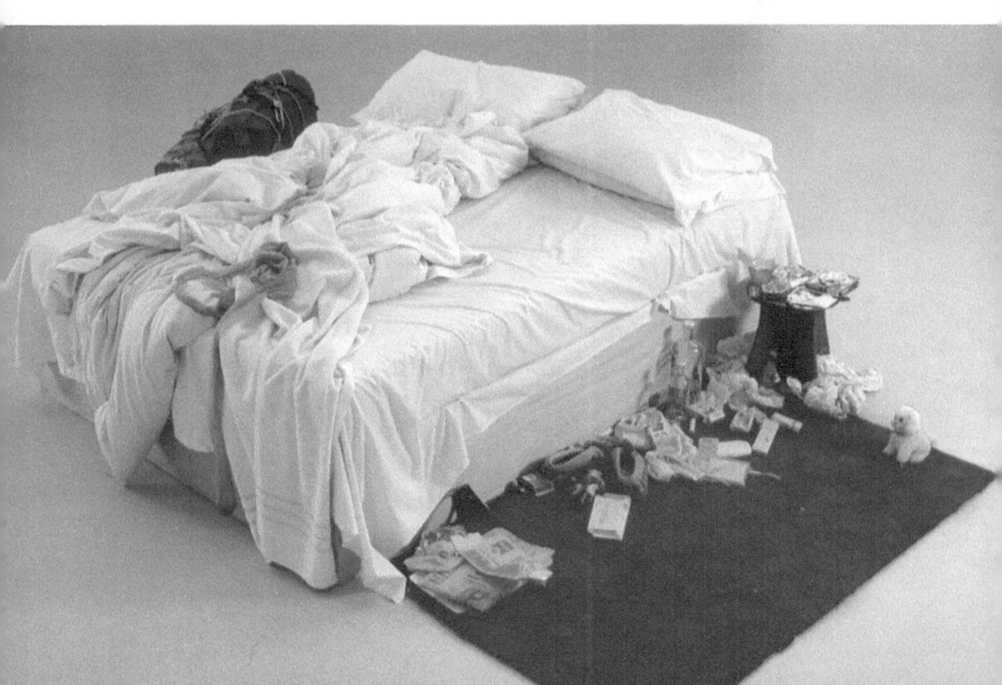

ଟେକ୍ ଦ ମନି ଏଣ୍ଡ ରନ୍

କୁହାଯାଏ ନେଇ ଆଣି ଥୋଇ ପାରିଲେ ଚୋରି ବିଦ୍ୟା ଭଲ। ତଥାପି ଚୋରି କରିବା କି କାହାକୁ ଠକି ଦେବାକୁ କିନ୍ତୁ କୌଣସି ସମାଜରେ ଭଲ ଆଖିରେ ଦେଖାଯାଏନି। ଅନ୍ୟଠି ଯାହା ହେଉନା କାହିଁକି ବିଶ୍ୱ କଳା ଦରବାରରେ କିନ୍ତୁ ଏଇ ଚୋରିଚାରୀ ଓ ଠକାଠକିର କାଣ୍ଠ କାରଖାନା ରିତିମତ ଚାଲିଥାଏ। କେତେବେଳେ ଏହା ଅର୍ଥପୂର୍ଣ୍ଣ ଭାବରେ ହୁଏତ କେବେ ନିରୋଲା ପ୍ରହସନ ପାଲଟିଯାଏ। କଳାର ପାରମ୍ପରିକ ରାସ୍ତାରୁ ବାହାରି କେବେ କିଛି କଳାକାର ନୂଆ ରାସ୍ତା ତିଆରି କରନ୍ତି। ସମସାମୟିକ ସମୟ ସେମାନଙ୍କୁ ବୁଝିନପାରି ବିରୋଧ କରେ। ପରେ ସେଇ କଥାଟି କଳା ଇତିହାସର ବିଷୟ ପାଲଟିଯାଏ।

ଆଜି ସେମିତି ଏକ ନୂଆ ଘଟଣା ବିଷୟରେ ।

ଶିଳ୍ପୀର ଷ୍ଟୁଡିଓରେ ଖଣ୍ଡେ ଧଳା କାଗଜ କିମ୍ବା ସ୍ଟ୍ରେଚରରେ ସ୍ଟ୍ରେଟ୍ ହୋଇସାରିଥିବା ଧଳା କ୍ୟାନଭାସ୍ ଦେଖିଲେ ଲାଗେ, ହଁ ଚିତ୍ରଶିଳ୍ପୀ ଏବେ କିଛି ଗୋଟେ ସୁନ୍ଦର ଚିତ୍ର ସେଠି ଆଙ୍କିବେ। କିନ୍ତୁ ଶିଳ୍ପୀ ଯଦି ସେଇ ଧଳା କ୍ୟାନଭାସ୍ ଉପରେ ଗାରଟେ କି ବିନ୍ଦୁଟେ ବି ନପକାଇ ସେଇଟିକୁ ତା'ର କଳାକୃତି କହି ପ୍ରଦର୍ଶନୀକୁ ସିଧା ପଠେଇଦିଏ ?

ଘଟଣାଟି ଥିଲା ଏମିତି।

କୋପନହେଗନ୍‌ରେ ରହୁଥିବା ଡାନିସ୍ ଶିଳ୍ପୀ ଜେନସ୍ ହାନିଙ୍ଗଙ୍କ ଜନ୍ମ ୧୯୬୫ରେ ହୋଇଥିଲା। ଜଣେ କନ୍‌ସେପ୍‌ଚୁଆଲ ଶିଳ୍ପୀ ଭାବରେ ସେ ବେଶ୍ ଜଣାଶୁଣା। ସେ ୨୦୧୦ରେ ବ୍ୟାଙ୍କ ନୋଟ୍‌କୁ ନେଇ କଳାକୃତି ଜେନସ୍ ତିଆରି କରିଥିଲେ। କଳାକୃତିଟିର ନାମ ଥିଲା 'ଆନ୍ ଆଭରେଜ୍ ଡାନିସ୍ ଆନୁଆଲ୍ ଇନକମ୍, ୨୦୧୦'। କଳାକର୍ମର ଧାରଣା ଥିଲା, ସେ ସମୟରେ ଜଣେ ସାଧାରଣ ଅଷ୍ଟିଆ ଓ

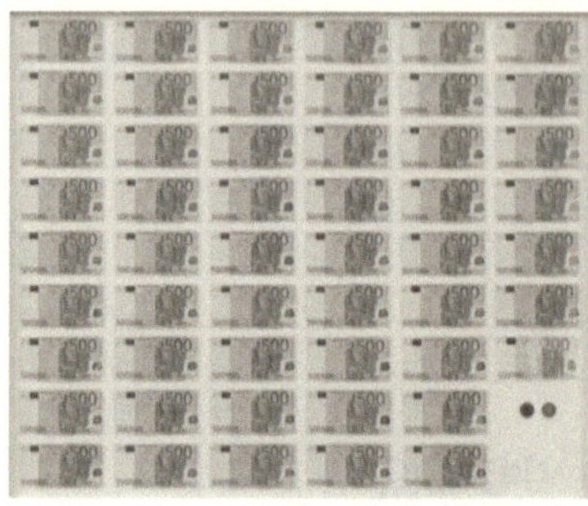

ଡେନମାର୍କ ଲୋକ ବାର୍ଷିକ କେତେ ରୋଜଗାର କରୁଛି ଏବଂ କେତେ କ୍ୟାସ୍ ବିଲ୍ ବ୍ୟବହାର କରୁଛି । ସେଥିରେ ପାଖାପାଖି ୨୮୦ଟି ବ୍ୟାଙ୍କ ନୋଟ୍ ବ୍ୟବହାର କରାଯାଇଥିଲା । ପରେ କାମଟିକୁ ଆଉଥରେ ତିଆରି କରିବାକୁ କନସ୍ଟେନ୍ ମ୍ୟୁଜିୟମ୍ ଅଫ୍ ମଡର୍ଣ୍ଣ ଆର୍ଟ କର୍ତ୍ତୃପକ୍ଷ ଅଧା ମିଲିୟନ୍ କ୍ରୋନର୍ ହାନିଙ୍କ ହାତରେ ଦେଇଥିଲେ । ଯାହାକି ଚଉରାଅଶୀ ହଜାର ଆମେରିକୀୟ ଡଲାର ସହ ସମାନ ହେବ । ନରଓ୍ୱେର ଟଙ୍କାକୁ କ୍ରୋନ୍ କୁହାଯାଏ । ପ୍ରକୃତରେ ମ୍ୟୁଜିୟମ୍ ଚାହୁଁଥିଲା ସମୟ ଅନୁସାରେ ଦେଶର ଲୋକମାନଙ୍କ ବଦଳିଥିବା ମୁଣ୍ଡପିଛା ଆୟକୁ ହିସାବକୁ ନେଇ ହାଙ୍ଗିଙ୍ ତାଙ୍କ କଳାକୃତିକୁ ପୁଣିଥରେ ତିଆରି କରନ୍ତୁ । ହାନିଙ୍ଗ ଏଥରେ ହଁ ଭରିଥିଲେ ଓ ମ୍ୟୁଜିୟମ୍ ସହ ଚୁକ୍ତି ବି

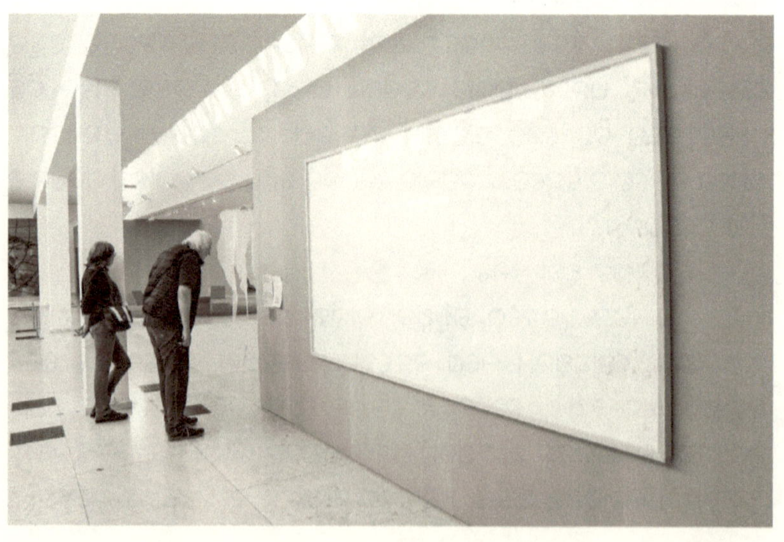

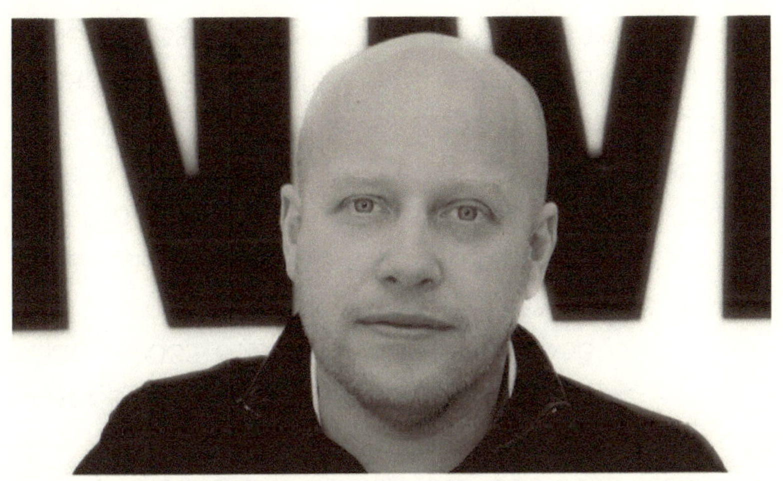

କରିଥିଲେ। କିନ୍ତୁ କିଛିଦିନ ବ୍ୟବଧାନ ପରେ ନିର୍ଦ୍ଧାରିତ ପ୍ରଦର୍ଶନୀ ପାଇଁ ଜେନସ୍ ହାନିଙ୍ଗ୍ ମ୍ୟୁଜିୟମକୁ ସିଧାସଳଖ ଦୁଇଟି ଫାଙ୍କା କ୍ୟାନଭାସ୍ ଧରେଇଦେଲେ। ଧରେଇଦେଲେ ମାନେ, କାମ ଦୁଇଟିକୁ ବାକ୍ସରେ ପୁରେଇ ମ୍ୟୁଜିୟମରେ ପହଞ୍ଚେଇ ଦେଲେ। ପ୍ରଦର୍ଶନୀରେ ଝୁଲାଇବାକୁ ପ୍ରଦର୍ଶନୀର କ୍ୟୁରେଟର୍ ବାକ୍ସ ଖୋଲିଲା ବେଳକୁ ସେଥିରେ କେବଳ ଦୁଇଟି ଫାଙ୍କା କ୍ୟାନଭାସ୍ ଥିଲା। ଆଷ୍ଚର୍ଯ୍ୟ ଚକିତ ମ୍ୟୁଜିୟମ୍ ହାନିଙ୍ଗଙ୍କୁ ଯୋଗାଯୋଗ କଲା ପରେ ସେ କହିଲେ, ସେଇ ଫାଙ୍କା କ୍ୟାନଭାସ୍ ହିଁ ତାଙ୍କ କଳାକୃତି। ସବୁଠାରୁ ମଜାକଥା ହେଲା, କଳାକୃତିର ନାମ ସେ ଦେଇଥିଲେ 'ଟେକ୍ ଦ ମନି ଏଣ୍ଡ ରନ୍'। ମାନେ ଟଙ୍କା ଧରି ଚମ୍ପଟ ମାର। ହାନିଙ୍ଗଙ୍କ ଏମିତିକା ସଫେଇରେ କିନ୍ତୁ ମ୍ୟୁଜିୟମ୍ କର୍ତ୍ତୃପକ୍ଷ ଓ କ୍ୟୁରେଟର୍ ସନ୍ତୁଷ୍ଟ ହେଲେନି। ଆଉ ସମୟ ନଥିଲା। ଶେଷକୁ କିନ୍ତୁ ଭାବିଚିନ୍ତି କ୍ୟୁରେଟର୍ ହାନିଙ୍ଗଙ୍କ ସେଇ ଫାଙ୍କା କ୍ୟାନଭାସକୁ ପ୍ରଦର୍ଶନ କଲେ। ଦର୍ଶକ ଘଟଣା ଓ ଘଟଣା ପଛର କାହାଣୀ ଜାଣିଲା ପରେ ଫାଙ୍କା କ୍ୟାନଭାସକୁ ଦେଖି ମଜା ବି ନେଲେ।

ହାନିଙ୍ଗଙ୍କ କାମ ଦେଖି ମ୍ୟୁଜିୟମ୍ ମୁଖ୍ୟ ଲାସେ ଆଣ୍ଡରସନ ପ୍ରଥମେ ଘଟଣାକୁ ବୁଝିପାରିଲେନି। ସେ ଧରିନେଲେ ବୋଧେ କାମଟି ଠିକ୍ ବାଗରେ ଯୋଜନା ମୁତାବକ ହୋଇପାରିଲାନି। କାରଣ ହାନିଙ୍ଗ ଆଗରୁ ଜଣେଇଥିଲେ ସେ ପୁରୁଣା କାମକୁ ପୂର୍ବପରି ନକରି ନୂଆ ଭାବରେ କିଛିଟା ଅଲଗା ପ୍ରକାରେ ପ୍ରସ୍ତୁତ କରୁଛନ୍ତି। ଅଲଗା ମାନେ ଫାଙ୍କା କ୍ୟାନଭାସ୍ ହିଁ ତାଙ୍କ ନୂଆ କାମ ଥିଲା। ପରେ ସବୁକିଛି ଜଣାପଡ଼ିଲା ପରେ ଆଣ୍ଡରସନ୍ ବୁଝାଇଥିଲେ ଯେ ହାନିଙ୍ଗ ତାଙ୍କ ୨୦୧୦ର ପ୍ରଥମ କାମରେ ସାଧାରଣ

ବ୍ୟାଙ୍କ ନୋଟ୍କୁ କଳାକୃତିରେ ବଦଳାଇ ଦେଇଥିଲେ। କିନ୍ତୁ ପରେ ନୂଆ କାମରେ ମାନେ ଫାଙ୍କା କ୍ୟାନଭାସ୍ କାମରେ କହିବାକୁ ଚାହିଁଥିଲେ ଯେ, ଆମେ କେବଳ ଟଙ୍କା ପାଇଁ ହିଁ କାମ କରୁଛେ। ହାନିଙ୍କ ଏଇ କାମରୁ ଏକ ବିତର୍କ ଆରମ୍ଭ ହେଲା। ଆମକୁ ଗଭୀର ଭାବରେ ଏବେ ଚିନ୍ତା କରିବାକୁ ହେବ ଯେ, ଜଣେ କଳାକାରଙ୍କ କଳାକୃତିର ମୂଲ୍ୟାୟନ ପ୍ରକୃତରେ କେତେ ହେବା କଥା। ଏକଥା ସାରା ବିଶ୍ୱର କଳାରାଜ୍ୟରେ ଜଣାଶୁଣା ସତ୍ୟ ଯେ ମ୍ୟୁଜିଅମ୍, ଗ୍ୟାଲେରୀ ଓ କଳା ସଂଗ୍ରାହକମାନେ କଳାକାରକୁ କେମିତି ଓ କେତେ ମାତ୍ରାରେ ଶୋଷଣ କରନ୍ତି।

ତେବେ ପ୍ରଦର୍ଶନୀ ସରିଲା ପରେ ଚୁକ୍ତି ଅନୁସାରେ ନେଇଥିବା ଟଙ୍କାତକ ଫେରାଇବାକୁ ମ୍ୟୁଜିୟମ୍ ହାନିଙ୍କୁ ଚିଠି ଲେଖିଛନ୍ତି। ହାନିଙ୍ଗ କିନ୍ତୁ ସ୍ପଷ୍ଟ କରିସାରିଛନ୍ତି ସେ ଗୋଟେ ବି ନୂଆ ପଇସା ଆଉ ଫେରେଇବେନି। ସମୁଦାୟ ଘଟଣା ବିଭିନ୍ନ ଗଣମାଧ୍ୟମରେ ପ୍ରକାଶିତ ହେଲା ପରେ ଓ ହାନିଙ୍କ ଫାଙ୍କା କ୍ୟାନଭାସର 'ଟେକ୍ ଦ ମନି ଏଣ୍ଡ ରନ୍' ନାମକ କଳାକୃତି ମ୍ୟୁଜିୟମ୍‌ର 'ୱାର୍କ ଇଟ୍ ଆଉଟ୍' ପ୍ରଦର୍ଶନୀରେ ଝୁଲିବା ପରେ କିନ୍ତୁ ଅଧିକ ଦର୍ଶକ ମ୍ୟୁଜିୟମ ବୁଲିବାକୁ ଆସିଥିଲେ। କିଏ ହାନିଙ୍କ ଏପରି କାମକୁ ସହଜରେ ଗ୍ରହଣ କରିନଥିଲେ ମଧ କିଏ କିଏ ଅଭିନବ କହିଥିଲେ। କିଛି କଳା ସମାଲୋଚକ ହାନିଙ୍କୁ ତାରିଫ୍ ବି କରିଥିଲେ। ହାନିଙ୍ଗ ବିବଦମାନ ଓ ଅନ୍ୟକୁ ଚମକେଇଦେବା ପରି କାମ ଆଗରୁ ବି କେତେଥର କରିଥିଲେ। ୧୯୯୫ରେ 'ଉଇପନ୍ ପ୍ରଡକ୍‌ସନ' ନାମରେ ଗୋଟେ ରାଜନୈତିକ ବିଚାରକୁ ନେଇ ସେ କାମ କରିଥିଲେ। ଯେଉଁଥିରେ ସେ କିଛି ଯୁବ ଶରାଣାର୍ଥୀଙ୍କୁ ପ୍ରଦର୍ଶନୀକୁ ଡାକି ଏକ କର୍ମଶାଳା କରିଥିଲେ; ଯେଉଁଠି ସେମାନଙ୍କୁ ରାସ୍ତା ଘାଟରେ ମିଳୁଥିବା ଓ ବ୍ୟବହାର ହେଉଥିବା ଅସ୍ତ୍ରଶସ୍ତ୍ର ତିଆରି ଶିଖାଯାଇଥିଲା।

'ଟେକ୍ ଦ ମନି ଏଣ୍ଡ ରନ୍' କାମ ବିଷୟରେ ପରେ ହାନିଙ୍ଗ ସଫେଇ ଦେଇ କହିଥିଲେ ଯେ, ତାଙ୍କୁ ମ୍ୟୁଜିୟମ୍ ତାଙ୍କ ପାରିଶ୍ରମିକ ବାବଦକୁ କମ୍ ପଇସା ଦେବାରୁ ସେ ଏମିତି କାଣ୍ଡଟେ ଭିଆଇଛନ୍ତି। ମ୍ୟୁଜିୟମ୍ ଚୁକ୍ତି କରି ଯେତିକି ଅର୍ଥ ଦେଇଥିଲେ ସେତିକିରେ ସେ କାମ ସରିନଥା'ନ୍ତା। ତାଙ୍କୁ ନିଜ ପକେଟରୁ ଆହୁରି ୨୫,୦୦୦ କ୍ରୋନର୍ ଖର୍ଚ୍ଚ କରିବାକୁ ହେଥା'ନ୍ତା। କିନ୍ତୁ ମ୍ୟୁଜିୟମ୍ ଅଧିକ ଅର୍ଥ ଖର୍ଚ୍ଚ କରିବାକୁ ମନାକଲା ପରେ ସେ କାମର ରୂପରେଖ ବଦଳେଇ ଦେଇଥିଲେ। ତାପରେ ମ୍ୟୁଜିୟମ୍‌ର ଅର୍ଥତକ ନିଜ ପାଇଁ ରଖିଦେବାକୁ ସେ ଚୋରି କି ଠକାମି ବୋଲି ଭାବୁନାହାଁନ୍ତି। ହଁ, ଚୁକ୍ତି ଭାଙ୍ଗିଛନ୍ତି ବୋଲି କୁହାଯାଇପାରେ। କିନ୍ତୁ ଏଇ ଚୁକ୍ତି ଭାଙ୍ଗିବା ତାଙ୍କ କଳାକର୍ମର ଅଂଶ ବିଶେଷ ଓ ତାଙ୍କୁ ସେଇପରି ଭାବରେ ହିଁ ଗ୍ରହଣ

କରାଯିବା ଉଚିତ। ସେ ଭାବିଚିନ୍ତି ଭଲ କଳାକୃତିଟେ ସୃଷ୍ଟି କରିଛନ୍ତି। ପୂର୍ବାପର ଘଟଣା, ପରିବେଶ, ପରିସ୍ଥିତି ଓ ସମୁଦାୟ କାହାଣୀକୁ ନେଇ ବିଚାର କଲେ ତାଙ୍କ କାମକୁ ଯିଏ କେହି ବି ବୁଝିପାରବ। ପ୍ରକୃତରେ ପୁରା ଘଟଣା ପ୍ରବାହକୁ ବୁଝିପାରିଲେ ମ୍ୟୁଜିୟମ୍ କାନ୍ଥରେ ଝୁଲୁଥିବା ଫାଙ୍କା କ୍ୟାନଭାସ୍ ଆଉ ଫାଙ୍କା ଦିଶିବନି କି ଅର୍ଥହୀନ ବି ଦିଶିବନି। ସେ ଯଦି ଟଙ୍କା ଫେରାଇ ଦିଅନ୍ତି ତେବେ ତାହା ଆଉ କଳାକୃତି ହୋଇ ରହିବନି। କାରଣ ଟଙ୍କା ଫେରାଇଦେବା ମୁହୂର୍ତରେ ହିଁ କାମଟିର ଶୀର୍ଷକ 'ଟେକ୍ ଦ ମନି ଏଣ୍ଡ ରନ୍' ଅର୍ଥହୀନ ହେଇଯିବ। ଏହା ସହ ସେ ତାଙ୍କ ପରି ଶୋଷଣର ଶିକାର ହେଉଥିବା ଅନ୍ୟ ଶିଳ୍ପୀମାନଙ୍କ ଉଦ୍ଦେଶ୍ୟରେ ଉପଦେଶ ଛଳରେ କହିଛନ୍ତି ଯେ, ସେ ସାମ୍ନା କରିଥିବା ପରିସ୍ଥିତି ପରି ପରିସ୍ଥିତି ଆସିଲେ ସେମାନେ ଠିକ୍ ଏମିତି ପ୍ରତିକ୍ରିୟା ଦେଖାଇବା ଉଚିତ। ଭାଗ ମାପ ଠିକ୍ ନହେଲେ ବା ଠକି ହୋଇଯିବାର ସମ୍ଭାବନା ଦିଶିଲେ ଟଙ୍କା ଧରି ଉଡନ୍ ଛୁ ମାରିବା କିଛି ନାକରା କଥା ନୁହେଁ।

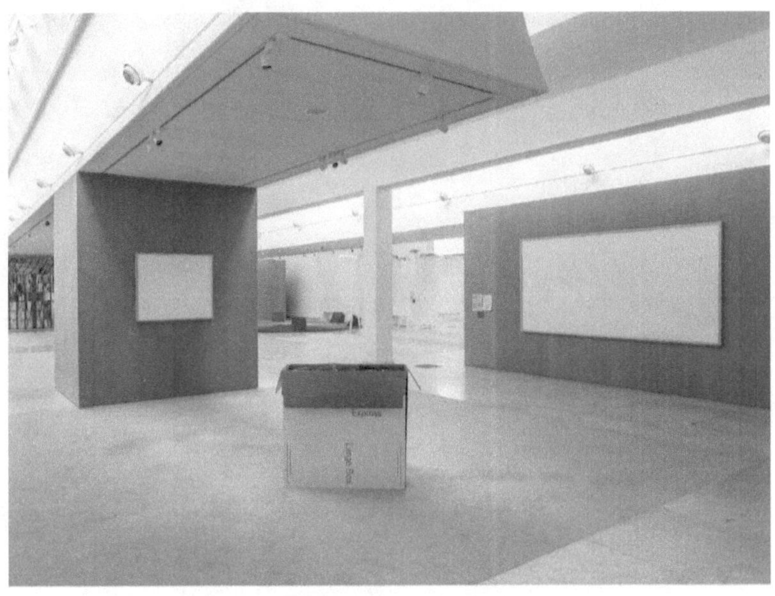

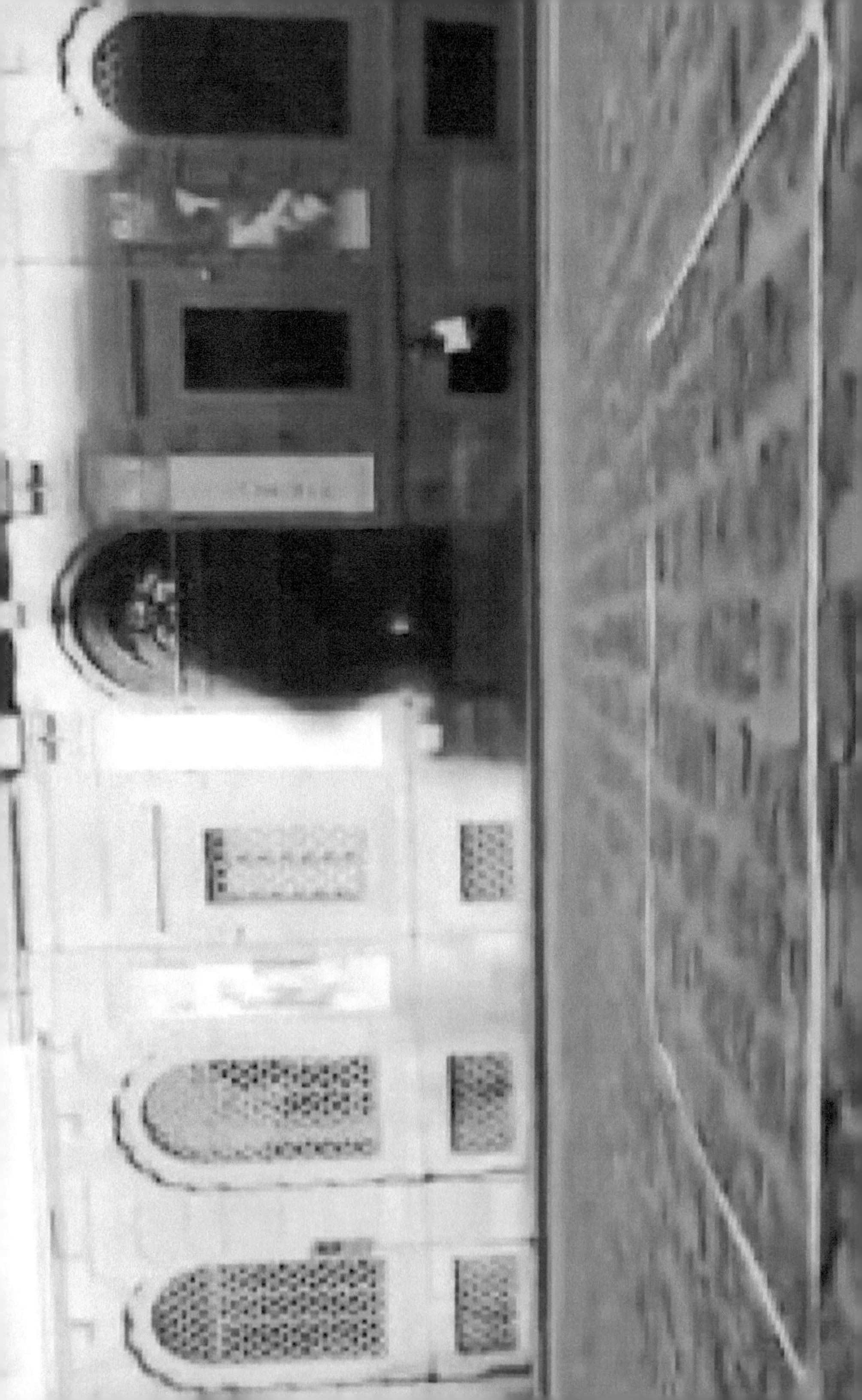

'Everything has its beauty, but not everyone sees it.'- Andy Warhol

ଅଦୃଶ୍ୟ ଭାସ୍କର୍ଯ୍ୟ

ଅଳ୍ପ ଦିନ ତଳେ ଅଷ୍ଟ୍ରେଲିଆର ସାଲଭେଟୋର ଗରାଉ (୧୯୫୩) ନାମରେ ଜଣେ ଶିଳ୍ପୀଙ୍କର ଗୋଟିଏ ଭାସ୍କର୍ଯ୍ୟ ୧୮,୩୦୦ ଆମେରିକୀୟ ଡଲାରରେ ନିଲାମ ହୋଇଯାଇଛି । ନିଲାମ ହେବାରେ ବଡ଼ କଥା କ'ଣ ଯେ ? ସବୁଦିନ କାହିଁ କେତେ ଶିଳ୍ପୀଙ୍କର କଳାକୃତି ନିଲାମ ହେଉଛି । ନିଲାମରେ ନୂଆ ନୂଆ ରେକର୍ଡ଼ ବି ତିଆରି ହେଉଛି । ପ୍ରକୃତରେ ଘଟଣାଟି ଗୁରୁତ୍ୱପୂର୍ଣ୍ଣ ଏଇଥିପାଇଁ ଯେ, ସାଲଭେଟୋର ଗରାଉଙ୍କର ଭାସ୍କର୍ଯ୍ୟଟି ଯାହା ଏତେ ଟଙ୍କାରେ ନିଲାମ ହେଲା, ପ୍ରକୃତରେ ଆଖିକୁ ଦିଶିଲା ପରି ସେଠି କିଛି ନଥିଲା । ମାନେ ସରଳରେ କହିଲେ ଶିଳ୍ପୀ ଜଣକ ଶୂନ୍ୟକୁ ବିକି ପଇସା ରୋଜଗାର କରିଛନ୍ତି । ନାଁ ବି କମେଇଛନ୍ତି । ଭାସ୍କର୍ଯ୍ୟଟିର ନାଁ ଥିଲା 'ଲୋ ସୋନୋ' ମାନେ 'ମୁଁ' । ଶିଳ୍ପୀଙ୍କର କହିବା କଥା ହେଲା, କିଛି ନଥିବା ଫାଙ୍କା ଜାଗାଟିରେ ପ୍ରକୃତରେ କିଛି ବି ନଥିଲେ ମଧ୍ୟ ଶକ୍ତି କିନ୍ତୁ ଭରପୁର ଥାଏ । ଜର୍ମାନ ପଦାର୍ଥ ବିଜ୍ଞାନୀ କାର୍ଲ ହାଇଜେନବର୍ଗଙ୍କ ଅନୁସାରେ ନଥିଙ୍ଗର ବି ଓଜନ ରହିଛି । ଶୂନ୍ୟ ଭାସ୍କର୍ଯ୍ୟର ଶୂନ୍ୟତା ଆମକୁ ସଂକ୍ରମିତ କରିପାରିବ ।

ନିରୋଲା ଶୂନ୍ୟତାର ଭାସ୍କର୍ଯ୍ୟଟିକୁ ଆର୍ଟ–ରାଇଟ୍ ନାମକ ନିଲାମକାରୀ ସଂସ୍ଥାରେ ନିଲାମ ପାଇଁ ଦାଖଲ ହେଇଥିଲା ଓ ପ୍ରାରମ୍ଭିକ ଭାବରେ ଛଅ ହଜାରରୁ ନଅ ହଜାର ୟୁରୋର ମୂଲ୍ୟ ଧାର୍ଯ୍ୟ କରାଯାଇଥିଲା । ନିଲାମରେ କିନ୍ତୁ ତାହା ଶେଷରେ ପନ୍ଦର ହଜାର ୟୁରୋରେ ବିକ୍ରୀ ହେଇଯାଇଥିଲା । ମଜା କଥାଟି ହେଲା, ନିଲାମ ପରେ ଭାସ୍କର୍ଯ୍ୟଟିର କ୍ରେତା ଶୂନ୍ୟ ଭାସ୍କର୍ଯ୍ୟଟିକୁ ସାଙ୍ଗରେ ନିଜ ଘରକୁ ନେଇକି ଯାଇଥିଲେ । ସାଙ୍ଗରେ କାମର ବୈଧତା ପ୍ରମାଣପତ୍ର ବା ଅଥେଣ୍ଟିସିଟି ସାର୍ଟିଫିକେଟ୍ ଓ ଭାସ୍କର୍ଯ୍ୟକୁ କେମିତି ପ୍ରଦର୍ଶନ କରାଯିବ ସେ ନେଇ ନିର୍ଦ୍ଦେଶାବଳୀ ବି ପାଇଥିଲେ ।

ନିର୍ଦ୍ଦେଶାବଳୀରେ ସ୍ୱଷ୍ଟ ଭାବରେ ସାଲଭେଟୋର ଗରାଉ ଲେଖିଥିଲେ ଯେ କୌଣସି ପ୍ରକାର ବାଧକ ବିନା ଭାସ୍କର୍ଯ୍ୟଟିକୁ ଯେ କୌଣସି ପାଞ୍ଚରେ ପାଞ୍ଚ ଫୁଟ ଖୋଲା ଜାଗାରେ ରଖାଯାଇପାରେ ।

ବଢ଼ିଆ ନା ?

କିଛି ନଥିବାକୁ କିଛି ଅଛିର ପ୍ରମାଣ ଦେଖାଇ ଗରାଉ କିଛି କମ୍ ସମାଲୋଚନାର ଶରବ୍ୟ ହୋଇନାହାନ୍ତି । କିନ୍ତୁ ସମାଲୋଚକମାନଙ୍କ ସମାଲୋଚନାର ଜବାବରେ ଶିଳ୍ପୀ ଗରାଉ କୁହନ୍ତି ଯେ – ସବୁ ପରେ ଆମେ କେବେ ବି ଦେଖିନଥିବା ଭଗବାନଙ୍କୁ ବିଶ୍ୱାସ କରୁଛେ ନା ନାହିଁ ?

ହଁ, କେବେ ଦେଖିନଥିବା ଭଗବାନ ଅବା ଭୂତ ପ୍ରେତ ଓ ଅଶରୀରିଙ୍କୁ ଆମେ ବିଶ୍ୱାସ କରୁଛେ । ତେବେ ଗରାଉଙ୍କ କାମକୁ ଗୁରୁତ୍ୱ ଦେବାନି କାହିଁକି ? ଶୂନ୍ୟତାକୁ ନେଇ ଗରାଉଙ୍କର ଏଇଟି ପ୍ରଥମ କାମ ନଥିଲା । ପୂର୍ବରୁ ସେ 'ବୁଦ୍ଧ ଇନ୍ କନଟେମ୍ପଲେସନ୍' ନାମରେ ଆଉ ଏକ ଅଦୃଶ୍ୟ ଭାସ୍କର୍ଯ୍ୟ ନିର୍ମାଣ ମଧ କରିଥିଲେ । ନ୍ୟୁୟର୍କ ସହରର ଷ୍ଟକ୍ ଏକ୍ସଚେଞ୍ଜ ଆଗରେ ଇଟାଲିଆନ୍ କଲଚରାଲ୍ ଇନିଷ୍ଟିଟ୍ୟୁଟ୍ଙ୍କ ସହଯୋଗରେ ଏଫ୍ରୋଡାଇଟ୍ କ୍ରାଇଜ୍ ନାମରେ ଆଉ ଏକ ଅଦୃଶ୍ୟ ଭାସ୍କର୍ଯ୍ୟ ରଖିଥିଲେ । ଶୂନ୍ୟ ଭାସ୍କର୍ଯ୍ୟଟି ରଖାଯାଇଥିବା ସ୍ଥାନକୁ ଧଳା ରଙ୍ଗରେ ଚିହ୍ନିତ କରାଯାଇଥିଲା । କାମ ସମ୍ପର୍କରେ ଶିଳ୍ପୀ ଗରାଉ କହୁଥିଲେ 'ତୁମେ ମୋ ଭାସ୍କର୍ଯ୍ୟକୁ ଦେଖି ପାରୁନଥାଅ, କିନ୍ତୁ ପବନ ଓ ଶକ୍ତିରେ ତିଆରି ମୋ କାମଟି ତୁମ ସାମ୍ନାରେ ତଥାପି ରହିଛି । ମୋର କଳାକୃତି ତୁମକୁ, ତୁମର କଳ୍ପନା ଶକ୍ତିକୁ ଜାଗ୍ରତ କରିପକାଏ । ଏମିତିକି ଯିଏ ଏସବୁରେ ବିଶ୍ୱାସ କରନ୍ତିନି, ସେମାନଙ୍କ କଳ୍ପନା ଶକ୍ତିକୁ ବି ଜାଗ୍ରତ କରିବାରେ ସହାୟତା କରେ । ଏକଥା ସତ ଯେ, ଦର୍ଶକମାନେ କିନ୍ତୁ ଛକ ଉପରେ ଧଳା ଟେପ୍‍ରେ ଚିହ୍ନିତ ସ୍ଥାନ ଭିତରେ ତିଆରି ଗରାଉଙ୍କ ଅଦୃଶ୍ୟ ଭାସ୍କର୍ଯ୍ୟ ପାଖରୁ ଶକ୍ତି ଅନୁଭବ କରିବାରେ ଅସୁବିଧାର ସାମ୍ନା କରୁଥିଲେ ।

ଅଦୃଶ୍ୟ ଓ ଶୂନ୍ୟତାକୁ ନେଇ କାମ କରିବାରେ ଗରାଉ ପ୍ରଥମ ଚିତ୍ରଶିଳ୍ପୀ ନୁହଁନ୍ତି । ବିଶ୍ୱ କଳା ଇତିହାସରେ ଏମିତିକା ପରୀକ୍ଷା ଢେର ଆଗରୁ ହୋଇଛି । ୧୯୫୮ରେ ଫରାସୀ ଶିଳ୍ପୀ ଇଭ କ୍ଲେନ୍ ଆଇରିସ୍ କ୍ଲେର୍ଟ ଗ୍ୟାଲେରୀରେ ଶୂନ୍ୟତାକୁ ନେଇ ଏକ ପ୍ରଦର୍ଶନୀ କରିଥିଲେ । ସେଥିର ସେ ଗ୍ୟାଲେରୀ ପରିସରରୁ କେବଳ ଏକ ବଡ଼ କ୍ୟାବିନେଟକୁ ଛାଡ଼ି ସବୁ କିଛି ବାହାରକୁ ବାହାର କରିଦେଇଥିଲେ । ଚାରିପାଖକୁ ଧଳା ରଙ୍ଗରେ ରଙ୍ଗାଇଥିଲେ । ଗ୍ୟାଲେରୀର ଝରକା ସବୁରେ ତାଙ୍କ ପ୍ରିୟ ରଙ୍ଗ ନୀଲ ଦିଆଯାଇଥାଏ, ନୀଲ ରଙ୍ଗର ପରଦା ଝୁଲୁଥାଏ । ତାଙ୍କ ଲୋକପ୍ରିୟତାକୁ ଆଖିରେ

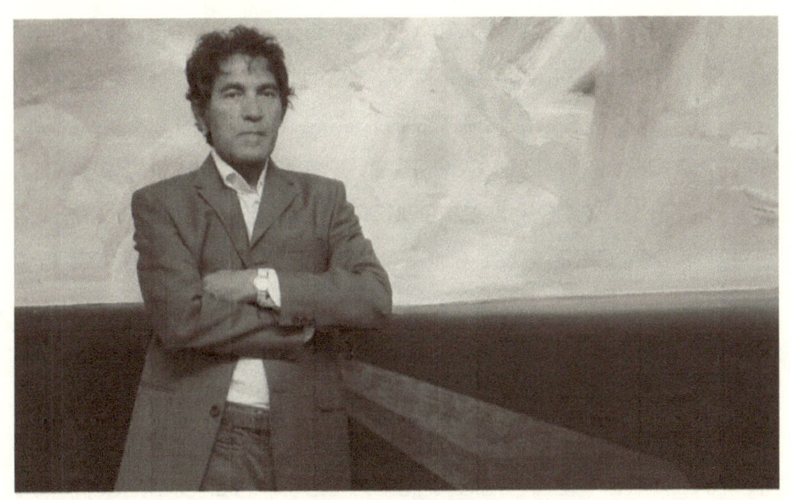

ରଖି ସେଦିନ ସନ୍ଧ୍ୟାରେ ତିନି ହଜାର ଉସ୍ବାହୀ ଦର୍ଶକ ଗ୍ୟାଲେରୀ ବାହାରେ ଗୋଟେ ଫାଙ୍କା କୋଠରୀରେ ପଶିବାକୁ ଧାଡ଼ି ବାନ୍ଧି ଠିଆ ହୋଇଥା'ନ୍ତି । ପ୍ରଦର୍ଶନୀର ନାମ ଥାଏ 'The Specialization of Sensibility in the Raw Material State of Stabilized Sensibility-exhibition of 'The Void'. ଏଇ ପ୍ରଦର୍ଶନୀ ସମ୍ପର୍କରେ Yves Klein କୁହନ୍ତି ଯେ, ସେ ଶୂନ୍ୟ ପ୍ରଦର୍ଶନୀ ଗୃହରେ ଏମିତି ଏକ ସଚିତ୍ର ପରିବେଶ ତିଆରି କରିବାକୁ ପ୍ରୟାସ କରିଥିଲେ, ଯାହା ଅଦୃଶ୍ୟ ହୋଇ ମଧ୍ୟ ଦର୍ଶକମାନଙ୍କ ସାମ୍ନାରେ ଉପଲବ୍ଧ ହେଇପାରିବ । ଗ୍ୟାଲେରୀ ପରିସରରେ ସୃଷ୍ଟ ଅଦୃଶ୍ୟ ଚିତ୍ରମୟ ସ୍ମୃତି ଆଜିର ଦିନରେ ଚିତ୍ର ସର୍ବୋତ୍ତମ ସଂଜ୍ଞା ପ୍ରଦାନ କରେ ଯାହାକୁ ସରଳରେ ଏକ ଚମକ ବି କୁହାଯାଇପାରେ । ସେ ଭାବୁଥିଲେ ଏପରି ଏକ ଅଭିନବ ସୃଜନ ପ୍ରକ୍ରିୟାରେ ଅଦୃଶ୍ୟ ଓ ଅମୂର୍ତ୍ତିକରଣର ପ୍ରକ୍ରିୟା ହିଁ ବଡ଼କଥା । ପ୍ରଦର୍ଶନୀକୁ ଆସିଥିବା ଦର୍ଶକଙ୍କ ଶରୀର ସବୁ ଅନ୍ୟ ପ୍ରଦର୍ଶନୀରେ ଝୁଲୁଥିବା ସାଧାରଣ ଦୃଶ୍ୟମାନ ଚିତ୍ରମାନଙ୍କ ଠାରୁ ଅଧିକ ସମ୍ପ୍ରେଷଣକ୍ଷମ ।

୨୦୧୪ ମସିହାରେ ଗଗେନହାମ୍ ମ୍ୟୁଜିୟମ୍‌ରେ 'ଜିରୋ' ନାମରେ ଏକ ପ୍ରଦର୍ଶନୀ ଆୟୋଜନ କରାଯାଇଥିଲା । ଯେଉଁଠି କିଛି ଚିତ୍ରଶିଳ୍ପୀଙ୍କର କଳାକୃତି ସ୍ଥାନ ପାଇଥିଲା । ଯେଉଁମାନେ ଆକାର ଓ ଆକୃତିକୁ ବାଦ୍ ଦେଇ ସେମାନଙ୍କ କଳାକୃତି ପ୍ରସ୍ତୁତ କରିଥିଲେ । ସେଥିରେ ମରିନା ଆବ୍ରାମୋଭିକ୍ (୧୯୪୬)ଙ୍କ '୫୧୨ ଆୱାର' ନାମକ ୨୦୧୪ ମସିହାରେ ଲଣ୍ଡନରେ ପ୍ରଦର୍ଶିତ ପରଫର୍ମାନ୍‌ସ ବି ସାମିଲ ଥିଲା ।

ଛଅ ଦିନ ଧରି ଗ୍ୟାଲେରୀ ପରିସରକୁ ସକାଳ ଦଶରୁ ସନ୍ଧ୍ୟା ଛଅ ପର୍ଯ୍ୟନ୍ତ ପୁରା ଛଅଦିନ ଧରି ଲକ୍ଷାଧିକ ଦର୍ଶକ ପରିଦର୍ଶନ କରିଥିଲେ। ଗ୍ୟାଲେରୀ ପରିସରରେ କେବଳ ନିଜକୁ ହିଁ ଉପସ୍ଥିତ କରାଇଥିଲେ ମରିନା। ଗ୍ୟାଲେରୀ ପ୍ରବେଶ ପୂର୍ବରୁ ଦର୍ଶକଙ୍କୁ ସେମାନଙ୍କ ସାଙ୍ଗରେ ଆଣିଥିବା ସେମାନଙ୍କର ସମସ୍ତ ବ୍ୟାଗ୍‌, ଜ୍ୟାକେଟ୍‌, କ୍ୟାମେରା, ଘଣ୍ଟା ଓ ଅନ୍ୟ ଜିନିଷ ପତ୍ରକୁ ଅଲଗା ରଖିଦେବାକୁ ହୋଇଥିଲା। ପ୍ରଦର୍ଶନୀ ଦେଖିବାକୁ ଆସିଥିବା ଦର୍ଶକମାନେ ଫାଙ୍କା ଗ୍ୟାଲେରୀରେ ଆପେ ଆପେ ପ୍ରଦର୍ଶନୀର ଅଂଶ ହୋଇଯାଇଥିଲେ। ଅନ୍ୟ ପ୍ରଦର୍ଶନୀ ପରି ଦର୍ଶକମାନେ ଧାଡ଼ି ବାନ୍ଧି ଅତି ଧୀର ସ୍ଥିର ଭାବରେ ଆଦୌ ବୁଲୁନଥିଲେ ବରଂ ସେମାନେ ସେଠି କେତେ କ'ଣ କରୁଥିଲେ। ମରିନା ପ୍ରଦର୍ଶନୀରେ କ'ଣ ଘଟୁଛି ସେ ନେଇ ଦୈନିକ ଦିନଲିପି ଓ ଦର୍ଶକମାନେ ଗ୍ୟାଲେରୀରୁ ବାହାରିଲା ପରେ ସେମାନଙ୍କର ଅନୁଭୂତି ସବୁ ଲେଖୁଥିଲେ। ନା ମରିନା ନା ଦର୍ଶକ, କେହି କିଛି ବି ଜିନିଷ ଗ୍ୟାଲେରୀ ଭିତରକୁ ଆଣି ଆସିନଥିଲେ। କିଛି ନଥିବା ଭିତରୁ କିଛି ଗଢ଼ିବାର ପ୍ରୟାସ ଥିଲା ଇଏ। ଏଠି ମରିନା ଆବ୍ରାମୋଭିକ୍‌ ପର୍‌ଫର୍‌ମାନ୍‌ ଆର୍ଟର ଏକ ଅତ୍ୟନ୍ତ ପ୍ରଭାବଶାଳୀ ପରୀକ୍ଷା କରିଥିଲେ।

ଇଭ କ୍ଲେନ୍‌ ଓ ମରିନା ଆବ୍ରାମୋଭିକ୍‌ଙ୍କ ଭୟେଡ୍‌କୁ ନେଇ କରିଥିବା କାମ ଭିତରେ ଅନେକ ସାମଞ୍ଜସ୍ୟ ରହିଛି। ଉଭୟେ ଶୂନ୍ୟତା ଓ ଖାଲିପଣକୁ ନେଇ ପରୀକ୍ଷା କରିଛନ୍ତି। ଦର୍ଶକ ଉଭୟଙ୍କ ପ୍ରଦର୍ଶନୀରେ ପହଞ୍ଚିଲା ପରେ ଆପେ ଆପେ ପ୍ରଦର୍ଶନୀର ଅଂଶ ପାଲଟିଛନ୍ତି। ଗଗେନହାମ୍‌ ମ୍ୟୁଜିୟମ୍‌ ଆୟୋଜିତ ଜିରୋ ପ୍ରଦର୍ଶନୀରେ ଉଭୟେ ଭାଗ ମଧ ନେଇଛନ୍ତି।

ଆମ ଭାରତ ବର୍ଷରେ ଶୂନ୍ୟତାକୁ ନେଇ ଅନେକ ଆଗରୁ ଅନେକ କଥା କୁହାଯାଇଛି। ଭାରତୀୟ ଶୈବ, ବୈଷ୍ଣବ ଓ ବୌଦ୍ଧ ଦର୍ଶନର ଗ୍ରନ୍ଥମାନଙ୍କରେ ଏ ନେଇ ଉଲ୍ଲେଖ ରହିଛି। ବଙ୍ଗ ପ୍ରଦେଶର ମଧ୍ୟଯୁଗୀୟ ପ୍ରସିଦ୍ଧ କବି ରମାଇ ପଣ୍ଡିତ 'ଶୂନ୍ୟ ପୁରାଣ' ନାମରେ ଏକ ଗ୍ରନ୍ଥ ରଚନା କରିଥିଲେ। ଭଗବାନଙ୍କୁ ନିରାକାର ଭାବରେ ଉପାସନା କରିବା ନେଇ ଯୁକ୍ତି ରଖିଥିଲେ। ଓଡ଼ିଶାରେ ମହିମା ଧର୍ମରେ ଶୂନ୍ୟ ଉପାସନା କରାଯାଏ। ରମାଇ ପଣ୍ଡିତ ମହିମା ଗୋସାଇଙ୍କ ଦ୍ୱାରା ପ୍ରଭାବିତ ହୋଇଥିଲେ ବୋଲି କେହି କେହି ଅନୁମାନ କରନ୍ତି। ବୌଦ୍ଧ ଦର୍ଶନରେ ଶୂନ୍ୟତାକୁ ନେଇ ଅନେକ ଗୁଢ଼ ଦର୍ଶନ ଓ ତତ୍ତ୍ୱ ରହିଛି। ବିଶେଷ କରି ଥେରାବାଦ ଓ ମହାୟାନ ବୌଦ୍ଧରେ ଶୂନ୍ୟତାକୁ ନେଇ ବିଶେଷ ଆଲୋଚନାମାନ ରହିଛି। ଓଡ଼ିଶାରେ ବିଶେଷ କରି ପଞ୍ଚ ସଖାଙ୍କ ସମୟରେ ଶୂନ୍ୟ, ଅଶାକାର ଓ ନିର୍ଗୁଣ ବ୍ରହ୍ମଙ୍କୁ ନେଇ ଅନେକ ଆଲୋଚନା ହୋଇଛି। ଅଚ୍ୟୁତାନନ୍ଦଙ୍କ 'ଶୂନ୍ୟ ସଂହିତା' ଅନୁସାରେ ଶୂନ୍ୟ ପୁରୁଷ ହିଁ

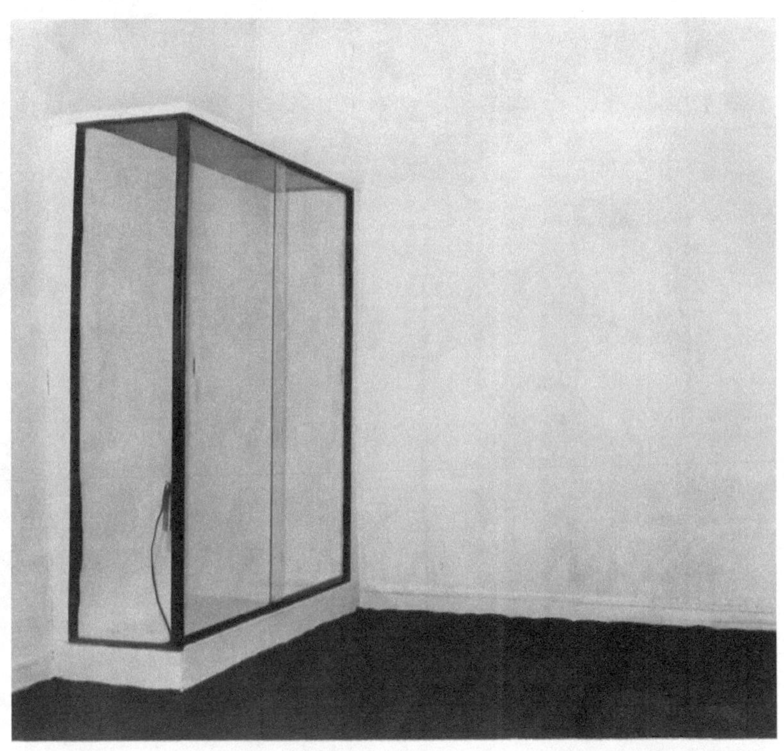

ନିରାକାର। ମନୁଷ୍ୟର ଦେହ ଶୂନ୍ୟ। ଏ ଜଗତ ଶୂନ୍ୟ ଉପରେ ହିଁ ଉଦୟ ହୋଇଛି। ମନୁଷ୍ୟର ପିଣ୍ଡରୁ ଜୀବ ବାହାରି ଶେଷରେ ପରମ ସହ ଏକାକାର ହୁଏ। ମାନେ ଶୂନ୍ୟ ପୁରୁଷ ଶୂନ୍ୟକୁ ଗମନ କରେ। ନିରାକାର ପୁରୁଷଙ୍କ ଛାୟା, ଚକ୍ଷୁର ଦ୍ୱାରେ ଅଲେଖ ରୂପରେ ଦେଖାଯାଏ। ନିରାକାରଙ୍କ ଅଲେଖ ରୂପକୁ ମୂଢ଼ ଅଜ୍ଞାନୀମାନେ ଦେଖିପାରିବେନି। କେବଳ ଯୋଗ ବଳରେ ଶୂନ୍ୟ ପୁରୁଷଙ୍କୁ ପାଇହେବ, ଇତ୍ୟାଦି ଇତ୍ୟାଦି...। ଅତୀତର ଭାରତୀୟ ଶୂନ୍ୟ ସମ୍ପର୍କିତ ଜ୍ଞାନ, ତତ୍ତ୍ୱ ଓ ବିଚାରକୁ ନେଇ ଆଧୁନିକ ଓ ସମସାମୟିକ ଭାରତୀୟ ଚିତ୍ର ଧାରାରେ ଶୂନ୍ୟତାକୁ ନେଇ କୌଣସି ଭାରତୀୟ ଚିତ୍ରଶିଳ୍ପୀ ଆଖିଦୃଶିଆ କାମ କିନ୍ତୁ କରି ନାହାଁନ୍ତି।

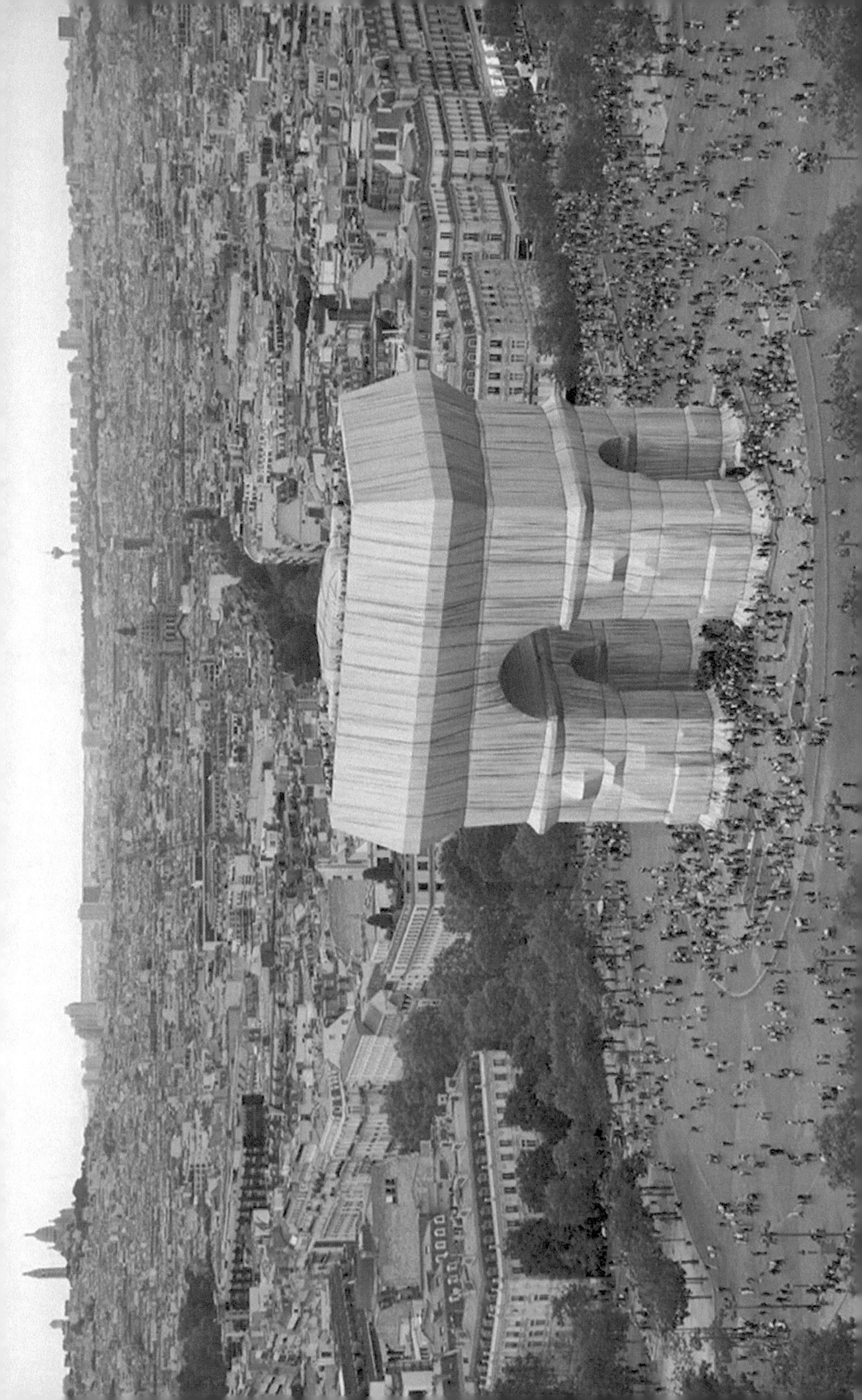

ବନ୍ଧାବନ୍ଧିର କଳା

ସବୁକିଛିକୁ କପଡ଼ାରେ ବାନ୍ଧି ପକାଇବା ପାଇଁ ଖ୍ରୀଷ୍ଟୋ ଓ ତାଙ୍କ ପତ୍ନୀ ଜେନ୍ କ୍ଲାଡ୍ ପ୍ରଥମଥର ସମସାମୟିକ କଳା ଇତିହାସରେ ବେଶ୍ ପ୍ରସିଦ୍ଧ। ଚଉରାଅଶୀ ବର୍ଷ ବୟସରେ ଖ୍ରୀଷ୍ଟୋଙ୍କର ଦେହାନ୍ତ ୨୦୨୦ରେ ହୋଇଥିଲା ଓ ଜେନି ୨୦୦୯ରୁ ବିଦାୟ ନେଇ ସାରିଥିଲେ। କିନ୍ତୁ ବିଦାୟ ନେଲାପରେ ବି ଖ୍ରୀଷ୍ଟୋ ଦମ୍ପତି ପୁଣି ଥରେ ଖବରରେ। ସୋସିଆଲ ମିଡିଆରେ ଓ ବିଭିନ୍ନ ଅନ୍‌ଲାଇନ୍ କଳା ପତ୍ରିକାରେ ଏ ନେଇ ଖୁବ୍ ଚର୍ଚ୍ଚା। ଯେମିତି ହଠାତ୍ ଦୁହେଁ ଆଉଥରେ ଫେରିଆସିଛନ୍ତି ସେମାନଙ୍କ ପୁରୁଣା ଦୁନିଆକୁ।

ସେଦିନ ପ୍ୟାରିସ୍‌ରେ ରହୁଥିବା ଓଡ଼ିଆ ଶିଳ୍ପୀବନ୍ଧୁ ଗଦାଧର ଓଝା ଓ ତାଙ୍କ ଫରାସୀ ପତ୍ନୀ ଆନି ଗୋଟେ ମିଳିତ ସେଲ୍‌ଫି ତାଙ୍କ ଫେସବୁକ୍‌ରେ ପୋଷ୍ଟ କରିଥିଲେ। ସେଥିରେ ସେମାନଙ୍କ ଫଟୋ ପଛରେ ଥିଲା ଖ୍ରୀଷ୍ଟୋଙ୍କର କାମ। ପରେ ପରେ ଅନ୍ୟ ସୋସିଆଲ୍ ମିଡିଆରେ ସେଇ କାମଟିକୁ ଦେଖିବାକୁ ପାଇଲି। ଆଶ୍ଚର୍ଯ୍ୟ ହେବାର କାରଣ ହେଲା, ଖ୍ରୀଷ୍ଟୋଙ୍କର ଦେହାନ୍ତ ହୋଇସାରିଥିଲା ଓ ସେ ତାଙ୍କ କାମକୁ ଚଉଦ ପନ୍ଦର ଦିନରୁ ଅଧିକ ଦିନ ରଖୁନଥିଲେ। ତେବେ ଖ୍ରୀଷ୍ଟୋଙ୍କ ପରି ଅବିକଳ କାମଟିକୁ କଲା କିଏ? ଖୋଜାଖୋଜିରୁ ଜାଣିଲି ଯେ ଖ୍ରୀଷ୍ଟୋଙ୍କ ଦେହାନ୍ତର ବର୍ଷେ ପରେ ତାଙ୍କର ପୁତୁରା ଭ୍ଲାଦିମିର ଯାଭାକେଫ୍ ଇନ୍‌ଷ୍ଟଲେସନ୍‌ଟିକୁ ବାସ୍ତବ ରୂପ ଦେଇଛନ୍ତି। ଅବଶ୍ୟ ଖ୍ରୀଷ୍ଟୋ ଓ ଜେନ୍ କାମଟି ପାଇଁ ଷାଠିଏ ଦଶକରେ ପ୍ଲାନ କରିଥିଲେ କିନ୍ତୁ ବିଭିନ୍ନ କାରଣରୁ ତା'ର ବାସ୍ତବ ରୂପାୟନ ସେମାନଙ୍କ ଜୀବନକାଳରେ ହୋଇପାରିନଥିଲା।

ପ୍ୟାରିସ୍ ସହରରେ ଥିବା ବିଖ୍ୟାତ 'ଆର୍କ ଦେ ଟ୍ରିଓଫ୍', ଯାହାକୁ ନେପୋଲିୟନ୍ ୧୮୦୬ ମସିହାରେ ଏକ ଯୁଦ୍ଧ ସ୍ମାରକୀ ଭାବରେ ନିର୍ମାଣ କରିଥିଲେ, ସେଇ ବିରାଟ ଡ୍ୟାଣ୍ଟାଟିକୁ ପାଖାପାଖି ୨୭୦,୦୦୦ ବର୍ଗ ଫୁଟର ରୂପେଲି କପଡ଼ାରେ ସମ୍ପୂର୍ଣ୍ଣ ଢାଙ୍କି ୧.୫ ମାଇଲ ଲମ୍ବର ନାଲି ଦଉଡ଼ିରେ ବାନ୍ଧି ଦିଆଯାଇଛି, ଠିକ୍ ଯେମିତି ଖ୍ରୀଷ୍ଟୋ ଦମ୍ପତି ତାଙ୍କ କାମକୁ ରୂପ ଦେଉଥିଲେ। କାମଟି କରିବାକୁ ଖର୍ଚ୍ଚ ହୋଇଛି ଚଉଦ ମିଲିୟନ୍ ୟୁରୋ ଓ ପୁରା ପଇସା ଖ୍ରୀଷ୍ଟୋଙ୍କ ପୁରୁଣା କାମ ଓ ବ୍ୟକ୍ତିଗତ ସମ୍ପତ୍ତି କିଛି ବିକ୍ରୀ କରାଯାଇ ଯୋଗାଡ଼ କରାଯାଇଛି। ଆଗରୁ କାମଟି ହେବାର ଯୋଜନା ଥିଲେ ମଧ୍ୟ କରୋନା ମହାମାରୀ ପାଇଁ ତାହା ଘୁଞ୍ଚି ଯାଇଥିଲା।

ମୁଁ ଆନିଙ୍କୁ ତାଙ୍କ ଫେସବୁକ୍‌ରେ ପୋଷ୍ଟ କରିଥିବା ଫଟୋସବୁ ଏହି ଲେଖାରେ ବ୍ୟବହାର ପାଇଁ ଅନୁମତି ମାଗିଲି। ଆନି କହିଲେ ସେ ଓ ଗଦାଧର ମିଶିକି ସେଲ୍‌ଫି ନେଇଥିବା ଫଟୋକୁ ଛାଡ଼ି ଅନ୍ୟ ଫଟୋ ସବୁକୁ ବ୍ୟବହାର କରିପାର। ତା' ସହ ଆନି ମୋତେ ଏକ ମଜା ଖବର ବି ଦେଲେ। ସେଇଟି ହେଲା, କାମଟିକୁ ଖୋଲି ଦେଲାପରେ ସେଥିରେ ବ୍ୟବହୃତ କପଡ଼ାକୁ ଛୋଟ ଛୋଟ ଖଣ୍ଡ କରି ଲୋକମାନଙ୍କ ଭିତରେ ବାଣ୍ଟି ଦିଆ ଯାଇଥିଲା। ଆନି ଓ ଗଦାଧରଙ୍କୁ ମଧ୍ୟ ସାତ ଗୁଣନ ସାତ ସେଣ୍ଟିମିଟରର କପଡ଼ା ମିଳିଛି। ଏବେ କିଛି ଲୋକ ଅନଲାଇନ୍‌ରେ ସେ କୁନି କପଡ଼ା ଖଣ୍ଡକୁ ସାଢ଼େ ଚାରି ହଜାର ଭାରତୀୟ ମୁଦ୍ରାରେ ବିକ୍ରୀ କରୁଛନ୍ତି। ଆନି ତାଙ୍କ ପାଖରେ ଥିବା ସେ ଛୋଟିଆ କପଡ଼ାର ଫଟୋ ବି ମୋ ପାଖକୁ ପଠେଇଛନ୍ତି। ଖ୍ରୀଷ୍ଟୋ ଆଗରୁ ଜର୍ମାନୀରେ ମ୍ୟୁଜିୟମ୍ ଓ ପାର୍ଲାମେଣ୍ଟ ହାଉସ୍‌କୁ କପଡ଼ା ସାହାଯ୍ୟରେ ଗୁଡ଼େଇଥିଲେ, କିନ୍ତୁ ଏମିତି କୌଣସି ଯୁଦ୍ଧ ସ୍ମାରକୀକୁ ସେଥିରେ ଅନ୍ତର୍ଭୁକ୍ତ କରିନଥିଲେ।

ସଂଯୋଗ ହେଲା ଖ୍ରୀଷ୍ଟୋ ଓ ଜେନ୍ ଗୋଟିଏ ଦିନରେ ଅର୍ଥାତ୍ ୧୩ ଜୁନ୍ ୧୯୩୫ରେ ଓ ଗୋଟିଏ ସମୟରେ ଯଥାକ୍ରମେ ବୁଲଗେରିଆ ଓ ମୋରୋକୋରେ ଜନ୍ମ ଗ୍ରହଣ କରିଥିଲେ। ଖ୍ରୀଷ୍ଟୋଙ୍କର ପୁରା ନାମ ହେଲା ଖ୍ରୀଷ୍ଟୋ ଭ୍ଲାଦିମିରୋ ଜାଭାକେଫ୍ (Christo Vladimirov Javacheff) ଓ ଜେନ୍‌ଙ୍କର ପୁରାନାମ ହେଲା ଜେନ୍ କ୍ଲଡ୍ ଦେନା ଦି ଗିଲିବନ୍ (Jeanne-Claude Denat de Guillebon)। ଖ୍ରୀଷ୍ଟୋ ଏକଦମ୍ କପର୍ଦକ ଶୂନ୍ୟ ହୋଇ ଏକଦା ପ୍ୟାରିସ୍ ମହାନଗରୀରେ ପହଞ୍ଚିଥିଲେ। ଆପଣା ଗୁକ୍ତୁରାଣ ମେଣ୍ଟାଇବାକୁ ସେ କାର ଧୋଇବା ସହ ହୋଟେଲରେ ସଫାସଫି କାମ କରୁଥିଲେ। ତାପରେ ସେ Académie des Beaux-Arts de Sofiaରେ ତିନି ବର୍ଷ ପାଠ ପଢ଼ିଲେ। ବରାଦିଆ ଆଲେଖ୍ୟ ତୈଲଚିତ୍ରରେ ଆଙ୍କୁଥିଲେ ଓ ସେଥିରେ ନିଜର ସଂଜ୍ଞା ଜାଭାକେଫ୍ ଲେଖି ସନ୍ତକ କରୁଥିଲେ। ଏଇ ଆଲେଖ୍ୟ ଆଙ୍କିବା ଘଟଣାରୁ ହିଁ ସେ ତାଙ୍କ ଜୀବନସାଥୀ

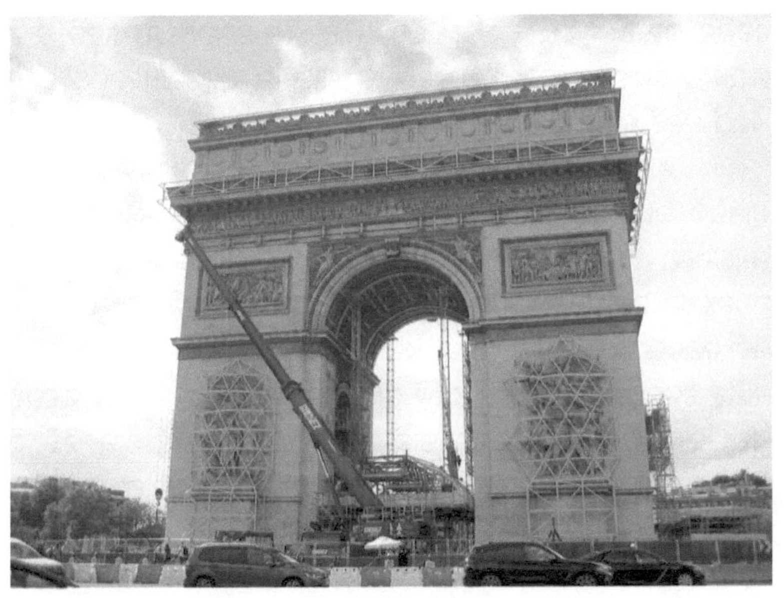

ଆର୍କ ଦେ ଟ୍ରିଓମ୍ଫ

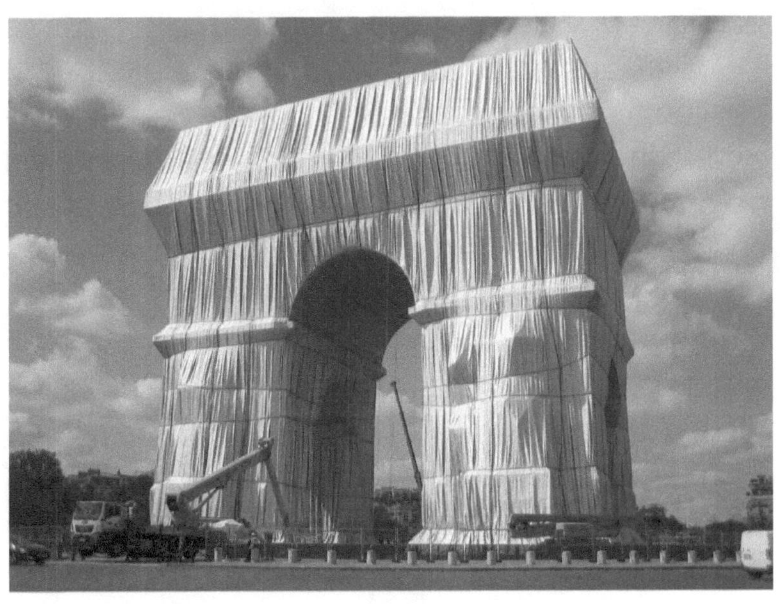

ଜେନିଙ୍କ ସହ ଅକ୍ଟୋବର ୧୯୫୮ ବେଳକୁ ପରିଚିତ ହୋଇଥିଲେ। ଜେନି ତାଙ୍କ ମାଆଙ୍କର ଗୋଟେ ଆଲେଖ୍ୟ ଆଙ୍କିଦେବାକୁ ଖ୍ରୀଷ୍ଟୋଙ୍କୁ ଅନୁରୋଧ କରିଥିଲେ ଓ ଏଇଠୁ ଦୁହେଁ ଦୁହିଁଙ୍କ ନିକଟତର ହେଇଥିଲେ।

ଖ୍ରୀଷ୍ଟୋ ଓ ଜେନି ମିଳିତ ଭାବରେ କାମ କରୁଥିଲେ ମଧ୍ୟ ଇନ୍‌ଷ୍ଟଲେସନର ପ୍ରାଥମିକ ଡ୍ରଇଂ ସବୁ ଖ୍ରୀଷ୍ଟୋ କରୁଥିଲେ ଓ ଜେନି ମୁଖ୍ୟତଃ ଜଣେ ପ୍ରୋଜେକ୍ଟ ମ୍ୟାନେଜର ଭାବରେ ଆବଶ୍ୟକୀୟ ପଇସାପତ୍ର ଯୋଗାଡ଼ କରିବା, ସରକାରୀ ଅଧିକାରୀଙ୍କ ସହ କଥାବାର୍ତ୍ତା କରିବା, କାମରେ ଭିନ୍ନ ଭିନ୍ନ ବ୍ୟକ୍ତି, ସଂସ୍ଥା ଓ ସ୍ଥାନ ସହ ନିରନ୍ତର ଯୋଗାଯୋଗ ରଖିବା ଏବଂ ଆଇନଗତ ଦିଗ ପରି ଅନେକ କିଛିର ଦାୟିତ୍ୱ ନେଉଥିଲେ। ଖ୍ରୀଷ୍ଟୋ ଓ ଜେନି କ୍ଲାଉଡ଼ ତାଙ୍କ ବିଶାଳକାୟ ଓ ସମୟ ସାପେକ୍ଷ ଏବଂ ବ୍ୟୟବହୁଳ ଇନ୍‌ଷ୍ଟଲେସନ୍ ପାଇଁ ଅଲଗା ଭାବରେ କାହା ଠାରୁ କିଛି ବି ଆର୍ଥିକ ଅନୁଦାନ ଗ୍ରହଣ କରୁନଥିଲେ। ପ୍ରାୟତଃ ଖ୍ରୀଷ୍ଟୋ ଇନ୍‌ଷ୍ଟଲେସନ୍ ପାଇଁ ଆଙ୍କିଥିବା ପ୍ରାଥମିକ ଡ୍ରଇଂ ଓ ପ୍ରକ୍ରିୟାର ଧାରଣା ଆଦିକୁ ବିକ୍ରି କରି ସେମାନେ ଆବଶ୍ୟକୀୟ ଅର୍ଥ କୌଣସି ପ୍ରକାର ଯୋଗାଡ଼ କରୁଥିଲେ। କଳା ସଂଗ୍ରାହକମାନଙ୍କ ଗହଣରେ ଖ୍ରୀଷ୍ଟୋଙ୍କ ଇନ୍‌ଷ୍ଟଲେସନ୍ ପାଇଁ ଆଙ୍କିଥିବା ପ୍ରାଥମିକ ଡ୍ରଇଂର ଚାହିଦା ଭଲ ଥିଲା। ଉଦାହରଣ ସ୍ୱରୂପ, 'ଦ ଗେଟ୍' ଇନ୍‌ଷ୍ଟଲେସନ୍ ପାଇଁ ଖ୍ରୀଷ୍ଟୋ ଆଙ୍କିଥିବା ସ୍କେଚ୍ ସବୁକୁ ନ୍ୟୁୟର୍କ ମେଟ୍ରୋପଲିଟାନ୍ ମ୍ୟୁଜିୟମ୍‌ରେ ୨୦୦୪ରେ ପ୍ରଦର୍ଶନ କରାଯାଇଥିଲା, ଯାହାକି ସାରା ବିଶ୍ୱର କଳା ସଂଗ୍ରାହକମାନଙ୍କୁ ସେଠାକୁ ଟାଣି ଆଣିଥିଲା।

ସାଧାରଣତଃ ଆକାରରେ ବିରାଟ, ସୁଦୃଶ୍ୟ ଓ ବିବାଦମାନ ଥିବା ଇନ୍‌ଷ୍ଟଲେସନ୍ ସବୁକୁ ରୂପ ଦେବାର ପ୍ରସ୍ତୁତିରେ ଖ୍ରୀଷ୍ଟୋ ଦମ୍ପତିଙ୍କୁ ବର୍ଷ ବର୍ଷ ଲାଗିଯାଉଥିଲା। କାରଣ ବିଭିନ୍ନ ବୈଷୟିକ ଜ୍ଞାନ କୌଶଳର ଆବଶ୍ୟକତା ସହ କାମ ପାଇଁ ରାଜନୈତିକ ଓ ସରକାରୀ ସ୍ତରରେ କଥାବାର୍ତ୍ତା, ସ୍ଥାନୀୟ ସରକାରଙ୍କ ପରିବେଶ ବିଭାଗର ଅନୁମୋଦନ ତଥା ବିଭିନ୍ନ ପ୍ରକାରର କେଶ୍ ବାସ୍ ଓ ସେ ସମ୍ପର୍କିତ ଧାଁ – ଧପଡ଼ରେ ବହୁ ସମୟ ଚାଲିଯାଉଥିଲା। ତାପରେ ପତି-ପତ୍ନୀ ଦୁହେଁ ଏପରି ବିରାଟ ବିରାଟ ଇନ୍‌ଷ୍ଟଲେସନ୍ ପାଇଁ କାହା ପାଖରୁ କୌଣସି ପ୍ରକାର ବୃତ୍ତି, ଅନୁଦାନ, ଦାନ ଓ ସାଧାରଣ ଜନତାକୁ ପଇସାପତ୍ର ମାଗୁନଥିଲେ। ପଇସା ପତ୍ର ଯୋଗାଡ଼ରେ ମଧ୍ୟ କିଛି କମି ସମୟ ଯାଉନଥିଲା।

ଖ୍ରୀଷ୍ଟୋ ଓ ଜେନ୍ କ୍ଲାଉଡ଼ଙ୍କ କାମ ସବୁ ସାଧାରଣତଃ କଳାକୃତିର ଯେଉଁ ସ୍ଥାୟିତ୍ୱ ଓ ଚିରନ୍ତନତାକୁ ଗୁରୁତ୍ୱ ଦିଆଯାଉଥିଲା ତାକୁ ବିରୋଧ କରେ। ସାଧାରଣତଃ ସେମାନଙ୍କର ଇନ୍‌ଷ୍ଟଲେସନ୍ ସବୁ ମାତ୍ର ଚଉଦରୁ ଷୋହଳ ଦିନ ପାଇଁ ପ୍ରଦର୍ଶିତ ହୁଏ।

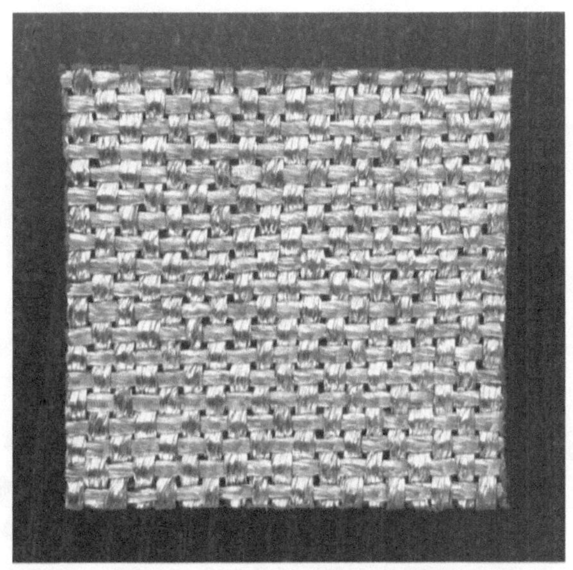

ଆନି ଓ ଗଦାଧରଙ୍କୁ ମିଳିଥିବା ସାତ ଗୁଣନ ସାତ ସେଣ୍ଟିମିଟରର କପଡ଼ା

ସେଥିରେ ପୁଣି ୧୯୭୨ରେ ସେମାନଙ୍କ ପାହାଡ଼ମାନଙ୍କ ଦେଇ ଟଙ୍କା। 'ଭ୍ୟାଲି କର୍ଟନ' କାମଟି ମାତ୍ର ଅଠେଇଶି ଘଣ୍ଟା ରହିଥିଲା। କାରଣ ପବନ ସେଠି ବ୍ୟବହୃତ ଗେରୁଆ କପଡ଼ାକୁ ବେଶୀ ସମୟ ତିଷ୍ଠି ରହିବାକୁ ଦେଇନଥିଲା। ଏଥିପାଇଁ ସେମାନେ ୧୯୭୦ରେ ମଧ ଏକ ଅସଫଳ ପ୍ରୟାସ କରିଥିଲେ। ଇନ୍‌ଷ୍ଟଲେସନ୍‌ର ପ୍ରସ୍ତୁତି ପ୍ରକ୍ରିୟାକୁ ଜଣେ ଡକ୍ୟୁମେଣ୍ଟାରୀ ନିର୍ମାତା 'ଖ୍ରୀଷ୍ଟୋସ୍ ଭ୍ୟାଲି' କର୍ଟନ ନାମରେ ଏକ ସିନେମା ତିଆରି କରିଥିଲେ ଓ ତାହା ୧୯୭୪ର ଶ୍ରେଷ୍ଠ ବୃତ୍ତ ଚିତ୍ର ଭାବରେ ଏକାଡେମୀ ପୁରସ୍କାର ପାଇଁ ନୋମିନେଟ୍ ହୋଇଥିଲା।

ଖ୍ରୀଷ୍ଟୋଙ୍କ କହିବା ଅନୁସାରେ ତାଙ୍କ କାମ ସବୁ ଇନ୍ଦ୍ରଧନୁ ପରି। ବିରାଟ, ସୁନ୍ଦର, ଅସ୍ଥାୟୀ ଓ ଯାଦୁକାରୀ। ଖଣ୍ଡିଏ ଛବି କି ଭାସ୍କର୍ଯ୍ୟକୁ କିଣିଲା ପରି ତାଙ୍କ କାମକୁ କେହି କିଣି ପାରିବେନି। ତାଙ୍କ କଳାକୃତି କାହାର ବି ମାଲିକାନାର ଅଧୀନକୁ ଆସିପାରିବନି। ଏମିତିକି ଗ୍ୟାଲେରୀ କିମ୍ବା ମ୍ୟୁଜିୟମ୍‌ମାନେ କଳା ପ୍ରଦର୍ଶନୀ ପାଇଁ ଦର୍ଶକଙ୍କ ପାଖରୁ ନେଉଥିବା ଟିକଟର ବି ଏଠି ଦରକାର ପଡ଼ିବନି। ବିଶାଳ ଭୂଦୃଶ୍ୟର ଅଂଶ ଭାବରେ ସେମାନେ ତାଙ୍କ ଇନ୍‌ଷ୍ଟଲେସନକୁ ରଚନା କରିଥା'ନ୍ତି। ମୂଳ କାମଟି ଅବିକଳ ନରହିଲେ ମଧ ଇତିହାସ ଓ ଭବିଷ୍ୟତ ପାଇଁ କେବଳ ତା'ର ଫଟୋ ଓ ଭିଡିଓ ରହିଯାଏ। କିଣାବିକା ହୋଇପାରୁ ନଥିବା ଓ ମାତ୍ର ଅଳ୍ପ ସମୟ ପାଇଁ ଦର୍ଶକଙ୍କ

ସାମ୍ନାକୁ ଆସୁଥିବା ଇନ୍‍ଷ୍ଟଲେସନ୍‍ ପ୍ରସ୍ତୁତି ପାଇଁ ଢେର୍‍ ସମୟ କିନ୍ତୁ ନେଉଥିଲେ ସେମାନେ। ୧୯୯୫ରେ ବର୍ଲିନର Reichstag Pont Neuf କୁ ବାନ୍ଧିବାକୁ ପ୍ରସ୍ତୁତ ହେବା ପାଇଁ ୨୫ ବର୍ଷ ସମୟ ଲାଗିଥିଲା ଓ ୧୯୮୫ରେ ପ୍ୟାରିସର Pont Neufରେ କପଡ଼ା ଗୁଡ଼େଇବା ପାଇଁ ପ୍ରସ୍ତୁତ ହେବାକୁ ପ୍ରାୟ ଦଶ ବର୍ଷ ଲାଗିଯାଇଥିଲା।

ଖ୍ରୀଷ୍ଟୋ ଓ ଜେନ୍‍ କ୍ଲଉଙ୍କ କହିବା କଥା ହେଲା ସେମାନଙ୍କ କାମର ଅସଲ ଉଦ୍ଦେଶ୍ୟ ହେଲା ଅନ୍ୟମାନଙ୍କ ପାଖରେ ନିରୋଲା ଖୁସି ଓ ସୌନ୍ଦର୍ଯ୍ୟ ବାଣ୍ଟିବା। ବିରାଟ ସୌଧ, ବିଶାଳ ପୋଲ ଅବା ଗଛ, ଏସବୁକୁ କପଡ଼ା ଓ ଦଉଡ଼ି ଦ୍ୱାରା ବାନ୍ଧି ପକାଇବା ଦ୍ୱାରା ବସ୍ତୁର ନୂଆ ଏକ ରୂପ ଦର୍ଶକଙ୍କ ଆଖି ଆଗକୁ ଆସିଯାଏ। ଅନେକ ସୁକ୍ଷ୍ମ କଥା ବାଦ୍‍ ଯାଇ ଜିନିଷଟିର ମୋଟାମୋଟି, କେବଳ ସର୍ବନିମ୍ନ ଆକାର ହିଁ ଦେଖିବାକୁ ମିଳେ। ଏକଦା ଖ୍ରୀଷ୍ଟୋ ଓ ଜେନି ପ୍ୟାରିସରେ ରାସ୍ତାରେ ୨୪୦ଟି ତେଲ ବ୍ୟାରେଲ୍‍ ଗଦେଇ ଦେଇ ବ୍ୟାରିକେଡ୍‍ ତିଆରି କରିଥିଲେ ଓ ତାକୁ ଲୁହା ପରଦା ବୋଲି ନାମକରଣ କରିଥିଲେ। ଏଇ କାମରୁ ହିଁ ସେମାନେ ବିଶ୍ୱ କଳା ରାଜ୍ୟରେ ସେମାନଙ୍କର ପ୍ରଥମ ପରିଚୟ ତିଆରି କରିଥିଲେ। ଖ୍ରୀଷ୍ଟୋ ଓ ଜେନ୍‍ ସେମାନଙ୍କ ପ୍ରୋଜେକ୍ଟ ସାଙ୍ଗରେ ସାଧାରଣ ଲୋକମାନଙ୍କୁ ସେମାନଙ୍କ ପ୍ରସ୍ତୁତ କଳା ସମ୍ପର୍କରେ ଧାରଣା ଦେବାକୁ ମଧ୍ୟ ଚେଷ୍ଟା କରୁଥିଲେ। ବିଭିନ୍ନ ମ୍ୟୁଜିୟମ୍‍, ବିଶ୍ୱବିଦ୍ୟାଳୟ ଓ ମହାବିଦ୍ୟାଳୟମାନଙ୍କରେ ବୁଲି ବୁଲି ଲେକଚର୍‍ ବି ଦେଉଥିଲେ। ୨୦୦୫ରେ ସେମାନଙ୍କ ଗେଟ୍‍ ପ୍ରଦର୍ଶନୀ ପାଇଁ ସେମାନେ ଶହେ ଲୋକଙ୍କୁ ଟ୍ରେନିଂ ଦେଇ ରଖିଥିଲେ, ଯେଉଁମାନେ କି ପ୍ରଦର୍ଶନୀକୁ ବୁଲି ଆସୁଥିବା ଦର୍ଶକମାନଙ୍କର ଯାବତୀୟ ପ୍ରଶ୍ନର ଉତ୍ତର ଦେଉଥିଲେ। ସେମାନେ ଯେହେତୁ ସାଧାରଣ ଲୋକ ବ୍ୟବହାର କରିଥିବା ସ୍ଥାନକୁ ସେମାନଙ୍କ ଇନ୍‍ଷ୍ଟଲେସନ୍‍ ପାଇଁ ବାଛୁଥିଲେ ତେଣୁ ତାଙ୍କ କଳାକୃତିକୁ ସାଧାରଣ ଦର୍ଶକ ବୁଝିବା ଏକ ପ୍ରମୁଖ ଓ ଗୁରୁତ୍ୱପୂର୍ଣ୍ଣ କଥା ବୋଲି ଧାରଣା ରଖିଥିଲେ।

ଜେନ୍‍ କ୍ଲଉ୍‍ କେବଳ ସେମାନଙ୍କ କାମର ଇଭେଣ୍ଟମ୍ୟାନେଜର ନଥିଲେ, ଅନେକ ସମୟରେ କିଛି କାମର ମୂଳ ଧାରଣା ତିଆରି କରିବାରେ ସହଯୋଗ ମଧ୍ୟ କରୁଥିଲେ। ଯେମିତି ୧୯୮୩ରେ ମିଆମିରେ ଏଗାରଟି ଦ୍ୱୀପର ଚାରିପାଖକୁ ଯେଉଁ ଭାସମାନ ଗୋଲାପି କପଡ଼ାରେ ଆଚ୍ଛାଦିତ କରାଯାଇଥିଲା, ତା'ର ମୂଳ ଧାରଣା ଜେନ୍‍ ଦେଇଥିଲେ। ୧୯୮୦ରେ ଏମିତି କିଛି କରିବାକୁ ଜେନ୍‍ ଭାବିଥିଲେ, କିନ୍ତୁ କାମଟି କରିବା ପାଇଁ ଆବଶ୍ୟକୀୟ ଅନୁମତି ମିଳିବାରେ କାଳେ ଅସୁବିଧା ହେବ, ସେପାଇଁ ତାଙ୍କ ନାମକୁ ପ୍ରେସ୍‍ ପାଖରୁ ଗୋପନ ରଖାଯାଇଥିଲା। ନ୍ୟୁୟର୍କର ୨୦୦୫ର 'ଦ ଗେଟ୍‍' କାମ ପାଇଁ ପାଖାପାଖି ପାଞ୍ଚ ହଜାର ଟନ୍‍ର ଷ୍ଟିଲ୍‍ ଦରକାର ହେଇଥିଲା।

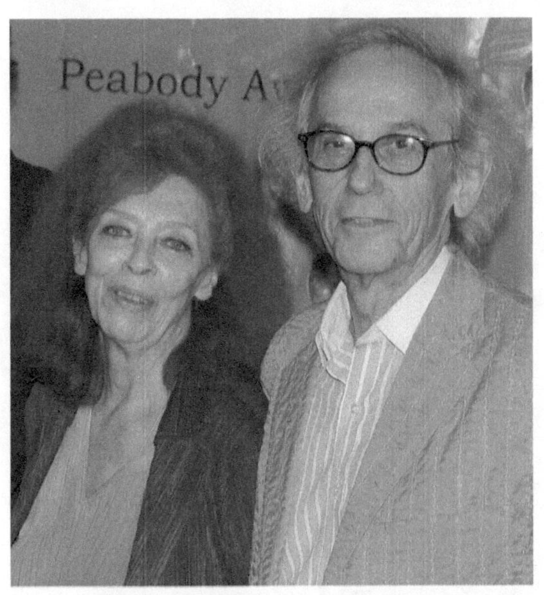

ଖ୍ରୀଷ୍ଟୋ ଓ ତାଙ୍କ ପତ୍ନୀ ଜେନ୍ କ୍ଲାଉ୍

ଯାହାକି ପ୍ୟାରିସର ବିଖ୍ୟାତ ଆଇଫେଲ୍ ଟାୱାରର ଦୁଇ ତୃତୀୟାଂଶ ପାଖାପାଖି ଥିଲା। ପାର୍କର ମାଟିକୁ ନଖୋଲି ଷ୍ଟିଲ୍ ଗେଟ୍ ସବୁକୁ ଠିଆ ରହିବାକୁ ସ୍ୱତନ୍ତ୍ର ଭାବରେ ଡିଜାଇନ୍ କରାଯାଇଥିଲା। ତେଣୁ ପ୍ରତି ଗେଟ୍‍ର ଓଜନ ବଢ଼ିଯାଇ ପ୍ରାୟ ୩୫୦ କିଲୋ ହୋଇଯାଇଥିଲା। ଖ୍ରୀଷ୍ଟୋ ଓ ଜେନି ସେମାନଙ୍କ କାମ ସରିଲା ପରେ କାମ କରିଥିବା ସ୍ଥାନକୁ ଏକଦମ୍ ସଫା ସୁତୁରା କରି ତା'ର ପୂର୍ବାବସ୍ଥାକୁ ଫେରେଇ ଆଣୁଥିଲେ। କାମରେ ମୁଖ୍ୟତଃ ବ୍ୟବହାର କରାଯାଇଥିବା କପଡ଼ା ଓ ରସିକୁ ନଷ୍ଟ ନକରି ପୁନଃବ୍ୟବହାର ପାଇଁ ଦେଇଦେଉଥିଲେ।

ଖ୍ରୀଷ୍ଟୋ ଓ ଜେନ୍ କ୍ଲାଉ୍ ସେମାନଙ୍କ କଳାକୃତିକୁ କୌଣସି ଲ୍ୟାଣ୍ଡ ଆର୍ଟ କି କନ୍‍ସେପ୍‍ଚୁଆଲ୍ ଆର୍ଟ‍ର ପର୍ଯ୍ୟାୟଭୁକ୍ତ କରିବାକୁ ମନା କରୁଥିଲେ ବରଂ ନିଜକୁ ସେମାନେ ଏନ୍‍ଭାର‍ମେଣ୍ଟାଲ୍ ଆର୍କିଟେକ୍‍ଟ ଭାବରେ ଚିହ୍ନାଇବାକୁ ଭଲପାଉଥିଲେ।

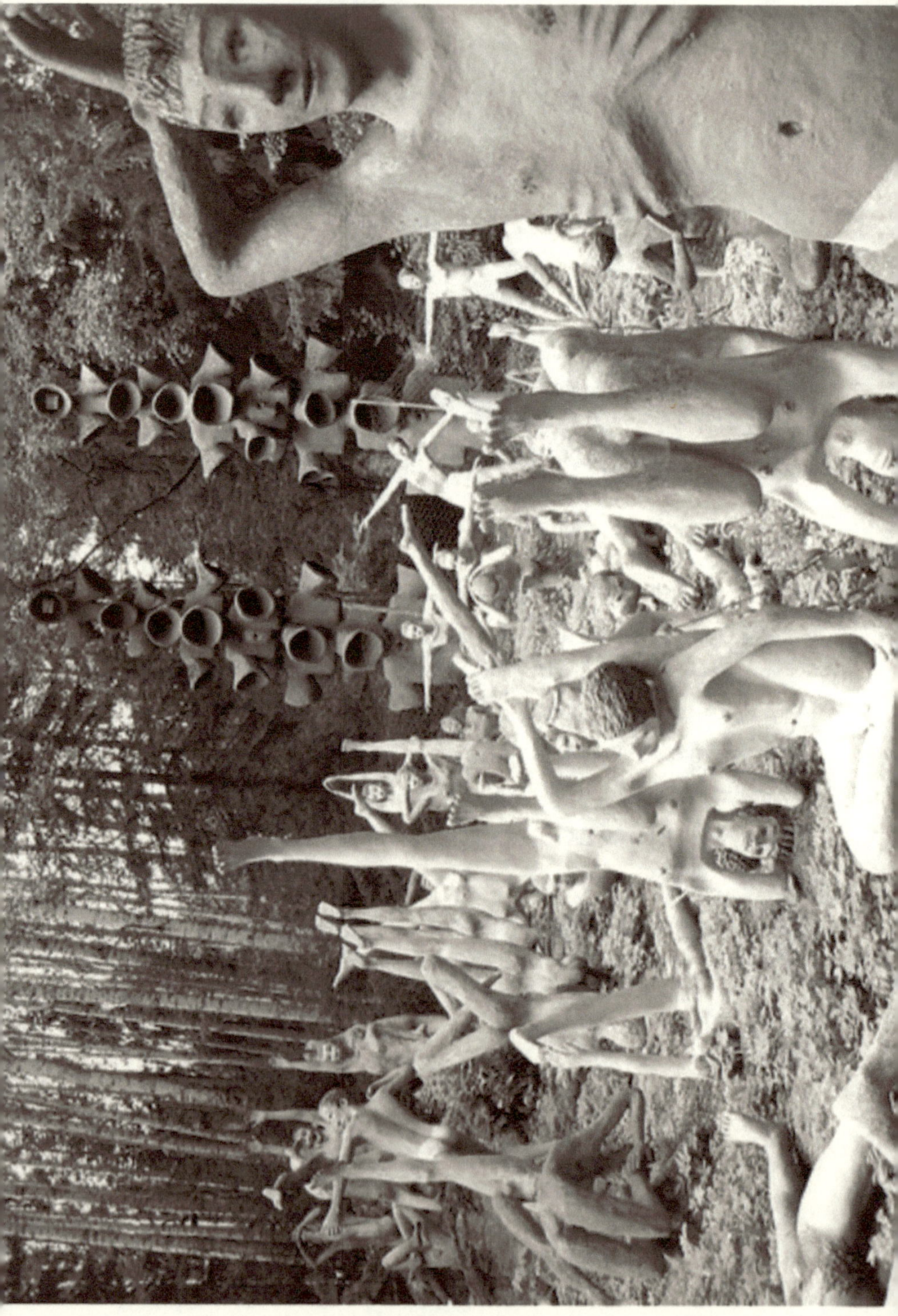

'Sculpture occupies the same space as your body'-Anish Kapoor

ଏକ ଆଶ୍ଚର୍ଯ୍ୟ ବଗିଚା
ଓ ତା'ର କଙ୍କ୍ରିଟ୍ ମଣିଷମାନଙ୍କ କଥା

ଇଏ ଗୋଟେ ଆଶ୍ଚର୍ଯ୍ୟ ଜଗତ । ସେଠି ଥରେ ପହଞ୍ଚିଗଲେ ଆପଣଙ୍କୁ ଲାଗିବ ଆପଣ ଏବେ ଆମ ଏଇ ପୃଥିବୀରେ ନାହାଁନ୍ତି; ଅଛନ୍ତି ଅନ୍ୟ ଏକ ଗ୍ରହରେ । ଚାରିପାଖରେ ଜଙ୍ଗଲ ଓ ସାରା ଜଙ୍ଗଲରେ ଶହ ଶହ କିଛି ନା କିଛି କାମରେ ବ୍ୟସ୍ତ ଥିବା ମଣିଷମାନଙ୍କ ଗହଳି । ମଣିଷ ସବୁ ତିଆରି ହୋଇଛନ୍ତି କିନ୍ତୁ କଙ୍କ୍ରିଟ୍‌ରେ । ସମସ୍ତଙ୍କ ମୁହଁରେ ରହିଛି ପୁଣି କିଛି ନା କିଛି ଭାବ ଓ ଭାବାନ୍ତର । ଅନେକଙ୍କ ଦାନ୍ତ ପୁଣି ସତ ମଣିଷର ଦାନ୍ତ । ମୂର୍ତ୍ତି ମାନଙ୍କର ଗଢ଼ଣ ଏମିତି ଯେ, ଏକୁଟିଆ ନିର୍ଜନ ଦ୍ୱିପ୍ରହରେ ଅବା ଜହ୍ନ ରାତିରେ ଏକୁଟିଆ ମଣିଷଟି ଯଦି ଦୈବାତ୍ ସେଠିକୁ ଯାଏ, ତେବେ ଠିଆ ଠିଆ ଭେଟଣା ହେବାଟା ଥୟ । ଏମିତି ଏକ ଲୋକଗପର ଦେଶ ପରି ଜଣାପଡ଼ୁଥିବା ଖୋଲା ମେଲା ମ୍ୟୁଜିୟମ୍‌ଟି ଅଛି ଫିନ୍‌ଲ୍ୟାଣ୍ଡର ଦକ୍ଷିଣ ପୂର୍ବରେ ରୁଷର ସୀମାକୁ ଲାଗିକି ଥିବା ପାରିକାଲା ସହରରେ । ସହରର ଲୋକସଂଖ୍ୟା ମାତ୍ର ଛଅ ହଜାର । ଆଜି କିନ୍ତୁ ସେଇ ପାର୍କ ଓ ପାର୍କରେ ଥିବା କଙ୍କ୍ରିଟ୍ ମଣିଷମାନଙ୍କ ପାଇଁ ପ୍ରତିବର୍ଷ ହଜାର ହଜାର ଟୁରିଷ୍ଟଙ୍କ ଗହଳି ଲାଗିରହୁଛି । ପ୍ରତିବର୍ଷ କେବଳ ଗ୍ରୀଷ୍ମ ରୁତୁରେ ପାର୍କୁ ଅତିକମ୍‌ରେ ପଚିଶ ହଜାରରୁ ଅଧିକ ଟୁରିଷ୍ଟ ବୁଲିବାକୁ ଆସୁଛନ୍ତି । ନହେଲେ ସାରା ବର୍ଷରେ ପାଖାପାଖି ଚାଳିଶ ହଜାର ପର୍ଯ୍ୟଟକ ସେ ଜଙ୍ଗଲି ପାର୍କୁ ବୁଲିବାକୁ ଆସୁଛନ୍ତି ।

ଏତେ ସବୁ ମୂର୍ତ୍ତିକୁ ତିଆରି କରିଛନ୍ତି କିନ୍ତୁ ଜଣେ ମାତ୍ର ଶିଳ୍ପୀ; କାହାର ବିନା ସହାୟତାରେ କାହାର ବିନା ସହଯୋଗରେ । ତାଙ୍କ ନାମ ହେଲା ଭେଜୋ ରୋଙ୍କୋନେନ୍ (Veijo Ronkkonen) । ଅବଶ୍ୟ ତାଙ୍କ ନାମର ପ୍ରକୃତ ଫିନିସ୍ ଉଚ୍ଚାରଣ ମୁଁ ଜାଣିନି ଓ ଖୋଜିଲା ପରେ ବି ଜାଣି ପାରିଲିନି । ଭେଜୋଙ୍କର ଜନ୍ମ ହୋଇଥିଲା ୧୯୪୪ ମସିହାରେ ଫିନ୍‌ଲ୍ୟାଣ୍ଡର ଏକ ଦୂରନ୍ତ ଗାଁରେ । ତାଙ୍କୁ ଯେତେବେଳେ ଷୋହଳ ବର୍ଷ ବୟସ, ସେ ଘର ପାଖ ଗୋଟେ କାଗଜ ତିଆରି

କାରଖାନାରେ କାମ କରୁଥିଲେ । କାମ ଥିଲା ପେପରପଲ୍ପରୁ ପାଣି ନିଗାଡ଼ିବା । ସେଇଠି ସେ ତାଙ୍କ ଜୀବନର ଚାଳିଶ ବର୍ଷ କାମ କରିଥିଲେ । ସେ ତାଙ୍କ ଚାକିରିର ପ୍ରଥମ ମାସର ଦରମାରେ ହିଁ ବାଲି, ଗୋଡ଼ି, ସିମେଣ୍ଟ ଓ ସେଓ ଗଛର ମଞ୍ଜି କିଶି ଘରକୁ ଫେରିଥିଲେ । ସେ ତାଙ୍କର ପ୍ରଥମ ମୂର୍ତ୍ତିଟି ୧୯୬୧ରେ ଶେଷ କରିଥିଲେ । ରୋଙ୍କୋନେନ୍ ସାରା ଜୀବନ, ମାନେ ତାଙ୍କ ଜନ୍ମରୁ ମୃତ୍ୟୁ ପର୍ଯ୍ୟନ୍ତ ଗୋଟିଏ ଘରେ ହିଁ ରହି ଆସିଥିଲେ ।

ଶହ ଶହ ମଣିଷଙ୍କ ମୂର୍ତ୍ତି ତିଆରିଥିବା ରୋଙ୍କୋନେନ୍ କିନ୍ତୁ ପିଲାଦିନରୁ ଲୋକମାନଙ୍କ ସହ କଥା ହେବାକୁ ଭଲପାଉନଥିଲେ । ସେଇ ପିଲାଦିନରୁ ସେ ନିଜ ଘର ପାଖରେ ଏମିତିକା ଅଜିବ ମୂର୍ତ୍ତି ସବୁ ଗଢ଼ି ଘର ଚାରିପାଖ ବଗିଚାରେ ରଖିବା ଆରମ୍ଭ କରିଥିଲେ । ରୋଙ୍କୋନେନ୍ ଜୀବନ ସାରା ଏତେ ମୂର୍ତ୍ତି ତିଆରିକଲେ ଯେ ଏବେ ତାଙ୍କ ଜଙ୍ଗଲ ପାର୍କରେ ଅଛି ସମୁଦାୟ ୫୫୦ଟି ସିମେଣ୍ଟ ତିଆରି ମୂର୍ତ୍ତି । ସେଥିରୁ ପୁଣି ନିଜ ପରି ଗଢ଼ିଥିବା ଦୁଇଶହ ପଞ୍ଚାବନ ମୂର୍ତ୍ତି ଯୋଗ କରିବାରେ ବ୍ୟସ୍ତ । ଯୋଗର ଭିନ୍ନ ଭିନ୍ନ ମୁଦ୍ରାରେ କୌଣସି ଏକ ଯୋଗ ପ୍ରଦର୍ଶନ ଶିବିରରେ ଯୋଗ ଦେଇଥିବା କଙ୍କ୍ରିଟ୍ ମଣିଷମାନଙ୍କୁ ଦେଖି ଆଶ୍ଚର୍ଯ୍ୟ ହେବାକୁ ହୁଏ । ପ୍ରାୟତଃ କୌଣସି ପୋଷାକ ପରିଧାନ ନକରି ଯୋଗ କରୁଥିବା ମୂର୍ତ୍ତିମାନେ ପାଦ ଓ ହାତରେ ଶୂନ୍ୟରେ ଭାରସାମ୍ୟ ରକ୍ଷା କରୁଥିବା ମୁଦ୍ରାରେ ଦଣ୍ଡାୟମାନ । କୁହାଯାଏ, ରୋଙ୍କୋନେନ୍

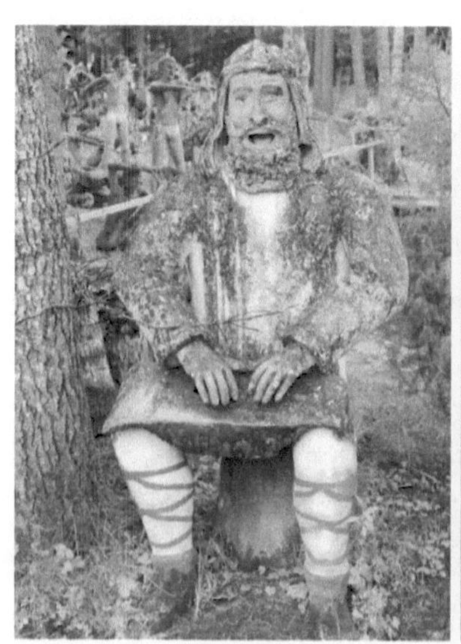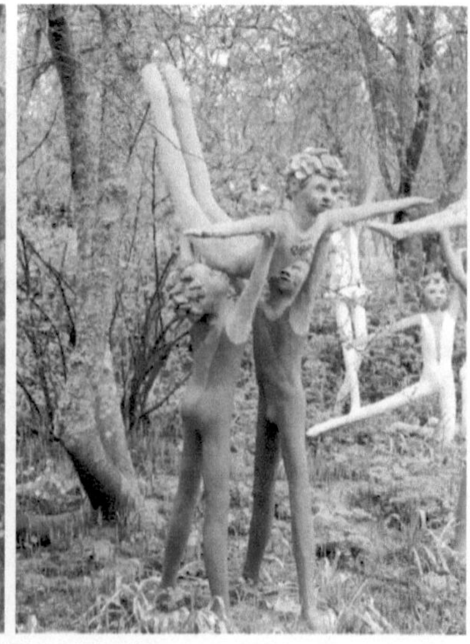

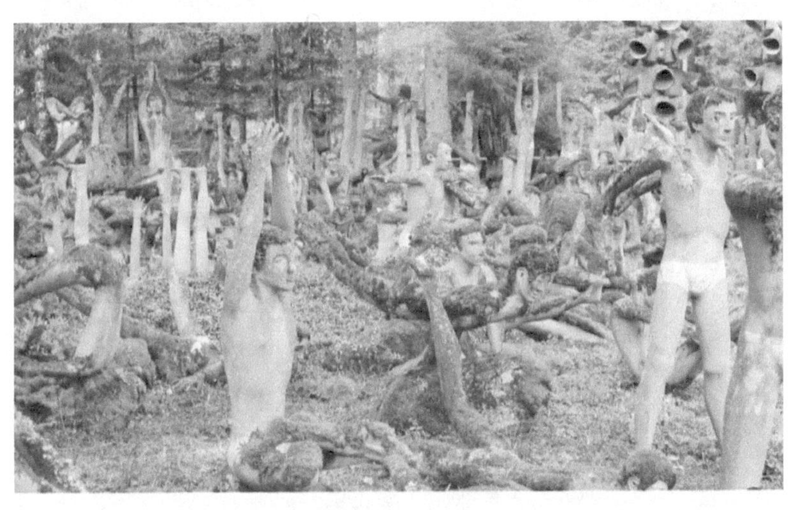

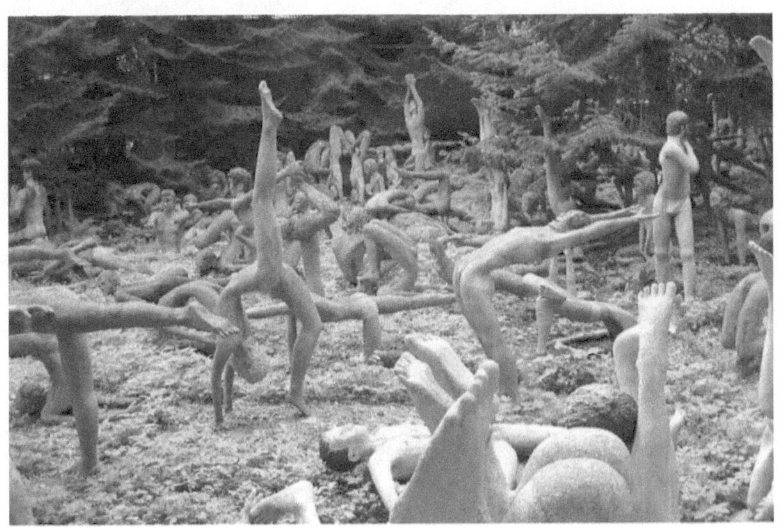

୧୯୬୦ ବେଳକୁ ଯୋଗ ବି ଅଭ୍ୟାସ କରୁଥିଲେ। ସେ କହୁଥିଲେ, ସମୁଦାୟ ପାର୍କରେ ସେ ଢ଼ିଥିବା ମୂର୍ତ୍ତି ସବୁ ତାଙ୍କ ଯୁବକ ବେଳର ଶରୀରର ସ୍ଥିତିରେ ଗଢ଼ା ହୋଇଛି। ରୋକ୍କୋନେନ୍‌ଙ୍କର ଅଳ୍ପ କିଛି ଫଟୋ ମିଳୁଛି ଯେଉଁଥିରେ ସେ ସକାଳର ସୁନେଲି କିରଣରେ ତାଙ୍କ ହାତ ତିଆରି ମଣିଷମାନଙ୍କ ଗହଣରେ ବସିଛନ୍ତି ଓ ଲାଗୁଛନ୍ତି ସେ ଜଣେ ଅଲଗା ମଣିଷ ଆଦୌ ନୁହଁନ୍ତି ବରଂ ସେଇମାନଙ୍କ ଭିତରର ଜଣେ। କାହା ହାତ ଗଢ଼ା କଂକ୍ରିଟ୍‌ର ମଣିଷ। ରୋକ୍କୋନେନ୍ କେବଳ ଅଜୀବ ଦିଶୁଥିବା ମୂର୍ତ୍ତି ଗଢ଼ି ନିରୋଲାରେ ଠିଆ କରେଇ ନଥିଲେ, ସେଥିରେ ସାଉଣ୍ଡର ଇଫେକ୍ଟ ବି ଖଞ୍ଜି ଥିଲେ। କିଛି ମୂର୍ତ୍ତି ଭିତରୁ ବାହାରୁଥିବା ଶିଦ ପରିବେଶକୁ ଆଧିଭୌତିକ କରି ପକାଉଥିଲା।

ବିଭିନ୍ନ ବୟସର ଓ ବିଭିନ୍ନ ବର୍ଗର ଲୋକଙ୍କୁ ରୋକ୍କୋନେନ୍ ତାଙ୍କ କଳାକୃତି ମାଧ୍ୟମରେ ରୂପ ଦେଇଥିଲେ। କେଉଁଠି ଜଣେ ନନ୍ ତ କେଉଁଠି ପାରମ୍ପରିକ ବେଶ ପୋଷାକରେ ଛିଡ଼ା ଫିନିସ୍ ଦେଶର ଲୋକ। କେଉଁଠି ସ୍ତ୍ରୀଲୋକ ଲୁଗା ସଫା କରୁଛନ୍ତି ଓ କେଉଁଠି ପାରମ୍ପରିକ ବାଦ୍ୟ ଯନ୍ତ ବଜାଇ ନାଚୁଛନ୍ତି କିଛି ମଣିଷ, କିଏ ଫୁଲ ତୋଲି ତା ଅଞ୍ଜିରେ ରଖିଛି ତ କିଏ ଜଣେ ଗୋଟେ ଦର ଲଙ୍ଗଳା ପିଲାକୁ ଉରେଇ ଗଛ ଚଢ଼ାଉଛି। ଜଣେ ନୀରବରେ ଗୋଟେ ଗଛ ତଳେ ବସିରହିଛି ତ କେଉଁଠି ପିଲାଏ ଖେଳୁଛନ୍ତି। ରୋକ୍କୋନେନ୍‌ଙ୍କ ମୂର୍ତ୍ତି ସବୁ ସେଠାର ପରିବେଶ ସହ ଏକାମ୍ ହୋଇକି ରହିଛନ୍ତି। ରଙ୍ଗ ବ୍ୟବହାର ହୋଇଥିବା ମୂର୍ତ୍ତି ସବୁଙ୍କ ଦେହରେ ଠାଏ ଠାଏ ମାଡ଼ିଯାଇଛି ଶିଉଲି। ଲାଗୁଛି ଜାଙ୍ଗଲିକ ପରିବେଶ ଭିତରେ ସେମାନେ ଏକାକାର ହୋଇଯାଇଛନ୍ତି। ସବୁଠାରୁ ବଡ଼ କଥା ହେଲା, ସମସ୍ତେ କିଛି ନା କିଛି ଆକ୍‌ନରେ ଅଛନ୍ତି। ସେମାନଙ୍କୁ ଦେଖିଲେ ଲାଗିବ ଚଳଚଞ୍ଚଳ ଥିବା ଗୋଟେ ଉପତ୍ୟକା ଯେମିତି କୌଣସି ଏକ ଦେବୀ କୋପରେ ହଠାତ୍ ସ୍ଥିର ହୋଇଯାଇଛି। ଯିଏ ବି ଯାହା କରୁଥିଲେ ଠିକ୍ ସେଇ ଅବସ୍ଥାରେ ଫ୍ରିଜ୍ ହୋଇଯାଇଛନ୍ତି। କିୟ। ଚଳଚଞ୍ଚଳ ମଣିଷମାନଙ୍କର କିଏ ଜଣେ ଆକ୍‌ନ୍ ସମୟରେ ଫଟୋ ନେଇଛି ଓ ରୋକ୍କୋନେନ୍ ସେସବୁକୁ ପ୍ରତିମୂର୍ତ୍ତିରେ ବଦଲାଇ ଦେଇଛନ୍ତି।

କଳା ସମାଲୋଚକମାନେ ରୋକ୍କୋନେନ୍‌ଙ୍କ କଳା ଦର୍ଶନ ବିଷୟରେ ଏତେ କିଛି ଭାବିପାରନ୍ତିନି। ନିଜକୁ ମଣିଷମାନଙ୍କ ପାଖରୁ ନିରାପଦ ଦୂରତାରେ ରଖୁଥିବା ରୋକ୍କୋନେନ୍ ନିଜ ବିଷୟରେ କିଛି ବି କହିକି ଯାଇନାହାନ୍ତି। ତଥାପି ତାଙ୍କ କଳାରେ ଅଛି ଲୋକକଳା ଓ ଲୋକ ଜୀବନର ବହଳ ପ୍ରଲେପ। ଏତିକି ଜାଣି ହୋଇଛି, ଏସବୁ ରୋକ୍କୋନେନଙ୍କ ବ୍ୟକ୍ତିଗତ ଜୀବନ ଓ ବ୍ୟକ୍ତିଗତ ଆଧ୍ୟାମ୍ନିକ ଉପଲବ୍ଧିର କଥା। ସାରା ଜୀବନ ନିଜକୁ ସାଙ୍ଗସାଥି ଓ ଗହଲି ଚହଲି ଠାରୁ ଦୂରେଇ ରଖୁଥିବା

ରୋକ୍ୋନେନ୍ ପ୍ରାୟତଃ ଅଧିକ ସମୟ ନିଜ ଘର ଭିତରେ କଟାଉଥିଲେ। ଘରେ ପ୍ରଥମେ ସେ ତାଙ୍କ ବାପା ଓ ମାଆଙ୍କ ସାଙ୍ଗରେ ରହୁଥିଲେ। ପରେ ବାପାମାଆଙ୍କ ଦେହାନ୍ତ ପରେ ପୁରାପୁରି ଏକୁଟିଆ ରହିଲେ। ଏମିତିକି ତାଙ୍କ ସ୍କଲ୍ପଚର ଗାର୍ଡେନ୍ ଲୋକପ୍ରିୟ ହେଲାପରେ ବି ସେ ସେଠାକୁ ବୁଲିବାକୁ ଆସୁଥିବା ପରିଦର୍ଶକମାନଙ୍କ ସହ ମଧ ଦେଖା ସାକ୍ଷାତ କରିବାକୁ ପସନ୍ଦ କରୁନଥିଲେ। କଥାବାର୍ତ୍ତା ହେବା ତ ଦୂରର କଥା। ପରିଦର୍ଶକମାନଙ୍କୁ ବ୍ୟକ୍ତିଗତ ଭାବରେ ସାକ୍ଷାତ କରୁନଥିଲେ ବି ତାଙ୍କ ପାର୍କ ଭିତରେ ବୁଲିବାକୁ ସେ ସେମାନଙ୍କ ଠାରୁ କିଛି ବି ପ୍ରବେଶିକା ମୂଲ୍ୟ ନେଉନଥିଲେ। ପରିଦର୍ଶକମାନଙ୍କ ପାଇଁ ଗୋଟିଏ ମାତ୍ର ନିର୍ଦ୍ଦେଶ ଥିଲା, ସେମାନେ ଯେମିତି ତାଙ୍କ ବୁଲା ସରିଲା ପରେ ପରିଦର୍ଶକ ପୁସ୍ତିକାରେ ନିଜର ମତାମତ ଦେବାକୁ ଭୁଲିନଯାଆନ୍ତି। ସେ ତାଙ୍କ ଜୀବନକୁ ମାତ୍ର ଦୁଇ ଭାଗରେ ବିଭକ୍ତ କରିଥିଲେ। ଗୋଟେ ହେଲା ତାଙ୍କ ଚାକିରି ଓ ଅନ୍ୟଟି ତାଙ୍କ ମୂର୍ତ୍ତି ଗଢ଼ିବାର ସଉକ। ଚାକରି ସମୟତକ ଛାଡ଼ିଦେଲେ ସେ ଗୋଟେ ମିନିଟ୍ ପାଇଁ ମଧ ତାଙ୍କ ବଗିଚା ଓ ଘରୁ ବାହାରକୁ ବାହାରୁ ନଥିଲେ। ଏମିତିକି ୨୦୦୭ ମସିହାରେ ତାଙ୍କ ମୃତ୍ୟୁର ତିନି ବର୍ଷ ଆଗରୁ ଯେତେବେଲେ ତାଙ୍କୁ ତାଙ୍କ ଦେଶ ପୁରସ୍କୃତ କଲା ସେତେବେଲେ ବି ସେ ପୁରସ୍କାର ଗ୍ରହଣ କରିବାକୁ ଗଲେନି। ତାଙ୍କ ତରଫରୁ ସରକାରଙ୍କ ପାଖରୁ ପୁରସ୍କାର ଗ୍ରହଣ କଲେ ତାଙ୍କ ଭାଇ।

ରୋକ୍ୋନେନ୍ ତାଙ୍କର ମୂର୍ତ୍ତିମାନଙ୍କୁ କୌଣସି କଳା ଗ୍ୟାଲେରୀ, ମ୍ୟୁଜିୟମ୍ କିମ୍ବା ପ୍ରଦର୍ଶନୀକୁ କେବେ ବି ପଠେଇନଥିଲେ। ଆଜି ବି ସେ ଗଢ଼ିଥିବା ମୂର୍ତ୍ତି ସବୁ ଯେଉଁଠି ରଖି ଯାଇଥିଲେ ଠିକ୍ ସେଇଠି ଠିଆ ହୋଇଛନ୍ତି। କେହି ସେମାନଙ୍କୁ ସ୍ଥାନାନ୍ତରଣ କରିନାହାନ୍ତି। ସେ କାହା ପାଖରୁ ଚିତ୍ରକଳା କିମ୍ବା ମୂର୍ତ୍ତି ଗଢ଼ିବାର କଳା କାରିଗରି ଶିକ୍ଷା କରିନଥିଲେ। ଯାହା ଶିଖିଥିଲେ ନିଜେ ନିଜେ ବହି ପଢ଼ି ହିଁ ଶିଖିଥିଲେ।

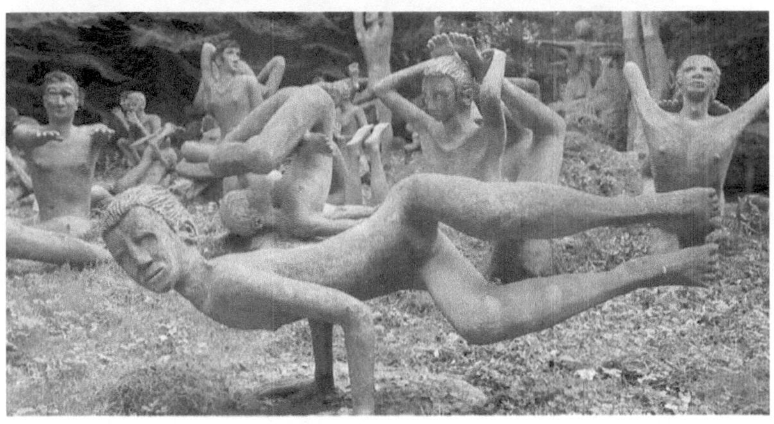

୨୦୧୦ରେ ହଠାତ୍ ରୋକ୍କୋନେନ୍ଙ୍କର ଦେହାନ୍ତ ହୋଇଗଲା। ଆପଣା ପାର୍କରେ ଶହ ଶହ ମୂର୍ତ୍ତି ଗଢ଼ିଥିବା ରୋକ୍କୋନେନ୍ କିନ୍ତୁ ତାଙ୍କ ଅନ୍ତେ ଏସବୁର କ'ଣ ହେବ, ସେ ନେଇ କିଛି ବି ବ୍ୟବସ୍ଥା କି ଯୋଜନା କରିଯାଇ ନଥିଲେ। ଜଣେ ନିରଳସ ଶିଳ୍ପୀ ଭାବରେ ସେ କେବଳ ତାଙ୍କ କହିବା କଥାଟକ କହି ଚାଲିଥିଲେ। ରୋକ୍କୋନେନ୍ଙ୍କର ଜଙ୍ଗଲ ପାର୍କ ବୁଲିଲେ ଲାଗେ ସେ ତାଙ୍କ ଅନୁଭବ ଓ ଅନୁଭୂତିକୁ ନେଇ କବିତା ନଲେଖି ଗୋଟିଏ ବିଶାଳ ଉପନ୍ୟାସ ଲେଖିପକାଇଛନ୍ତି। ଯେଉଁ ଉପନ୍ୟାସରେ ଅଛନ୍ତି ଶହ ଶହ ଚରିତ୍ର। ଆମେ ବଞ୍ଚୁଥିବା ଜୀବନ ନୁହେଁ ବରଂ ଅଲଗା ଏକ ସମୟ ଓ ସ୍ଥାନର କଥା କହିଛନ୍ତି। ସେଇଟି ତାଙ୍କ ବ୍ୟକ୍ତିଗତ ଦୁନିଆଁ। ମୂର୍ତ୍ତି ହୋଇ ତାଙ୍କ ଅବର୍ତ୍ତମାନରେ ଛିଡ଼ା ସେଇ ଚରିତ୍ରମାନେ ତାଙ୍କ ନିଜ ହାତଗଢ଼ା ଦୁନିଆର ଚରିତ୍ର। ତାଙ୍କ ଅଲଗା ପରିବାରର ସଦସ୍ୟ।

୨୦୧୦ ମସିହା ଡିସେୟ୍ବରରେ ଜଣାପଡ଼ିଲା ରୋକ୍କୋନେନ୍ଙ୍କ ସ୍ୱଳ୍ପଚର୍ ପାର୍କୁ ଫିନଲ୍ୟାଣ୍ଡର ଜଣେ ଧନୀ କାଗଜ ବ୍ୟବସାୟୀ କିଣି ନେଇଛନ୍ତି। ତାପରେ ରୋକ୍କୋନେନ୍ଙ୍କର ଦେହାନ୍ତ ପରେ ବନ୍ଦ ହୋଇଯାଇଥିବା ପାର୍କ ଜୁଲାଇ ୨୩, ୨୦୧୧ରେ ପୁଣି ସାଧାରଣ ଲୋକଙ୍କ ପାଇଁ ଖୋଲାଗଲା। ହିସାବରୁ ଜଣାଯାଏ ୨୦୧୮ରେ ପାର୍କୁ ପାଖାପାଖି ଚାଳିଶ ହଜାର ପରିଦର୍ଶକ ପରିଦର୍ଶନ କରିଥିଲେ। ରୋକ୍କୋନେନ୍ଙ୍କ ଜୀବନ କାଳରେ ବେଶୀ କିଛି ଲୋକ ଆସୁନଥିଲା ବେଳେ ତାଙ୍କ ଦେହାନ୍ତ ପରେ ଆଜିକାଲି ଅନେକ ଲୋକ ସେଠାକୁ ବୁଲି ଆସୁଛନ୍ତି।

କଳାକୁ ନେଇ କେବଳ ବେପାରରେ ବ୍ୟସ୍ତ ଆଜିର କଳାକାରମାନଙ୍କ ଗହଣରେ ରୋକ୍କୋନେନ୍ଙ୍କ କଳାକର୍ମ ଯେତିକି ଅଲଗା ଲାଗେ, ସେତିକି ଚକିତ କରେ ତାଙ୍କ ବ୍ୟକ୍ତିଗତ କଳା ଦର୍ଶନ। ଭାବିବାକୁ ହୁଏ, କେବଳ ନିଜ ସାଙ୍ଗରେ ସମୟ ବିତାଇ ଏମିତି ବାଗରେ ବି ବିତାଇ ଦିଆଯାଇପାରେ ଗୋଟେ ସମ୍ପୂର୍ଣ୍ଣ ଜୀବନ। ମୁଣ୍ଡ ନାଡ଼ି ମନା କରିଦିଆଯାଇପାରେ ବିଶ୍ୱର ବଡ଼ ବଡ଼ କଳା ସଂଗ୍ରାହକ ଓ ମ୍ୟୁଜିୟମ୍‌ମାନଙ୍କ ଅନୁରୋଧକୁ। କେବଳ କଳାକୁ ନେଇ ଜୀବନ ବିତାଇ ଦିଆଯାଇପାରେ ଖାସ୍ ନିଜର ସର୍ତ୍ତରେ, ଖାସ୍ କଳାର ସର୍ତ୍ତରେ।

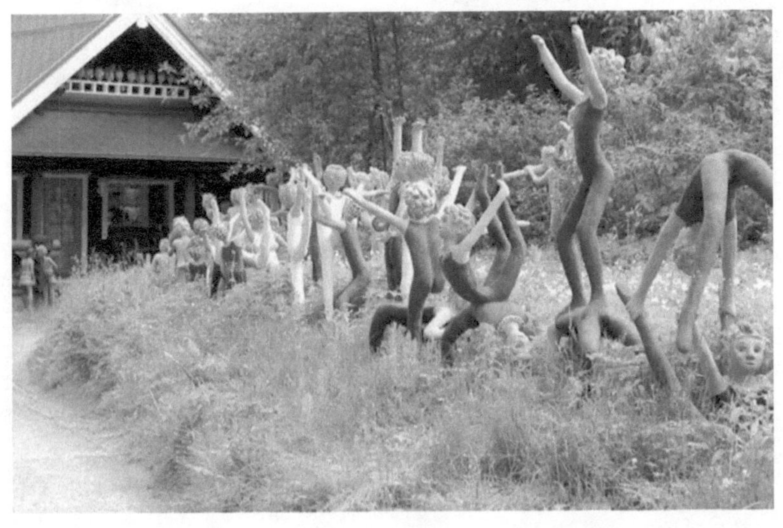

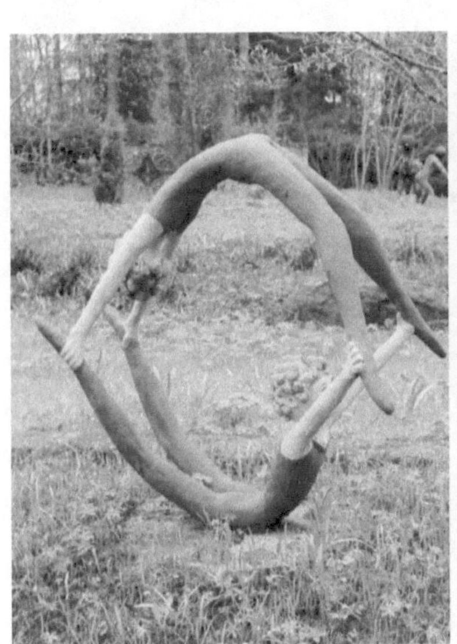

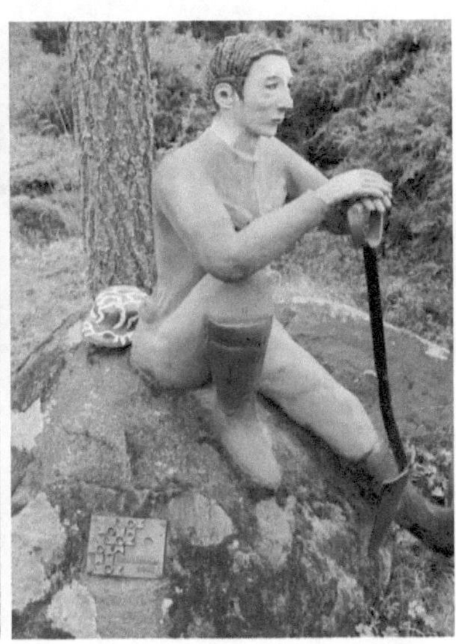

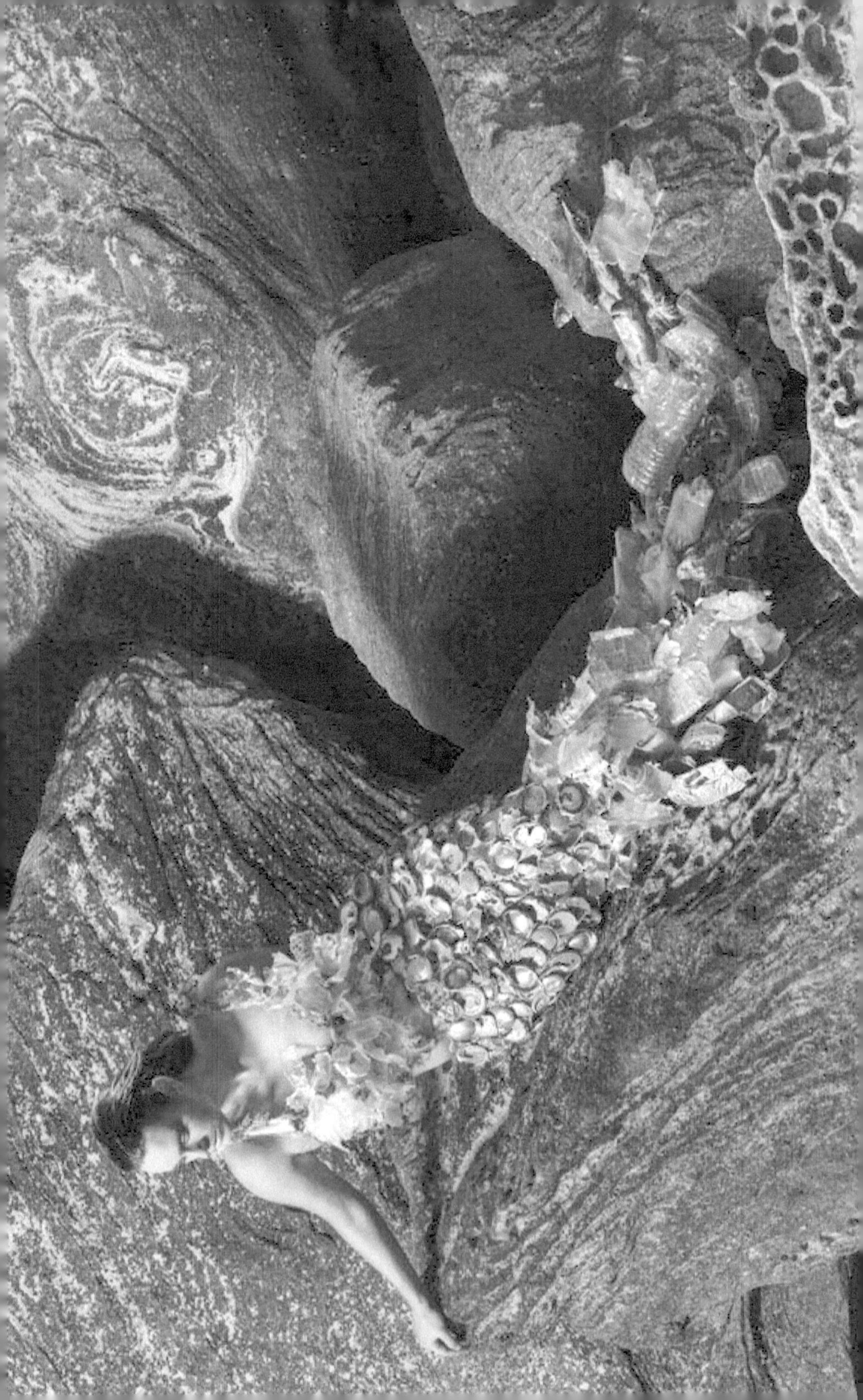

'Art is not what you see, but what you make others see.' - Edgar Degas

ମରିନାଙ୍କ ମସ୍ୟକନ୍ୟା

ମସ୍ୟକନ୍ୟା ବିଷୟରେ ଆମେ ସମସ୍ତେ ଜାଣନ୍ତି । ଆଣ୍ଡରସନଙ୍କ ପରୀ କାହାଣୀର 'ଦ ଲିଟିଲ୍ ମରମେଡ୍' ଗପ ଆପଣଙ୍କର ମନେଥିବ ହୁଏତ । କେହି କେହି ମତ ଦିଅନ୍ତି, ଗ୍ରୀକ୍ ପୁରାଣରେ ବର୍ଣ୍ଣିତ ମଣିଷ ମୁଣ୍ଡିଆ ଚଢ଼େଇ କ୍ରମେ ମଧ୍ୟଯୁଗୀୟ ୟୁରୋପରେ ମଣିଷ ମୁଣ୍ଡିଆ ମାଛ ହୋଇଯାଇଥିଲା । ଆମ ଲୋକଗପ ଓ ପୁରାଣରେ ମଣିଷ ସହ ପଶୁ ଓ ପକ୍ଷୀଙ୍କ ଶରୀରର ଅଂଶ ମିଶି ଅନେକ ଚରିତ୍ର ରହିଛନ୍ତି । ଥାଇଲାଣ୍ଡର ଥାଇ ଭାଷାରେ ରଚିତ ରାମାୟଣରେ ଏକ କାହାଣୀ ରହିଛି । ସେତୁ ବନ୍ଧ ବାନ୍ଧିଲା ବେଳେ ହନୁମାନ ଦେଖିଲେ ବାନରମାନେ ସମୁଦ୍ର ଭିତରେ ଯେତେ ପଥର ପକାଉଛନ୍ତି ସବୁଗୁଡ଼ା ଗାୟବ ହୋଇଯାଉଛି । ପାଣି ଭିତରକୁ ଯାଇ ହନୁମାନ ସନ୍ଧାନ କଲାପରେ ଜାଣିଲେ ସୁନେଲି ମସ୍ୟକନ୍ୟାମାନେ ପାଣି ତଳେ ତଳେ ସେ ପଥରମାନଙ୍କୁ ଅନ୍ୟତ୍ର ନେଇଯାଉଛନ୍ତି । ସେ ସୁନେଲି ରଙ୍ଗର ମସ୍ୟକନ୍ୟାମାନଙ୍କ ମୁଖିଆ ମସ୍ୟକନ୍ୟା ହେଉଛି ରାବଣର ଝିଅ । ତାପରେ ହନୁମାନଙ୍କ ସହ ତା'ର ପ୍ରେମ ହୋଇଛି ଓ ସେ ଆଉ ପଥର ଚୋରେଇନି ।

ତେବେ ତଳ ଅଧାକ ମାଛ ଓ ଉପର ଅଧାକ ରୂପସୀ ନାରୀ ରୂପର ମସ୍ୟକନ୍ୟା ଯେତିକି ରହସ୍ୟମୟ ସେତିକି ଆକର୍ଷଣୀୟ । ମସ୍ୟକନ୍ୟାକୁ ନେଇ ପୃଥିବୀର ପ୍ରାୟ ସବୁ ଅଞ୍ଚଳରେ କାହିଁରେ କେତେ ଲୋକକଥା, ରୂପକଥା ଓ ଚମକପ୍ରଦ ଖବର ରହିଛି । ଆଜିବି କେବେ କେମିତି ଖବର ବାହାରେ ଜଣେ ନାବିକ ଦେଖିଛନ୍ତି ଯେ, ନିକାଞ୍ଚନ କୋଉ ଦ୍ୱୀପର ସମୁଦ୍ରତଟରେ ଜହ୍ନ ରାତିରେ ମସ୍ୟକନ୍ୟା କେତୋଟି ରୂପଚାୟ ବସିରହିଛନ୍ତି । ପୁଣି ଖବର ମିଳେ କୋଉ ସମୁଦ୍ରତଟରୁ ମିଳିଛି ମସ୍ୟକନ୍ୟାର ମର ଶରୀର । କୁହାଯାଏ, ଆମ ଗପରେ ବର୍ଣ୍ଣିତ ସୁନ୍ଦରୀ ମସ୍ୟକନ୍ୟା ପ୍ରକୃତରେ ଦେଖିବାକୁ ବିକୃତ ଓ ବିଭସ୍ୟ । ମସ୍ୟକନ୍ୟା ବିଷୟରେ ଲେଖିବସିଲେ ପୋଥିଏ କଥା ଅଛି । ସେ ବିଷୟରେ ପରେ କେବେ କଥା ହେବା ।

ଏଇଠି ଗୋଟିଏ ମସ୍ୟକନ୍ୟାର ଛବି ଦିଆଯାଇଛି । ଏଇଟି ଆଦୌ ଏକ ଅଙ୍କା ଯାଇଥିବା ଛବି ନୁହେଁ । ଏଇଟି ଏକ ଆଲୋକଚିତ୍ର ଓ ମସ୍ୟକନ୍ୟା ରୂପରେ ପାଣି ପାଖ ପଥର ଉପରେ ଅଷ୍ଟ୍ରେଲୀୟ ଶିଳ୍ପୀ ମରିନା ଦେବ୍ରିସ୍‌ଙ୍କ ଡିଜାଇନର ପୋଷାକ ପିନ୍ଧି ଅଳସ ମୁଦ୍ରାରେ ବସିଛନ୍ତି ବିଖ୍ୟାତ ସୁପର ମଡେଲ ଲରା ଓ୍ୱେଲ୍ସ । ଏଇଟା ଗୋଟେ କି କାମ ବୋଲି କେହି କେହି ତେରେଛେଇ ଚାହିଁ ବି ପାରନ୍ତି । ପଚାରି ପାରନ୍ତି ଏଇଟା କଳା କେମିତି ହେଲା ? ନାମ ଓ ଯଶ ଅର୍ଜନ ପାଇଁ କଳା ନାମରେ କଳାକାରର ନିରୋଳା ପ୍ରହସନ ବୋଲି ବି କହିପାରନ୍ତି । କାରଣ ଅଙ୍କା ହୋଇନଥିଲେ ତାକୁ କଳା ବୋଲି ଭାବିବାକୁ ଆମର ଅନେକ ନାରାଜ । କ୍ୟାନଭାସ୍ ଉପରେ ଆଙ୍କି ପକାଇବା କି ପଥର ଖଣ୍ଡେ ଖୋଲି ପକାଇବା ଅବା ମାଟିଗୋଡ଼ିରେ କିଛି ବି ଗଢ଼ି ପକାଇବା ହିଁ କେବଳ କଳା, ଏମିତି ତ ନୁହେଁ । ସମସାମୟିକ କଳାକୁ ବୁଝିବାକୁ ହେଲେ ଅଧିକ ଟିକେ ଖୋଲା ରହିବାକୁ ହେବ । ଆଜିର ସମୟରେ ସମସାମୟିକ କଳାର ବ୍ୟାପକ ପରିସର ବିଷୟରେ ଜ୍ଞାତ ରହିବାକୁ ହେବ ।

ହଁ, ଏଠାରେ ଦିଆଯାଇଥିବା ମସ୍ୟକନ୍ୟା କଥା କହୁଥିଲି ପରା । ଏଠି ମସ୍ୟକନ୍ୟାର ରୂପ ଧାରଣା ଆମ ପୁରୁଣା ଧାରଣା ପାଖରୁ ଅଲଗା । ମସ୍ୟକନ୍ୟା ହୋଇ ବସିଥିବା ଲରା ଓ୍ୱେଲ୍ସଙ୍କ ଦେହରେ କିନ୍ତୁ ଚକ୍‌ଚକ୍ ରୂପେଲି ମାଛକାତି ନାହିଁ କି ଆକର୍ଷଣୀୟ ମାଛପର ବି ନାହିଁ । ସକାଳୁ ଚାଲିବା ସମୟରେ ସିଡ୍‌ନୀ ସମୁଦ୍ର ତଟରୁ ପ୍ରଥମେ ପୁଲେ ଅଲିଆ ଆବର୍ଜନା ସଂଗ୍ରହ କରିଥିଲେ ମରିନା ଦେବ୍ରିସ୍ । ସେଇ ସାଉଁଟା ଜିନିଷରେ ମସ୍ୟକନ୍ୟାର ପୋଷାକ ତିଆରି କରିଛନ୍ତି ସେ । କାତି ଯାଗାରେ ଅଛି ମୃଦୁ ପାନୀୟ ଟିଣର ଅଂଶ ବିଶେଷ, ଲାଞ୍ଜ ଭାବରେ ଖଞ୍ଜା ହୋଇଛି କିଛି ପୁରୁଣା ପ୍ଲାଷ୍ଟିକ୍ ପାଣି ବୋତଲ ଓ ଆହୁରି ଅନେକ କିଛି, ଯାହା ଆମେମାନେ ଏକଦା ସମୁଦ୍ର ଭିତରକୁ ଫୋପାଡ଼ି ଦେଇଥିଲେ । ପୁରା ପୋଷାକ ପାଇଁ ମରିନା ଏଥରେ ଷାଠିଏଟି ପାଣିପିଆ ପ୍ଲାଷ୍ଟିକ ବୋତଲ, ଶହେ ନବେଟି ଟିଣ ଡବା ଓ ନବେଟି ବୋତଲ ଠିପି ବ୍ୟବହାର କରିଥିଲେ । ମରିନାଙ୍କ ଏହି କାମ ପାଇଁ ୧୯୭୨ରେ ସ୍ଥାପିତ ତୋମରା ନାମକ ଅଷ୍ଟ୍ରେଲିଆର ଏକ ସଂସ୍ଥା ସହଯୋଗ କରିଥିଲେ । ବିଶ୍ୱ ରିସାଇକ୍ଲ୍ ଡେ ଅବସରରେ ମରିନା ଏଇ କାମଟି ସିଡ୍‌ନୀ ସମୁଦ୍ର ତଟରେ କରିଥିଲେ । କାମଟିର ନାମ ଦିଆଯାଇଛି The Ones That Got Away । ଏଠାରେ କହିରଖେ ଯେ ତୋମରା ସଂସ୍ଥା ମୃଦୁ ପାନୀୟର ବ୍ୟବହୃତ ବୋତଲ ଓ ଟିଣ ଡବାକୁ ଲୋକଙ୍କ ପାଖରୁ ରିସାଇକ୍ଲ୍ କରିବା ପାଇଁ ସଂଗ୍ରହ କରେ ।

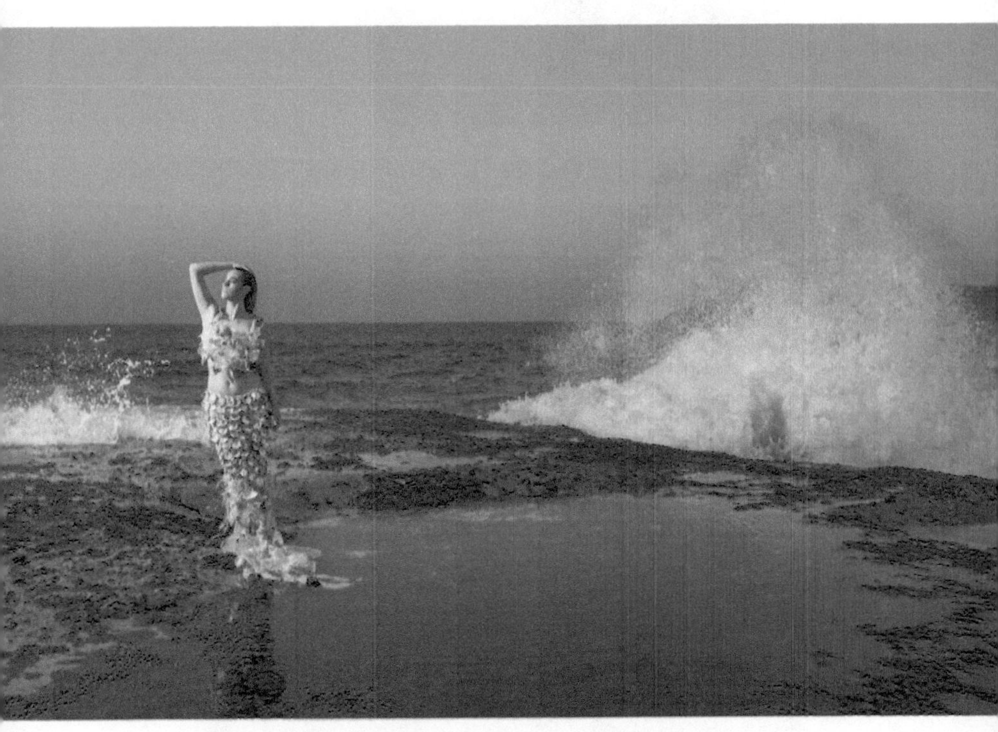

Title: The Ones That Got Away"Creator: Marina DeBris"Photographer: Nic Walker"Model: Laura Wells"HMU: Kerrie Jane Bailey"Client: TOMRA Australia

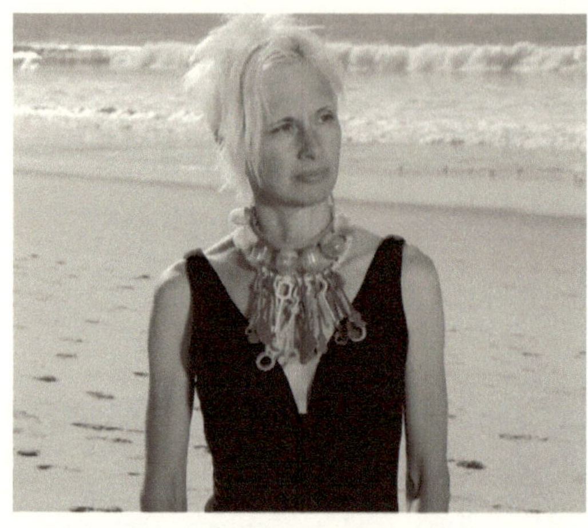

ମରିନା ଦେବ୍ରିସ୍

ଏକଦା ସମୁଦ୍ର ମନ୍ଥନରୁ ଅମୃତ ମିଳିଥିଲା। ଆଜି କିନ୍ତୁ ସେ ସମୁଦ୍ର ସଭ୍ୟତାର ଅଳିଆ ଆବର୍ଜନାରେ ଭରିଯାଇଛି। ଆମ ସଭ୍ୟତାର ଦ୍ୱାହିରେ ସବୁଠାରୁ ଅଧିକ କ୍ଷତି ସହୁଛି ଆମ ପରିବେଶ, ଆମ ପର୍ଯ୍ୟାବରଣ। ଏ ବିଷୟରେ କେବଳ ବୈଜ୍ଞାନିକ ଓ ପରିବେଶବିଦ୍‌ମାନେ ଚିନ୍ତା କରୁନାହାନ୍ତି, ଅନ୍ୟମାନେ ବି କରୁଛନ୍ତି। ଯିଏ ଯାହା ବାଟରେ ପ୍ରତିବାଦ କରୁଛନ୍ତି ଓ ଅନ୍ୟମାନଙ୍କୁ ସଚେତନ ବି କରାଉଛନ୍ତି। ସେମାନଙ୍କ ଭିତରେ ହାତଗଣତି ଶିଳ୍ପୀ ମଧ୍ୟ ଅଛନ୍ତି। ସେମାନଙ୍କ ଭିତରେ ଅଷ୍ଟେଲିଆର ଶିଳ୍ପୀ ମରିନା ଅନ୍ୟତମ। ମରିନା ଅନେକ ବର୍ଷ ଧରି ଅସଂଖ୍ୟ ବେଳାଭୂମିକୁ ସଫା କରିଛନ୍ତି ଓ କରାଇଛନ୍ତି। ସେ ଦିନେ ଅନୁଭବ କଲେ ନିଜେ ଏମିତି ବେଳାଭୂମି ସଫା କରିବାରେ ବେଶୀ କିଛି ଫାଇଦା ନାହିଁ। ଲୋକମାନେ ଏନେଇ ସଚେତନ ନହେଲେ ଲାଭ କିଛି ନାହିଁ। ଏଥିପାଇଁ ଲୋକଙ୍କ ମନ ଉପରେ ଲମ୍ବା ସମୟ ପାଇଁ ପ୍ରଭାବ ପଡୁଥିବା କିଛି ରାସ୍ତା ଖୋଜିବାକୁ ପଡ଼ିବ। ତାପରେ ସେ ଫ୍ୟାସନ୍‌ ଓ ଆଉକିଛି କଳାର ମାଧ୍ୟମକୁ ବ୍ୟବହାର କରିଛନ୍ତି। ତାଙ୍କ କାମ ମାଧ୍ୟମରେ ସେ ଆମକୁ ଥରେ ମାତ୍ର ବ୍ୟବହାର ହେଉଥିବା ପ୍ଲାଷ୍ଟିକ ବର୍ଯ୍ୟବସ୍ତୁର କମ୍‌ ବ୍ୟବହାର ଓ ଆମ ଚାରିପାଖର ପର୍ଯ୍ୟାବରଣକୁ ନେଇ ଆମ ଦାୟିତ୍ୱ ନେଇ ବାର ବାର ପ୍ରଶ୍ନ ପଚାରୁଛନ୍ତି।

ମରିନା ଅନେକଦିନ ହେଲାଣି ସମୁଦ୍ର ଓ ସମୁଦ୍ରତଟର ଅଳିଆ ଆବର୍ଜନାକୁ ସଂଗ୍ରହ କରି ନିଜ କଳାକର୍ମରେ ବ୍ୟବହାର କରୁଛନ୍ତି। ସେସବୁ ଅଳିଆରେ ସେ ଫ୍ୟାସନ୍‌ ପରିପାଟୀ, ସାଜସଜ୍ଜା ଜିନିଷ ଓ ଆହୁରି ଅନେକ କିଛି ତିଆରି କରି ଜନ ସଚେତନତା ସୃଷ୍ଟି କରାଉଛନ୍ତି। ପରିବେଶର ରକ୍ଷଣା ବେକ୍ଷଣା ନେଇ ସଚେତନତା ସୃଷ୍ଟି ପାଇଁ ବିଭିନ୍ନ କାର୍ଯ୍ୟକ୍ରମ ଆୟୋଜନ ସକାଶେ ପାଣ୍ଠି ବି ଯୋଗାଡ଼ କରୁଛନ୍ତି।

ଫ୍ୟାସନ୍‌ ଓ ଟ୍ରାସ୍‌କୁ ଯୋଡି 'ଟ୍ରାସନ୍‌' ନାମରେ ଏକ ନୂଆ ଶବ୍ଦ ତିଆରି ହୋଇଛି । ଟ୍ରାସ୍‌କୁ ଫ୍ୟାସନରେ ବ୍ୟବହାର କରୁଥିବାରୁ ମରିନା ସମସାମୟିକ କଳାରେ ଜଣେ ପ୍ରମୁଖ ଟ୍ରାସନ୍‌ ଶିଳ୍ପୀ ଭାବରେ ବେଶ୍‌ ପରିଚିତ । ନିଜର ଇନ୍‌ଷ୍ଟାଗ୍ରାମ୍‌ ପ୍ରୋଫାଇଲ୍‌ରେ ସେ ନିଜକୁ 'ଆର୍ଟିଭିଷ୍ଟ' ଭାବରେ ପରିଚୟ ଦେଇଛନ୍ତି । ମାନେ ଆର୍ଟ – ଆକ୍ଟିଭିଷ୍ଟ ।

କଳା ସୃଷ୍ଟିର ଏକମାତ୍ର ଉଦ୍ଦେଶ୍ୟ ନୁହେଁ ଯେ ତାହା କୋଉ ଧନିକ ରସିକର କାନ୍ଥରେ କି କୋଉ ଗ୍ୟାଲେରୀ ଅବା ମ୍ୟୁଜିୟମ୍‌ରେ ଶୋଭା ପାଇବ । ସେ କଳାକୃତିକୁ ନେଇ କେବଳ ଚିନ୍ତକ ବୁଦ୍ଧିଜୀବୀ ଓ କଳାସମାଲୋଚକମାନେ କିଛି ଗୋଟେ ଗୂଢ଼ ତତ୍ତ୍ୱର ଅନୁସନ୍ଧାନ କରିବେ ଓ ବିଚାର କରିବେ । କିଛି କଳାକାର ବିଶ୍ୱାସ କରନ୍ତି ସେମାନେ ତାଙ୍କ କଳାକର୍ମକୁ ପ୍ରତିବାଦ ଭାବରେ ଓ ସାଧାରଣ ମଣିଷକୁ ଯେକୌଣସି ଏକ ବିଶେଷ ବିଷୟରେ ସଚେତନ କରିବାପାଇଁ ବ୍ୟବହାର କରିବେ । ସମାଜର ବୃହତ୍ତର ଲାଭ ପାଇଁ ଠିକଣା ସମୟରେ ଜନପକ୍ଷରେ ଠିଆହେବେ ।

ମରିନା ଇଣ୍ଡିଆନା ୟୁନିଭର୍ସିଟିରେ ପାଠ ପଢ଼ିଛନ୍ତି । ପରେ ଏକ ଡିଜାଇନ୍‌ ସ୍କୁଲରୁ ଡିଗ୍ରୀ ନେଇଛନ୍ତି । ସୋସିଆଲ ମିଡିଆରେ ମରିନାଙ୍କ କାମ ଦେଖିଲାପରେ ତାଙ୍କ ସହ ବ୍ୟକ୍ତିଗତ ଭାବରେ ଇ ମେଲ୍‌ ରେ ଯୋଗାଯୋଗ କରି କିଛି ତଥ୍ୟ ପାଇଥିଲି ଓ ଅନୁରୋଧ କରିଥିଲି ମସ୍ତକନ୍ୟା କାମର ଫଟୋ ଯୋଗାଇଦେବାକୁ । ସେ ଯଥା ସମୟରେ ସେସବୁ ଯୋଗାଇ ଦେଇଥିଲେ ଓ ମୋର ଏହି ଲେଖାଟି ପ୍ରକାଶ ପାଇଲା ପରେ ତାଙ୍କ ସୋସିଆଲ ମିଡିଆରେ ସେୟାର ମଧ୍ୟ କରିଥିଲେ ।

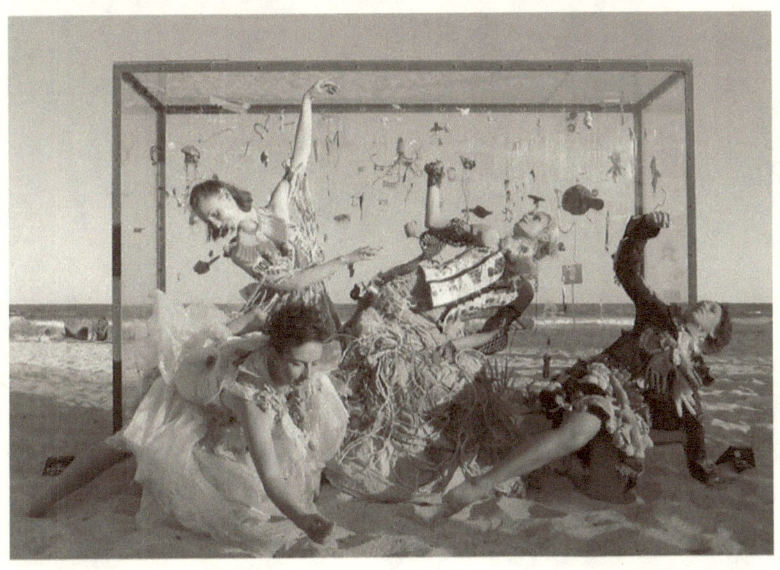

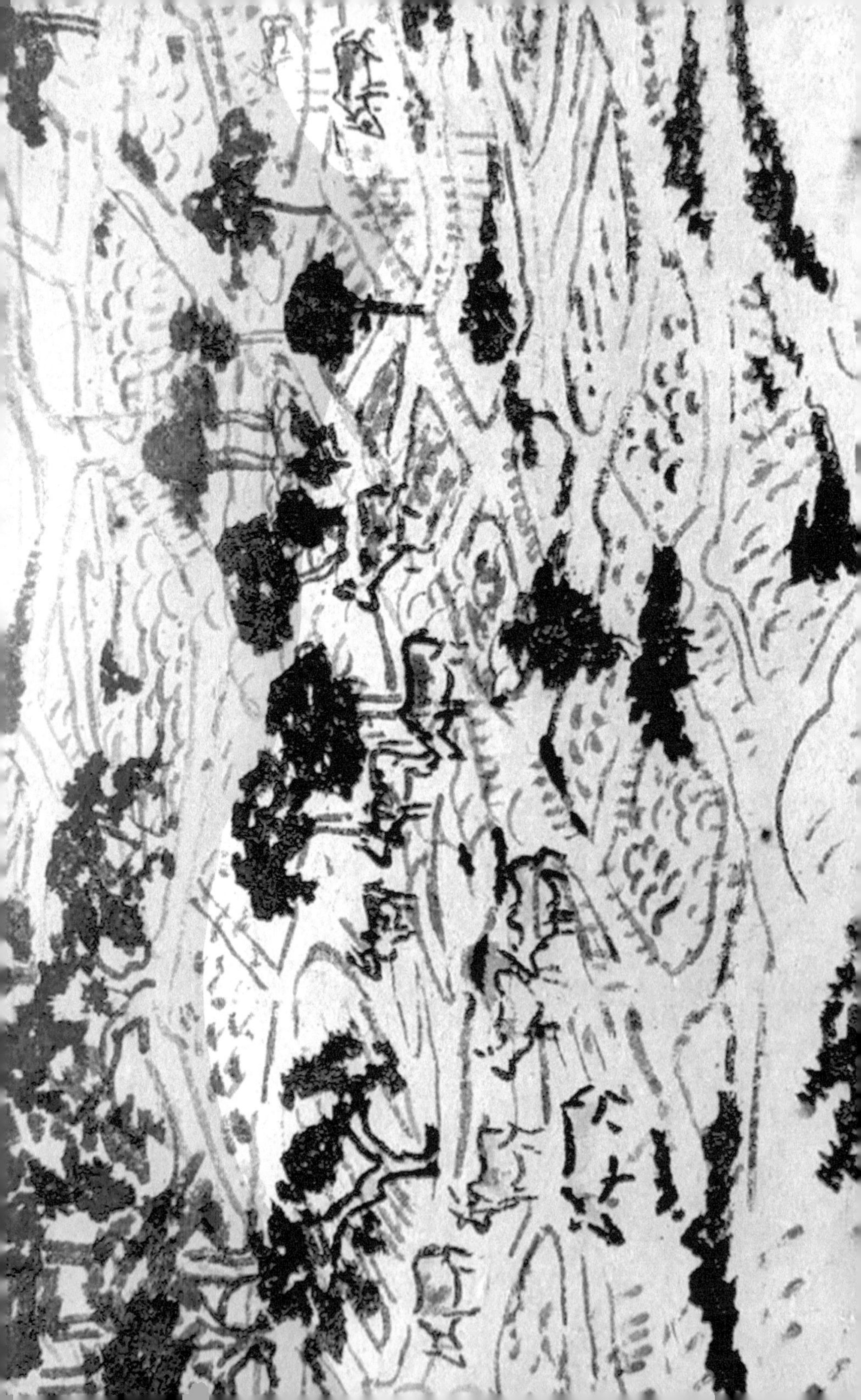

ଏକଦା ହଜିଯାଇଥିବା ଗୋଟେ ଲମ୍ବା ଛବି

ପାଖା ପାଖି ପ୍ରାୟ ଶହେ ବର୍ଷ ତଳେ ଚିତ୍ରଶିଳ୍ପୀ ବିନୋଦ ବିହାରୀ ମୁଖାର୍ଜୀ ୪୪ ଫୁଟ ଲମ୍ବାର ଓ ଛଅ ଇଞ୍ଚ ଚଉଡ଼ାର ଜାପାନୀ ଶୈଳୀରେ ଅଙ୍କିତ ଏକ ସ୍କ୍ରୋଲ ଛବି ଆଙ୍କିଥିଲେ । ତାହା କିଛି କାରଣରୁ ଅନେକ ବର୍ଷ ଧରି ଲୋକଲୋଚନର ଆଢୁଆଲରେ ଥିଲା । ସେ ଛବି ବିଷୟରେ କାହା ପାଖରେ କିଛି ଖବର ନଥିଲା । ଛବିଟି ଶେଷରେ କିନ୍ତୁ ମିଳିଛି ଓ ୨୦ ମଇ ରୁ ୨୦ ଜୁନ୍ ୨୦୧୩ ପର୍ଯ୍ୟନ୍ତ କଳା ଐତିହାସିକ ଆର୍ ଶିବକୁମାରଙ୍କ କ୍ୟୁରେସନରେ କଲିକତା ସେଣ୍ଟର ଫର୍ କ୍ରିଏଟିଭିଟିର ଗ୍ୟାଲେରୀରେ ପ୍ରଦର୍ଶିତ ହୋଇଛି ।

ସ୍କ୍ରୋଲ ପେଣ୍ଟିଂ କହିଲେ ସାଧାରଣତଃ କମ୍ ଚଉଡ଼ା ଓ ଲମ୍ବା ଅଧିକା ଥିବା କାଗଜ ଅବା କପଡ଼ା ଉପରେ ଅଙ୍କା ଛବିକୁ ବୁଝାଯାଏ । ଏପରିକା ଚିତ୍ର ମୁଖ୍ୟତଃ ଆମ ଏସିଆ ମହାଦେଶରେ ବିଶେଷକରି ପୂର୍ବ ଏସିଆରେ ହିଁ ଅଧିକ ଅଙ୍କାଯାଏ । ବିଭିନ୍ନ ପ୍ରକାରର ସ୍କ୍ରୋଲ ପେଣ୍ଟିଂ ଭିତରେ ଟେନିକ ଭୂଦୃଶ୍ୟ ଅଙ୍କନର ପରମ୍ପରା ଓ ଜାପାନୀ କାହାଣୀଧର୍ମୀ ସ୍କ୍ରୋଲ ପେଣ୍ଟିଂର ଆବେଦନ ସବୁବେଳେ ଶୀର୍ଷରେ ରହିଆସିଛି । କୁହାଯାଏ ଚୀନ ଦେଶରେ ଏପରି ପରମ୍ପରା ଗୌତମ ବୁଦ୍ଧଙ୍କ ଜୀବନୀ ଓ ବାଣୀକୁ ପ୍ରଚାର କରିବାକୁ ଚତୁର୍ଦ୍ଦଶ ଶତାବ୍ଦୀ ବେଳକୁ ହିଁ ଆରମ୍ଭ ହୋଇଥିଲା ।

ବିନୋଦ ବିହାରୀ ମୁଖାର୍ଜୀଙ୍କ ଜନ୍ମ ହୋଇଥିଲା ୧୯୦୪ ମସିହାରେ । ପିଲାଦିନୁ ତାଙ୍କ ଆଖିରେ ଦେଖିବାକୁ ନେଇ କିଛି ସମସ୍ୟା ଥିଲା । ଧୀରେ ଧୀରେ ତାଙ୍କ ଆଖିର ସମସ୍ୟା ବଢ଼ିଥିଲା ଓ ତାଙ୍କୁ ୫୩ ବର୍ଷ ହେଲା ବେଳକୁ ସେ ସମ୍ପୂର୍ଣ୍ଣ ଭାବରେ ଦୃଷ୍ଟି ଶକ୍ତି ହରାଇ ଅନ୍ଧ ହୋଇଯାଇଥିଲେ । ଅନ୍ଧ ହେଲାପରେ ବି ସେ ତାଙ୍କ ଚିତ୍ର ଅଙ୍କା ଅଭ୍ୟାସକୁ ଆଦୌ ଛାଡ଼ିଦେଇ ନଥିଲେ । ବିନୋଦ ବିହାରୀଙ୍କର ଦେହାନ୍ତ

ହୋଇଥିଲା ୧୯୮୦ ମସିହାରେ। କିନ୍ତୁ ଆମେ ଆଜି ଯେଉଁ ଲମ୍ବା ଛବି ବିଷୟରେ କଥା ହେଉଛେ ତାକୁ ବିନୋଦ ବିହାରୀ ମାତ୍ର କୋଡ଼ିଏ ବର୍ଷ ବୟସରେ ଆଙ୍କିଥିଲେ। ଛବିଟି ଶାନ୍ତିନିକେତନର ଭୂଦୃଶ୍ୟକୁ ନେଇ ଅଙ୍କା ଯାଇଛି। ଛବିର ନାମ ବି ରହିଛି 'ଶାନ୍ତିନିକେତନର ଭୂଦୃଶ୍ୟ'। ବିନୋଦ ବିହାରୀ ଆହୁରି କେତୋଟି ସ୍କ୍ରୋଲ୍ ଛବି ଆଙ୍କିଛନ୍ତି କିନ୍ତୁ ସେସବୁ ଏଇ ଛବି ପରି କେହି ଏତୋଟା ଲମ୍ବା ନୁହଁନ୍ତି।

ବିନୋଦ ବିହାରୀଙ୍କର କଳା ଶିକ୍ଷା କଳାଭବନ ଶାନ୍ତିନିକେତନ ଠାରେ ହୋଇଥିଲା ଓ ପାଠ ପଢ଼ା ୧୯୨୯ରେ ଶେଷ ହୋଇଥିଲା। ପାଠ ପଢ଼ା ପରେ ସେଇଠି ସେ ଶିକ୍ଷକତା ମଧ୍ୟ କରିଥିଲେ। ଜାପାନୀ ଓ ଚୈନିକ ଚିତ୍ର କଳା କୌଶଳ ପ୍ରତି ସେତେବେଳର ପ୍ରମୁଖ ବଙ୍ଗୀୟ ଶିଳ୍ପୀଙ୍କର ଅନୁରାଗ ରହିଥିଲା। ସେ ସମୟରେ ପାଶ୍ଚାତ୍ୟ ବଦଳରେ ପ୍ରାଚ୍ୟ ପ୍ରତି ଦୃଷ୍ଟି ନିକ୍ଷେପର ଭାବଭୂମି ପ୍ରସ୍ତୁତ ହୋଇଥିଲା। ଅନୁମାନ କରାଯାଏ ଯେ ନନ୍ଦଲାଲ ବୋଷ ଓ ରବୀନ୍ଦ୍ରନାଥ ଠାକୁର ସେମାନଙ୍କ ଜାପାନ ଗସ୍ତ ସମୟରେ ଯେଉଁ ସବୁ ଜାପାନୀ ସ୍କଲ ଛବି ସାଙ୍ଗରେ ଆଣିଥିଲେ ବିନୋଦ ବିହାରୀ ସେସବୁକୁ ଭଲରେ ନିରୀକ୍ଷଣ କରିଥିଲେ ଓ ଛବିର ଆବେଦନ ତାଙ୍କୁ ନିଶ୍ଚୟ ଭଲ ଲାଗିଥିଲା। ଫଳରେ ନିଜ ଛବିରେ ତା'ର ପ୍ରୟୋଗ ଆରମ୍ଭ କରିଥିଲେ।

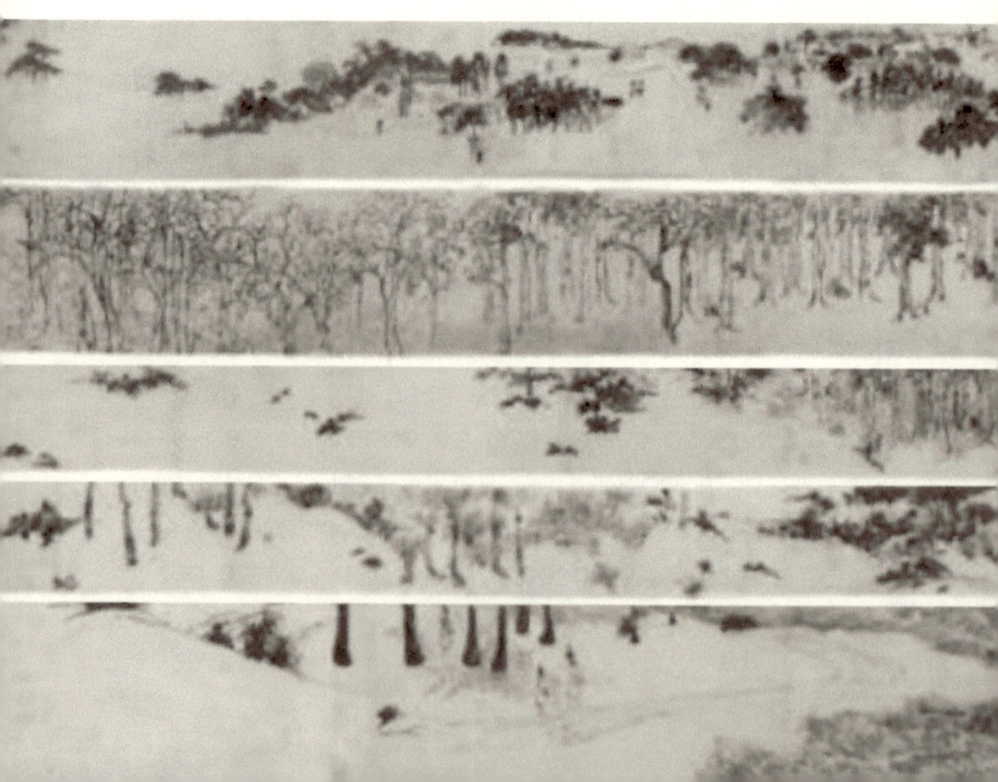

ବିନୋଦ ବିହାରୀ କାଳି ଓ ଜଳ ରଙ୍ଗକୁ ବ୍ୟବହାର କରି କାଗଜ ଉପରେ ଏହି 'ଶାନ୍ତିନିକେତନର ଭୂଦୃଶ୍ୟ' ନାମକ ଲମ୍ବ ଛବିଟିକୁ ଆଙ୍କିଥିଲେ। ଚିତ୍ର ଅଙ୍କନ ପାଇଁ ଅତି ପତଳା ମୋଟେଇର ଅନେକଗୁଡ଼େ କାଗଜକୁ ଯୋଡ଼ି ଯୋଡ଼ି ବିନୋଦ ବିହାରୀ ଚାଳିଶ ଫୁଟ୍ ଲମ୍ବାର ଏକ ଭୂମି ପ୍ରସ୍ତୁତ କରିଥିଲେ। ଛବିକୁ ଯଦି ଆମେ ଡାହାଣରୁ ବାମ ପଟୁ ଦେଖି ଦେଖି ଚାଲିବା ତେବେ ପ୍ରଥମେ ଭେଟିବା ଜଣେ ବ୍ୟକ୍ତି ଗଛ ତଳେ ବସିଛନ୍ତି। ହୁଏତ ସେ ଜଣକ ସ୍ୱୟଂ ଚିତ୍ରଶିଳ୍ପୀ ହୋଇଥାଇପାରନ୍ତି। ଚୈନିକ ଓ ଜାପାନୀ ସ୍କ୍ରୋଲ୍ ଛବିରେ ପ୍ରାୟତଃ ଏମିତି ଜଣେ ଦର୍ଶକ ବସିଥିବାର ଦେଖାଯାଏ। ଲାଗେ ସେହି ଦର୍ଶକର ଆଖି ଯେଉଁ ଦୃଶ୍ୟାବଳୀକୁ ପ୍ରତ୍ୟକ୍ଷ କରୁଛି ଛବିକୁ ଦେଖୁଥିବା ଦର୍ଶକ ଅବିକଳ ତାହା ହିଁ ଦର୍ଶନ କରୁଛି। ଜଣେ ଦର୍ଶକ ଯେତେବେଳେ ଏହି ଚାଳିଶ ଫୁଟ୍ ଲମ୍ବା ଛବିର କଡ଼େ କଡ଼େ ବାଟ ଚାଲିବ, ସେତେବେଳେ ସେ ଆଖି ଆଗରେ ଜଙ୍ଗଲ, ଶାଳ ଗଛ, ବଳଦ ଗାଡ଼ି, ଗାଁରେ ଖଜୁରି ତାଡ଼ି ପ୍ରସ୍ତୁତିର ଦୃଶ୍ୟ, ଧାନ କ୍ଷେତ, ବିଲ ଓ ପଡ଼ିଆରେ ଘାସ ଚରୁଥିବା ଗୋରୁ ଗାଈ, ପତ୍ର ନଥିବା ଓ ପତ୍ର ଗହଳ ଥିବା ଗଛ ବୃକ୍ଷ, ବୁଦା ଓ ଆହୁରି କେତେ କ'ଣ ଦେଖିବ। ଦର୍ଶକ ବାପୁଡ଼ା ଏମିତି ଅବିଶ୍ରାନ୍ତ ବର୍ଣ୍ଣନାର ହାତ ଧରି ଧରି ବାଟ ଚାଲିବ। ବିନୋଦ ବିହାରୀ ତାଙ୍କର ଏହି ଶାନ୍ତିନିକେତନର

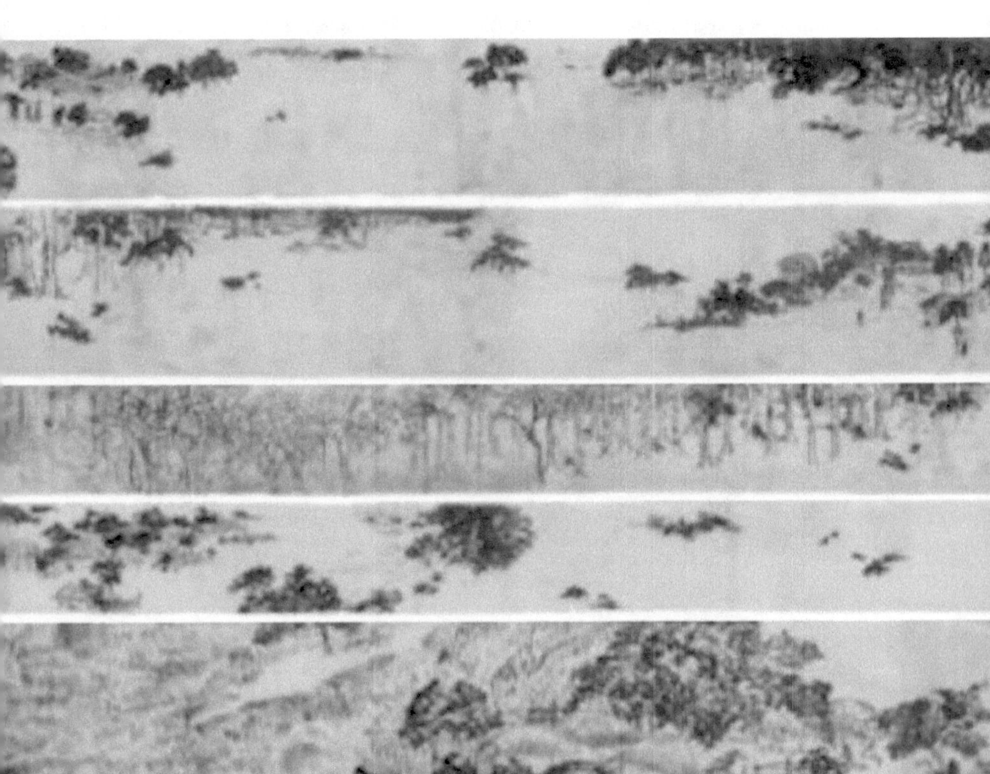

ଦୃଶ୍ୟାବଳୀ ଛବିରେ ଶାନ୍ତିନିକେତନ ଓ ତା'ର ଆଖପାଖର ଜୀବନଯାତ୍ରା ଏବଂ ଭୂଦୃଶ୍ୟକୁ ହିଁ ରୂପ ଦେଇଛନ୍ତି। ଭାରତୀୟ ଭୂଦୃଶ୍ୟ ଛବି ଅଙ୍କନର ପରମ୍ପରାରେ ଏଇ ଛବିଟିକୁ ଆଜିର କଳା ସମାଲୋଚକମାନେ ବେଶ୍ ଗୁରୁତ୍ୱ ପ୍ରଦାନ କରୁଛନ୍ତି। ଛବିରେ ଅନେକ ଗଛବୃକ୍ଷଙ୍କ ସହ ସମୁଦାୟ ବାଇଶୀ ଜଣ ମଣିଷ, ବାଇଶୀଟି ଗୋରୁ ଗାଈ, ତିନୋଟି କୁକୁଡ଼ା, ଗୋଟିଏ ଚଢ଼େଇ ଓ ଗୋଟିଏ କୁକୁରର ଉପସ୍ଥିତି ରହିଛି।

ବିନୋଦ ବିହାରୀଙ୍କ ଏହି ଲମ୍ବା ଛବିରେ ଏକ ପ୍ରକାର ସଂକ୍ରମଣଶୀଳ ନିରୂତା ଏକାକୀପଣ ରହିଛି ଓ ରହିଛି ପ୍ରକୃତି କୋଳର ନିରୋଳା ନିର୍ଜନତା। ନୀରବତାର ସ୍ୱର ଏଠି ବାଙ୍ମୟ। ଏକଲାପଣ ମୁଖର। ଛବିଟି ଶୀତରତୁର ବର୍ଣ୍ଣନାରୁ ଆରମ୍ଭ ହୋଇ ଗ୍ରୀଷ୍ମ ହୋଇ ବର୍ଷା ରତୁରେ ପହଞ୍ଚିଛି।

କିନ୍ତୁ ଆଶ୍ଚର୍ଯ୍ୟଜନକ ଭାବରେ ଛବିଟି ଏତେ କାଳ ଧରି କଳାରସିକଙ୍କ ଆଖିରୁ ଲୁଚି ରହିଥିଲା କେମିତି? ତା' ପୁଣି ବିନୋଦ ବିହାରୀଙ୍କ ପରି ବିଖ୍ୟାତ ଚିତ୍ରଶିଳ୍ପୀଙ୍କର? ଯାହା ଜଣାପଡୁଛି ବିନୋଦ ବିହାରୀ ଏହି ଲମ୍ବା ଛବିଟିକୁ ଏକଦା ଶାନ୍ତିନିକେତନର ଅନ୍ୟତମ ଚିତ୍ରଶିଳ୍ପୀ ସୁଧୀର ଖାସ୍ତଗିରୀଙ୍କୁ ଉପହାର ଭାବରେ ଦେଇଦେଇଥିଲେ। କିମ୍ବା ହୁଏତ ବିକ୍ରୀ କରିଦେଇଥିଲେ। ତାପରେ ସୁଧୀର ଖାସ୍ତଗିରୀ ଯେତେବେଳେ ଡୁନ୍ ସ୍କୁଲରେ କଳା ଶିକ୍ଷକ ଭାବରେ ଯୋଗଦେବାକୁ ଡେରାଡୁନ୍ ଚାଲିଆସିଲେ, ସେତେବେଳେ ଅନ୍ୟଜଣେ ଚିତ୍ରଶିଳ୍ପୀଙ୍କୁ ସେଇଟିକୁ ଦେଇଦେଇଥିଲେ।

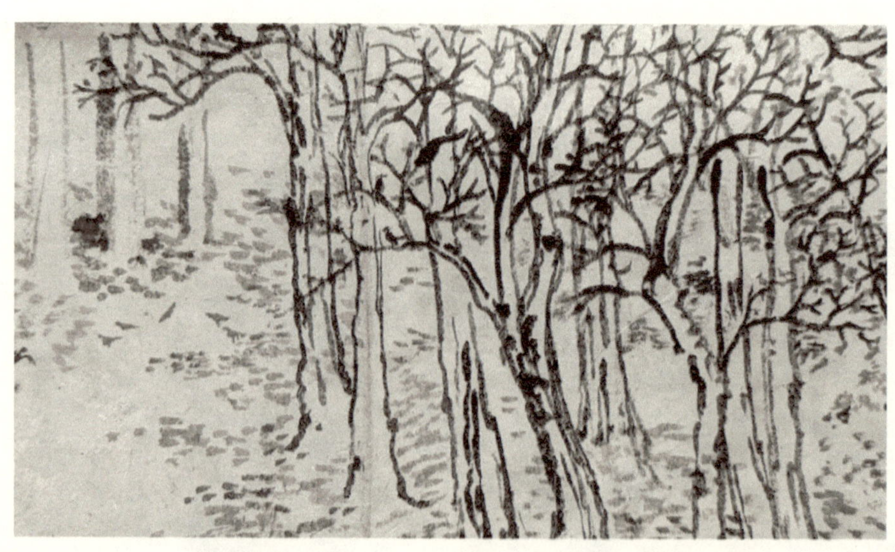

ସେଇ ଚିତ୍ରଶିଳ୍ପୀ ଜଣକ ଛବିକୁ କଲିକତାର ରସ ଗ୍ୟାଲେରୀର ମାଲିକ ରାକେଶ ସୋନୀଙ୍କୁ ଏକଦା ବିକ୍ରି କରିଦେଇଥିଲେ। ଯଦିଓ ଏହି କିଣାବିକାର ଆର୍ଥିକ ଦିଗ ବିଷୟରେ କେହି କିଛି ଜାଣନ୍ତି ନାହିଁ। ଜଣା ନାହିଁ କିଏ କାହାକୁ କେତେ ଅର୍ଥ ରାଶି ବିନିମୟରେ ବିକ୍ରୀ କରିଛି। ରାକେଶ ସୋନୀଙ୍କ ପାଖକୁ ଛବିଟି ୨୦୧୭ ରେ ଆସିଥିଲେ ବି କୋଭିଡ ମହାମାରୀ ପାଇଁ ସାଧାରଣରେ ପ୍ରଦର୍ଶିତ ହୋଇପାରି ନଥିଲା। ପରିଶେଷରେ କଲିକତାରେ ଛବିଟି ପ୍ରଦର୍ଶିତ ହେଲାପରେ କେବଳ ଶିଳ୍ପୀ ବିନୋଦ ବିହାରୀଙ୍କ କଳା ଯାତ୍ରାର ଏକ ଅଜ୍ଞାତ ଅଧ୍ୟାୟ ବିଷୟରେ ଜଣାପଡ଼ିଲାନି, ତା' ସହ ଭାରତୀୟ ଭୂଦୃଶ୍ୟ ଅଙ୍କନ ପରମ୍ପରାର ଧାରା ଓ ସେଇ ଧାରା ଉପରେ ପଡ଼ିଥିବା ଅନ୍ତଃ ଓ ବାହ୍ୟ ପ୍ରଭାବ ବିଷୟରେ ମଧ୍ୟ ଜଣାପଡ଼ିଗଲା।

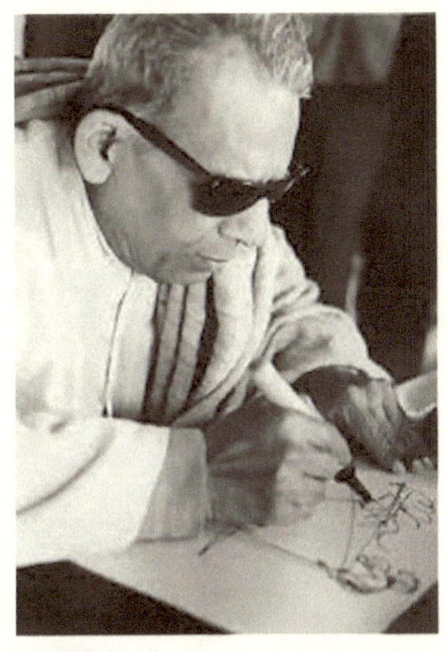

ବିନୋଦ ବିହାରୀ ମୁଖାର୍ଜୀ

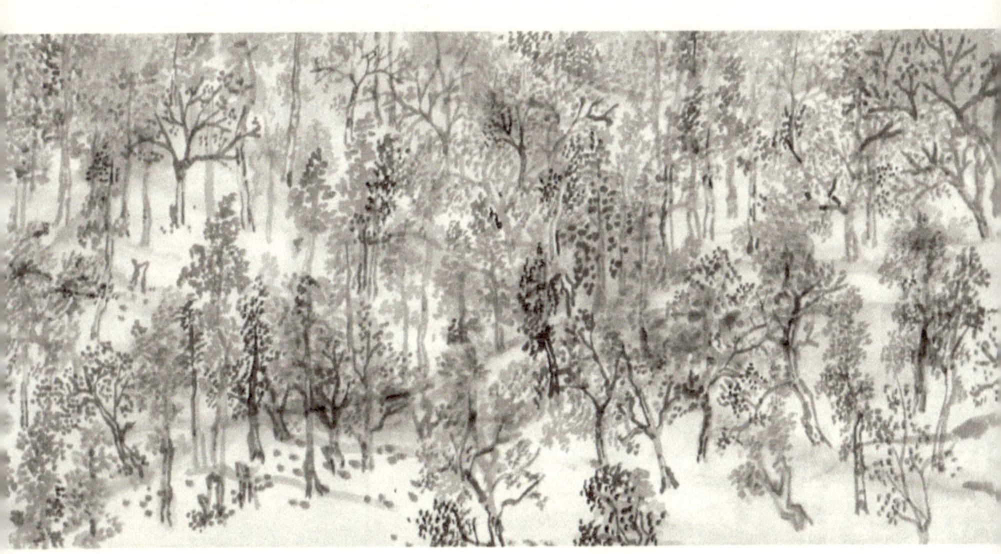

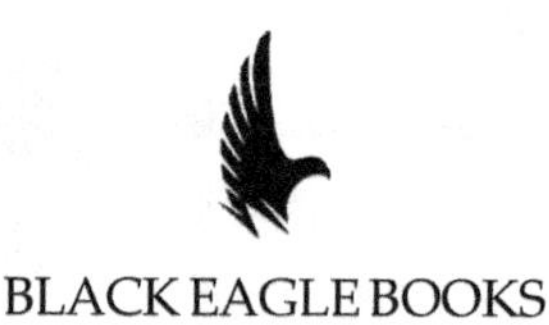

BLACK EAGLE BOOKS

www.blackeaglebooks.org
info@blackeaglebooks.org

Black Eagle Books, an independent publisher, was founded as a nonprofit organization in April, 2019. It is our mission to connect and engage the Indian diaspora and the world at large with the best of works of world literature published on a collaborative platform, with special emphasis on foregrounding Contemporary Classics and New Writing.